海外中国研究书系·日本学人唐代文史研究八人集

主编 李浩 〔日〕松原朗

著者简介

丸桥充拓,京都大学大学院文学研究科博士,现任教于岛根大学法文部,专业方向为唐代军事史。东洋史研究会、史学研究会、东方学会、唐代史研究会会员。主要著作有:《唐代北边财政研究》《唐宋变革期的军礼秩序》《中国古代的战争出征仪礼——以〈礼记·王制〉和〈大唐开元礼〉为例》等。

译者简介

张桦,上海人,东京杏林大学硕士,现任教于陕西师范大学外国语学院。

西北大学文学学科资助项目
日本国际交流基金资助项目

唐代军事财政与礼制

〔日〕丸桥充拓 著

张桦 译

西北大学出版社

著作权合同登记号:陕版出图字 25-2018-205

图书在版编目(CIP)数据

唐代军事财政与礼制/(日)丸桥充拓著;张桦译.
—西安:西北大学出版社,2018.10
(海外中国研究书系/李浩,松原朗主编.日本学人唐代文史研究八人集)
ISBN 978-7-5604-4017-0

Ⅰ.①唐… Ⅱ.①丸… ②张… Ⅲ.①军事经济学—财政学—研究—中国—唐代 ②军事—礼仪—制度—研究—中国—唐代 Ⅳ.①E0-054 ②E26

中国版本图书馆 CIP 数据核字(2017)第 059928 号

本书由日本岩波书店、丸桥充拓授权出版

唐代军事财政与礼制

作 者:	〔日〕丸桥充拓 著 张桦 译
出版发行:	西北大学出版社
地 址:	西安市太白北路 229 号
邮 编:	710069
电 话:	029-88302590 88303593
经 销:	全国新华书店
印 刷:	陕西博文印务有限责任公司
开 本:	787 毫米×1092 毫米 1/16
印 张:	23.75
字 数:	364 千字
版 次:	2018 年 10 月第 1 版 2018 年 10 月第 1 次印刷
书 号:	ISBN 978-7-5604-4017-0
定 价:	98.00 元

如有印装质量问题,请与本社联系调换,电话 029-88302966。

《海外中国研究书系·日本学人唐代文史研究八人集》

学术顾问

〔日〕池田温　袁行霈　张岂之　王水照　莫砺锋　陈尚君　荣新江

组织工作委员会

主　任　〔日〕松原朗　吴振磊
委　员　李浩　马来　张萍　杨遇青　刘杰　赵杭　张渭涛
　　　　　谷鹏飞
日方联络人　张渭涛

编辑工作委员会

主　任　段建军
委　员　〔日〕松原朗　〔日〕妹尾达彦　〔日〕埋田重夫　〔日〕冈田充博
　　　　　〔日〕石见清裕　〔日〕丸桥充拓　〔日〕古川末喜　〔日〕金子修一
　　　　　段建军　谷鹏飞　高兵兵　张渭涛　刘建强　何惠昂　马若楠

主　编　李浩　〔日〕松原朗
副主编　高兵兵

总序一

记得四年前,老友松原朗教授将其新著《晚唐诗之摇篮——张籍·姚合·贾岛论》的书稿转我,嘱我推荐给西北大学出版社,希望唐诗故乡的中国学人能及时读到这部新著,并能给予全面的学术批评。我充分理解松原兄的诚挚愿望,彼时恰好我还在校内外的学术管理部门兼一点服务性的工作,也想给学校出版社多介绍一些好作品,于是"怂恿"松原兄把原来的计划稍微扩大,从翻译出版一位日本学者的一部作品,扩展到集中推出一批日本学者的最新研究成果。开始时,松原兄及其他日方学者并没有迅速回应,这其中既有对西北大学出版社和西北大学唐代文史研究团队的估量,也有对翻译力量、经费筹措等问题的担心。我很能理解朋友们的忧虑,毕竟,自我们与专修大学等日方学术机构和友朋合作以来,这是最大的一个项目。

出乎意料,等项目确定后,松原先生及其他相关作者表现出很高的学术热情和工作效率,他们自己和原书的日本出版方联系,主动放弃版权贸易中的版税,简化相关谈判手续,使得许多复杂的问题简单化。最后商定第一批推出的是以下八部著作:

《隋唐长安与东亚比较都城史》(妹尾达彦著,高兵兵、郭雪妮、黄海静译)

《中国古代皇帝祭祀研究》(金子修一著,徐璐、张子如译)

《唐代军事财政与礼制》(丸桥充拓著,张桦译)

《唐代的外交与墓志》(石见清裕著,王博译)

《杜甫农业诗研究——八世纪中国农事与生活之歌》(古川末喜著,董璐译)

《白居易研究——闲适的诗想》(埋田重夫著,王旭东译)

《晚唐诗之摇篮——张籍·姚合·贾岛论》(松原朗著,张渭涛译)

《唐代小说〈板桥三娘子〉考》(冈田充博著,独孤婵觉、吴月华译)

用中国学人的分类标准来看,前四部是属于史学类的,后四部是属于文学类的,第二部严格意义上说又不完全属于断代类的研究。故我们最初将丛书的名称模糊地称作"唐代文史研究八人集",也暗含对文史兼容实际的承认。最后确定为现在的名称,是因为在申报陕西省出版资金资助项目时使用了这个名称,故顺势以此命名。

依照松原先生的理解,他所选择并推荐给中国学界的是最能体现并代表当代日本学界富有日本特色的中国学研究成果,松原先生在与我几次邮件沟通中反复强调这一点,体现了他和他的日本同行的执着与认真,这一层意思松原兄在序中表达得更准确。当然,符合他这一标准的绝不止这八部著作,应该还有一大批,我熟悉的日本学界的许多朋友的著作也没有列入。按照初始计划,我们会与松原兄持续合作,推荐并翻译更多的日本中国学研究成果。

我们学界现在也开始倡导中国话语、中国风格和中国流派,看到日本同行已经捧出一系列能代表自己风格学派的成果,我们除了向他们表达学术敬意外,是否也应该省思自己的学术哲学和研究取向。毕竟,用自己的成果说话才是硬道理。

当下学术走出去的热情很高,而对境外学人相关研究成果的移译与介绍则稍显冷落。按照顾彬(Wolfgang Kubin,1945—)的解释,文学走出去相当于到别人家做客,主动权在他不在我;文学请进来,让友人宾至如归,则主动权在我不在他。我们能做的事、能做好的事,应尽量做充分、做扎实、做精深。方以学术史,法显求法译经,玄奘团队述译,严复不仅以译著《群己权界论》传世,更奠定"信、达、雅"的译事三原则。近代以来,中国重新走向开放、走向世界,实与大规模翻译、引进、介绍海外新思想、新理论、新学说密不可分。说"十月革命一声炮响,给我们送来了马克思主义",是一种谦逊的说法,其实是我们主动拥抱马克思主义,主动引进现代科学,翻译马克思主义原著和其他世界学术名著。这一文明交往的基本史实在当下不该被有意遗忘、无意误读。身处其间,以温故知新、继往开来为己任的当代学人,不知该说些什么?又该做些什么?

本丛书的翻译团队由两部分组成,一部分是由原书作者推荐的,另一部分是由出版社和高兵兵教授约请的。由于时间紧任务重,著者与译者分处境内外,天各一方,联系和对接未必都畅通,理解和翻译的错误在所难免,出版后恳请各方贤达不吝赐教,以便我们逐步完善。其中高兵兵教授此前曾组织翻译过两辑"日本长安学研究丛书",有组织能力,也有较丰富的翻译实践经验。张渭涛副教授既是译者,又身兼日方著者和中方出版者的信使,青鸟殷勤,旅途劳动,多次利用返乡的机会,做了大量的沟通工作。

按照葛兆光教授等学者的解释,长期以来,我们习惯于由朝贡体制型塑的认知模式,而忽略甚至漠视从周边看中华的视角,好在现在大家已经认识到通观与圆照方可认识事物,包括认识我们文化的重要性。这样,翻译并介绍周边受到汉文化深刻影响的国家和地区的汉学研究成果,就有了三重意义:一是有助于我们深入了解周边地区的汉文化观,二是从传播和接受的角度勾画原典文化散布播迁的轨迹,三是丰富了相关专题研究的学术史。

当前,"一带一路"合作倡议正如火如荼,其中最富启示性的思想,我以为是"文明互鉴"理论,即各种文化宜互学互鉴。学术成果的翻译介绍,就是在两种文化之间架设桥梁,充当使者。自古以来,我们的民族认为,架桥铺路于承担者是一种救赎的苦行,但于接受者则是一件无量的功德。对于中外文化的互译也应作如是观。

李 浩

2018 年 5 月 30 日

于西北大学长安校区寓所

总序二

日本的中国学,也就是对中国文化的研究,由来已久。即便是将中国学之意仅限定为"中国古典文献的接受、解释、说明之学",也已经有一千几百年的历史了。而且,日本处于中国历代王朝册封体制的外缘,始终与中国保持着一定的距离,因而能远离权威,相对自由。这使得日本的中国学,不论是在过去还是在近年,都被赋予了独特的性格。

在属于以往册封体制内的诸地域,是以忠实于中国文化、对其进行完全复制为价值标准的。而日本却不同,它对中国文化反而采取了选择性接受的方式,并积极对其加以改变。其中最典型的事例,就是日本的文字创制。平安时代(794—1192)初期,日本以汉字为基础创制了"平假名"和"片假名",它们都是纯粹表音的文字,日本人从此确立了不借助汉语和汉字就能直接用日语表达的方法。相较于世界各地昙花一现的种种化石文字,日本独有的这种假名文字,至今仍然具有旺盛的生命力。而且,《源氏物语》(约1008年成书)之所以能成为反映日本人审美价值观的决定性文学作品,就是因为它是使用平假名书写的。那么,如果从中国本位的角度看,无论是假名的创制,还是《源氏物语》的问世,都是对中国文化的一种脱离。也就是说,日本以脱离中国文化为反作用力,确立了自身文化的独特性。

日本虽然从广义上说是中国文化圈(汉字文化圈)的一员,却有独立的文化主张,而且日本人对此持肯定立场。这样的倾向并非始于明治维新后的近代,而是有着相当长的历史。近代以前的江户时代(1603—1867),虽然因江户幕府的政策,汉学(特别是朱子学)一度占据了学术主导地位,但在江户时代后期,由于国学(日本主义)和兰学(以荷兰语为媒介的西学)这两个强劲对手的崛起,汉学便失去了独尊之位。

但是,以上这些并不意味着日本人轻视中国文化。反而应该说,至少在20世纪初之前的漫长岁月里,日本人都一直在非常真挚地学习中国古典,不仅解读文字,也解读其中的精神。日本知识界真正远离中国古典,是在二战结束以后。

福泽谕吉(1835—1901,庆应义塾大学创始人)被认为是一位致力于西学、倡导"脱亚"、堪称日本现代化精神支柱的思想家,然而他在十几岁不到二十岁的这段时期,却是一直在白石照山的私塾里攻读汉文典籍的。他在《福翁自传》里写道:

> 岂止《论语》《孟子》,我研习了所有经书的经义。特别是(白石)先生喜欢的《诗经》和《书经》,常得先生讲授。此外诸如《蒙求》《世说》《左传》《战国策》《老子》《庄子》等,也经常听讲,后又自学《史记》、两《汉书》《晋书》《五代史》《元明史略》等史书。我最为得意的是《左传》,大多数书生仅读完十五卷中的三四卷便会放弃,而我则通读全书,且共计复读了十一遍,有趣之处都能背诵出来。

应该说,福泽谕吉并非摒弃中国文化而选择了西方文化,他是以从中国古典中学到的见识与洞察力作为药捻,而后才得以大成其思想的。在当时包括福泽谕吉在内的日本知识界人士看来,中国古典并非一大堆死知识,而是他们从中汲取人生所需智慧的活的"古典"。就这样,日本文化一边尝试无限接近中国文化,一边又试图从中国文化中脱离,形成了具有双向动力的内部结构。

由中国文化或中国统治权威中脱离的倾向,甚至在处于日本中国学核心位置的儒学中也有发生。江户时代,幕府将朱子学尊为官学,这也反映了朱子学在明清两代的权威性。不过,江户时代的两位代表性儒学家伊藤仁斋(1627—1705)和荻生徂徕(1666—1728)却例外,他们两人,前者提倡"古义",后者提倡"古文辞",都还原了儒学的本来面目,超越朱子学成为具有独创性的思想家。伊藤仁斋的《语孟字义》比戴震(1724—1777)《孟子字义疏证》的主张早了一个世纪。而荻生徂徕将道德思想从儒学中排除,认为圣人只是礼乐刑政等客观制度的设计者。荻生徂徕本来是出于对儒学的忠实,去探索儒学的真面目的,但结果几乎与儒学传统背道而驰。也就是说,荻生徂徕的儒学已经达到了非儒学的境地。荻生徂徕的这些主张,超越了儒学的界线,给当时整个思想领域都带来了巨大的冲击,致使江户后期的思想界,摆脱了朱子学的桎梏,并诱发了国学和兰学的兴起,呈现出百花齐放的态势。应该说,无须等待西方的冲击,近代日本就已经完成了它的内部准备。

上文说过,日本文化的内部,具有一边尝试无限接近中国文化,一边又试图从中国文化中脱离的双向动力。在这一点上,我们有必要认识到,看似舍弃中国文化而选择了西学的福泽谕吉,以及原本乃是中国文化忠实者后来却成了一位破天荒思想家的荻生徂徕,两位都是此种日本文化特征的体现者。

从宏观上看,日本属于中国文化圈,是不争的历史事实。因为从根本上说,日本受其地理条件所限,也不可能有机会与强大到足以与中国文化抗衡的其他先进文化发生接触。即便是印度的佛教,也是通过经中国文化过滤的汉译佛典,即作为中国文化的一部分而被接受的。但在这种状况下,日本没有被强大的中国文化同化,而得以贯彻其独自的文化体系,这几乎就是个奇迹。日本所处的特殊位置,与太阳引力作用下的地球不无相似之处。如果离太阳再近一些,就会像金星一样被灼热的太阳同化;而若是离太阳再远一些,就又会像火星那样成为一个冰冻的不毛之地。地球就是在趋向太阳的向心力与反方向的离心力的绝妙平衡之下,得以悬浮在太阳系中的一颗明珠。

如果以中国的视角重新审视的话,这样的日本文化反倒是显示中国文化普遍性及包容性的绝好例证,中国文化绝不是仅有忠实者顶礼膜拜、悉心呵护的单一僵死之物。日本的文化,从其具有脱离中国权威的反作用力这点来说,就算不是叛逆者,也无疑是个不忠者。但能够产出这样的不忠者,也是因为中国文化具备卓越的包容力与普遍性。也正是因为这一点,我们为了加深对中国文化的理解,将包括日本文化在内的多样性思考纳入视域,也会是一个有效的方法。

日本的中国学,绝非中国文化的忠实复制,也并不是像一个不了解中国文化的人初见新大陆般的、出于一片好奇心的结果。我们便是基于上述认识,想尽可能地提供一些新的见解和观点,所以策划了这套《日本学人唐代文史研究八人集》。书目选择的主要原则,并不是仅以学术水平为准绳的,而是优先考虑了具备日本独特视角的研究成果。广大读者如果对我们的主题设置、探讨方式等有一些微妙的不适应,我想说,那正是我们这套书的策划宗旨,希望大家理解这一点。此外,我还热切期待这套小小的丛书能为日中文化交流发挥出大大的作用。当然,也真诚期望得到各位专家、学者及广大读者的批评和指正。

松原朗

2018年4月8日

序

军事,或者说武力、暴力具有两面性。无论什么人在直面暴力场面时都会产生恻隐之心,然而不幸的是世界并非完全由善意构成。当人们感到邪恶、危险等威胁到和平,为了自我保护或寻求第三方保护时,往往会产生依靠暴力的想法。因此,人类对暴力同时抱有"依存"与"畏惧"的两种矛盾心理。

为了实现二者的折中,人类社会创建了控制暴力的机构——国家。人类历史从暴力遍布社会的"万人对万人的斗争"阶段发展到国家利用各种制度管理暴力,并将其作为"威慑力"使用的阶段。

我从事的就是"国家暴力的制度化"这样的专题研究。具体来说一直致力于"军事财政"与"军事礼制"的研究。所谓军事财政就是国家为了维护体现"制度化暴力"的组织——军队的物质基础,而军事礼制则是象征性表现着"暴力制度化"所产生的秩序。本书就是关于这两大课题的论著。收录了到目前我研究、发表的著作一部,论文九篇。

本书共由三部构成,第一部、第二部是关于军事财政的论文,第三部则是关于军事礼制的论文。第一部是以我的博士学位论文(1998年提交京都大学)为基础出版的《唐代"北边"财政研究》(2006)一书。由于这部分本身就是一部完整的著作,因此结构上延续了序、本论、结语的形式。第二部收录了我的博士学位论文提交后发表的关于财政史的论文。其中,第八章《唐代后半期"北边"经济再考》是最近发表的论文,是在回鹘、党项等诸民族研究以及进入21世纪后取得诸多研究成果的贾志刚、村井恭子等的财政史研究基础上对"北边"经济进行的再研究。在第三部的军事礼制中,第九到十二章列举了总称为"军礼"的各种礼制,并阐明了秦汉至唐宋时期军礼产生、质变的过程。第十三、十四章论述为了记录战争、保留人们的战争记忆,国家采取的各种方法(露布、史书、纪功碑、军乐)。

本书能够作为《海外中国研究书系·日本学人唐代文史研究八人集》

的一种出版发行,受到中方负责人李浩先生(西北大学)、日方负责人松原朗先生(专修大学)、中日方联络人张渭涛先生(前桥国际大学)的诸多关照。承蒙石见清裕先生(早稻田大学)的推荐,拙作才得以在中国翻译出版。西北大学出版社相关人士给予了极大帮助。丛书翻译的总执行人高兵兵女士(西北大学)治学态度严谨,工作精益求精,保证了翻译的质量。译者张桦女士(陕西师范大学)虽说专业不同,但为本书细致、精确的翻译付出了极大的努力。在此对以上各位表示衷心感谢。

丸桥充拓
2016年重阳

目录

总序一 ·· 李　浩(1)

总序二 ·· 松原朗(4)

序 ··· (1)

第一部　唐代"北边"财政研究

引言 ··· (3)

第一章　军粮政策

绪　论 ·· (12)

第一节　军粮的筹措 ···························· (13)

　　一、租、地税、两税斛斗 ······················ (13)

　　二、屯田 ····································· (15)

　　三、和籴、折籴与上供 ························ (22)

第二节　军粮的分配 ···························· (27)

　　一、现地自给 ································ (27)

　　二、来自中央的供给 ·························· (31)

结　论 ·· (34)

第二章　关中的和籴政策与两税法

绪　论 ·· (36)

第一节　和籴政策的"经常性" ················· (37)

第二节　确保籴本 ······························· (47)

第三节　剩余谷物的流通 ······················· (53)

I

结　论 ………………………………………………… (58)

第三章　整备北边度支系诸司

　　绪　论 ………………………………………………… (79)
　　第一节　安史之乱前后 ………………………………… (79)
　　　　一、朔方道水陆运使 ……………………………… (79)
　　　　二、六城水运使 …………………………………… (81)
　　　　三、安史之乱刚结束时的状况 …………………… (83)
　　第二节　度支系诸司的调整 …………………………… (86)
　　　　一、设置度支巡院 ………………………………… (86)
　　　　二、设置代北水运使 ……………………………… (88)
　　　　三、度支系诸司的再编成 ………………………… (96)
　　　　四、"北边"财务运营的动摇 …………………… (102)
　　结　论 ………………………………………………… (105)

第四章　度支、宦官、朔方军

　　绪　论 ………………………………………………… (107)
　　第一节　朔方军的解体 ………………………………… (108)
　　第二节　军粮政策的复兴 ……………………………… (110)
　　　　一、韩滉 …………………………………………… (110)
　　　　二、李泌 …………………………………………… (113)
　　　　三、党派的关系 …………………………………… (116)
　　第三节　调整"北边"防御体系 ……………………… (120)
　　　　一、度支与"北边"诸道 ………………………… (120)
　　　　二、宦官与"北边"诸道 ………………………… (121)
　　　　三、薛謇的贼运、裴琚的悲运 …………………… (124)
　　　　四、度支与宦官 …………………………………… (126)
　　　　五、党派关系 ……………………………………… (127)
　　结　论 ………………………………………………… (130)

第五章　军粮运输及"财政物流"

绪　论 …………………………………………（136）
第一节　"北边"运输体系的变迁 ………………（137）
第二节　军粮政策与商人 …………………………（139）
　　一、长安、太原 …………………………………（140）
　　二、在"内地—北边"之间 ……………………（141）
　　三、国家的物流编成与商人活动 ………………（143）
结　论 …………………………………………（144）

结语　"北边"防御体系简述 ………………（146）

第二部　唐代军事财政补论

第六章　唐宋变革史的近况

绪　论 …………………………………………（151）
第一节　国家、社会与"中间项" ………………（152）
　　一、"中间团体"论 ……………………………（153）
　　二、流通经济与货币 ……………………………（157）
第二节　财政研究"过渡期"的唐宋变革 ………（161）
结　论 …………………………………………（165）

第七章　府兵制下的军事财政

绪　论 …………………………………………（168）
第一节　府兵制研究与财政问题 …………………（169）
第二节　府兵制与军事财政 ………………………（171）
第三节　关于"天宝财政统计"的评价 …………（175）
结　论 …………………………………………（181）

第八章　唐代后半期"北边"经济再考

绪　论 ·· （182）
第一节　"北边"经济与盐专卖 ······················· （183）
第二节　"北边"经济与军马贸易 ····················· （188）
　　一、回鹘 ······································· （188）
　　二、党项 ······································· （192）
第三节　围绕"北边"经济各方势力的活动 ············· （196）
结　论 ·· （201）

第三部　唐代军事礼制研究

第九章　魏晋南北朝隋唐时期军事礼制确立过程的概况

绪　论 ·· （205）
第一节　"五礼"制度的确立过程 ······················ （207）
第二节　魏晋南北朝时期军事礼制的定位 ·············· （210）
　　一、5世纪以前 ································· （210）
　　二、6世纪 ······································ （215）
结　论 ·· （217）

第十章　中国古代的战争与出征仪式
　　　　——从《礼记·王制》到《大唐开元礼》

绪　论 ·· （218）
第一节　《大唐开元礼》的出征仪式 ··················· （219）
第二节　出征仪式的思想渊源 ························ （223）
第三节　围绕出征仪式制度化的诸问题 ················ （229）
第四节　武与礼、武与法——发动武力征伐的
　　　　依据与程序 ······························· （235）
结　论 ·· （237）

第十一章　中国射礼的形成过程
——从《仪礼·乡射》《仪礼·大射》到《大唐开元礼》

绪　论 ………………………………………………（240）

第一节　射礼的两面性 ……………………………（241）

　　一、《开元礼·射礼》的构成与起源 ……………（241）

　　二、"五礼"中射礼的归属变化 …………………（243）

第二节　射礼的变化过程 …………………………（245）

　　一、两汉、魏晋的射礼 …………………………（245）

　　二、南北朝时期的射礼 …………………………（252）

　　三、南北朝末期的射礼 …………………………（257）

结　论 ………………………………………………（259）

第十二章　唐宋变革期的军礼与秩序

绪　论 ………………………………………………（263）

第一节　军礼制度概览 ……………………………（264）

　　一、"五礼"制度与军礼 …………………………（264）

　　二、仪式化的军礼——田猎与讲武 ……………（266）

　　三、实施状况 ……………………………………（269）

第二节　《开元礼·军礼》的秩序 …………………（270）

　　一、经书的继承 …………………………………（270）

　　二、军礼与帝国秩序 ……………………………（272）

第三节　唐宋变革期的田猎 ………………………（274）

　　一、唐代后期 ……………………………………（275）

　　二、北宋 …………………………………………（278）

第四节　唐宋变革期的讲武 ………………………（281）

　　一、五代、北宋 …………………………………（281）

　　二、质变的过程 …………………………………（288）

结　论 ………………………………………………（291）

v

第十三章　唐太宗修建纪功寺院
——围绕政权正统论的形成

绪　论 …………………………………………（293）
第一节　七寺碑概要 …………………………（294）
第二节　建寺的动机 …………………………（296）
　一、先行研究综述 ……………………………（296）
　二、对昭仁寺、等慈寺碑文的再研究 ………（300）
第三节　参与建寺、撰碑的人士 ……………（307）
　一、撰写碑文者 ………………………………（307）
　二、僧人明赡 …………………………………（312）
第四节　修建纪功寺碑带来的影响 …………（312）
结　论 …………………………………………（316）

第十四章　唐代战争的记忆与记录
——露布、史书、纪功碑、军乐

绪　论 …………………………………………（318）
第一节　获胜的记录与公示 …………………（318）
　一、捷报的传达与公示（献捷）……………（319）
　二、远征军的凯旋与解散（献俘）…………（321）
第二节　战争的记忆 …………………………（325）
　一、纪功碑 ……………………………………（325）
　二、军乐 ………………………………………（332）
结　论 …………………………………………（335）

参考文献

一、中文文献（按拼音排列）…………………（337）
二、日语文献（按拼音排列）…………………（342）
三、英文文献（按英文字母排列）……………（359）

译后记 ……………………………………………（361）

第一部

唐代"北边"财政研究

引言

唐代都城长安位于渭水流域的关中平原，与当时经济发展迅速的江淮地区相距甚远，称不上是一个适于经济发展的地方。那为什么唐王朝会无视经济发展的有利条件而固守这个地方呢？据说是为了抵御由蒙古、西藏等势力扶持的诸多游牧民族的进犯。关中地区聚集着数以万计的官僚与数以十万计的士兵，而且多为非生产人口。关中地区并不具备养活这些人员的生产能力，因此，必须依赖来自江淮地区的物资补给。

唐代中期以后逐渐完备的以江淮为起点的物资运输系统——"漕运"一直备受关注，因此，有人经常强调"华北经济依赖于江淮"这一论调。纵观唐宋变革史，不得不承认这是一个事实。即便如此，真有王朝京师所在的区域经济完全依赖其他富饶地域的状况吗？况且，唐代的运输系统尚不具备类似宋代以后的那种对商人极具吸引力的优势。可以想象，在这样的时代，唐王朝势必进行了以振兴当地经济来满足部分需求的努力。到目前为止，尚未有能圆满解释该问题的研究。著者以此为题展开研究就是希望能够解答这些问题。

本书第一部以我的博士学位论文《唐代北边财政考——以军粮为中心》（1998年向京都大学大学院文学研究科提交）为基础，分五章进行具体论述。通过第一部的论述，主要说明形成"华北经济依赖于江淮"这一观点的复杂过程，并力争阐明其根源。

首先是本书第一部的研究时代与地域问题。下面简单描述一下作为研究对象的时代（唐代后半期）与地域（"北边"）。

唐代后半期这一时间划分仍按一般惯例设定为"安史之乱"（755—763）以后，但是，第一部的研究也涉及稍前的玄宗朝中期的内容，具体来说就是开元二十年（732）开始的内容。当时，以府兵制、租庸调制等为支柱的各种律令制度间的摩擦开始变得日益显著，原本由官府提供衣粮的募兵制、资产对应的地税、税钱（户税）等，成为连接唐代后半期，尤其是唐宋变革期以后的新萌芽时期。

在各种变化中,募兵制的普及最为关键。这是因为国家承担着养活屯驻在长安以北的数十万部队的任务。为了应付这种前所未有的局面,唐王朝不得不竭尽全力。正是从这个过程开始,中国集权国家的历史翻开了新的篇章。以两税法、盐茶专卖、漕运等新型财政制度及承担这些工作的新设专门人员——"财政使职"为两大支点,诞生了贯通中国南北的庞大的养兵系统。

"安史之乱"后的唐代历史,大多认为是内有藩镇割据、官僚党争、宦官专权,外有吐蕃、回鹘入侵的内忧外患的衰亡时期。同时,不容忽视的一点是中国集权国家以此养兵系统为基础,积累了将官制、军政、财政作为一体运营的经验。而且,这些经验逐渐成为支撑宋代以后集权国家的核心智慧。

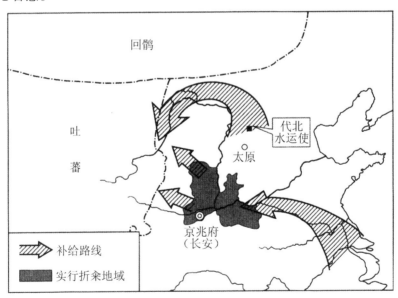

图1 "北边"财政简图(8世纪末—9世纪前期)

北边经济依赖关东(潼关以东)、江南等地的状况,从汉代起已屡见不鲜。但唐代后半期的养兵体系,在保障规模扩大这一量变外,还有维持北宋以后"君主独裁"集权国家机构的性质。因此,这种养兵制度是对中国历史产生重大影响的历史转折点。

其中有一点内容不容忽视,即唐代的政治中心在长安,对江南经济的依存度相对较小,与都城迁至潼关以东、关中急剧边境化的北宋以后相比,关中的经济开始发展,出现了巩固王朝统治的形态。可以说唐代后半期是连接北宋以后集权制行政运营的萌芽期,同时也可定位成统一王朝定都关中的最后时期。

接下来定义"北边"这个地域概念。本书所指称的"北边"的范围,不限于地图上画线标志的地理概念,更多的源于"由国家财政抚养的边防军所在地域"这个财政概念所涉及的地域。具体来说就是元和二年(807)李吉甫呈报的《元和国计簿》中提到的免除上供的地域。一定要以行政区划来表示的话,是指关内道及河东道(特别是指其北、中部)地区①。如果将这一地区称为"边境"的话,确实显得范围过大,但吐蕃、回鹘等势力入侵内地时,其边防措施所涉及的范围也常常在以上地区。因此,按照地域这样划分并无大的不妥。

根据"北边"自然条件的不同,又可细分为以下几个不同的地区。首先是关内道可以分为以下三部分:①南边是长安周边的关中平原;②北边是陕北的黄土高原地带;③是由白于山脉与黄河拐弯处形成的鄂尔多斯地区。上述的关中平原与黄土高原地带,在唐代时也称为"京西""京北"地区②。前者中部有渭水流过,后者则有泾水、洛水等渭水的支流,因此,形成了黄土高原沟壑纵横的地貌。如果以唐代后半期的行政区划来表示的话,在渭水上游设有凤翔;泾水上游设有泾原、下游设有邠宁;洛水流域设有鄜坊等各节度使。鄂尔多斯地区的中心区域是玄宗时期设置过朔方节度使府的灵州,但到唐代后半期,这里被将此处作为使府的灵盐(灵武)、位于鄂尔多斯中心位置的夏绥、位于河东道中部的振武三节度使以及位于阴山山麓的天德防御使所瓜分。

---

① 参照《旧唐书》卷十四《宪宗纪上》元和二年十二月己卯条;《资治通鉴》卷二百三十七同年条及胡三省注。
② 所谓"京西""京北"的概念并非一个有严格行政区划的概念,而是一个习惯性的称谓,大致的地域在《资治通鉴》卷二百三十九元和七年末条中李绛上书里有如下记述,所以本书也使用了此概念。
京西,凤翔、秦、陇、原、泾、渭也。京北,邠、宁、丹、延、鄜、坊、庆、灵、盐、夏、绥、银、宥也。

河东道分为以河中节度使为中心的汾水下游流域;设有河东节度使的太原盆地;以雁门关以北、大同盆地为中心的"代北"地区三个部分。本书认为汾水下游流域不包括在"北边"这个概念中,因此只探讨太原盆地与"代北"两地区。

作为"北边"这个地理概念,其重要特征是位于贯穿亚欧大陆东西的"农业——畜牧业的边境线上"①。不言而喻,也就是以汉族为中心的农耕区与以北亚为根据地的游牧区相互争斗的地区,历史上在此地区曾进行过多次战争。根据攻守势力的变化,该地区时而成为农地,时而成为牧场。第一部所涉及的唐代后半期,正如史念海所说是唐政府努力开拓农地的时期②。作为划分农、牧区重要依据的长城,在唐代时位于原州到庆州、夏州、麟州的连接线上③。史念海指出,北部的防御战略在唐代前半期与后半期不同④。唐代前期时突厥是最大外患,因此,将东、中、西三受降城作为"第一线",麟州、夏州、盐州作为"第二线",延州、庆州、原州作为"第三线",制定了南北方向的战略。与此相对,由于吐蕃在唐代后半期成为假想敌,所以采用了以陇山、六盘山为前线的东西方向的战略措施。第三章将论述这样的战略变化,这种变化给维护其财政组织的结构配置也带来了巨大的影响。

再来介绍一下第一部的课题与构成。第一部的课题是阐明唐代后半期军队的抚养体制究竟是怎样形成的。这个问题正好位于财政史与军事史的交叉点上,因此,第一部中也将简单回顾在这两个领域中与本课题相关的其他研究成果。

首先是关于财政史的研究。20世纪80年代以前的财政史研究,均以田制、税役(租税、役法、专卖等)、漕运、货币、俸禄等为研究题目进行深入的专项研究。其中,取得突出成果的是田制与税役研究。无论是否为历史

---

① 妹尾达彦2000,19~20页。
② 史念海1988A,1999。但并非完全没有牧地,在唐代前期设置的以监牧为目的河西沦陷后,由于需要,另外设置了几处牧地。
③ 史念海1991B,89~90页。
④ 史念海1991A。除此之外,同论文中还提到了连接北边各州的驿道、各军事据点的兵力、营农、养马的实际情况。

唯物论者,均把国家当作剥削基层社会的主体是这一时期普遍的研究视角。而且把构成财政收入的部门作为优先研究的对象,也与这一立场密切相关。

与此相对,20世纪80年代后期开始,财政史研究的关注点由收入(财物筹措)经运输、流通(按需进行财物流动)变为支出(财物分配)。在这一系列的变化过程中,研究者们开始意识到进行财政研究时必须把握整体情况。足立启二、宫泽知之、渡边信一郎等中国研究会的成员与陈明光、清木场东的论著中都明确提到了这种观点。李锦绣的《唐代财政史稿》(上下卷)也延续了这种观点①。清木场东所谓的"财政的本质主要在财政支出部门中体现"就是这一观点的最好诠释②。国家如何分配征收来的财物,是否将其返还给社会,对于这些问题的研究,当今已形成共识。

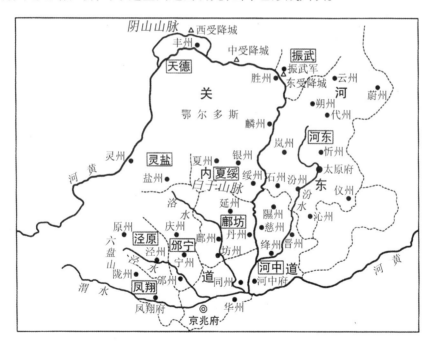

图2 "北边"概观(9世纪前半期)

---

① 足立启二1990,宫泽知之1998,渡边信一郎1988、1990,陈明光1991,清木场东1996、1997,李锦绣1995、2001,关于以上研究中的问题,请参照渡边信一郎1988,1页,清木场东1997,2~5页。

② 清木场东1997,5页。

其中,中国史研究会特别重视从筹措到分配这一财政行为的整体性。并将从筹措到分配的整个过程视为集权国家社会管制的契机。虽说财政可以简单地概括为从筹措到分配的过程,但对经济中心地(江淮)与军事重地("北边")南北分布的中国来说,为了将由前者筹措的财物供给后者使用时,长途运输必不可少。为了满足这种需求,集权国家开展了贯通大陆南北的巨大物流。宫泽知之、足立启二等将以这种形式产生的财富流动与通过民间贸易关系聚集的财富即"市场流通"进行了区别,称之为"财政物流"或"国家物流"。并认为"财政物流"实现了调整地域间供需差别的再分配功能,这种形式为集权国家的社会统治做出了贡献[1]。

另外,二位学者认为"财政物流"与唐宋变革期中取得巨大发展的"市场流通"相比,起到了规定性作用。对此,出现了诸多不同论述,但就贯通南北的物流对于集权国家存亡的重要性最终达成共识[2]。例如,妹尾达彦认为这种物流的结果出现了地域间的财政结合,将其描述为"边境—王都—长江下游",并强调以此为核心完善的各种制度成为"后期中华帝国财政的框架"[3]。本书第一部就是在此观点基础上进行的论述。

仔细思考以上内容会发现在支持这些观点的实证研究中,存在着明显的研究不平衡。作为物流中枢的漕运财源的盐专卖,在"王都—长江下游"这一部分中研究成果丰厚[4],而关于"边境—王都"间的物流研究则极为罕见。

关于唐代前期(玄宗时期以前)向"西域"组织物流的实际状况,大津透、荒川正晴的研究取得了不少成果[5],但却几乎没有对唐代后半期的研究[6]。

---

[1] 足立启二1990,宫泽知之1997、1999。

[2] 具体论述参照丸桥充拓2001;本书第六章;山根直生2004。

[3] 妹尾达彦1999,61页。

[4] 关于漕运,请参照外山军治1937,青山定雄1963,日野开三郎1981C,清木场东1996,门田雪绘2001等;关于盐的专卖,请参照金井之忠1938,日野开三郎1960,妹尾达彦1982A,佐伯富1987等。

[5] 大津透1986、1990及荒川正晴的诸论考(请参照本书末参考文献一览表)。

[6] 还应参照屯田、和籴的研究,本书也涉及了将屯田、和籴的内容与"财政物流"相关联的研究,足见其重要性。此外,解池的盐政在北宋以后也很重要,但唐代的解盐与"北边"军需并无关系(妹尾达彦1982B)。

在上述中国研究会的诸多研究中,在研究"财政物流"的历史时,经常把荒川等人对唐代前期的研究成果直接与北宋以后的研究成果跨时代相连,也是由于对唐代后半期的研究较少的缘故吧①。然而,唐代前期的"财政物流"以安史之乱为界,西域的沦陷使一切化为乌有。至唐代后半期,"北边"成为新的军事前沿,并在这里建构了新的体制,而这种新体制与北宋以后的内容是相衔接的,因此,为了填补唐代前期与宋代之间的研究空白,唐代后半期的实证研究就是必不可缺的。

另外,第一部在探讨维护军需的财政制度时,大量参考了高桥继男的巡院研究②。高桥阐明的巡院是指唐代后半期,盐铁转运使与度支各自在其分管的地域(东南、西北地域)设置的下层组织。令人感兴趣的是,在至今已考证出具体名称的巡院中③,设置在"北边"的巡院只有灵州一处(参照图3),也就是说"北边"其实是巡院网的空白地带。因此,地域运营组织的史料较少也是无法对此地域进行深入研究的一个原因。"边境—王都"之间的空白现象在军事研究中也同样存在。比如,关于藩镇研究④,日野开三郎阐明了唐代推行"抑藩振朝"政策的过程。以此研究成果为基础⑤,大泽正昭、辻正博、张国刚等尝试着从藩镇与朝廷间的政治关系阐明其类型⑥,同时也进行了对各藩镇势力的具体研究。在此研究过程中,对作为税务筹措、运输中心地的江淮,典型骄藩的河北三镇及四川等地分析透彻,但对"北边"诸道几乎只字未提⑦。

另一方面,研究禁军时,也许由于过多强调了禁军是由宦官主导的对

---

① 宫泽知之1993,195页。
② 参照本书参考文献一览表。
③ 参照高桥继男1997,445页《巡院名一览表》。
④ 藩镇研究史参照高濑奈津子2002。
⑤ 日野开三郎1956B、1957。
⑥ 大泽正昭1973A、B、1975,辻正博1987,张国刚1987B,王援朝1990,D. Twitchett1976。
⑦ 有关北边的研究,包括关于屯田、和籴的诸研究(青山定雄1954,铃木正1940A、B,菊野恭子1958),论述唐代军制的王永兴1994等,都只是部分的研究。与此相对,关于河北,有河朔三镇关系的诸论文(参照渡边孝1995的注8、9),关于江南(参照佐竹靖彦1990A、B,鸟谷弘昭1982、1986,伊藤宏明1987),关于四川(参照佐竹靖彦1990C、D、E、F等)。

内暴力机构这一功能,因此,虽说隶属于神策军下层组织的神策外镇在京西、京北地区也有逐步发展,但禁军作为对外防御部队的功能还是被忽视了。至今,在整个养兵系统中并未对此做出适当的定位。

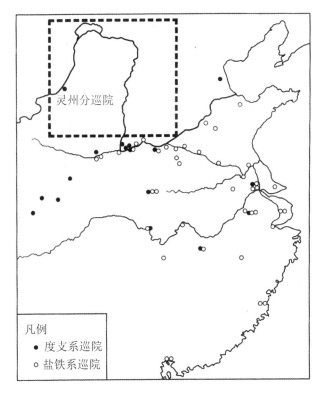

图3 巡院的分布(巡院的具体名称参照高桥继男1973、1986、1997。所在地模糊的巡院标绘在使府、州治上)

综上,通过至今为止的研究,连接"边境—王都—长江下游"的物流逐渐成为众所关注的焦点。但论述的视野有限,只涉及了征收税物及向京城运输的过程,并未探讨作为最大税收消费区"北边"的分配过程①。随着着眼于唐代后半期"边境—王都"间实证研究成果的增加,介于目前已取得明确研究成果的唐代前期与北宋以后之间的研究势在必行,这正是第一部研

---

① 李锦绣在"度支支出"的论述中阐明了军需物资的支出(李锦绣2001,757～774页),但并未涉及到"边境—王都—长江下游"运输过程的定位问题。

究的课题。

第一部通过五章内容从筹措、分配过程、组织体系、物流构成等多方面、多角度对唐代后半期"北边"财政进行研究。

第一章中考察在粮食支出中占比最大的军粮筹措问题,尝试复原从军粮征收到分配的过程。着力阐明"北边"地区的现地军粮自给与从其他地区增补军粮的情况,以及确保必需物资的框架图。

第二章论述军粮政策中最特殊也是诸多疑点尚未探明的关中和籴政策,并在当时的财政政策中探讨其出现的背景。

第三章中探讨在"巡院网空白地域"的"北边"设置度支系诸司的情形,同时探究诸司"北边"财政运营逐渐中央集权化的过程。

第四章中阐明安史之乱后陷入大混乱的"北边"财政在贞元年间再次确立的过程,并再现当时的政治状况以及唐代通过度支与宦官这两个系统的组织逐渐完善"北边"防御体制的过程。

最后,在第五章中分析"北边"物资的输送构成及这个时期开始兴起的流通经济("市场经济"),并阐明该如何理解二者之间的关系。

通过第一部的论述,希望能明确唐代后半期"北边"防御体系的实际情况,同时希望能显现本研究在中国历史研究上的重大意义。

第一章

军粮政策

绪　论

　　渭水流域至黄河大拐弯处之间的地域被称为关中,因长期作为中国的政治中心而繁荣兴盛。这个地区在当时的版图上位处相当偏僻的西北,可以说发展经济的条件并不优厚。但是,唐以前多数朝代定都这里是为了满足从北部及西域防御周边民族的经常性进犯中保卫领土的国防需要。的确,在唐朝后半期经历了"从武力国家向财政国家"[①]的巨变,政策重点也不可避免地向大运河沿线转移。同时,为了维护作为军事前沿的关中地区的经济,政府也做出了积极的努力。可以想象,与唐以后的朝代将都城迁到潼关以东地区相比,这应该是个特别严峻的问题。那么,唐代究竟是怎么处理这个问题的呢?

　　在唐代的征税体制中,规定缴纳的品种有谷物、布帛、铜钱三类。而在财政支出中,占主要比重的首先是军费,其次是官僚的收入。其中最突出的问题是收入与支出、需求与供给的不平衡,最艰辛的是筹措"军费项目"中的"谷物",即军粮。主要矛盾体现在关中地方虽有大规模的边防军,但并不具备生产足够军粮的劳动力。面对这样的局面,唐政府也多方探索了军粮的筹措方法。

　　从整体上审视军粮政策,就租庸调制时代的情况而言,从日野开三郎、清木场东、李锦绣等人的研究中可见一斑[②]。但这些研究仅限于唐代后半

---

① 宫崎市定 1968。
② 日野开三郎 1962A、1962B、1989B,清木场东 1987,李锦绣 1995(特别是第三编第三章《供军》),丸桥充拓 1999B 发表后,李锦绣汇编了唐代后半期的财政,在汇编里提到了军粮筹措问题(李锦绣 2001,第二编《财政收支》)。

期的各项政策、运营的实际情况等内容,几乎没有关于各政策之间相互补充关系的探讨①。因此,在下一节中将引用前人的研究成果,阐述在这一时期军粮政策的整体情况。

第一节 军粮的筹措

唐代的军粮筹措手段主要分为以下三种方式:

(1)直接税收,即向课税农民(课户、编户、主户、土户)征税。租庸调时代的租与地税、两税法时代的两税斛斗属于这个范畴;

(2)屯田收获;

(3)和籴收购商品化谷物。

本节中将对这些项目的实施情况逐一进行说明。

一、租、地税、两税斛斗②

首先,租庸调时代的租、地税在军粮的筹措中究竟起什么作用呢?关于这一点,日野开三郎、清木场东、李锦绣都进行了论述,但内容出入很大,难以得出定论③。概括地介绍他们的结论就是:日野、清木场认为军粮几乎全部由租或地租支出,而李氏则认为其占比较低。

---

① 张国刚 1987A 整体概括了每一个藩镇的财政收支情况,很有参考价值。

② 丸桥充拓 1999B 中将此总称为"正税",为了避免与此意完全不同的日本古代税制"正税"相混淆,本书回避了这样的说法。此外,从江淮上供的谷物中也包括了地税、两税斛斗的贡物,为了便于论述,单列了此项内容,这里只涉及了在"北边"各道州当地征收的部分。

③ 日野开三郎 1962B,清木场东 1987,李锦绣 1995。以上三位以《通典》卷六中所谓的"度支岁计""军事费统计"为基础展开论述。这些论述作为了解租庸调制度下财政收支的内容很有名,但未能明确阐明各统计间、各费用间的关系,因此,可以理解为是在推论基础上做出的解释。目前的问题是在支出项目中所说的"一千万诸道节度军粮及贮备当州仓",作为其财源的地租、地税究竟占了多大的比重。关于这一点,三位学者的研究结论差别很大,由于篇幅所限,无法——进行介绍。总之,三者都是采用从各种史料中获得的数据,并经过多次换算得到的结论,因此,很难说谁的论述更加正确。

关于两税法时代的研究，虽说只有概括性的内容，但也有一些达成共识的文献，可以推测当时的情况。根据陆贽的论述，贞元期间除屯田外，接受中央（度支）给养的士兵大约有8到9万人①。这与建中元年（780）76万的军队总数相比②，可以说军队几乎都是靠当地的两税、屯田供养的。另外，根据《供军图》的记载，长庆年间，在供给总人数99万的军队衣食中，59万人的量由两税的留使、留州提供，其他40万人的量则由度支提供③，据此，可以得出在两税法时代，军粮的一半以上是由两税斛斗提供的这一结论④。

这是全国范围的统计情况，但具体到由屯田、和籴及其他各种手段筹措军粮的北边，在军粮的总支出中，也许两税的比率会相对较小。但由于"北边"诸道肩负边境防御的使命，因此被减免了两税的上供⑤，与其他地域

---

① 《陆宣公集》卷十八《请减京东水运收脚价于沿边州镇储蓄军粮事宜状》：
今……除所在营田、税亩自供之外，仰给于度支者尚八九万人。
② 《资治通鉴》卷二百二十六，建中元年末条。
③ 《旧唐书》卷十七下《文宗纪下》，开成二年正月庚寅条：
户部侍郎、判度支王彦威进所撰《供军图》，略序曰……长庆户口凡三百三十五万，而兵额又约九十九万，通计三户资奉一兵。今计天下租赋，一岁所入总不过三千五百余万，而上供之数三之一焉。三分之中，二给衣赐。自留州留使兵士衣食之外，其余四十万众，仰给度支焉。
另外，在《旧唐书》卷一百五十七《王彦威传》中有：
三万（分之误）之中，二给衣赐。自留州留使兵士衣赐之外，其余四十万众，仰给度支。
均未使用军粮一词。我认为在此没有必要严格区分衣赐与军粮的概念。
④ 在李吉甫撰写的《元和国计簿》中，如下描述了元和初年的财政状况：
史官李吉甫撰《元和国计簿》……其凤翔、鄜坊、邠宁、振武、泾原、银夏、灵盐、河东、易定、魏博、镇冀、范阳、沧景、淮西、淄青十五道，凡七十一州，不申户口。每岁赋入倚办，止于浙江东西、宣歙、淮南、江西、鄂岳、福建、湖南等八道，合四十九州，一百四十四万户。比量天宝供税之户，则四分有一。天下兵戎仰给县官者八十三万余人，比量天宝士马，则三分加一，率以两户资一兵。……（《旧唐书》卷十四《宪宗纪上》元和二年十二月己卯条）
在兵员中"仰给县官者"达到了83万人。在这里，很难判断县官是指"国家机关全体"还是特指作为地方官署的县（或者州、道）。假如是前者的话，那么这个数值就只是自备粮食的团练兵以外的士兵数量，如果是后者的话，这就是两税法的留县（或者留州、留使）所供养的士兵数量，即以两税为财源的供给士兵比率更大。
⑤ 参照本页注④《旧唐书》卷十四《宪宗纪上》内容。

相比,两税斛斗被更多用作军粮支出,因此,其作用不容忽视。虽然减少了前方的节度使对朝廷的供奉,但作为补偿,节度使有义务亲自筹措大量的军粮。

租、两税并非是像屯田、和籴那样用于军粮的税种,因此,在涉及军粮的话题时很难引起关注。但作为人丁及耕地单位面积中可以保证固定税额的基本税目,应了以高度评价。为了确保这一税种的征收,就有必要通过不断更新户籍来掌握课税户的情况。可以推测,这正是筹措租、地税及两税的难点所在。

二、屯田

广义上的屯田就是招募耕作者耕种官有地。但在军粮运输困难的边疆地区,开垦保障当地自给自足的荒地、让士兵耕作的土地,也限定性地定义为屯田。另外,也有"营田"一词,这个概念有时同样被当作"广义的屯田"来使用。与其相对,"狭义的屯田"则被定义为"让农民耕种,并收取佃租"[①]。这两个概念在史料上并没有明确的区别。无论哪种形式,征收的农产品最终都是提供军粮之需的,因此,我认为没有必要对二者进行严格区分,统一都使用了"屯田"一词。

关于屯田制度的内容,先行研究很多[②],首先概括介绍"北边"的屯田政策。

随着贞观以来对外征伐的胜利,唐代在各地陆续设置了屯田,到玄宗时期迎来了最初的高峰期。这一过程在史书上并没有逐一记载,但从《大唐六典》卷七所记载的屯田一览[③]以及《通典》卷二里关于天宝八年(749)各道的屯田收获量(参照表1)的记载,都表明了唐代巨大的收获量。由此可知,在屯田总数1039处的总收获量191余万石中,属于"北边"的河东、关内的有389处,计81万石(各约占37%、42%),西域地区(陇右、河西道)

---

① 青山定雄1954(特别是第一章)。
② 青山定雄1954,瑞德1959,日野开三郎1962A,黄正建1986,大泽正昭1996(97~100页),张泽咸《唐和五代时期的屯田》(张泽咸1990所收),同1997。
③ 在近卫本中遗漏了这项内容,在现行的广池学园本、中华书局本中,根据宋本进行了补充。

有326处,计70万石(各约占31%、37%),显而易见,这些地域成为屯田的中心地区。另外,总收获量的191万余石,这与当时每年向地方征收军粮储备的1000万石相比①,屯田的收获量不可小觑。

然而"安史之乱"的发生与吐蕃入侵的加剧,屯田的运营面临着巨大的困难②。大历五年(770),甚至颁布了除华、同、泽三州外的诸州停止屯田的诏书③,可见朝廷基本放弃了屯田④。这种状态到德宗即位初期也没有得到改善,建中元年(780)虽然杨炎试图改变这种现状,但是由于无法确保耕田人数,并没有取得可观的成果⑤。

自贞元年间起,处于衰落状态的屯田开始有了起色。建中末年,处于平稳状态的吐蕃再次加剧入侵,在李晟、韩滉、李泌等人的积极倡导下,有关屯田的益处及重振屯田的呼声高涨⑥,随之出现了很多积极、有意义的实际行动。表2列举的是安史之乱以后屯田开垦的情况,从贞元中开始,重振屯田的准备已就绪,到大和年间,北边几乎全域均可见重兴屯田的景象。

---

① 参照《通典》卷六中记载的所谓"度支岁计",屯田收获量是否包括在这1000万石中,学者们见解不同,但屯田毫无疑问是不可或缺的观点是一致的。

② 《新唐书》卷二百一十五上《突厥传上》记载着杜佑的如下报告,从中可以了解屯田的衰退状况。

大历初,减至六千亩,亩腴一斛,岁少四五百万斛。地利耗,人力散,欲求强富,不可得也。

③ 《册府元龟》卷五百三《邦计部·屯田》大历五年条:

诏"诸州置屯田并停,特留华、同、泽等三州屯,乃悉以度支之务,委于宰臣。"

④ 以下两史料暗示在此期间依然存在屯田,但大势已去。
《册府元龟》卷九百九十二《外臣部·备御》大历十一年正月辛巳条:

加朔方五城戍兵,及增修屯田。备回鹘也。

《新唐书》卷二百一十六下《吐蕃传下》:

(大历)十三年,房大奋马重英以四万骑寇灵州,塞汉、御史、尚书三渠,以扰屯田。

⑤ 《册府元龟》卷四百九十七《邦计部·河渠二》。原文请参照20页注①。

⑥ 《资治通鉴》卷二百三十一兴元元年八月癸卯条:

李晟以泾州倚边,屡害元帅,常为乱根,奏请往理不用命者,力田积粟以攘吐蕃。

《旧唐书》卷一百二十九《韩滉传》:

滉上言:"……臣请以当道所贮蓄财赋为馈运之资,以充三年之费。然后营田积粟,且耕且战,收复河陇二十余州,可翘足而待也。"上纳其言。

《资治通鉴》卷二百三十二贞元三年七月条:

(李泌)对曰:"戍卒因屯田致富,则安于其土,不复思归。……"

此外,也可看到元稹的言论,见《元氏长庆集》卷三十三《论西戎表》。

在此期间的将近半个世纪的时间内,可以说迎来了唐代屯田政策的第二次高峰期。

表1　开元、天宝中的道别屯田数、收获量

	关内	河东	陇右	河西	河北	河南	剑南	合计
屯田数	258	131	172	154	208	107	9	1,039
收入(石)	563,810	245,880	440,902	260,088	403,280	?	?	1,913,960

注:出典:屯田分布:宋本《唐六典》卷七"屯田郎中"条;收获量:《通典》卷二《食货典·屯田》(天宝八年的数据)。

表2　安史之乱后的屯田开垦

年份	地域	主管人	出典
大历十一(776)	朔方五城	?	《册府元龟》卷九百九十二
建中元年(780)	丰州	宰相杨炎(后失败)	《册府元龟》卷四百九十七等
贞元三年(787)	京西北	宰相李泌	《资治通鉴》卷二百三十二
贞元四(788)以后	泾州、良原	泾原节度使刘昌 陇右节度使李元谅	《旧唐书》卷一百五十二等 《旧唐书》卷一百四十四等
贞元七年(791)	夏州	(夏绥银节度使韩潭?)	《旧唐书》卷十三
贞元十年(794)—元和二年	凤州普润县	陇西经略军使刘澭	《吕衡州集》卷六
贞元十二年(796)—二十年	天德军	天德军防御使李景略	《旧唐书》卷一百五十二等
元和六年(813)	凤翔府	凤翔节度使李惟简	《资治通鉴》卷二百三十八
元和六年(813)—元和八年	振武、天德、代北	代北水运使韩重华	《韩昌黎集》卷二十一等
元和十五年(820)以后	灵、武	灵武节度使李听	《旧唐书》卷一百三十三
长庆四年(824)	灵、武	灵武节度使(李进诚)	《册府元龟》卷五百三
大和六年(832)	灵、武、邠、宁	判度支王起	《册府元龟》卷五百三等
大和七年(833)以前	银州	银州刺史刘源	《册府元龟》卷六百七十三
大中元年(847)—二年	云、朔、蔚州	河东节度使王宰	《山右石刻丛编》卷九

续表

年份	地域	主管人	出典
大中三年(849)	原、秦、威州	灵武、邠宁、泾原、凤翔各节度使	《唐会要》卷九十七
大中六年(852)—八年	泾、原	泾原节度使裴识	《新唐书》卷一百七十三
大中六年(852)—十年	邠、宁	邠宁节度使毕诚	《新唐书》卷五十三
大中十一年(857)以前	河、渭州	秦成防御使李承勋	《资治通鉴》卷二百四十九
咸通初	大同军	大同军防御使卢简方	《新唐书》卷一百八十二

从表 2 中可以看出大中年间屯田开垦的盛况。由于武宗时代回鹘的入侵、宣宗初时收回河湟地区以及沙陀族、党项族的兴起等,屯田是为了对应唐代"北边"的动荡局势而采取的措施。直到 10 世纪初,唐代政权得以保全与此有着密不可分的关系。

综上所述,屯田在提供军粮方面做出了巨大的贡献,特别是了解了重点在"北边"设置屯田的情况后,可以进一步探讨屯田的特点并探索屯田与其他政策间的相互关系。

与其他手段相比,屯田是效率最高、浪费最小的政策。正如当时人们常说的那样,在当地耕种,比从内地输入军粮,可以节省更多的劳动力与经费①,另外,屯田在官府的总收获量中所占比率较大这一事实,在迄今的研究中没有得到足够的重视。自古以来公田的税率高于私田,例如职分田、公廨田每亩纳税的上限是六斗,比每亩两升的地税高出很多②,屯田则与农

---

① 各举唐代前期与后半期的一个例证。
《旧唐书》卷一百九《黑齿常之》(由《新唐书》卷一百一十本传可知是调露中的情形):
常之以河源军正当贼冲,欲加兵镇守,恐有运转之费,遂远置烽戍七十余所,度开营田五千余顷,岁收百余万石。
《旧唐书》卷一百六十四《王起传》(《册府元龟》卷一百三《邦计部·屯田》中将此事件记录为大和六年二月之事):
以西北边备,岁有和市以给军,劳人馈挽,奏于灵武、邠宁起营田。
② 《唐会要》卷九十二《内外官职田》开元十九年四月条:
敕,天下诸州县并府镇戍官等职田项亩籍帐,仍依允租价对定,无过六斗,地不毛者,亩给二斗。

民的佃田"营田型"税率持平。另外,由士兵耕种的所谓"屯田型"的田地,耕种者自身的消费量与征税后的剩余产品,最终都供给军需了。

这是有利的一面,同时也存在因耕地在军事前线地带,常有外敌入侵,无法保证士兵长期在固定的土地上进行耕种的缺点。吐蕃、回鹘虽常在收获季袭击"北边",但并不是长期占据,很快就又退回自己的根据地了,对屯田的侵扰也是暂时性的。即便吐蕃、回鹘撤退了,屯田也不能恢复持续生产,这便成为屯田的关键问题。例如,建中元年(780)宰相杨炎打算在丰州开垦屯田时,持反对意见的京兆尹严郢这样描述了当地的情形:

> 案旧屯沃饶之地,今十不耕一,若力可垦辟,不俟浚渠。其诸屯水利可种之田甚广。盖功力不及,因致荒废。(《册府元龟》卷四百九十七《邦计部·河渠二》建中元年正月条)。

严郢将"北边"的农地称为"沃饶",认为屯田崩溃的关键原因不是"农业生产力的不足",而是根本"没有耕地的人"。事实上,在唐代的史料中,经常会发现"北边"其实有很多适于耕作的土地这样的内容①:

> 山之东,河之西,有平田数千顷,可引水灌溉。如尽收地利,足以瞻给军储也。(《元和郡县图志》卷四《灵州灵武县贺兰山》)

> 今岐陇之地甚饶,农食不充秕稗,衣结缕无帛布。(《沈下贤文集》卷十《西边患对》②)

> 户部尚书、判度支王起奏:"灵、武、邠、宁田土宽广,又复肥浓,悉堪种莳。承前但逐年旋支钱收籴,悉无贮积。与本道计会,立营田。"从之。(《册府元龟》卷五百三《邦计部·屯田》大和六年二月条)

> 灵、武、天德三城封部之内,皆有良田。缘无居人,久绝耕种。(《册府元龟》卷五百三《邦计部·屯田》会昌六年五月赦文节文)

---

① 关于北边各地农业的兴起,参照史念海1988A,64~66页、70~71页,及1988B,94~96页,1999。

② 此文是元和十二年(817)沈亚之在岐陇方面进行调查时的报告。

如此,在此期间屯田能否重兴的关键就是能否不断提供劳动力了。例如,建中元年(780)杨炎打算在丰州开垦屯田时,已采用了付工资雇佣近畿民众的方法。由于对应该支付给劳动者的薪金的估价过于乐观,同时,强行征用也使得京畿的人们饱尝苦难,因此,这种雇佣方式并没有延续下来①。"北边"屯田,明显存在着雇佣耕作者则花费极大,而从其他地方强行召集劳动者,又会给那一地区的民众带来极大痛苦这样的问题。

贞元到大和年间,采取了让士兵从事农耕、招募自愿租田耕种的贫民进行耕种、强迫罪犯从事劳动等方法②。这些措施都没有采用雇佣的方式,并且还避免了强征远方的住民,可以说这是吸取了前代教训制定出的措施。由于以上措施,屯田的复兴在这一时期取得了暂时的效果。然而,问题并未得到根本解决。由于没有耕作者,很多丰饶的土地被闲置,这种状况在屯田的实施记录中随处可见。前引《元和郡县图志》、会昌六年敕文的记述都暗示

---

① 《册府元龟》卷四百九十七《邦计部·河渠二》建中元年正月条:

浚丰州之陵阳渠。时杨炎为相,议开陵阳渠,发京畿人,于西域就役,闾里骚扰。炎不习边事,请于丰州屯田,人颇苦之。时京兆尹严郢尝从事朔方,晓其利害,乃具五城旧屯及兵募、仓储等数,奏曰……又每人须给钱六百三十、米七斛二斗。私出资费,数又倍之。据所收必不登本,关辅之人,不免流散……。疏奏不报。郢又上奏曰……。时炎方用事,郢议不省。卒开陵阳渠。而竟弃之。

② 为了确保屯田的耕种者采取了以下三种方式。1. **兵员从事农耕**。兵员参与耕作主要采用以下三种形式:解除兵任,使其参加农耕;保留边防军的身份,使其参加农耕;轮流执行军务与农务任务。贞元三年(787)由李泌实施的事例属于第一种形式,他从兵役期限终了的防秋兵中招募愿意留在边境的定居者,给他们发放农具等,让他们从事农耕。当时,防秋兵的总人数有 17 万人,因此,招募了 10 万人左右。

(泌)对曰:戍卒因屯田致富,则安于其土,不复思归。旧制,戍卒三年而代,及其将满,下令,有愿留者,即以所开田为永业。家人愿来者,本贯给长牒续食而遣之。据应募之数,移报本道。……既而戍卒应募,愿耕屯田者什五六。(《资治通鉴》卷二百三十二贞元三年七月条)

第二种形式的耕作者被称为"食粮健儿"。

诸道除边军营田处,其军粮既收其正税米,分给其所管田,自为军中资用,不合取百姓营田,并以瘠薄地回授百姓浓肥地。其军中如要营田,任取食粮健儿,不得辄妄招召。(《册府元龟》卷九十《帝王部·赦宥九》元和十五年二月丁丑条)。

这里所记载的是并非强迫一般人耕屯田,有必要的话,就征收食粮健儿的收获。无法确定这些健儿究竟是兵农兼任还是解除了兵任专门从事农耕的人,但至少,他们与一般的农民不同,可以肯定他们属于边防军这个身份。(转下页注)

着这样的政策最终无法延续。可以推测其根本原因是雇佣兵制度下的兵员厌恶并逃避劳动，这种意识层面的变化产生了很大的影响。例如，元和六年(811)韩重华在大同至鄂尔多斯之间开垦屯田时，如下描述了兵员厌恶耕种的样子：

> 边军皆不知耕作，开口望哺。有司常僦人以车船自他郡往输，乘沙逆河，远者数千里。人畜死，蹄踵交道，费不可胜计。(《韩昌黎集》卷二十一《送水陆运使韩侍御归所治序》)

在长庆元年(821)正月三日的赦文中可以看到属于第三种形式的内容。命令官健到民间被遗弃无人耕作的农田进行耕种，并如下记载了其运营形态：

> 其官健，仍量借贷种粮，分番上下，各任营农。放三年差税，年限满后，据桑地准例固定。合当下番营农者，停给月粮，其衣物赐及杂赏给，并如旧。(《文苑英华》卷四百二十六《长庆元年正月三日南郊改元赦文》)

采用交替从事军务与耕种屯田的措施，停止给下番者(耕种者)发放月粮。所谓月粮就是保障官健的基本供给。上番者(从军者)则每月发放月粮，但承认下番者的屯田收获。由于实行轮番制，就免除了同时承担兵、农的辛劳，这一点很有特色。

2. 招募自愿租田耕种的贫民。在《文苑英华》卷四百三十《大中元年正月十七日赦文》中有关于移入贫民的记载。命令招募贫民耕种闲田，利用其收获储备灾害及补充军粮。

3. 强征罪犯。这种方法在元和六年(811)时，由于韩重华的提倡而首次出现在屯田中。

> 吾族子重华适当其任，至则出脏罪吏九百余人，脱其桎梏，给耒耜与牛，耕其傍便近地，以偿所负，释其粟之在吏者四十万斛不征。……故连二岁大熟，吏得尽偿其所亡失四十万斛者，而私其赢余，得以苏息，军不复饥。(《韩昌黎集》卷二十一《送水陆运使韩侍御归所治序》)

这与"天德五城配流"密切关联。《文苑英华》卷四百二十六《长庆元年正月三日南郊改元赦文》中如下规定，放还流放的犯人后，招募别的佃作者来耕种屯田。

> 其天德军流人，满十年即放回，其粮赐委防御使，便别召人充补营田驱使。

也就是说，土地在此之前是由罪犯耕种的。

会昌六年(846)五月颁布以下命令：

> 灵、武、天德三城封部之内，皆有良田。缘无居人，久绝耕种，自今以后，天下囚徒合处死刑，愤(情之误)非巨蠹者，特许生全，并家口配流此三道，仍令本军镇各收管安存，兼接借农具，务使耕植。(《册府元龟》卷五百三《邦部计·屯田》)

这里描述的是将免去一死的罪犯流放到天德，使其从事农耕。虽未写明移入住地的目的就是为了屯田，但参照以上史料可知应该就是屯田。关于在安置地的劳动状况参照辻正博1993。

21

另外,长庆三年(823)三月十日德音中记载了官健的世袭化与日益疏远农耕的危机:

> 辕门委质,营垒分师,有役干戈,无由耕稼。况自天宝已后,屯兵七十余年,皆成父子之军,不习农桑之业。一朝罢归垄亩,顿绝衣粮,言念饥寒,深用嗟悯。(《文苑英华》卷四百三十七《叙用勋旧武臣德音》)

此外,据说大和年间,在灵武、邠宁等镇,不仅兵员,就连一般百姓也不耕种了。

> 灵武、邠宁,土广肥而民不知耕。大和末,王起奏立营田。(《新唐书》卷五十三《食货志三》)

如上,唐王朝为了维护屯田想尽了各种办法,但在预防外敌的前线地带,确保劳动力是个相当严峻的问题。因此,在投入了大量经费并采用下述的辅助政策后,屯田才得以维持。

三、和籴、折籴与上供

上述的租、地税、两税与屯田都是边军各自在当地筹措自给军粮的形式。和籴与上供则大致相当于来自中央的补充①,这里加上"大致"一词是为了有所保留,因为和籴中既存在中央购入后补给"北边"的情况,也包括"北边"实行现地自给的情况。后者的形式也称为"就军和籴"②,这种形式唐初就实施了,是在丰年时为增加储备而采取的措施。与此相对,在京兆府、河东、代北地区则实施了来自后方援助的和籴政策③,和籴是不分丰年、荒年,每年都实行并最终固定下来的筹粮形式,从而确保了持续不断的粮

---

① 关于边军依存于中央补给的情况,参照王寿南1978,299~302页。
② 《陆宣公集》卷十八《请减京东水运收脚价于沿边州镇储蓄军粮事宜状》:
陛下顷以边兵众多,转馈劳费,设就军和籴之法以省运,制与人加倍之价以劝农。此令初行,人皆悦慕,争趋厚利,不惮作劳,耕稼日滋,粟麦岁贱。……果能用之,足谓长算。
③ 唐代后半期也将这样和籴的一部分作为储备。参照菊野恭子1958,1~2页,卢向前1996,31~35页。

食运输(参照第二章第一节内容)。历来的研究中,将"就军和籴"与京兆府、代北的和籴混为一谈,其实二者在究竟是现地自给的还是中央补充的、是只在丰年才实施的还是常态实施的这两方面性质均有不同,应该进行区别。

其次,构成中央补给的另一个系统是来自江淮的上供谷物。详细情况将在下一节中进行论述。这些上供谷物分为边军用与中央用两部分。也就是说这些上供谷物中也包括为驻扎在京师的禁军提供补给的部分,因此,并非将上供全额都供给了边防军。

和籴与上供作为来自后方支援的手段,对于满足关中地区的谷物需求起到了很大作用①。二者各有长短,因此,究竟应该更重视哪一部分的争论从唐代后半期就很多,这样的争论在理解二者究竟是怎样的补充关系上具有积极意义。首先来了解站在中立立场上对和籴重视派与漕运重视派进行了正确评价的陆贽的观点:

> 习闻见而不达时宜者,则曰"国之大事,不计费损,故承前有用一斗钱运一斗米之言,虽知劳烦,不可废也"。习近利而不防远患者,则曰"每至秋成之时,但令畿内和籴,既易集事,又足劝农,何必转输,徒耗财赋"。臣以两家之论,互有短长,各申偏执之怀,俱昧变通之术。(《陆宣公集》卷十八《请减京东水运收脚价于沿边州镇储蓄军粮时宜状》)

对于漕运派的"漕运是祖先留下来的办法,无论花多少经费都必须固守"的论调,陆贽断言在现实中很难实现。沈亚之也批评漕运花费巨大②,由此可见,上供的最大弊端就是这个问题。对于和籴派"收获期在畿内和籴的话,不必投入巨额费用还能确保粮食"的论述,陆贽认为是只顾眼前利益,未考虑到未来弊端的短见。在上述引用史料的前一段,陆贽还指出从德宗朝开始实施的就军和籴本来是极好的政策,但由于担任此项工作的官

---

① 关于和籴所发挥的作用,参照铃木正1940A、B,关于上供,参照外山军治1937。
② 《沈下贤集》卷三《学解嘲对》:
今以三千人食劳输江淮岁贡三十万斛,迎流越险,覆舣败轵,不得十半。自漕(渭)以东,督稽之官凡四十七署,署吏不下百数,岁费钱十千万为大数。

员各种不正当行为,所以进展并不顺利①,陆贽所说的弊端就是指这些现象。白居易等人也猛烈抨击在和籴中经常会出现过度课收谷物、压价购买、不付货款等问题②,这些致命的缺点一直延续到后代。史书上并未对此进行明确说明,但事实上和籴的收购额因为该年份是丰年还是荒年波动很大,因此,无法稳定地供给粮食成为和籴政策的最大缺点。

和籴虽有这样的问题,但依然没有被中止,主要是因为漕运的谷物量有限。开元二十五年(737)在关中开始实施和籴政策,主要是为了解决由于上供问题及由此带来的东都就食困难问题③。即使是漕运最大量达到400万石的玄宗时代都是这样,那么到了最多也只能达到40至50万石左右的唐代后半期④,可以想象只依赖上供根本无法满足需求,因此,关中对江淮经济的依赖程度,由于和籴的常态化、屯田的复兴,到了唐代后半期反而下降了。事实上,上供额虽然下降了,但并没有完全中止。白居易就为何必须坚持上供提出了下面的观点:

> 夫都畿者,四方所凑也,万人所会也,六军所聚也。虽利称近蜀之饶,犹未能足其用,虽田有上腴之利,犹不得充其费。况可日削其谷,月朘其食乎?故国家岁漕东南之粟以给焉,时发中都之廪以赈焉,所以赡关中之人,均天下之食,而古今不易之制也。(《白氏长庆集》卷六十三《策林二·二十四·议罢漕运可否》)

可见此后巨大的粮食需求现状并不会发生变化,因此,仅靠关中是无法完全满足这种需求的。继续以上供为筹措粮食的基本方法,根据需要再由中央进行赈给就成了惯例。可见,粮食补给部门建立在相对费用较小的和籴与能够提供稳定供给的上供相互支撑的架构之上。

---

① 《陆宣公集》卷十八《请减京东水运收脚价于沿边州镇储蓄军粮事宜状》:
陛下顷以边军众多,转馈劳费,设就军和籴之法以省运,制与人加倍之价以劝农……果能用之,足谓长算。既而有司隘吝,不克将顺,忘国家制备之谋,行市道苟且之意。当稔而愿籴者,则务裁其价,不时敛藏,遇灾而艰食者,则莫摅乏粮,抑使收籴。遂使豪家贪吏,反操利权,贱取于人,以俟公私之乏因,乘时所急,十倍其赢。
② 《白氏长庆集》卷五十八《奏状》。
③ 《新唐书》卷五十三《食货志三》等。
④ 关于唐代后半期漕运额的减少参照瑞德1970,93~94页。

还有一种来自中央的军粮补充手段——折籴也是不能忽视的①。折籴就是将两税钱的一部分按等价的谷物进行征收的方法。贞元二年(786)，开始在京兆、河南、河中、同、华、陕、虢、晋、绛、鄜、坊、丹、延十三州府实行折籴②，而且也是经常性地在这十三州实施折籴③。最重要的是折籴弥补了和籴及两税钱的弊端，即百姓出卖和籴谷物时，在销售本应由官方收缴的两税钱农作物时，却被商人压价收购。而折籴则直接缴纳生产物，这样一来就不会出现买卖的差额利润，也能预防不正当行为④。但折籴也有不足之处，元和八年(813)允许把折籴粟折纳为两税钱时，如下记载了各地的折籴数额：

> 权判度支、兵部尚书王绍奏："请折籴粟，京兆府二十五万石、同州五万石、华州三万石、陕州五万石、虢州三万石、河中府三万石、绛州二万石、河南府六万石、河阳节度管内十万石，准旧仍各于本州处中旬时估，每斗加饶五之一，京兆府量加五之二，以当府秋税青苗钱折纳：……"从之。(《册府元龟》卷五百二《邦计部·平籴》元和八年九月癸丑条)

这里所列举的数字应该是各州府折籴粟的总数，因为元和六年(811)颁布的诏书里有以下的记载：

> 京兆府每年所配折粜(籴)粟二十五万石。宜放于百姓有粟情愿折纳者，时估外特加优饶。(《旧唐书》卷十四《宪宗纪》"元和六年十月戊寅"条)

京兆府每年征收的折籴额为二十五万石，与上述王绍上奏的数值一

---

① 没有关于折籴的专论，船越泰次1973列举主要的史料并予以的解释很有参考价值。但由于主要论述的是两税法的课税体系，并未过多论及折籴。

② 《册府元龟》卷五百二《邦计部平籴》贞元二年十月条、同三年闰五月条。

③ 经常性实施折籴的情形可以从《旧唐书》卷十四《宪宗纪上》元和六年十月戊寅条记载的"……京兆府每年所配折粜(籴)粟二十五万石"得到确认。另外，元和十一年(886)免除了过去两年间亏欠的折籴(《册府元龟》卷四百九十一《邦计部·蠲复三》)。如果不计入经常性收入的话是不可能产生亏欠问题的。关于折籴的经常性问题船越泰次也做了阐述(船越泰次1978)。

④ 《白氏长庆集》卷五十八《论和籴状》。

样。因此,可以认为王绍奏折里所列举的数字是各州府每年折籴的总量(参照表3)

表3 折籴的分配额(单位:万石)

京兆府	25
同州	5
华州	3
陕州	5
虢州	3
河中府	3
绛州	2
河南府	6
河阳节度使管内	10

除京兆府外,各州的折籴都在10万石以下,规模较小。这是因为折籴只是将本应由各州县支配的两税钱的一部分转成了军粮。因此,如果无限制地扩大折籴的话,势必影响到当地的财政收入,也就是说,折籴一开始就是设有限制的政策①。

以上回顾了唐代后半期在关中实施的军粮筹措方法。可粗略地划分为相当于现地自给的租、地税、两税斛斗、屯田、就军和籴,相当于中央补给的上供以及京兆府与代北的和籴、折籴。各政策间的相互补充关系可以概括如下:首先是极力维护能提供稳定供给的租、地税、两税、屯田以确保现地自给。另外,如果是丰年的话,就随时进行就军和籴,以确保储备。由于难以掌握租、地税、两税的课户情况,难以确保屯田的充足劳动力供给,难以确保就军和籴的农作物收成,因此,不足的部分还得靠中央的支援。在中央的三项补助政策中,虽说和籴最容易实施,但也存在收购额不稳定与官僚贪墨的弊端,上供虽能保证供给,但需要巨大运输费。折籴虽然能预

---

① 折籴粟不仅是军粮,很多时候也是灾害时的赈济用储备粮。参照《册府元龟》卷一百六《帝王部·惠民二》元和九年二月丁未条;同书卷五百二《邦计部·平籴》长庆四年八月条,宝历元年八月条。《文苑英华》卷四三六"赈恤诸道遭旱百姓敕"(大和八年正月二十四日发布)。《唐大昭令集》卷八十六"咸通七年大赦"。

防和籴附带的舞弊行为,但又有征收量的限制。如此,由于各种较为稳定的补充手段各有利弊,因此,各种形式并用以便进行相互补充。可以说这就是"北边"军粮筹措的基本构成。

第二节　军粮的分配

上一节论述的焦点是唐代如何确保军粮,也就是如何筹措军粮的内容。军粮筹措及其征收过程一直以来都是学者们感兴趣的领域,因此我的论述可以看作是在这一延长线上的内容。以往的研究经常提到在财政史的整体研究中存在"偏重收入论,忽视支出论"的问题,在分析军粮问题时,这一弊端依然无法回避。令人欣喜的是近年来李锦绣、青木场东相继发表了著作,为唐代财政支出的研究提供了新的可能性①。但是,前者仅以租庸调时代为分析对象,后者对军费,特别是军粮的论述不够充分,因此,关于唐代后半期的军粮支出问题依然存在进一步深入研究的必要,本节将重点论述这个问题。

为了阐明军粮的支出及其分配,就必须先搞清楚财源、负责官署、供给地的对应关系,换句话说,就是什么样的粮食被谁配给到了哪里。以下将分为现地自给的财源(两税斛斗、屯田、就军和籴)与来自中央的供给(在京兆府及代北的和籴、折籴、上供)进行论述。

一、现地自给

1. 两税斛斗

两税斛斗是供给军粮的支出形式,自然由各道节度使(严格地说是观察使、支度使)与各州刺史负责其缴纳业务。至少可以肯定两税斛斗的主要供给对象是道州兵,即由节度使、刺史所指挥的兵员。这是因为要遵循

---

① 李锦绣 1995,清木场东 1997。丸桥充拓 1999B 发表后,李锦绣发表了李锦绣 2001,综合探讨了唐代后半期的财政支出问题。

两税的留使、留州份额受度支控制并在道州内支用这一原则①。在本书第14页引用的《供军图》中记载着由留使、留州提供衣食的有近60万人②，因此，很难想象当地的两税会流用到其他地方去，几乎全部都应该是供应道州兵了。

另外，也有暗示为禁军供给两税斛斗的记载。长庆年间，同州刺史元稹上奏的《同州奏均田状》中表明，神策军的地方组织神策外镇，从其组织领域以外的一般农民那里，通过州县的课税体系征收军粮：

> 当州供左神策邠阳镇军田粟两千石。右，自置军镇日，伏准敕令，取百姓蒿荒田地一百顷，给充军田。并缘田地零碎，军司佃用不得，遂令县司每亩出粟二斗，其粟并是一县百姓税上加配。偏当重敛，事实不均。臣今已于七县应税地上，量事配率，自此亦冀均平③。

由此可知，由于神策外镇所辖屯田收获不足，因此强迫所在州县，让当地的农民每亩多交两斗军粮。事实上这就是两税斛斗的增税，与提供给禁军的军粮并没有什么不同。如果将前面提到的上奏看作是对神策军专横的控诉，那么，从州县向外镇直接供给两税斛斗的流程似乎并未得到正式认可。没有制度保障，是仅靠武力寄生于州县统治体系中的禁军的操行，在此得到了印证。综上可知，一般情况下，两税斛斗由节度使、刺史统管，供给道州兵，有时禁军也会强行瓜分。

2. 屯田

屯田可分为由各道州运营的屯田、属于中央的屯田、神策外镇管辖的屯田三种形式。回顾表2的内容可知，元和年间水运使韩重华在代北开垦

---

① 参照渡边信一郎1990，239页。另外，史料记载了关于节度使负责管辖区两税事宜的四川事例：

今臣（剑南西川宣抚使崔戎）与（剑南西川节度使）郭钊商量，当道两税，并纳见钱，军中支用及将士、官吏俸依（衣）赐，并以见钱给付。（《册府元龟》卷四百八十八《邦计部·赋税二》大和四年五月条。）

② 参照本书第14页注③。

③ 关于《元氏长庆集》卷三十八中收录的上奏文，船越泰次有详细的译注（船越泰次1992）。本文的译文参照了船越泰次的译注。

屯田,大和年间判度支王起在灵武、邠宁设置了由度支管辖的屯田,其余则是由各节度使开垦的屯田。代北屯田其后也由直属代北的水运使负责管理,其收获则供给代北、振武的道州兵(参照本书第三章第二节)。另一方面,王起设置了度支地方组织——营田务负责其运营①。由于缺乏记录,无法了解详细情况,但根据王起上奏中"与本道计会"的描述②可以推测供给对象应该就是道州兵。由其他节度使负责的屯田当然也可以认为是为道州兵提供需求的。

另外,也存在着禁军所管辖的屯田。这从前述的《同州奏均田状》中出现的"军田"一词上可以得到证实。关于禁军的运营究竟由谁负责并没有相关史料记载,但从禁军与州县的统治实际上是分离的状况来看,禁军应该是独自经营的。

北边除了道州兵、禁军兵以外,还屯驻了从关东诸州派来轮藩的防秋兵。在他们中也有被解除军事任务后移驻屯田的人③,另外,近年经常提到的李良的墓志铭中有如下记述④。

> 后,为淮西节度使李忠臣补十将……属西戎犯边,征成关右,选帅命将,必俟全材,擢授淮西行营兵马使……移屯普润。公以为防边珍寇,莫先积谷,首谋定策,帝命不违,务充国之屯田,省弘羊之经费。属连岁丰稔,储蓄巨万。(《隋唐五代墓志汇编》陕西卷四,61页,《唐代墓志汇编》下,贞元一百一⑤)。

据此可知,关东派遣来的行营将帅,也有依靠屯田为防秋兵筹措军粮的情形。也就是说屯田的收成分配给了道州兵、禁军兵与防秋兵。

---

① 《旧唐书》卷十七下《文宗纪下》大和六年二月庚辰条:
庚辰,户部尚书、判度支王起请于邠宁、灵武置营田务。从之。
② 原史料(《册府元龟》卷五百三)在本书第19页中也有引用。另外,在《册府元龟》卷五百三《邦计部·屯田》开成元年三月戊午条中有度支奏请"停京西营田"的记载,这有可能是"停京西营田务"之误。
③ 相当于本书第17页表2中李泌开垦的屯田。
④ 李忠臣宝应元年(762)到大历十四年(779)之间在淮西镇,因此引用部分可以说是代宗年间发生的事情。
⑤ 前者由天津古籍出版社1991出版,后者由上海古籍出版社1992出版。

3. 就军和籴

就军和籴是由度支主导，由其地方组织——巡院与地方官员合作管理的形式（参照第三章第二节第86~88页的内容）。这项政策主要以丰年时的粮食储备为目的，并没有限定供给地。例如，贞元八年（792）陆贽在北边实施和籴时就很注意为道州兵、禁军兵双方都提供供给。

> 得凤翔、泾陇、邠、宁、庆、鄜、坊、丹、延、夏、绥、银、灵、盐、振武等道，良原、长武、平凉等城报，除度支旋籴供军之外，别拟储备者，计可籴得粟一百三十五万石。（《陆宣公集》卷十八《请减京东水运脚价于沿边州镇储蓄军粮事宜状》）。

凤翔以下的七道由各节度使管辖，其余三城中良原与长武是神策外镇的所在地[①]。

另外，给防秋兵提供的粮食，从大历九年（774）至少到贞元三年（787）之间，基本由和籴保证其供给。大历九年的诏书上规定这些防秋兵的出身道要为每人缴纳二十贯的和籴费用[②]。这一时期的防秋兵人数不足4万，之后数量急剧增长，到贞元三年已达到17万人，而他们的粮食则继续由和籴确保[③]。同年，李泌从他们中招募移驻屯田的人，这使防秋兵的人数减少了一半[④]，以后的情形不太明确，但防秋兵并没有消失，因此，和籴粟的支出之后也应该没有停止。另外，负责指挥防秋兵的是派遣防秋兵当地的节度使[⑤]，因此

---

① 何永成1990，47页；参照本书另第131~135页表17。
② 《册府元龟》卷四百八十四《邦计部·经费》同年五月乙丑条：

> 敕曰……应诸道每岁皆有防秋兵马……恐路远往来增费，各委本道节度观察使、都团练等使，每年当使诸色杂钱及回易利润、脏赎钱物，每人计二十千，每道各据所配人数，都计（<u>钱数</u>），市轻<u>货</u>送上都左藏库贮纳，充别敕和籴用，并不得克当将军士衣粮充数，仍以<u>秋</u>收送毕。

（划下线的是根据《旧唐书》卷十一《代宗纪》的相关记事内容补订的。）
③ 《新唐书》卷五十三《食货志三》：

> 贞元初，吐蕃劫盟，召诸道兵十七万戍边。关中为吐蕃蹂躏者二十年矣。北至河曲，人户无几。诸道戍兵月给粟十七万斛，皆籴于关中。

另外，也为防秋兵提供屯田的收获物，因此，"皆籴关中"的表达并不正确。
④ 参照《资治通鉴》卷二百三十二，贞元三年七月条。
⑤ 曾我部静雄1979、1980。关于防秋军的统属地，参照同1980，48页。

可以推测负责分配的大概也是他们。综上可知就军和籴为各兵种提供了保障。

二、来自中央的供给

关于中央供给的各种形式的粮食,运达前线后究竟运往何处、又如何进行分配的问题,在现有文献中并没有明确记载。在京师也许采取的是不区分开支项目,把所有的粮食汇总到一起,再发遣的方法。因此,这里想探索一下汇聚到中央的军粮运输给边军的过程。

1. 军粮的汇集

首先考察军粮积集的过程。根据前述可知,和籴是由度支负责指挥全局的,但事实上京兆府的购买业务则由同府负责,河东、代北则由代北水运使负责①。折籴也同样由度支整体负责,而实行折籴的各州府则负责具体业务。先列举开始实施折籴时的史料。

> 度支奏:"京兆、河南、河中、同、华、陕、虢、晋、绛、鄜、坊、丹、延等州府,秋夏两税、青苗等钱物,悉折籴粟麦,所在储积,以备军食。……"诏可其奏。自是每岁行之,以赡军国。(《册府元龟》卷五百二《邦计部·平籴》贞元二年十月条)

在度支的主导下,以筹措军粮为目的的折籴就这样开始实施了。

贞元中,京兆尹韩皋的贪污事件则揭示了地方官与折籴业务间的纠葛。

> 改京兆尹,……又劝皋搜索府中杂钱,折籴百姓粟麦等三十

---

① 关于京兆府参照本书第二章第一节,来自代北的补充参照第三章第二节。另外,在《册府元龟》卷六百一十九《刑法部·案鞫》裴充条中有华州刺史、户部员外郎、左司员外郎等贪污和籴事件的记载。

裴充,为大理少卿。文宗太和八年十二月癸巳,命充与刑部郎中张讽、侍御史卢弘正充三司使,就御史台推户部钱物事。华州刺史宇文鼎、户部员外郎卢允中、左司员外郎判户部姚康并下御史台推鞫。先是,宇文鼎妄支和籴官秦季元钱八万余贯,姚康、卢允中与巡官李孚、杨洵美并典吏等,分取秦季元绢凡六千九百四十四。至是,御史台以具狱闻,鼎贬循州刺史,康贬韶州始兴县尉,允中贬高州良德县尉,洵美与孚各杖一百,流岭外。

由上可知,中央、地方的各级官员都与和籴业务有关联。

万石进奉，以图恩宠。(《旧唐书》卷一百二十九《韩皋传》)

这个记录讲述的是京兆尹、同府仓的曹参军有权在现场指挥折籴，并篡改账簿，多收粮食的情形。先由转运使将上供送到京师，中央分配其支用额。而具体承担这项工作的则是东渭桥给纳使。

> 渭水东附河，输流逶迤于帝垣之后，倚垣而跨为梁者三，名分为中东西。天廪居最东，内江淮之粟，而群曹百卫于是仰给……官曹士卫之所仰给者，如取之家食焉。(《沈下贤文集》卷六《东渭桥给纳使新厅记》)

唐代后半期给纳使似乎成为一个常设使职。在一些墓志铭中可以发现有几个担任过给纳使或做过其部下的人物①。在上面所引《厅记》中，列举的支给上供谷物的对象是"群曹、百卫""官曹、士卫"。所谓百卫、士卫均为驻扎在京师的禁军，因此，将此解释为未考虑边军的情况应该是合适的②。由此可知，运到东渭桥仓的军粮是支给禁军的。但这并不意味着就不给前线供给上供谷物了。其根据就是贞元五年(789)的度支转运使的奏请③，要求把此前移交到各州县的漕运业务④恢复由中央指挥。下面来看其具体内容：

---

① 据我所知，可确认姓名的有以下四人：给纳使令狐纮、判官马做、巡官卢伯卿、专知官支汾。各出自《隋唐五代墓志汇编》江苏卷第122页；洛阳卷十三第116页；洛阳卷十三第168页；洛阳卷十四第188页；参照《唐代墓志汇编》(下册)咸通062、大和047、开成049、乾符033等。另外，令狐纮墓志在清毛凤枝撰《关中金石文字存逸考》卷五中，马做墓志在《芒洛冢墓遗文四编》卷六中有录文。也可参照高桥继男1985注29。关于东渭桥给纳使，丸桥充拓1999B发表后，李锦绣又进行了详细分析，补充了很多实证(李锦绣2001，356~363页)。

② 关于给京禁军提供的上供谷物，在《资治通鉴》卷二百三十二贞元二年三月条中有记载，这是刚平息了朱泚、李怀光之乱后混乱期的事例，不能以此来评价正常时期的情况。

③ 这里需要对度支转运使这一官职进行一些说明。按唐代后半期的惯例，财政支出与运输事务由度支使与盐铁转运使分别掌管。德宗初年不久，这种形式崩溃，财政使职的职责也一度混乱，贞元五年正处于此期间，之后在贞元八年分成了两使。高桥继男1973对此过程经过了详细论述。

④ 将漕运业务移交给州县管理是崔造于贞元二年正月实施的措施。(《册府元龟》卷四百九十八《邦计部·漕运》)

> 度支转运使奏:"来年江淮转运米等,比年自扬子运米送上都,皆分配缘路观察使,差长纲发遣,运路既远,实谓勤劳。伏以京西屯军储畜是切。今请当使诸院悉自差纲,节级船运,冀得省便,必应程期。"从之。(《册府元龟》卷四百九十八《邦计部·漕运》贞元五年十一月条)

这里记载了在京西军的储备中包括江淮米。另外,永贞元年(805)杜佑上奏:

> 度支使杜佑奏:"太仓见米八十万石,贮来十五年,东渭桥米四十五万石,支诸军皆不悦。今岁丰阜,请权停北河转运,于滨河州府和籴二百万石,以救农伤之弊。"乃下百僚议,议者同异不决,而止。(《旧唐书》卷十四《顺宗纪》永贞元年七月甲午条)

据此可知,留贮在太仓、东渭桥仓的粮食也分配给边军。也就是说,上供的谷物分为中央留用与边军使用两部分,另外,从以上两个史料中也可以知道统筹分配业务的是度支。

2. 向北边运输

下面分析将军粮运输给"北边"诸军及接收分配的过程。军粮的收集在度支管辖范围内进行,之后的运输任务实际是由接收军粮的边境各道负责的。元和十四年(819),曝光了夏绥节度使田缙贪污度支分配的军费一事。关于这件事的始末记述如下:

> 御史中丞崔植奏摄诣台按劾得,缙前在夏州,遣将于度支,请将士军粮及脚价共计三万四千三百余贯文,不支给将士,留于上都私第,及杂土易送本道。赃状明白,坐贬房州司马。(《册府元龟》卷四百五十五《将帅部·贪黩》)

据此可知,节度使派遣幕僚领取由度支发放的补给物资①,并由度支支

---

① "将士军粮及脚价共计三万四千三百余贯文"的内容是指用谷物支给的军粮与铜钱支给的运输费,在其合计额中脱落了"石"一字。因为在《旧唐书》卷十五《宪宗纪下》元和十四年九月庚寅条中有相关记载,由此可知军粮的实际支给情况。

贬右卫大将军田缙为衡王傅。缙前镇夏州,私用军粮四万石,强取党项羊马,致党项引吐蕃入寇故也。

付运费,但运输到各军的业务则由各自负担。从上文中的把领到的财物藏在长安私邸的记载来看,在京师时就已经脱离了度支的管辖。另外,"杂士易送本道"可解释为并非由正规的运输部队,而是由私属部下秘密运往夏州的。也就是运往京西、京北的军粮并未设立中央所辖的专门组织,而是委托各道州负责的,这与由度支指挥、由代北水运使全权处理的代北的情况完全不同(参照第三章第二节)。

综上所述,中央补给的军粮、和籴、折籴谷物在度支统管下,由各州府负责运往京师,上供谷物则由盐铁转运使负责运往京师。之后由接收方,也就是边军负责运往前线①。

结 论

表4 军粮各项经费与分配地的对应关系(※为非法征收)

	经费项目	负责部门	道州兵	禁军兵	防秋兵
自给	两税斛斗	北边诸道州	○	※	
	屯田	北边诸道州	○		
		禁军(外镇所管)		○	
		(防秋兵行营)			○
	就军和籴	度支巡院·北边诸道州	○	○	○
补给	京兆府等和籴	度支·京兆府		○	
	折籴	度支·首都圈各府州		○	
	江淮上供	转运使·度支	○	○	?

注:此外,河东、代北的和籴粟、度支所辖屯田的收获由代北水运使供给。

表4在概括上面论述的基础上,展示了各项军粮筹措费用与分配地的对应关系。从中可大致得知唐政府同时并用现地自给与由中央、代北补给

---

① 根据分析荒川正晴关于唐代前半期向西域运输布帛的研究,我们得出在7世纪时,组成了由补给据点凉州负责的运输团,到了8世纪,接受方的军州向凉州派遣运输团的结论(荒川正晴1992,40页),而到唐代后半期继续沿用后者这种方法的可能性很大。

的方式实施北边军粮政策的状况。因此,当时全国规模的谷物运输情况大致如下:(1)北边利用两税斛斗、屯田的方法确保现地自给;(2)不足的部分,由以京兆府为中心的后方(首都圈)采用和籴、折籴的方式筹措谷物,保证供应;(3)由于以上的原因造成首都圈的粮食供应不足时,则由江淮的上供来补充(其中一部分也运往边境)。

综上可知,军粮对江淮的依赖度并不高,贫穷的关中地区经济上需要肥沃的江淮地区支援,这是一直以来大家的共同认识,纵览宋代以后的历史,这种趋势的确是不能否认的事实。但正如第一节中论述的屯田那样,当时关中依然拥有潜在的农业生产力,只要能提供劳动力,就能实现现地自给(参照本书第15~22页)。因此,"安史之乱"以后,为了维持北边的经济状况,唐政府采取的自助努力措施,可以说就是致力于援助现地自给了。

第二章

关中的和籴政策与两税法

绪 论

所谓和籴就是由国家收购从全国生产的谷物中除去百姓日常食用部分及国家征税部分后"剩余谷物"的政策。由于剩余谷物量直接影响物价的高低,因此和籴与出粜(出售)一样都具有价格政策的特点,一直在"常平"(以调整价格为目的的谷物买卖政策)这一自古就有的粮食政策下得以实施。但在唐玄宗开元二十五年(737)开始实行的"关中和籴政策"则是脱离了以前价格政策范畴的新型谷物征收手段,由此,关中摆脱了长期的粮食不足,从高宗时代起频繁实行的"东都就食"(将朝廷临时迁移到粮食供应较好的洛阳)的习惯到此时已失去了其必要性。

关于唐代的和籴政策,已有诸多的先行研究①。虽在诸多问题上一直存在争议,例如,"和籴来的粮食的用途,究竟应该更多强调其作为补给军粮的作用,还是应更多注重其用于储备、赈灾的军事以外的功能","'安史之乱'以前的和籴应理解为是建立在官民齐心协力基础上的政策?还是与唐代后半期一样是强制实施的政策呢?"②;但关于其制度内容、实施状况等方面,研究者们还是得出了一致的结论。

---

① 俞大纲1935,铃木正1940A、B,徐寿坤1957,菊野恭子1958,筑山治三郎1975,卢开万1982,魏道明1987,朱睿根1985,赵文润1990,袁一堂1994,唐任伍1995,卢向前1996等。

② 关于和籴谷物的用途,铃木正特别强调了补充军粮的作用,而菊野恭子、卢向前则主张赈灾与军粮同等重要。另外,关于和籴到底是官民根据协议,在双方达成共识的收取量、价格等基础上进行的买卖还是官方单方向百姓分摊这个问题上,徐寿坤、朱睿根、赵文润认为唐代后半期为"强制型",但前半期则是"协议型"。与此相对,卢开万则认为无论前半期还是后半期均为"强制型"。

但是,仔细研读以上内容会发现,解释开元二十五年以来关中和籴政策的意义时,最为关键的理应是区别其与"常平"的不同,但此类研究尚不充分。例如,铃木正、徐寿坤二位关注其用途,并将判断标准定为是否以筹措军粮为目的①,朱睿根、袁一堂二位则关注起源、管理机构、实施地域、储蓄场所、籴本(采购价款)等,即从运营方面揭示了二者的不同②。但这些都仅限于表面的说明,并没有涉及和籴具有独自的组织、资金筹备及代替"常平"的必要性等问题。也就是说,并未能解释开始实施和籴的真正动机。

在这个意义上,菊野恭子的见解到目前为止最值得关注。菊野恭子将和籴定位为"为了满足超出租税收入框架的国家谷物需要而制定的政策"③。也就是和籴开始实施的真正原因是在律令制度时代,为了补充租、地税、唐代后半期还包括两税斛斗的收入。但遗憾的是,菊野恭子并未对如此重要的结论做出具体论述。因此,本章将在菊野恭子论述的基础上,从包括直接税在内的唐代年度收入的体系及其关联着手,具体探寻和籴政策的意义所在。

第一节 和籴政策的"经常性"

关于和籴政策与"常平"的区别,在目前的文献中并没有做出明确的解释。表5是根据记载关中粮食状况的史料《旧唐书·本纪》《新唐书·五行志》《唐会要》卷四十四及《册府元龟·惠民·赦宥关系各门》等,将丰年、荒年分别标记为"+""-",并添加了与和籴相关记录的备注(关于各年的详细情况参照本章表7)而成④。

---

① 铃木正 1940A,37~41页;徐寿坤 1957,13页。
② 朱睿根 1985,203~205页;袁一堂 1994,87页。
③ 菊野恭子 1958,2页。
④ 表格的范围从关中正式开始实施和籴政策的开元二十五年到文宗的开成年间,省略了史料不足的会昌以后的情况。"+""-"不单纯表示丰年、荒年,也表示与需求相比的过剩、不足。即,虽然是丰年,但与需求相比不足时就标记为"-"。记载模糊的史料则按以下基本判断标准进行标记:(1)虽然没有明确丰年、荒年的记载,但采取了赈济等粮食不足的补救措施的标记为"-";(2)税役的减免也有与经济状况无关的(转下页注)

表5　开元—开成年间关中丰年、荒年状况

年份	丰荒	事项
开元二十五年(737)	+	⑨ 关中开始和籴政策
开元二十六年(738)	+	③ 在宁、庆两州实施和籴
开元二十七年(739)	+(-)	⑨ 在全国实施和籴
开元二十八年(740)	+	
开元二十九年(741)	(-)	
天宝元年(742)	(-)	
天宝二年(743)	?	? 王铁就任和市和籴使
天宝三年(744)	(-)	⑫ 高力士反对和籴的恒久化
天宝四年(745)	?	
天宝五年(746)	(-)	
天宝六年(747)	?	
天宝七年(748)	?	
天宝八年(749)	+	? 在关内等四道实施和籴
天宝九年(750)	(-)	
天宝十年(751)	(-)	
天宝十一年(752)	?	
天宝十二年(753)	-	
天宝十三年(754)	-	
天宝十四年(755)	-(+)	
至德元年(756)	?	
至德二年(757)	-	
乾元元年(758)	-	

垂恩行为,因此,不包括与收成关系不明确的内容;(3)原则上,不包括无法限定地域的事例,但包括了像"之后,在京师进行了祈雨活动"等明确表示都城周边情况的内容的事例,并用括号表示出了这样的内容;(4)虽有天灾,但并没有明确记载对作物影响,或者祭祀、减刑等非财政措施的情况也用括号标明了。为了尽量简化,本表以一年为一个区分单位,但必须注意的是,例如,如果造成春季粮食不足的原因是前一年秋季收成不足的话,就会出现丰凶影响跨年度的情况。各出典注解在本章末的表7中。另外,还参照了袁林1994。

续表

年份	丰荒	事项
乾元二年(759)	(－)	③ 免除拖欠至德二年以前的和籴
上元元年(760)	－	② 停止各种和籴
上元二年(761)	(－)	
宝应元年(762)	?	
广德元年(763)	－	
广德二年(764)	－	⑨ 官俸的一部分充当籴本
永泰元年(765)	＋－	
大历元年(766)	－	
大历二年(767)	?	
大历三年(768)	－	
大历四年(769)	－	
大历五年(770)	－(＋)	
大历六年(771)	(－)	
大历七年(772)	(＋－)	
大历八年(773)	＋	⑪ 在关中实施和籴
大历九年(774)	＋(－)	⑤ 在关中实施和籴
大历十年(775)	－	
大历十一年(776)	(－)	
大历十二年(777)	(－)	
大历十三年(778)	?	
大历十四年(779)	?	? 杜佑就任和籴使
建中元年(780)	－	
建中二年(781)	(－)	
建中三年(782)	(－)	
建中四年(783)	?	
兴元一年(784)	－	
贞元元年(785)	－	① 度支填补未付的籴本 ⑪ 京兆府停止和市
贞元二年(786)	－	① 停止和籴 ⑩ ⑪ 京兆府实施和籴
贞元三年(787)	＋	五 姚南仲出任和籴使

续表

年份	丰荒	事项
		先是 面向防秋兵的和籴　关中和籴
贞元四年(788)	(-)	2 户部设置别库钱
		8 京兆府和籴并取缔舞弊行为
贞元五年(789)	?	
贞元六年(790)	-(+)	
贞元七年(791)	(-)	
贞元八年(792)	+	10 关中和籴
贞元九年(793)	+	? 关中和籴 11 督促支付籴本
贞元十年(794)	+(-)	秋 关中和籴
贞元十一年(795)	(-)	
贞元十二年(796)	-	
贞元十三年(797)	(-)	
贞元十四年(798)	-	
贞元十五年(799)	-	
贞元十六年(800)	-	10 京兆府和籴并施行减额
贞元十七年(801)	-	
贞元十八年(802)	?	
贞元十九年(803)	-	
贞元二十年(804)	-	
永贞元年(805)	+-	7 未采纳杜佑的北边和籴案
元和元年(806)	(-)	
元和二年(807)	-	
元和三年(808)	(-)	
元和四年(809)	-	
元和五年(810)	?	
元和六年(811)	+-	4 和籴→填补东渭桥仓厥额
元和七年(812)	+-	7 关内、河东、河北十道和籴
元和八年(813)	-	
元和九年(814)	-	

续表

年份	丰荒	事项
元和十年(815)	-	
元和十一年(816)	-	
元和十二年(817)	-	
元和十三年(818)	-	
元和十四年(819)	-	④中止任用宦官为京西和籴使
元和十五年(820)	-(+)	
长庆元年(821)	?	③废除和籴使 ⑦取缔和籴不正当
长庆二年(822)	(-)	
长庆三年(823)	-	先是禁军囤购粮食
长庆四年(824)	-	**⑧关内外和籴折籴**
宝历元年(825)	+-	**⑧京兆等九道和籴** **⑫河东、振武"博籴"**
宝历二年(826)	(-)	
大和元年(827)	-	
大和二年(828)	-	
大和三年(829)	-	
大和四年(830)	+-	**⑧关内、凤翔等八州和籴**
大和五年(831)	-	
大和六年(832)	-	先是**灵武和籴→②转为屯田**
大和七年(833)	-(+)	
大和八年(834)	+-	⑫贪污籴本事件
大和九年(835)	(-)	
开成元年(836)	-	②度支和籴改革案 **⑩户部申请实施和籴**
开成二年(837)	-	
开成三年(838)	-	**⑨京西河中、东都和籴**
开成四年(839)	(-)	
开成五年(840)	(-)	

注：各年是丰年还是荒年用"＋""－"来表示，详细内容请参照本书37页注④。用方框框起来的数字是月份（汉字的数字表示闰月）。黑体字表示实施了和籴或者申请实施和籴的记录。

由上可知,在丰收时,为了避免谷物过剩、价格下降等不利因素对生产者的影响而实施和籴的情况较多。另一方面,也有粮食不足却实施了和籴的年份,但没有收成不好却强行实施和籴年份的记录①。综上可知,关中的和籴政策说到底是在作物丰收的情况下实施的,这样,和籴与"常平"的区别就越来越不明显了。

文献中关于和籴的记录是收购的规模很大。由于大规模实施和籴,结果导致原本是大丰收反而引起谷价下降,进而引起农民生活困苦的情况,所以,和籴自然带有浓厚的价格政策的色彩。也就是说,越是仔细研究实施和籴的记录就越是发现和籴与"常平"的界限很模糊,因此有必要查阅一下其他与之相关的史料。

难道真的没有记载哪些年份实施了和籴的史料吗?卢向前认为和籴受丰年、荒年及籴资筹集额的制约,是"补助手段",但关于没有实施记录的年份的情况,他指出只能进行"一般性推论"等,评价相当谨慎②。而实际

---

① 贞元二年(786)正月,由于蝗灾引起了饥荒(《陆宣公集》卷四),但实施和籴的是十月、十一月(《册府元龟》卷五百二),其间夏秋有收成。永贞元年(805)七月,关中丰收,杜佑请求实施和籴(《旧唐书》卷十四),十一月京畿九县的作物受了水灾(《唐会要》卷四十四),但水灾发生在他的请奏之后,所以二者没有关系。元和六年(811)二月,京兆府发生饥荒,常平义仓进行了赈济(《册府元龟》卷一百六),但四月决定用和籴填补东渭桥仓的不足(《册府元龟》卷四百九十八)。采用了"递年贮备",即实行逐渐填补的方法,并未强行要求一次填补。元和七年(812)二月,京师发生了粮食不足问题(《册府元龟》卷一百六),七月诸军实施的和籴是根据秋季丰收的情况收取的(《册府元龟》卷四百八十四),二者并无关联。长庆四年(824),由于京师的谷价暴涨,七月二十日命令百官俸禄的一部分用谷物支付(《唐会要》卷九十二),但八月在关内外又实施了合计总量150万石的和籴、折籴(《唐会要》卷九十),其间有秋季收成的可能性。宝历元年(825)七月,由于水灾,京兆府六县作物受损(《旧唐书》卷十七,《新唐书》卷三十六),八月,包括同府在内的十二州所实施的和籴,是依据秋季的丰收而确定的(《册府元龟》卷五百二)。大和四年(830)夏,鄜坊、京畿由于水灾作物受损(《新唐书》卷三十六),但八月实施了100万石的和籴(《旧唐书》卷四十七),实施和籴的理由是"秋稼似熟",可见水灾的影响并不太大。开成元年(836)夏,凤翔发生水灾,河中由于蝗灾而影响了收成(《新唐书》卷三十六),十月户部请求实施100万石的和籴(《册府元龟》卷五百二),和籴的区域应该不包括两道。开成三年(838)正月,前一年秋天受蝗灾影响的京兆府等地用常平义仓谷进行了赈济(《文苑英华》卷四百三十六),九月京西、东都、河中实施了和籴(《册府元龟》卷五百二),因为时间、地域都不同,因此二者无关。

② 卢向前1996,42~43页。

上，是可以推测在这种"空白时期"也进行了和籴的，这正是肯定其价值的意义所在。

回顾表5，重新看一下几个应该注意的记载。第一，乾元三年即上元元年(760)二月与贞元二年(786)正月，命令京畿"停止和籴"①。既然"不实施和籴时要颁布停止命令"，那么自然"实施和籴就是前提"。而且所有的实施命令都是在夏粮征收前颁布的，也就是说如果没有命令的话，就应该按往年的惯例实施和籴。换句话说，年初的财政计划中应该是包括和籴这一项内容的②。第二，乾元二年(759)时决定免除至德二年(757)以前拖欠(未交)的和籴③。如果预先没有规定和籴额度的话，不可能出现拖欠，因此，至少在至德二年以前，和籴是以"实施为前提"的政策④。第三，广德二年(764)，要求百官以俸禄中二万贯作为籴本进奉⑤。在此前后经济状况一直不好，不能满足实施和籴的条件，而此后再次出现实施和籴记载的是大历八年(773)，很难想象当时的和籴能一直拖延到此时。广德元年(763)及其相近时期实际上应该实施过和籴。第四，贞元元年(785)颁布了京兆府未交的籴本由度支代为支付的诏令⑥。这里的问题是未付的籴本究竟是什么时候实施和籴政策所遗留的呢？既然延缓支付的问题已经表面化，可见一定是在距此较近的时期进行过收购。以这样的思路追溯和籴的实施记

---

① 《册府元龟》卷八十七《帝王部·赦宥六》乾元三年二月丙子条：
诏曰：……京畿诸色和籴，一切并停。
《陆宣公集》卷四《优恤畿内百姓并除十县令诏》(贞元二年正月丙申发令)：
京兆府百姓，应差科征配，及和市、和籴等诸色名目，事无大小，一切并停。
② 贞元元年十一月，规定京兆府的和市停止收购(《陆宣公集》卷二)，贞元十六年(800)十月，将当年原计划的收购予定额100万减少了30万(《册府元龟》卷五百二)，根据这些时期的经济状况可知，年初的计划到年末时进行了更改。
③ 《册府元龟》卷四百九十《邦计部·蠲复二》同年二月丁亥条：
诏……其至德二年十二月三十日已前，和籴、和市并欠负官物，及诸色官钱欠利，常平义仓欠负五色，一切放免。
④ 这并不意味着这期间的乾元元年没有和籴的计划。乾元二年时，没有免除元年时的拖欠，而是继续将其作为征收对象了，这样理解的话就没有什么矛盾了。
⑤ 《册府元龟》卷四百八十四《邦计部·经费》广德二年九月戊戌条。
⑥ 《陆宣公集》卷二《贞元改元大赦制》(贞元元年正月发令)：
京畿及近县所欠百姓和籴价值，委度支即勘会支给。

录,就会发现大历九年(774)是最后的一年。的确,在此期间没有一次丰年。假如其间完全没有实行和籴的话,就只能理解为十年前,即前朝未付的籴本一直拖欠着,直到贞元元年(785)时最终由度支付清了。那么,在所谓"空白"期的建中年间的某个时间点实施过和籴的说法就显得很自然了①。第五,长庆元年(821)三月,以侵扰百姓为由废除了和籴使,七月有关和籴业务的舞弊行为被揭发②。实施了和籴记载的最后年份是元和七年(812),其间相隔了九年时间,假如此期间连一次和籴也没有实施过的话,很难想象和籴问题会如此持续地引起社会的关注。应该说,正是由于多年堆积产生了严重的积弊,才会将其视作严重的政治问题着手开始实施改革吧。

根据以上史料,无法否定"空白时期"实施过和籴的可能性,可以推测记录里并没有对这些少量的和籴情况进行记载,也可推测这些内容一定隐藏在文献里某些不起眼的地方。因此,是否可以断言"关中进行的和籴是一项每年都实施的恒久制度呢?"

在关中和籴政策实施了七年后的天宝三年(744)年末,高力士向玄宗进言,内容如下:

> 且林甫用变造之谋,仙客建和籴之策,足堪救弊,未可长行。……但顺动以时,不逾古制,征税有典,自合恒规,则人不告劳,物无虚费。(郭湜《高力士外传》③)

认为当下不具备和籴常态化的条件,如果要实施和籴的话,就应当按照以往惯例,作为"常平"的一环,根据当时的经济状况,有限制地实施。元

---

① 贞元九年(793)十一月也颁布过督促支付籴本的命令(《文苑英华》卷四百二十六《贞元九年冬至大礼大赦天下制》),这一年陆贽实行了和籴,不符合"空白时期"的说法。

② 《册府元龟》卷五百二《邦计部·平籴》长庆元年三月条:
敕……其京西、京北和籴使宜勒停。先是,度支以边储无备,请置和籴使,经年无序,徒扰边人,故罢之。七月十八日,大赦制,近边所置和籴,皆给实价。如闻顷来积弊颇甚,美利盖归于主掌,善价不及于村间,或虚招以奉于强家,或广僦用盗于游客。若不严约,弊何可除?

③ 根据《资治通鉴》卷二十五系年的相应记载。《高力士外传》的记述在《新唐书》卷二百七《高力士传》也经常被引用。详细内容参照俞大纲1935。

和初,白居易所著《策林》第二十四条"议罢漕运可否"中记载,对和籴提出如下见解:

> 臣闻,议者将欲罢漕运于江淮,请和籴于关辅,以省其费,以便于人。臣愚以为救一时之弊,则可也。若以为长久之法,则不知其可也。(《白氏长庆集》卷六十三)

这段文字的后面记述了和籴的实施应限于丰年。二者都明确表达了将和籴看成"长久之法"的担忧。即不论"安史之乱"之前或之后,至少原则上和籴并不是一项常态化的制度,只是一个临时性的措施。

与此相对,也有明确记载"每年实施"和籴的史料。天宝中,每年将60万缗的籴本和籴成100余万斛的谷物运往京仓。

> 天宝中,岁以钱六十万缗赋诸道和籴,斗增三钱,每岁短递输京仓者百余万斛。米贱则少府加估而籴,贵则贱价而粜。(《新唐书》卷五十三《食货志》)

然而,与高力士的愿望相反,这一时期每年实施和籴已是既成事实。也有史料表明,唐代后半期在京兆府等有限的区域内每年依然实施着和籴。贞元二年(786)十月,京兆、河南等13州县实行了折籴,京兆府则实施了和籴。此后,每年就靠国家供应军粮了。

> 度支奏:"京兆……等州府,秋夏两税、青苗等钱物,悉折籴粟麦,所在储积,以备军食。京兆府兼给钱收籴,每斗于时价外,更加十钱,纳于大仓。"诏可其奏。<u>自是每岁行之</u>,以瞻军国。(《册府元龟》卷五百二《邦计部·平籴》贞元二年十月条)

这段史料是经常被引用来佐证折籴定式化的依据,奏文后半部分京兆府的和籴也可以同样看待。开成元年(836)二月的度支上奏中关于京兆府的粮食筹措的实际情况有如下报告:

> 度支奏:"<u>每年</u>供诸司并畿内诸镇军粮等,计粟麦一百六十余万石,约以钱九十六万千余贯籴之。……"(《册府元龟》卷四百八十四《邦计部·经费》开成元年二月条)

这表明,每年诸司及军费要在京兆府实施160余万石谷物的和籴①。很显然,以上两例的对象地域就是指京兆府。重新回顾"空白时期"可能实施过和籴的五个依据可知,第一与第四的事例就是以京兆府为对象的。因此,似乎可以断定唐代后半期,在京兆府每年都实行了和籴。此外,在太原、代北等地域,从代宗时期起,至少到文宗时期,此间,每年实施和籴并将粮食运往北边各道(参照第三章)。这种情况并非适用于关中所有地区。根据位于外敌正面入侵的京西、京北地区的记录表明,这一区域所采用的基本上是"常平"型,即丰年时进行储备的形式②。

综上所述,可以得出如下结论:形式上和籴仅限于条件允许时实施,事实上则逐渐被固定下来,唐后半期,京兆府、代北地区每年都实施和籴。另外,还存在着"停止和籴的命令""免除拖欠"等,如果按照上述贞元二年京兆府和籴(《册府元龟》卷五百二)及开成元年度支上奏(《册府元龟》卷四百八十四)的储备和籴谷物,不是为了应急,而是作为该年度正常支出的一般项目来看的话,可以说京兆府等"以实施和籴为前提,形成了每年的经常性收支"。高力士、白居易的言论可以理解成是为了警示当初的和籴政策一点点被既成事实改变的现状。虽说每年实施和籴,但作为购买对象的剩余谷物,其流通量受丰年、荒年的影响。因此,收籴额也会因年份不同而发生变化,并没有做到"定额化"。贞元十六年(800),当初的和籴预定额是100万,但十月份时减少了30万③,由此可

---

① 引文部分并没有京兆府这几个字,但后面出现了。另外,大和年间每年给灵武、邠宁输送和籴谷物,这也是在京兆府周边筹措的。有如下记载:

户部尚书、判度支王起奏:"灵武、邠宁田土宽广,又复肥浓,悉堪种莳,承前但逐年旋支钱收籴,悉无贮积。与本道计,会立营田。"从之。(《册府元龟》卷五百三《邦计部·屯田》大和六年二月条)

以西北边备岁有和市以给军,劳人馈挽,奏于灵武、邠宁起营田。(《旧唐书》卷一百六十四《王起传》)

② 开元二十六年(738)宁、庆二州(《册府元龟》卷五百二),贞元八年(792)至十年(794)京西、京北各地(《陆宣公集》卷十八、二十),元和七年(812)关内、河东、河南十道(《册府元龟》卷四百八十四),宝历元年(825)两畿等十二州(《册府元龟》卷五百二)的情况与此相当。

③ 《册府元龟》卷五百二《邦计部·平籴》同年十月条。

敕,京兆府今年和籴一百万数内,宜减三十万。

《新唐书》卷七《德宗纪》中有京兆府这一年预计粮食收成不好的记载,因此可以认为是根据当年的收成削减了和籴的数量。

知年初的计划会根据收成进行适当调整。

概括地说关中的和籴政策与"常平"最大的区别就是"经常性"。"常平"是为了防止意外事态进行的储备,与此相对,开元二十五年(737)以后的和籴虽然在收购量上存在不确定因素,但也列入了每年的财政计划,属于该年份的一般经费项目。也就是说,规定了"何时、用途",这一点显示了其独特性。当然,并非当初就明文规定要经常性实施和籴,而是在财政运行过程中最终变成了这样的结果。另外,收购来的和籴谷物有时也会用做储备,但仅限于确保当年支出后还有剩余的丰收年。

前面介绍了把和籴定位成补充租税谷收不足的观点(菊野恭子),既然租税供给的各种经费是每年按计划进行的,那么,为了充分发挥这样的作用,和籴的经常性就是一个重要条件。

如果承认京兆府及代北地区和籴的经常性,就必须确保这些地区和籴谷物源源不断地供应。为了实现这一点,至少具备两个条件。即"保证充足的籴本(收购费用)"与"最低限度的剩余谷物的流通"。关于这个问题徐寿坤、卢向前也提出过[①]。不能满足以上条件就不能把和籴作为经常性收支列入财政计划。下来想论述一下唐代究竟是否实施了和籴,因受到史料的制约,就以京兆府为中心进行相关的论述。

第二节　确保籴本

开元二十五年(737)以后实施的和籴政策,如果以确保籴本为主线进行区分的话,大致可分为三个阶段。首先是使用庸调物与税钱的玄宗时期;再下来是部分籴本无法得以确保的混乱期,即从肃宗到德宗的建中、兴元年间;第三是得到户部别库钱这一固定财源保证的贞元时期以后的情况。另外,由于宪宗以后内库频繁下赐军费,也许可以设定为第四阶段[②]。

---

① 徐寿坤 1957,14 页;卢向前 1996,42 页。
② 关于德宗以后的内库物也属于一般财政中的支出内容,参照古松崇志 1999。

关于玄宗时期使用庸调物与税钱的情况,清木场东、李锦绣的论述已足够明确①,没有再次赘述的必要。在《新唐书》卷五十三《食货志》中明确记载着每年为和籴提供60万缗(参照本书第45页),把此作为籴本的经常性支出应该不会有错。

"安史之乱"爆发后的第二期,尤其是到大历中期,几乎看不到设有籴本的记述,这一时期,关中粮食问题严峻,据说需要依赖来自江淮的大量输送②,因此,很难想象作为和籴收购对象的剩余谷物还在流通。实际情况应该是根本无法保证和籴所需的经常性谷物筹集。有记录显示在广德二年(764)从百官的俸禄中抽取2万贯做了籴本③,但是该金额极少,应该只能满足某一单发事件的支出。之后,到了大历八年(773)至大历九年(774),由于连续几年丰收,关中的经济状况总算有所好转,虽具备了和籴的条件,但并没有筹到足够的籴本。这两年实施的和籴,采用了各种筹集籴本的措施④,但几乎都属于当年的财源。其中每年从关东诸道派遣来的防秋兵由其出身道州提供籴本算是唯一稳定的财源,其后也一直沿用。但是对象只限定为防秋兵,并不能覆盖其他兵种。

德宗即位后开始实施两税法,于是充当铜钱收入的两税法也似乎被移用为籴本(参照本书第50~51页的内容)。另外,建中三年(782)判度支赵

---

① 清木场东1987,李锦绣1995(特别是第三编第三章的《供军》)
② 日野开三郎1981C。
③ 《册府元龟》卷四百八十四《邦计部·经费》广德二年九月戊戌条。
④ 《册府元龟》卷五百二《邦计部·平籴》中有如下记载:

大历八年十一月癸未,敕度支江淮转运三十万石米价并脚价,充关内和籴。……以每岁漕挽四十万石米至上郡(都),乃量远近,费减至十万石,三十万石米价充关内近加价和籴,以利关中人权也。……九年五月庚申,以时属年丰,理国之本,莫先兵食,乃诏度支支七十万贯,诸道转运使支五十万贯,充和籴。

大历八年将削减上供的运输费剩余部分作为籴本,九年则将度支、转运使钱作为籴本,这些都不是恒久性的财源。另外《旧唐书》卷十一《代宗纪》大历九年五月乙丑条的诏书中规定为了维持防秋兵,和籴由其出身道负担籴本。

诏……每道岁有防秋兵马……各委本道。每年取当使诸色杂钱及回易利润、脏赎钱等,每人计二十贯。每道据合配防秋人数多少,都计钱数,市轻货送纳上都,以备和籴,仍以秋收送毕。

这样的籴本至少到贞元三年(787)为止是经常性支出的(《新唐书》卷五十三《食货志三》;《资治通鉴》卷二百三十二贞元三年七月条)。

替设置的除陌钱、税间架等杂税,当初设想这些费用是要当"常平"本使用的,但在税收不足的现实问题面前,这些费用被当一般经费用掉了,未能实现原定的目标①。

建中四年(783)爆发了朱泚、李怀光之乱,与唐保持了一段时间友好关系的吐蕃在贞元二年(786)以后也再次开始入侵,因此,全面的财政改革势在必行。在这样的潮流中,籴本开始承担起军粮的使命,贞元四年(788)二月,确立了户部别库钱这种新型的恒久性财源②。根据当时宰相李泌的提议而使用的这种新籴本,在关中和籴政策再次走上正轨中发挥了很大的作用。这一点在以往的研究中也经常提到,但关于创立的动机,只强调了确保俸料钱财源的这个侧面,而将其作为和籴的支出视为次要、附属性的内容。但如果仔细研读其前后的文献会发现,户部钱的设立是为了确保籴本的有意识行为,而且与以两税法为中心的全面财政改革息息相关。

户部钱设置后四年,即贞元八年(792),在"北边"实施大规模和籴时,其推进者陆贽回顾了朱泚、李怀光之乱后的财政政策,并进行了缜密的分析。其中,他围绕关中粮食政策,对重视和籴论与重视漕运论的观点进行了比较研究,做出了以下阐述:

> 贞元之始,巨盗初平,太仓务兼月之储,关辅遇连年之旱,而有司奏停水运,务省脚钱,至使郊畿之间,烟火殆绝,都市之内,馁殍相望,斯所谓睹近利而不防远患者也。近畿关辅之地,年谷屡登,数减百姓税钱,许其折纳粟麦,公储委积,足给数年,田农之家,犹困谷贱。今夏江淮水潦,漂损田苗,比于常时,米贵加倍,氓庶匮乏,流庸颇多。关辅以谷贱伤农,宜加价籴谷,以劝稼穑。江

---

① 《旧唐书》卷四十九《食货志》建中三年九月条。
② 《册府元龟》卷一百六《邦计部·俸禄二》贞元四年二月条:
诏:以中外给用除陌及阙官俸,外官一分职田、停额内官俸,及刺史执刀、司马军事等钱,令窦参专掌之,以给京文武官俸料。……<u>自此户部别库岁贮钱物仅三百万贯,京师俸料所费不过五十万贯。其京兆和籴物价及度支给诸军冬衣或阙,悉以是钱充之。</u>他用之外,尝贮仅二百万贯,国计赖焉。
另外,《新唐书》卷五十五《食货志》和《旧唐书》卷一百三十《李泌传》中也有同样的记载。在《旧唐书》可以看到作为主要倡导者的李泌的名字。关于户部钱对财政整体的意义,渡边信一郎 1989,13~20 页中有论述。

淮以谷贵民困,宜减价粜米,以救凶灾。今宜籴之处则无钱,宜粜之处则无米,而又运彼所乏,益此所余,斯所谓习见闻而不达时宜者也。(《陆宣公集》卷十八《请减京东水运收脚价于沿边州镇储蓄军粮事宜状》)

和籴论者认为在贞元初的谷物歉收时期,为了削减运输费,停止了漕运,因此导致了饥荒。而漕运论者则认为是那之后的丰收时,允许将两税钱的一部分用来购入谷物,虽实现了储备,但由于削减了铜钱税,事实上在关中必须实施和籴的关键时刻却出现了严重的籴本不足。这就是该奏状的主要内容。

这里所说的实施这两个政策的过程与当时实际的政治形势大致相符。首先,估计属于和籴论者的是贞元二年(786)正月,由于削减运输费,废除了中央所管辖的漕运关系诸司,把上供业务移交给各道州的崔造、元琇等①。与此相对,漕运论者应该就是韩滉、张延赏、姚南仲等。因为这里的"数减百姓税钱,许其折纳粟麦"政策就是贞元二年到贞元三年期间作为军粮筹措手段经常实行的"折籴",而主导者正是这些人(参照本书第四章第二节)。如果把问题只分成这样二元化进行论述的话,就显得过于简单了。因为将崔造等人看作和籴论者,把韩滉等人当作漕运论者的评价也未必一定正确,但陆贽是把军粮政策分为和籴重视论与漕运重视论这两种意见来理解的。这一点肯定没有错②。

这个关于折籴的论述是了解户部别库钱设置情况的重要线索。上文中陆贽解释到:由于导入了折籴,铜钱收入减少了,因此导致了籴本的不足。也就是说户部别库钱在设置当初,大量吸收纳钱范围的两税法,根据实际需求,采用了征收谷物的所谓折籴的方法,因而导致了籴本的不足。的确,贞元二年(786)十月开始折籴的时候,由于两税钱被全额谷物纳入所代替,因而导致当年没有铜钱收入,十一月京兆府实行和籴时,只能先挪用

---

① 《册府元龟》卷四百九十八《邦计部·漕运》贞元二年正月条。据此,移交给道州管理的上供业务,到贞元五年(789)十二月又交还中央管理了(《唐会要》卷八十七《转运盐铁综叙》)。

② 虽找不到崔造等积极推行和籴的史料,也并非如陆贽所言完全中止了漕运。但如果要追寻贞元初年推行减缩漕运政策的人物的话,应该就是他们。

下一年的两税钱了①。至此就能够推测两税钱充当籴本的情况了②，同时，也可以了解到在导入折籴时并未准备好代用的籴本的情况。户部别库钱正是在这个时期创设的，可以看出采用折籴这一两税法的改变有其重要的动机。

陆贽的言论是户部别库钱创设四年后的事情，即便创设了户部别库钱也不会给籴本不足带来变化，这一看法是说得通的。但在奏章的末尾可以发现，其实陆贽的真实意图是希望能用户部物来充当和籴的籴本③。这可以说是户部别库已经能够在和籴中起到积极作用的佐证吧。最终，唐朝在此时并没有投入户部钱就解决了问题，这只不过是江淮的歉收恰巧与关中的丰收重合，因此在此期间，采用财政手段，筹到了籴本，因此就不需要特意从户部别库钱里支出了④。在奏状的前半段，陆贽竭力说明籴本不足的现状，或许是为了分析和籴论与漕运论双方的缺点，强调自己提出的应当放弃其双方的主张吧。从上面的论述中可以看出，在户部钱实施的背后存在着随征税结构的改变带来铜钱收入减少的事实。

开始实施户部别库钱时，不仅有籴本的要求，而且对俸禄钱也有很大影响。贞元三年（787）闰五月，宰相张延赏为了筹措军费，不顾百官的强烈

---

① 《册府元龟》卷五百二《邦计部·平籴》贞元二年条：

十月，度支奏："京兆、河南、河中、同、华、陕、虢、晋、绛、鄘、坊、丹、延等州府，秋夏两税、青苗等钱物，<u>悉折籴粟麦</u>，所在储积，以备军食。京兆府兼给钱收籴，每斗于时价外，更加十钱，纳于大仓。"诏可其奏。自是每岁行之，以赡军国。十一月，度支奏："<u>请于京兆府明年夏秋税二十二万四千贯文，又请度支给钱添成四十万贯，令京兆府今年内收籴粟麦五十万石，以备军食。</u>"诏从之。

② 这就是之前推测从建中初开始将两税钱移用为籴本的依据（本书第48页）。

③ 《陆宣公集》卷十八《请减京东水运收脚价于沿边州镇储蓄军粮事宜状》

<u>所于江淮粜米及减运米脚钱，请并委转运使便折市绫绢绵绸四色，即作船般，送赴上都。边地早寒，敛藏向毕。若待此钱送到，即恐收籴过时。请且贷户部别库物充用，本色续到，便令折填。其所贷户部别库物，亦取绫绢绵绸四色，并依平估价，务利农人。</u>（有下线的内容，在原文中是"所余"，根据《四库全书》及《新唐书》进行了修订。）这里讲述的是把本应上供的米改为在江淮出售后的获利，以及因上供减额节省下的运输费均换成布帛类运往长安，作为关中的籴本。在这些到达之前，就用现有的户部物来充当籴本。

④ 即便创设了户部钱也依然无法改变籴本不足的事实，那么在采用户部钱之前的状况一定更为严峻。籴本不足也就必然会导致采用户部钱。

反对,坚持削减官俸①。张延赏的目的是以削减的官俸为本钱,把汴州节度使刘玄佐派到河湟地方去。刘玄佐在德宗初的骄藩势力与朝廷之间保持了中立立场,但在贞元二年(786)末,浙西节度使韩滉复归中央政界时,刘玄佐与韩滉意气相投,便一起来到了长安。向西边派遣原本是韩滉的提议,韩滉死后,由张延赏接任管理,他甚至还强行采取了削减官俸的措施②。同样是在贞元三年(787)闰五月,继前一年,继续在河南以下的十二府州实施折籴。此时,作为和籴使掌管此事的正是韩滉的原幕僚姚南仲③。可以说折籴与削减官俸的目的都是为了筹措军费,是在韩滉与张延赏的影响下策划实施的同根政策。因此,可以推测,同年六月李泌当上宰相时,铜钱不足的问题在籴本与官俸两方面都已显露出来了。因此,贞元四年(788)二月创设的户部别库钱是一次性解决前政权遗留下的这两个问题的措施。

仅从文献来看,作为导入户部别库钱的原因,重点强调了来自百官增加官俸钱的诉求,却没有增加了籴本的明确记载。但从结果来看,更多的支出都用作了籴本④。可以说两税法之下推进的关中和籴政策,由此得到了经常、稳定的实施保障⑤。

表6　创设户部别库钱前后的政局

年份	月份	事项
建中四年(783)	10	爆发了朱泚之乱
贞元二年(786)	1	崔造等,实施减缩漕运政策
	10	在京兆府等地实施折籴

① 《旧唐书》卷十二《德宗纪》同月庚申条。
② 参照《旧唐书》卷一百二十九《张延赏传》,《唐国史补》上。
③ 《册府元龟》卷五百二《邦计部·平籴》贞元三年闰五月条。关于姚南仲是韩滉的原幕僚一事的记载,参照《旧唐书》卷一百五十三本传。
④ 参照49页注②《册府元龟》卷五百六内容中下划线部分。
⑤ 在下面的史料中明确记载了代州准备"度支户部物"的内容。
……德裕言于帝曰:"度支户部物积代州,今丕塞其路,贼破矣。"(《新唐书》卷二百一十四《刘悟传附李丕传》)
不仅在京兆府,在代北地区也经常性实施和籴,因此十分可能将"度支户部物"作为了籴本。

续表

年份	月份	事项
	11	在京兆府实施和籴 此时韩滉复归中央政界
贞元三年(785)	五	张延赏削减官俸
	五	姚南仲在河南府等地实施折籴
	6	李泌就任宰相
贞元四年(788)	9	**李泌创设户部别库钱**
贞元八年(792)	8	陆贽提倡、实施、和籴

注：月份栏的汉字数字为闰月。

第三节 剩余谷物的流通

下面来考察为了实施经常性和籴所必备的第二个重要条件，即剩余谷物的流通问题。与布帛、铜钱等不同，人均消费量有限的粮食，只要人口没有大幅度变化，那么需求总量也不会有大幅度的变化。因此，每年的作物状况（供给的多少）就与价格高低有直接关系，"常平"就是为了应对这种敏感谷价变化的政策。与此相对，关中的和籴政策，虽然会根据收成调整收籴量，但后来每年固定地实施了和籴。那么，保证和籴的剩余谷物究竟来自哪里呢？假如征收的是从前未被官府征收而是在民间稳定流通的谷物，那么，极易引起建立在原本就十分微妙的供需平衡关系上的谷物价格的不断变化，甚至飞涨，进而造成大混乱。然而，围绕和籴问题，虽存在科配额过多、监管严厉、延期支付等弊端，但并没有导致谷价全面高涨的记载。因此，通过和籴筹措的粮食，应该不是来自民间的剩余谷物，而是在确立和籴政策经常性的同时必须寻找的新的谷源形式。

首先可以列举的因素是谷物生产量的增加与人口的减少。华北的农业生产随着技术的发展进步了[①]，但很难断言究竟实现了多少增产。唐代

---

① 大泽正昭1981。

后半期的户口数远不及开元、天宝时,但这只是官方掌握的数值,并不是总人口的减少,更不是粮食需求、生产的减少。因此,就不能再从这样的社会因素中去寻找剩余谷物的来源,而应另寻途径。

首先来看以庸调物与税钱为籴本,稳定实施了和籴的玄宗时期的情况。日野开三郎注意到了"屯田的营田化"这一现象,提出了以下的假说:屯田与营田经常被混淆,如果进行严格区分的话,前者是让兵员自己耕作的方式,后者则是雇佣百姓来耕种官有土地,按规定的比例收取佃租的方法。屯田的所有收获都供军用,但营田则只有一部分供军用。因此,利用各种数据对屯田单位面积征收额进行推算的话,从开元到天宝这个数值减少了一半。这无疑反映了佃租征收比例的变化,即从屯田方式向营田方式的转换。结果,未征收的谷物,转而流向民间,而和籴则又购入了这样的谷物①。作为和籴对象的剩余谷物就是这些流向民间的谷物。这是从这个视角解释剩余谷物出处的唯一研究,值得关注。日野的论证是经过复杂的换算后得出的数字,因此,能否完全相信他的论述在现有史料的条件下还很难判断。另外,宇文融实行的括户政策使归农者增加与江淮米流入民间等内容均是根据当时状况进行的推测,因此,玄宗时期剩余谷物的真正来源很难断定②。

另一方面,经过"安史之乱"的混乱期,贞元年间,利用户部别库钱实施和籴的方法又重新兴起。而且对作为购买对象的剩余谷物的解释也有了一个答案。这便是开成元年(836)二月的上奏。在奏折中控诉京兆府谷物征收的不合理,请求实行根本变革。关于官民之间的谷物买卖现状进行了以下说明:

> 度支奏:"每年供诸司并畿内诸镇军粮等,计粟麦一百六十余万石,约以钱九十六万六千余贯籴之。畿内百姓每年纳两税见钱五十万贯,约以粟麦二百余万石<u>粜</u>之。是度支<u>籴以六十,而百姓粜以二十五,农人贱粜,利归商徒;度支贵籴</u>,贿行黠吏。"(《册府元龟》卷四百八十四《邦计部·经费》。有下划线处的内容是根据

---

① 日野开三郎 1962A、1988,324~330 页。
② 张泽咸推测开元中期以后,由于关中、河南连年丰收及屯田成功,带来了粮食状况的好转,这就是开元二十五年的关中和籴政策与江南租布(把租米换成了布)上供的原因。(张泽咸 1986,16 页)

宋本《册府元龟》进行了订正的内容。）

在畿内，作为官厅维持费、军粮支用的160万石谷物可折成铜钱96万贯，也就是说以一斗60文（每石0.6贯）的高价进行和籴。与此相对，农民为了完成两税钱定额的50万贯，需要售出农作物200万石，单价就是一斗25文（每石0.25贯）的低价。其中的利润就被介入买卖的商人、官吏攫取了。这段史料作为伴随和籴不法行为的例子历来被引用。如果换一个视角的话，可以了解在两税法时代官民之间财物的流向。即：（1）农民为了获得两税钱卖掉的200万石谷物中，官府和籴了160万石，剩余的40万石则成为商人、官吏的利润；（2）官府发放的96万余贯籴本中，50万贯交到了百姓手中，其余的46万贯则到了商人、官吏手中。

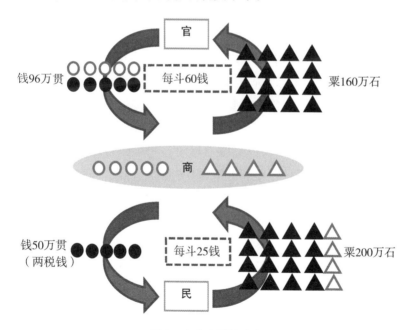

图4　京兆府粟钱流向

当然，这只是把视线限定在畿内的流通中，没有考虑从其他地域输入、输出物资的情况，或者说只列举了某一年度的收支关系，并未考虑多年度重复的负债关系等因素。虽说这是一个单纯列举的过程，但还是能准确地反映其大致状况。而且，这里还出现了"和籴谷物正是农民为了获取两税钱而售出的作物"的这样一个谷物流向问题。这一时期，除此之外，京兆府的农民还要上缴以谷物为主的两税斛斗、折籴等,因此,这里出售的谷物就是除去他们的日常食用部分与课税物后的剩余产品。这里所说的"课税物",在唐代后半期发生了戏剧性的变化。第一,在"安史之乱"以后,直接税的征收总额与租庸调制时代相比急剧减少。根据《元和郡县图志》的记载,元和年间几乎所有州的户口数都比开元、天宝年间的记录急剧减少,以课户为基础的直接税也势必减少了。第二,与以前相比,两税法扩大了铜钱的征收范围,谷物(两税斛斗)所占的比率自然也相应减少了。这种倾向也明确地反映在具体的财政统计中,如果比较一下中央财政收入的话,天宝中的比率是谷物1000万,布帛1400万,铜钱140万,但到建中初时变成了谷物200万,铜钱1000万左右①。课税体系中"总收额的减少与钱纳范围的扩大"这一变化,使得官府收取的谷物减少,而流向民间的谷物增加了。在此观点上重新回顾上述两个财物的流向,就会明白这是适应课税构造的变化。也就是说,两税法时代关中的和籴政策其实就是官府再次控制了无法在税收体系中全部收取的谷物的手段②。前面介绍的菊野恭子做出的"是为了满足超出国家谷物需要的租税收入范围而出台的政策"的定义,在这样的背景下很有说服力。

户部别库钱就是为了保证经常性地实施和籴而创设的。作为这种新籴本主要财源的是除陌钱,其主要部分由户部从分配给国家机构各部署的经费中按一定比例以征收铜钱的方法得以确保③。与要求通过定期更新户

---

① 参照《通典》卷六《食货典·赋税下》,《资治通鉴》卷二百二十六建中元年末条。关于两书数值的某些不同,参照日野开三郎1956A的考证。

② 两税法的谷物征收范围,随着贞元二年(785)以来折籴的实施、元和年间逐渐扩大缴纳现物方法的推进,也有了逐渐恢复的趋势。因此,在民间上市的剩余谷物量也应该有相应的缩小。上面所列举的开成元年(836)的史料,就处于这个过程中。即便是这样的时期,为了获得两税钱,也需要从农民出售的谷物中,把160万石用于和籴。所以,在铜钱征收范围相对较大的两税法实施当初,作为和籴对象的剩余谷物的基本流通量也应在多于这个数量。

③ 根据陈明光1984的论述,在唐代史料中频繁出现的"除陌"里包括以下三种形式:(1)按交易额的比例向商人课税;(2)由户部(或度支)在国费中按一定比例征收;(3)为了对应铜钱不足,民间普及的惯例(也就是"短陌")。户部别库钱以第二种形式为主财源,但无法确定是否包括第一种形式。丸桥充拓1999A发表时,推测户部别库钱的财源是第一种形式,这里进行订正。

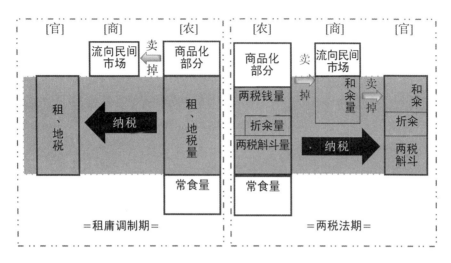

图5　国家筹措谷物途径的比较

籍来掌握全国生产者的两税钱相比,和籴不需要连续的手续,而且具有能够通过国费的调剂来解决所有问题的便利性。那么,"根据直接税体系的变化,用户部钱收购流向民间的剩余谷物"这一和籴的新结构也可以定位成是历来无法以课户税制来维持的政府在征税渠道之外实行的筹措粮食的新途径。

和籴不是像租庸调制那样需要谷物时就收购谷物,需要铜钱时就征收铜钱的形式,而是把流向民间谷物再次收购回来的方法,也可以说是某种迂回的方法。所以,当政者一旦拥有支配权,就能采用不付钱的强取豪夺的方式,就像再次回到直接税的时代一样。然而,事实上此后也一直在实施和籴政策,其原因究竟是什么呢?下面列举两个具有代表性的史料。首先是林蕴在元和初年时向宰相李吉甫控诉度支及节度使行为的内容:

> 朝廷既切念边军不遑,终夕飞刍挽粟,常恐后期,然而荷戈负载者,终岁而饿,其来已久,时莫能更。虽度支有兼知之名,节度有营田之目,皆以货利相诱,彼贸公之宾僚,悉皆和籴斗粟,必欺于丈素,一言可致。其籯金如此,则士卒不得不饥寒,将帅不得不奢侈,欲其攻战,其可得乎?此所谓借寇兵而赍盗粮也,其可谓之

御戎乎?(《唐文粹》卷八十《上安邑李相公安边书》[①])

比起直接征收生产物的屯田,他们更喜欢在用钱换粮的财物转换过程中产生利润空间的和籴。另外,几乎同一时期京兆尹罗珦[②]的列传中也记载了下列逸话。

> 再迁京兆尹,请减平籴半,以常赋充之。人赖其利。(《新唐书》卷一百九十七《罗珦传》)

这讲述的是与两税法相比,和籴更扰民,换句话说就是官员有更多机会获利。由此可知,和籴的牟利性作为官员的特权被固定下来。站在王朝的整体利益上来看,不必支付代价的直接税、屯田理应收入更多,这样的公家利益,却被本应为朝廷服务的官员私自侵吞。和籴能够维持下来,其背后这种因素的影响很大。

结 论

本章再次分析了历来研究中经常提到的和籴与常平的区别,和籴的特点是在实施的过程中逐步实现了经常化,成为岁出的普遍支出。实现和籴经常化有两个条件,即"源源不断的籴本"与"剩余谷物的流通"。前者由于户部别库钱的设立得到了保障,后者则因以农民的剩余生产物为对象得以确保。户部钱的设立是为了补充因实施折籴而减缩的铜钱收入,而剩余生产物的来源则主要是两税没有收完的谷物。也就是说两者都与直接税体系的改变密切相关。另外,京兆府经常实施和籴,这时和籴的对象是试图取得两税钱的农民出售的、商品化了的谷物。也就是说,所谓和籴可以评价为是在全国各地管理户籍、掌握课户从而满足谷物需求的直接税中心型的财政运营达到极限时,把目标转向都城周边流通领域的政策。

---

① 本奏折的开头有"在(元和)二年冬时提议过,但未被采纳"的内容,因此,可以推测大概叙述的是元和初的状况。

② 郁贤皓1987(卷二,37页)认为罗珦任京兆尹大约在元和三年(808)左右。

表7 开元—开成年间关中收成丰、荒一览

年份	季月	丰荒	地域	事项	出典
开元二十五年(737)	9	+	关中	丰收谷贱→关中和籴政策开始	《册府元龟》卷五百二
	10	+	京兆等?	丰收→祭祀	《册府元龟》卷三十三
开元二十六年(738)	3	+	宁庆	谷贱→和籴、在朔方贮备	《册府元龟》卷五百二
开元二十七年(739)	1	(−)	?	雨雪	《旧唐书》卷九
	9	+	天下	丰收→和籴、在各州仓贮备	《册府元龟》卷五百二
开元二十八年(740)	1	(−)	对应州	水旱→遣使赈济	《唐会要》卷八十八
	*	+	京兆府	谷价二百文以下"天下乂安"	《旧唐书》卷九
开元二十九年(741)	9	(−)	京兆等?	多雨歉收	《旧唐书》卷九
天宝元年(742)	6	(−)	京兆武功县	水灾	《旧唐书》卷九
天宝二年(743)	*			王铁就任和市和籴使	《旧唐书》卷一百五
天宝三年(744)	4	(−)	京兆等?	春夏多雨,预计秋季歉收→祭祀	《册府元龟》卷三十三
天宝四年(745)				(无丰、荒的记录)	
天宝五年(746)	秋	(−)	京兆等?	大雨	《新唐书》卷三十四
天宝六年(747)	1	(−)	受灾州	免除拖欠	《册府元龟》卷八十六
天宝七年(748)				(无丰荒的记载)	
天宝八年(749)	闰6	+	京兆等?	"人和岁稔"(敕文的修辞?)	《大唐诏令集》卷九
	*		关内等四道	**和籴113万余石**	《通典》卷十二
天宝九年(750)	3	(−)	京兆等?	旱灾→停止封狱	《旧唐书》卷九

续表

年份	季月	丰荒	地域	事项	出典
	5	(−)	京兆等?	旱灾→虑囚	《旧唐书》卷九
天宝十年(751)	秋	(−)	京兆等	多雨,房屋损害较多	《旧唐书》卷九
天宝十一年(752)				(无丰年荒年的记载)	
天宝十二年(753)	1	−	河东等	水灾→赈济	《册府元龟》卷一百五
	8	−	京兆府	长雨谷贵→太仓米出粜	《旧唐书》卷九
天宝十三年(754)	秋	−	京兆府	多雨谷贵→太仓米出粜	《册府元龟》卷一百五
天宝十四年(755)	1	−	京兆等三州	歉收→太仓米出粜,赈济种子	《册府元龟》卷一百五
	3	−	京兆等?	旱灾无收成→祭祀	《册府元龟》卷一百四十四
	8	+	京兆等?	丰收→大祭	《册府元龟》卷三十三
至德元年(756)				(无丰荒的记载)	
至德二年(757)	1	−	天下	战争灾难→各种减免赈恤措施	《册府元龟》卷四百九十
	3	(−)	京兆等?	大雨	《册府元龟》卷一百四十四
				自癸亥起长雨	《新唐书》卷三十四
	11	(−)	京兆等	谷贵	《册府元龟》卷六十四
乾元元年(758)	2	−	天下	战争灾难→各种减免措施	《册府元龟》卷八十七
	3	(−)	京兆等?	饥荒→禁止酿酒	《旧唐书》卷十
	5	(−)	京兆等?	旱灾→祭祀	《册府元龟》卷一百四十四
乾元二年(759)	1	(−)	京兆等?	旱灾(自前一年冬天)→祭祀	《册府元龟》卷二十六

续表

年份	季月	丰荒	地域	事项	出典
	3	(-)	京兆等?	旱灾→祭祀	《册府元龟》卷一百四十四
	3		天下州县	各种减免(含至德二载前减免拖欠的和籴)	《册府元龟》卷八十七
上元初		-	京兆府	旱灾饥荒	《旧唐书》郑一百三十一
上元元年(760)	2		京畿	停止各种和籴	《册府元龟》卷八十七
		-	京兆府	饥荒→在西市煮粥赈济	《册府元龟》卷一百五
	春	(-)	京兆等?	谷贵	《新唐书》卷三十五
	4		京兆等?	谷贵	《旧唐书》卷十
	闰4	-	天下	荒年谷贵→简化仪礼等	《册府元龟》卷八十七
		(-)	京兆等?	大雾谷贵饥荒	《旧唐书》卷十
上元二年(761)	秋	(-)	京兆等?	多雨	《新唐书》卷三十四
宝应元年(762)				(无丰荒的记载)	
广德元年(763)	秋	-	关中	虫害谷贵	《新唐书》卷三十五
广德二年(764)	1		诸道	设置常平谷仓,准备和籴本钱	《旧唐书》卷十一
	3	-	晋州行营	多雨,军粮不足→祭祀	《册府元龟》卷三十四
	7	-	京兆府	多雨谷贵(一9月)	《旧唐书》卷十一
					《资治通鉴》卷二百二十三
	9			将2万俸薪移用为和籴本钱	《册府元龟》卷四百八十四
	秋	-	关辅	蝗灾谷贵	《旧唐书》卷十一

续表

年份	季月	丰荒	地域	事项	出典
广德中		-	京兆昭应县	连年歉收,谷价飞涨	《旧唐书》卷一百二十五
永泰元年(765)	3	-	京兆等?	谷贵饥荒	《旧唐书》卷十一
	春	-	京兆等?	旱灾谷贵	《旧唐书》卷十一
	夏	(-)	京兆等?	旱灾	《新唐书》卷三十五
	5	+	京畿	丰收→第五琦实施什一税	《册府元龟》卷四百八十七
	7	(-)	京兆等?	旱灾→祭祀	《册府元龟》卷一百四十四
		-	京兆府	旱灾谷贵	《旧唐书》卷十一
	9	(-)	京兆等?	长雨	《新唐书》卷三十四
	*	-	京兆府	谷贵	《新唐书》卷三十五
大历元年(766)	3	(-)	关内	旱灾(一6月)	《新唐书》卷三十五
	6	(-)	关内?	旱灾→祭祀	《册府元龟》卷一百四十四
	11	-	京兆府	战争灾难→各种减免措施	《册府元龟》卷八十八
	12	-	同华	战争灾难→给复两年	《册府元龟》卷四百九十
大历二年(767)				(无丰荒的记载)	
大历三年(768)	6		京兆府	战灾无收获→减免夏麦	《文苑英华》卷四百三十四
大历四年(769)	8		京兆府	多雨(4月—)谷贵→出粜	《册府元龟》卷一百六
					《旧唐书》卷十一
	10	-	京兆等?	荒年→减免次年夏税	《册府元龟》卷四百八十七

续表

年份	季月	丰荒	地域	事项	出典
	11	−	京兆等？	秋霖→减免次年夏税	《册府元龟》卷四百九十
大历五年(770)	3	−	京兆府	端境期饥荒→减免当年夏秋税	《文苑英华》卷四百三十四
		−	关中	谷贵小饥荒→各种减免措施	《文苑英华》卷四百三十三
	7	−	京兆府	谷贵	《旧唐书》卷十一
	*	(+)	关中？	"大历五年以后……连岁丰稔"	《旧唐书》卷一百二十九
大历六年(771)	春	(−)	京兆等？	旱灾谷贵	《旧唐书》卷十一
	8	(−)	京兆等？	旱灾(夏—)	《旧唐书》卷十一
大历七年(772)	5	(−)	京兆等？	多雨,延缓收割	《文苑英华》卷四百三十三
	秋	(+)	京兆等？	丰收	《旧唐书》卷十一
大历八年(773)	5	+	关辅	丰收→减刑等	《册府元龟》卷八十八
	11	+	关中	江淮停止上供,以脚价和籴	《册府元龟》卷五百二
		(+)	关中？	用京官的职田和籴	《册府元龟》卷五百二
	*	(+)	关中？	"大有年"	《旧唐书》卷十一
大历九年(774)	5	+	关中？	丰收→用度支钱、转运使钱和籴	《册府元龟》卷五百二
		+	关中	为防秋军和籴	《册府元龟》卷四百八十四
	7	(−)	京兆府	旱灾(6月—)→祭祀	《旧唐书》卷十一《资治通鉴》卷二百二十五
	秋	(−)	京兆等？	大雨	《旧唐书》卷十一
大历十年(775)	4	(−)	京畿七县	雨雹？歉收	《旧唐书》卷十一

续表

年份	季月	丰荒	地域	事项	出典
大历十一年(776)	7	(-)	京兆府	水灾？民居受损严重	《新唐书》卷三十六
大历十二年(777)	1	(-)	京兆府	旱灾→祭祀	《旧唐书》卷十一
	6	(-)	京兆等？	"小旱"→祭祀	《旧唐书》卷十一
	8	(-)	京师等？	旱灾→免除对常参官的御史点班	《旧唐书》卷十一
		(-)	京畿	水灾→遣使调查	《册府元龟》卷一百六十二
	秋	-	京畿河南等	水害歉收	《旧唐书》卷一百二十九
大历十三年(778)				（无丰荒的记载）	
大历十四年(779)	*			杜佑就任和籴使	《旧唐书》卷一百四十七
约建中元年(780)		-	同州	刺史萧复以京畿观察使管理的储粟赈贷	《新唐书》卷一百一
建中二年(781)	5	(-)	京师	雹	《新唐书》卷七
建中三年(782)	5	(-)	京兆等？	干旱（—7月）	《新唐书》卷三十六
	9		两都等八道	赵赞设置常平本钱	《旧唐书》卷十二
建中四年(783)				（无丰荒的记载）	
兴元元年(784)	4	-	关中	蝗灾饥荒	《唐会要》卷四十四
	6	-	凤州	战争灾难→当年秋税全免	《册府元龟》卷四百九十一
	7	-	凤翔府	战争灾难→各种减免措施	《册府元龟》卷四百九十一
		-	京兆府	战争灾难→各种减免措施	《陆宣公集》卷一
	秋	(-)	京兆等？	蝗灾歉收	《旧唐书》卷十二
	十	-	泽潞等八州	从楚州筹米各5万石赈恤	《陆宣公集》卷四

续表

年份	季月	丰荒	地域	事项	出典
		冬	(-)	京兆等？	干旱	《旧唐书》卷十二《新唐书》三十五
贞元元年(785)	1	(-)	京兆等？	寒冷饥荒	《旧唐书》卷十二
			-	关畿	歉收→运送贮于襄阳的江西湖南米赈恤	《册府元龟》卷八十九
				京畿？近县	度支填补未支付籴本	《陆宣公集》卷二
			-	河东等三道	共计给予47万石赈济	《册府元龟》卷一百六
		春	-	京兆等？	旱灾歉收	《新唐书》卷三十五
	4	(-)	关东关内	关东饥荒，上供未入→关内也遭饥荒	《旧唐书》卷十二
	5	-	华北全境	蝗灾饥荒	《唐会要》卷四十四《新唐书》卷三十六
	7	-	关中	蝗灾→节减军队以外经费等	《旧唐书》卷十二
	8	-	关辅	旱灾谷贵	《唐会要》卷四十四《新唐书》卷三十五
			-	畿内	战争灾难→全免正税正役外的征科差遣	《陆宣公集》卷三
			-	河中、同绛	战争灾难→给复一年	《册府元龟》卷四百九十一
	11	-	关中	运输江西湖南米赈恤	《陆宣公集》卷二
			-	京兆府	停止一切差科、和市和买	《陆宣公集》卷二
			-	京兆府	歉收谷贵→赐钱于常参官	《旧唐书》卷十二

65

续表

年份	季月	丰荒	地域	事项	出典
	12	(-)	京兆等?	干旱饥荒→取消次年的元日朝贺	《册府元龟》卷一百四十四
贞元二年(786)	1	-	京兆府等	蝗旱饥荒→停止和籴等,各种减免措施	《陆宣公集》卷四
		(-)	京兆等?	雨雪	《新唐书》卷三十四
	2	-	京兆等五州	赈济种子3000-20000石	《陆宣公集》卷四
		-	京兆府?	赈济粟麦2万石	《陆宣公集》卷四
	5	(-)	京兆等?	由于蝗灾、旱灾解除减膳	《册府元龟》卷一百四十四
		(-)	京兆府?	大雨谷贵	《旧唐书》卷十二
	6	(-)	京兆府	暴风雨	《新唐书》卷三十六
	10		京兆等13州	折籴、供军	《册府元龟》卷五百二
			京兆府	和籴、供军	《册府元龟》卷五百二
	11		京兆府	和籴	《册府元龟》卷四百八十四
贞元三年(787)	闰5		河南等12州	折籴	《册府元龟》卷五百二
	7		京西北	和籴(供给防秋军)	《资治通鉴》卷二百三十二
	12	+	关中	丰收→和籴、赵光奇的陈诉	《资治通鉴》卷二百三十三
	*	+	关中	"贞元三年后,仍岁丰稔"	《旧唐书》卷一百三十七
贞元四年(788)	1	(-)	诸州	水旱灾→赈贷种子	《册府元龟》卷一百六
	8		京兆府	和籴(禁止囤积、全面实行先付代价制度)	《唐会要》卷九十

续表

年份	季月	丰荒	地域	事项	出典
		(-)	京兆府	灞水洪水	《唐会要》卷四十四 《新唐书》卷三十六
贞元五年(789)				(无丰荒的记载)	
贞元六年(790)	3	-	关内河南	干旱歉收→祭祀	《册府元龟》卷一百四十四
	春	-	关中	歉收	《新唐书》卷三十五
	闰4	-	京兆府	干旱歉收→全免夏税（水利地以外）	《册府元龟》卷四百九十一
	春夏	(-)	京兆等？	干旱歉收→祭祀	《旧唐书》卷十三
	7	-	京兆府	赈贷麦种五万石	《册府元龟》卷一百六
	10	+	京兆等？	祈雨→丰作	《旧唐书》卷十三
贞元七年(791)	12	(-)	诸州受灾地	水旱→赈济30万石	《册府元龟》卷一百六
	*	(-)	关辅	牛疫，5—6成死亡	《新唐书》卷三十五
贞元八年(792)	10	+	关中边军	丰作→和籴	《唐会要》卷八十八 《册府元龟》卷五百二
贞元九年(793)	11		关中边军？	和籴、督促支付籴本、坚决实行先给价钱	《文苑英华》卷四百二十六
			诸州	命令谷贱时用慕余物等进行和籴	《文苍英华》卷四百二十六
	*	+	关中边军	丰作→和籴（—贞元十年）	《陆宣公集》卷二十
贞元十年(794)	春	(-)	京兆等？	长雨	《旧唐书》卷十三

续表

年份	季月	丰荒	地域	事项	出典
	秋	+	关中边军	丰作→和籴(九年—)	《陆宣公集》卷二十
贞元十一年(795)	5	(-)	京兆等?	干旱→祭祀	《册府元龟》卷一百四十四
	秋	(-)	京兆等?	大雨	《新唐书》卷三十四
贞元十二年(796)	6	-	岚州	暴雨毁田	《唐会要》四十四
	10	-	京兆府	干旱歉收→减免秋苗、青苗钱	《册府元龟》卷四百九十一
贞元十三年(797)	4	(-)	京兆等?	干旱(春)→速决囚徒	《册府元龟》卷一百四十四
贞元十四年(798)	春夏	-	京兆府	大旱歉收→未发现实情	《旧唐书》卷一百二十九
	6	-	京兆府	歉收谷贵→出粜10万石官米	《唐会要》卷八十八
		-	京兆府诸县	干旱→太仓粟赈恤	《唐会要》卷八十八
	7	-	京兆府	赈济麦种3万石	《唐会要》卷八十八
	10	-	京兆府	歉收谷贵→出粜30万石太仓粟	《唐会要》卷八十八
	*	-	京兆府	干旱→赈恤	《旧唐书》卷一百五十三
	*	-	京兆河南	饥荒	《新唐书》卷三十五
贞元十五年(799)	2	-	京兆府诸县	歉收谷贵→出粜18万石太仓粟	《唐会要》卷八十八
	3	-	京兆等?	干旱→祭祀	《册府元龟》卷一百四十四
	4	-	京兆等?	干旱→祭祀	《旧唐书》卷十三

续表

年份	季月	丰荒	地域	事项	出典
贞元十六(800)	10	(-)	京兆府	从预定和籴额100万中削减30万	《册府元龟》卷五百二
	*	-	京师	饥荒	《新唐书》卷七
贞元十七(801)	2	(-)	京师	雨霜雹	《新唐书》卷三十六
	5	-	好畤县	风雹歉收	《新唐书》卷三十五
贞元十八(802)	7	(-)	受灾州	水灾→适当处分	《册府元龟》卷一百四十七
贞元十九(803)	6	(-)	京兆等?	干旱(正月一)→祭祀	《册府元龟》卷一百四十四
		(-)	京兆府近郊	干旱→调查冤滞狱	《册府元龟》卷一百四十四
	6	-	京兆府	天灾→户部钱填补京兆赋案	《唐会要》卷五十四
	7	-	京畿	赈贷麦种	《旧唐书》卷十三
	-	-	关中	饥荒→中止选举	《册府元龟》卷一百四十七
	8	(-)	京兆等?	多雨	《旧唐书》卷十三
	秋	-	关中	饥荒	《新唐书》卷三十五
	末	-	京畿	天灾→韩愈奏请减免两年诸税	《韩昌黎集》卷三十七
	*	-	畿内	天灾→权德舆奏请减免拖欠、出籴	《新唐书》卷一百六十五
贞元二十(804)	春夏	-	京兆府	干旱歉收→京兆府强行征税,怨声载道	《旧唐书》卷一百三十五
永贞元年(805)	2	(-)	京兆府	免放秋夏两税钱	《册府元龟》卷八十九
	7	+	关中	**丰收→杜佑主张北边和籴(未采纳)**	《旧唐书》卷十四

续表

年份	季月	丰荒	地域	事项	出典
	11	-	京畿九县	水害歉收	《唐会要》卷四十四《新唐书》卷三十六
元和元年(806)	*	(-)	鄜坊	雹	《新唐书》卷三十六
元和二年(807)	7	-	邠宁	霜害歉收作	《新唐书》卷三十六
元和三年(808)	秋	(-)	京兆府	大雨	《旧唐书》卷十四
元和四年(809)	闰3	-	京西北	干旱→有条件地免除拖欠等	《文苑英华》卷四百三十五
	6	-	渭南县	水灾→义仓赈给	《册府元龟》卷一百六《唐会要》卷四十四
	10	-	渭南县	水灾→多数民房被冲毁	《新唐书》卷三十六
元和五年(810)				(无丰荒的记载)	
元和六年(811)	2		京兆府等	端境期饥荒→常平义仓赈贷粟24万	《册府元龟》卷一百六
	4		东渭桥仓	**用和籴填补阙额**	《册府元龟》卷四百九十八
	6		京兆府	用两税钱、粟帛折纳	《册府元龟》卷四百八十八
	7	-	鄜坊	水灾	《新唐书》卷三十六
		-	京兆等?	多雨歉收	《新唐书》卷三十四
	10	-	京兆府	水→减免25万石折籴粟	《册府元龟》卷四百九十一

续表

年份	季月	丰荒	地域	事项	出典
	闰12	-	畿内	天灾→减免各种拖欠	《册府元龟》卷四百九十一
	*	+	天下	丰收谷贱	《资治通鉴》卷二百三十八
元和七年(812)	1	(-)	振武	水灾、毁坏东受降城	《新唐书》卷三十六《唐会要》卷四十四
	2	-	京兆府	各种减免、赈济措施	《册府元龟》卷四百九十一
	3	-	京兆府？	干旱→疏决系囚	《册府元龟》卷一百四十四
	春	-	京兆府？	饥荒	《新唐书》卷三十五
	7	+	关内等10道	和籴（贮备预定额160万石）	《册府元龟》卷四百八十四
元和八年(813)	2	(-)	京兆等？	干旱→祭祀	《旧唐书》卷十五
	6	(-)	京师、渭水	水灾	《旧唐书》卷十五《新唐书》卷三十六
		(-)	京兆等？	多雨→未实施延英转对	《册府元龟》卷五十八
	夏	(-)	同华	干旱	《新唐书》卷三十五
	9		折籴对象州	用钱帛等折纳折籴粟	《册府元龟》卷五百二
	10	-	京兆府？	大雪冷害	《旧唐书》卷十五
	11	-	京畿	水旱霜→损田38000顷	《旧唐书》卷十五
元和九年(814)	2	-	京畿	饥荒→各种减免赈济措施	《册府元龟》卷一百六

续表

年份	季月	丰荒	地域	事项	出典
	春	-	关内	饥荒	《新唐书》卷三十五
	5	-	京兆府?	干旱谷贵→赈贷、出粜太仓粟70万	《册府元龟》卷一百六
		-	京畿	干旱→免放当年夏税青苗钱	《册府元龟》卷四百九十一
元和十年(815)	1	(-)	京兆等?	干旱(从上年开始)	《册府元龟》卷二十六
	秋	-	鄜坊	风雹歉收	《新唐书》卷三十六
元和十一年(816)	4	-	京畿	估计歉收→免除元和9—10年折籴等的拖欠	《册府元龟》卷四百九十一
	5	-	京畿	水灾(—6月)歉收	《新唐书》卷三十六
	8	(-)	渭水	水灾,中渭桥损毁	《新唐书》卷三十六
	12	-	京畿	水灾,耕地受灾	《旧唐书》卷十五《唐会要》卷四十四
元和十二年(817)	1	-	京畿?陈许	歉收饥荒→出粜(由郑滑节度使主持)	《册府元龟》卷一百六
	4	-	两京	歉收→出粜25万石太仓粟	《旧唐书》卷十五
		(-)	渭南	雨雹	《旧唐书》卷十五
	5	(-)	京兆等?	多雨	《新唐书》卷三十四
	6		京兆府	水灾,民居多数毁坏	《旧唐书》卷十五
					《唐会要》卷四十四
	8	(-)	京兆等?	长雨(—9月)	《新唐书》卷三十四

续表

年份	季月	丰荒	地域	事项	出典
	9	-	河东受灾州	水灾→义仓斛斗	《册府元龟》卷一百六
元和十三年(818)	12	-	京兆府 11 县	水灾,麦田损毁	《唐会要》卷四十四
元和十四年(819)	4			停止任用宦官做京西和籴使	《唐会要》卷七十八
	5	-	京兆府	丰收,但仍粮食不足→减免当年夏税	《册府元龟》卷四百九十一
元和15(820)	3	-	京兆府二县	雹灾歉收	《新唐书》卷三十六
	6	-	京兆府二县	雹灾→全免当年两税斛斗	《册府元龟》卷四百九十一
	6	+	天下?	丰收→停止量抽钱	《旧唐书》卷十六
	8	-	同州	雨雪歉收	《旧唐书》卷十六
		(-)	京兆府	大雨,关闭坊市北门	《新唐书》卷三十四
长庆元年(821)	3			废止和籴使	《册府元龟》卷五百二
				将乌池盐利用于15万石和籴定制化	《旧唐书》卷四十八
	7			彻底取缔和籴中的不端行为	《册府元龟》卷九十
长庆二年(822)	7	(-)	好畤县	水灾	《新唐书》卷三十六
					《唐会要》卷四十四
	12	(-)	京兆等?	干旱(前一年冬天以来)→虑囚、速决囚徒	《册府元龟》卷一百四十五
长庆三年(823)	5	(-)	京兆府	雨雹	《新唐书》卷八
	*	-	首都圈	歉收→禁军囤积粮食	韩愈《行状》

续表

年份	季月	丰荒	地域	事项	出典
长庆四年（824）	2	-	京兆府	歉收谷贵→出粜40万石太仓古米	《册府元龟》卷一百六
	6	(-)	京兆等？	多雨→疏决囚徒	《册府元龟》卷一百四十五
		(-)	京兆府	雹	《新唐书》卷三十六
	7	-	京兆府	歉收谷贵→以和籴贮粟支付俸料钱	《册府元龟》卷五百二
					《旧唐书》卷十七
	8		关内外	和籴折籴150万石	《唐会要》卷九十
	*	-	绛州	虫害歉收	《新唐书》卷三十五
宝历元年（825）	6	-	京兆等？	多雨（—8月）	《新唐书》卷三十四
	7	(-)	廊坊	水灾	《旧唐书》卷十七
					《新唐书》卷三十六
		-	京兆府六县	水灾歉收	《旧唐书》卷十七
					《新唐书》卷三十六
	8	+	京兆等九道	两京河西丰收→和籴折籴200万石	《册府元龟》卷五百二
					《唐会要》卷九十
		-	邠州	霜灾歉收	《新唐书》卷三十六
	9	-	华州	水灾歉收	《唐会要》卷四十四
	12	+	河东振武	丰收→博籴10万，运往灵武	《册府元龟》卷五百二
宝历二年（826）	6	(-)	京兆府	干旱→疏决囚徒	《册府元龟》卷一百四十五

续表

年份	季月	丰荒	地域	事项	出典
大和元年(827)	6	(-)	京兆府	收获延缓→减刑等	《册府元龟》卷九十
		(-)	京兆府?	十旱→疏决囚徒	《册府元龟》卷一百四十五
	夏	(-)	京畿河州同州	干旱	《新唐书》卷三十五
	秋	-	河东同州	虫灾歉收	《新唐书》卷三十五
大和二年(828)	夏	-	京畿	水灾歉收	《新唐书》卷三十六
	8	(-)	京兆府17县	水灾	《旧唐书》卷十七
					《唐会要》卷四十四
大和三年(829)	4	(-)	同官县	水灾,农家多数遭毁坏	《新唐书》卷三十六
	7	-	京兆府9县	干旱损田	《旧唐书》卷十七
	秋	-	京兆府8县	霜灾歉收	《新唐书》卷三十六
	11	-	京兆府等	战争灾害→各种减免措施	《文苑英华》卷四百二十八
			京兆府8县	干旱、雹→减免(内容不详)	《册府元龟》卷四百九十一
大和四年(830)	夏	-	鄜坊京畿等	水灾歉收	《新唐书》卷三十六
	7	-	太原	歉收饥荒→赈贷3万石	《册府元龟》卷一百六
	8	-	鄜州	水灾,农家多数遭毁坏	《旧唐书》卷十七
	8	+	关内八州	**丰收→和籴100万石**	《旧唐书》卷四十九
	秋	(-)	鄜坊	雹	《新唐书》卷三十六

续表

年份	季月	丰荒	地域	事项	出典
	11	-	京兆等四道	水灾→赈恤	《唐会要》卷四十四
	12	-	京畿等六道	水灾→赈济	《册府元龟》卷四百九十一
大和五年(831)	1	(-)	京兆府	多雪	《新唐书》卷三十四
		-	河东	"借便"粟10万石	《册府元龟》卷一百六
	6	(-)	京兆府?	霖雨→疏理系囚	《旧唐书》卷十七
	夏	(-)	京兆府二县	雨雹	《新唐书》卷三十六
	10	-	京兆府三县	水灾→两税斛斗全免	《册府元龟》卷四百九十一
大和六年(832)	1	-	京兆府诸县	冷灾→常平义仓斛斗赈恤	《文苑英华》四百三十六
	5	(-)	诸道受灾户	水灾?→减免两税钱	《文苑英华》四百四十一
	7	(-)	京兆等?	疏决囚徒	《册府元龟》卷一百四十五
	*	(-)	京兆等?	干旱	《新唐书》卷一百一十八
	*		河中	河中节度使王起"出粟于市"	《旧唐书》卷一百六十四
	*	(-)	关内河东等	干旱	《新唐书》卷三十五
大和七年(833)	1	-	京兆等九道	干旱→各种赈济、免除拖欠	《文苑英华》卷四百三十六
		-	京兆府	歉收谷贵→俸料钱的一部分用太仓粟支给	《唐会要》卷九十二
	7	(-)	京兆等?	干旱→疏决囚徒	《册府元龟》卷一百四十五

续表

年份	季月	丰荒	地域	事项	出典
	闰7	-	京兆等?	干旱→疏决囚徒、节减经费等	《册府元龟》卷一百四十五
	8	+	天下?	丰收→补填义仓谷	《册府元龟》卷五百二
大和八年(834)	6	(-)	京兆等?	干旱→疏决囚徒	《册府元龟》卷一百四十五
	夏	(-)	陕华	干旱	《新唐书》卷三十五
	7	-	京兆府3县	雨害歉收(夏麦损害)	《旧唐书》卷十七
	8	+	京西北等	丰收→禁止阻碍商人通行	《册府元龟》卷五百二
		(-)	京兆等?	干旱→停止选举	《旧唐书》卷十七
	9	(-)	诸道饥疫处	军粮备储,出粜属度支户部杂谷	《册府元龟》卷一百六
		-	陕州	干旱歉收	《旧唐书》卷十七
	10	-	京兆府	由于淮南两浙黔中水害,京师物价飞涨	《旧唐书》卷十七
	12			地方官、户部郎官贪污粜本事件	《册府元龟》卷六百一十九
	*	+	京兆等?	"近岁已来……百谷丰稔"	《册府元龟》卷五百四十九
大和九年(835)	3	(-)	诸道饥荒处	出粜度支户部斛斗	《文苑英华》卷四百三十六
	秋	(-)	京兆等五州	干旱	《新唐书》卷三十五
	10	(-)	京兆河南	干旱	《旧唐书》卷十七
	12	(-)	京兆府	冷灾	《新唐书》卷三十六
开成元年(836)	1		同蒲绛	干旱饥荒→各种减免赈济措施	《册府元龟》卷九十一

续表

年份	季月	丰荒	地域	事项	出典
	2		京兆府	度支提出和籴改革案	《册府元龟》卷四百八十四
	夏	（-）	凤翔麟游县	水灾,农家多数遭损毁	《新唐书》卷三十六
	夏	-	河中镇州	蝗灾歉收	《新唐书》卷三十六
	10			户部请求实施和籴百万	《册府元龟》卷五百二
开成二年(837)	4	（-）	京兆等?	干旱→祭祀	《册府元龟》卷一百四十五
	6	-	泽潞	蝗灾歉收	《旧唐书》卷十七
	7		京畿	干旱→赐予百姓灌田	《册府元龟》卷一百六
		（-）	京兆等?	蝗灾干旱→疏决系囚	《旧唐书》卷十七
开成三年(838)	1	-	京兆府等	蝗灾干旱→常平义仓谷赈济,其他减免措施	《文苑英华》四百三十六
	夏	（-）	鄜坊等	水灾	《新唐书》卷三十六
	9		京西河中等	作为储备和籴60万石	《册府元龟》卷五百二
开成四年(839)	6	-	京兆等?	干旱→祭祀	《册府元龟》卷二十六
开成五年(840)	7	（-）	京兆等?	多雨,未能进行文宗的送殡	《新唐书》卷三十四

注:季月:汉字的数字表示闰月,"*"表示没有特定季月。

丰荒:"+"表示粮食有剩余的状态;"-"则表示不足的情况。带括号的表示无法确定地域,虽有天灾但难以确定对作物影响的程度或无法确定过度或不足的情况。

第三章

整备北边度支系诸司

绪　论

"安史之乱"后,唐朝的财政由度支使与盐铁转运使分管。按当时的道来进行划分的话,前者负责关内、河东、山南西、剑南各道,后者则负责河南、山南东、江南、岭南各道的管理。因此,"北边"属于度支管理。两司在各自的管辖区内为了实现财政的顺利运行,均设置了各自的地方组织,并在"北边"设置了度支管理下的财政诸司。可以说度支直辖下属机构的设置是与财政诸司并行建构的,"北边"还形成了谷物的自给体制,这是支撑度支"北边"统治的两大系统。通过对这两大系统的分析,可以明确由度支控制的地方财政的部分内容,同时,还可以从财政史的视角来进一步了解无强势藩镇存在的"北边"地域的特质。在第一章中主要论述了唐代后半期"北边"各地努力实现现地自给的情况,本章则以度支系诸司的设置过程为焦点进行论述。

第一节　安史之乱前后

一、朔方道水陆运使

本节将考察"北边"在完善度支系诸司之前的"安史之乱"前后的状况。

8世纪初,由于塞外民族,特别是突厥侵扰的加剧,中央政府派遣了十道节度使。那么,这一时期由谁负责"北边"的物资供应呢？从各道的层面上来看是由度支使负责该项工作的,但其管辖范围仅限于一道之内,并不具备在多个道内进行大规模物资运输的权利。因此,需要新设一个权力足以覆盖"北边"全域的职位,"朔方道水陆运使"就是第一个这样的职位。在近年公开的王承裕的墓志铭里,关于他的经历有如下记载:

> 时朔方军节度使、信安郡王知其材足干时,位未充量,叹骐骥于狭路,惜鸾凤于卑栖,因奏充本道节度支度判官。俄转会宁郡司马,仍充营田使。又转安北都护府司马兼知军事。无何,转榆林郡都督府长史,兼充朔方道水陆运使、关内道营田副使。……坐贬连山郡司马。……以开元廿六载冬十一月十五日,终于连山郡之官舍。(张瑗撰《唐故榆林郡都督府长史太原王府君墓志铭并序》,《千唐志斋藏志》下,文物出版社,1984,总861号)

文中在地名上用了郡名,还有"开元廿六载"等字样,因为这是天宝十年(751)建成的王承裕夫妇合葬墓的墓志铭。

首先来确认王承裕就任朔方道水陆运使的时期。可作为线索的有"受朔方军节度使信安郡王李祎征召""开元廿六载冬十一月十五日"逝世两处内容。李祎在开元十五年(727)闰九月至开元二十四年(736)四月就任朔方节度使①,因此,可以确定王承裕任职始于开元十五年(727)。但王承裕从被李祎征召到就任朔方道水陆运使期间还担任过其他多个官职,所以开始时间应该往后顺延几年。另外,王承裕由胜州长史、朔方道水陆运使被贬为连山郡司马,最终死于开元二十六年(738)十一月。因此,其任职应该结束于开元二十六年(738)上半年左右。根据上述内容可推测王承裕至少在开元二十年(732)的前半期就担任朔方道水陆运使了。

再来关注一下朔方道水陆运使管辖的范围。王承裕在担任朔方道水陆运使的同时还兼任了胜州长史。也就是说朔方道水陆运使设立在胜州。胜州是"北边"的漕运据点,这可以从开元二十五年(737)水部式的以下规定中得到证明。

> 胜州转运水手一百廿人,均出晋、绛两州,取勋官充,不足兼

---

① 吴廷燮《唐方镇表》卷一《朔方节度使》。

取白丁,并二年与替①。(敦煌发现开元二十五年水部式残卷(伯2507号文书,第62~63行)

关于朔方道水陆运使的记载,到目前为止没有其他出处,因此无法判断这之前的情况。"水陆运使"这一官职最早是先天二年(713)设置的陕州水陆运使②,因此,朔方道水陆运使的设置应该是在开元中,当时突厥的默啜可汗、毗伽可汗迎来了全盛期,考虑到突厥入侵的路径,就能理解在胜州设置朔方道水陆运使的理由了。

二、六城水运使

朔方道水陆运使之后设置的"北边"财政官职是"六城水运使"。关于"六城"具体指哪些地方到目前为止尚有分歧。另外,也有"五城"这样的归纳方法,一时很难确定③,但大概是指从灵州沿黄河北上,向东折向丰州、三受降城,再向南有黄河流经的胜州、振武军等地域,在这一点上诸家的认识是一致的(参照本书第7页图2),但并没有明确的史料证明确实设立过六城水运使。开元末,杨行审的赴任应该就是最早的例子,孙逖撰写的任命书中有如下内容:

---

① 根据本条内容,水部式并非在开元二十五年(737)首次设置,在这个时点上也无法保证水部式的规定具有实效性,因此不能确定这就是开元二十五年情况的真实反映。但至少到开元二十五年左右的某个时期为止,胜州是北边漕运的据点应该是正确的。

② 《唐会要》卷八十七《陕州水陆运使》。

③ 关于推定"六城""五城"的主要观点有《资治通鉴》胡注及岑仲勉、严耕望的学说。首先,胡三省认为:"朔方所统三受降城及丰安、定远、振武三城,皆在黄河外"(《资治通鉴》卷二百一十八至德元载六月条),"朔方先统三受降城并振武、丰安、定远,为六城。时三受降城属振武军。使朔方统丰安、定远、新昌、丰宁、保宁,谓之塞下五城。"(卷二百二十五大历十一年二月辛巳条)。另一方面,岑仲勉认为所谓五城就是三受降城、丰安、定远,所谓六城就是再加上在鄂尔多斯中部设置的榆多勒城(岑仲勉1960,卷二《玄宗·朔方节度下之五城六城》)。严耕望基本沿用了岑说,但第六城则认为可能要加上振武军(严耕望1985,222~224页)。在此不再逐一讨论各观点了,只阐述一下我的个人见解。《册府元龟》卷九百九十二《外臣部·备御》大历八年条的元载上奏中有"稍置鸣沙县,丰安军为之羽翼,北带灵武五城为之形势"。可知"五城"和"丰安军"均为地名,因此,丰安应该是"第六城"。"五城"是指三受降城、定远、振武军是最妥当的解释。

>   ……朝散大夫、守凉州都督府司马、河西转运判官、柱国杨行审……顷在武威,克修官政,类能而举。宜增郡佐之秩,从帅而迁,仍统军城之务。可守灵州都督府长史。仍充六城水运使,散官,勋如故。(《文苑英华》卷四百一十四《孙逖授杨行审灵州长史制》)

假如本官是指守灵州长史,那么六城水运使就设在灵州。杨行审究竟又是哪一年就任的呢?这份任命书应该是孙逖被任命为中书舍人的开元二十四(736)到二十七年(739)四月前后,或者是其再次就任的开元二十九年(741)①起草的。文中还叙述了杨行审由凉州都督府司马、河西转运使判官,"从帅(河西节度使)"转任到守灵州都督府长史、六城水运使。因此,如果要探寻在孙逖就任中书舍人期间从河西迁移到朔方的人物,则可知此人就是牛仙客②。牛仙客于开元二十四年(736)秋③至二十八年(740)十一月④就任朔方节度使。因此,杨行审就任六城水运使应该就是在开元二十四年至二十七年四月前后。在上面的考证中得知,王承裕在开元二十年(732)的前半期就任了朔方道水陆运使,也就是说到那个时期朔方道水陆运使依然存在。现在又明确了杨行审就任六城水运使的时期是开元二十四年秋至二十七年四月前后,结合这两点可知,开元二十五年(737)前后将"朔方道水陆运使变更成了六城水运使"。严格地说不是废除朔方道水陆运使新设六城水运使,而是将朔方道水陆运使迁往灵州,并改名为"六城水运使"。追溯之前的历史可知,"安史之乱"刚结束时,任六城水运副使的魏少游的官职,在史料中记载为"朔方道水陆运副使",这是因为在"朔方道水

---

① 根据《旧唐书》卷一百九十中《孙逖传》,孙逖在开元二十四年就任中书舍人后,由于为其父孙嘉之服丧而辞职,服丧结束后于开元二十九年又复职做了中书舍人。据说当年又移职做了河东黜陟使。根据为其父撰写的墓志铭,可知孙嘉之是开元二十七年四月二十四日去世的(《文苑英华》卷九百五十五《孙逖·宋州司马先府君墓志铭》)。因此,孙逖初任中书舍人是在开元二十四到二十七年四月前后,再任则在开元二十九年。

② 吴廷燮《唐方镇表》卷一《朔方节度使》,卷八《河西节度使》。

③ 《旧唐书》卷一百三《牛仙客传》。《唐会要》卷七十八《诸使中·节度使》朔方节度使于开元二十年就任有误。

④ 《旧唐书》卷九《玄宗纪下》。

陆运使"与"六城水运使"的名称上可以找到它们之间的关联性①。从当时的对外形势来看,开元十九年(731)时阙特勤死去,开元二十二年(734)毗伽可汗被暗杀,突厥从此走向衰败,而吐蕃则逐渐成为边境的外患②。由于突厥从阴山山脉方面入侵,而吐蕃则从河西走廊至青海方面入侵,从这一点来看,"北边"的财政据点从胜州移到灵州也就有了充分的理由。开元二十九年(741)以后,六城水运使也由朔方节度使兼任了③。

三、安史之乱刚结束时的状况

"安史之乱"极大地动摇了"北边"的防御体系。当时,河北、山东被占领,朝廷无法与江淮取得联系,于是便投入兵力与朔方、河东两军的叛乱势力进行战斗,因此边境的防务出现了空虚。当时,吐蕃持续从西部延伸其势力,乘机入侵关中,使"北边"陷入了严重的混乱。

"北边"的物资供给体系也难免受到影响,这个时期完全没有六城水运使实施漕运业务的记录就是一个很好的例证。这一时期六城水运使继续由朔方节度使兼任(参照第89页表9),下层组织也继续存在④。此时,以任朔方节度使的郭子仪为代表,几乎都是有实力的将帅⑤,他们为了抗击吐

---

① 《旧唐书》卷一百一十五、《新唐书》卷一百四十一本传中有"朔方水陆转运副使";《新唐书》卷六《肃宗纪》天宝十五年六月辛丑条;《资治通鉴》卷二百一十八至德元载六月条有"六城水陆运使";《旧唐书》卷一百八、《新唐书》卷一百二十六《杜鸿渐传》;《册府元龟》卷三百七十三《将帅部忠四》杜鸿渐条有"六城水运使"的记载。(虽然"六城水运副使"这个称呼找不到记载,按朔方节度使由六城水运使兼任的原则来看,魏少游应该就是副使。)

② 参照《旧唐书》卷一百九十四《突厥传》及《新唐书》卷二百一十五《突厥传》及《旧唐书》、卷一百九十六《吐蕃传》及《新唐书》卷二百一十六《吐蕃传》。

③ 《唐会要》卷七十八《诸使中·节度使·朔方节度使》:
(开元)二十九年,除王忠嗣,又加水运使。
《新唐书》卷六十四《方镇表一·朔方节度使》同年条中有"朔方节度使兼六城水运使",可知从这一年起,朔方节度使开始兼任六城水运使。

④ 肃宗在灵州蒙尘之际,来迎接的是六城水运副使魏少游。既然有副使的存在,那么判官以下的下层组织也应该是健全的。

⑤ 吴廷燮《唐方镇年表》卷一中列举的此时朔方节度使有郭子仪(至德元年至乾元二年、宝应元年、广德二年至大历十四年)、李光弼(乾元二年至上元二年)、李国贞(上元二年至宝应元年),仆固怀恩(宝应元年至广德元年)。

蕃的入侵均转战各地，六城水运使也几乎失去了其实际的意义。

在这样的战时体制下，无法得到定期、定额的物资补给，就必须建立一个适应根据需求征收相应必要物资的新体制，为此而设置的新官职就是粮料使。《册府元龟》卷四百四十八《邦计部·经费》建中四年条中对粮料使的职责进行了如下说明：

> 诸道行营出其境者，粮料皆仰给度支，谓之食出界粮。又于诸军，各以台省官一人，司其供亿，谓之粮料使。

由此可知，粮料使被派往由各道派遣军队的各部，承担由度支支付的军粮、食出界粮的接收与分配任务。在这个阶段，中央只任命一名台省官，因此，粮料使与度支之间并没有明确的统属关系。另外，粮料使只是一个临时设立的职位，战争结束后，派遣来作战的军队回到原来所辖地，粮料使的使命就算完成了。室永芳三曾专门论述过粮料使，根据他的论述，粮料使也称为供军粮料使、供军使、运粮使、军粮使，除分配食出界粮外，根据地域的特殊性也承担各种财物运营的工作[①]。"安史之乱"刚结束时，北边的粮料使有以下这些人物：

表8　安史之乱刚结束时北边的粮料使

年份	人名	职位	推荐人	出典
宝应元年（762）	陈少游	回鹘粮料使		《旧唐书》卷一百二十六、《新唐书》卷二百二十四
广德元年（763）	第五琦	粮料使	郭子仪	《旧唐书》卷一百二十三
永泰元年（765）	路嗣恭	朔方军粮使	郭子仪	《资治通鉴》卷二百二十四
大历中	于颀	河东租庸、粮料、盐铁等使	第五琦	《册府元龟》卷七百二十九
贞元八年（792）	郑克钧	灵夏二州运粮使		《册府元龟》卷四百八十四

在表8中，陈少游与第五琦是因郭子仪推荐而被任命的。朔方节度使兼任六城水运使曾发挥过巨大的作用，但此时已经不起什么作用了，因此，可以推测在运粮业务上节度使的影响力也只停留在粮料使的人事任免上了。

---

① 室永芳三 1961，1~9 页。

与此相对,丁顾是第五琦负责推荐的,虽然《册府元龟》中没有关于与其官职相应内容的记载①,但在同类史料《旧唐书·于顾传》中则明确记载着第五琦是度支使②。另外,时代稍晚一点,在郑克钧的出典史料中,可以找到度支与粮料使相互协作共同承担运粮业务的记载:

> 八年五月,以都官郎中郑克钧为灵夏二州运粮使。吐蕃之围,灵州军食绝,及吐蕃稍却,钧自夏州以牛马杂运米六万余斛致灵州。度支又于胜州沂河运云朔米万余斛。是秋,云州有积年谷稻数万斛。人心颇固。(《册府元龟》卷四百八十四《邦计部·经费》)

由此可见,在表8中路嗣恭以前,节度使在北边运粮业务中影响力很大,但随着度支领导力的增强,逐渐被度支所代替。有记录证明在代宗朝后期,运往北边的粮食开始由度支接管了。

> 初,度支岁市粮于北都,以赡振武、天德、灵武、盐、夏之军,费钱五六十万缗,溯河舟溺甚众。(《新唐书》卷五十三《食货志三》)

这一节记载的是临近建中元年(780)的情形,"初"应该指的就是代宗朝后期。据此,在太原购入(和籴)的谷物,溯黄河航运往北边各地。从"(每)岁""费钱五六十万缗"的表达中可知,定期、定额的物资供应虽尚有困难,但也处于持续恢复的状态中。

这里并没有关于在度支领导下以怎样的下层组织形式在各地开展业务的内容记载。负责紧急状态下所需物资的粮料使只是一个临时设立的官职,与度支之间并无明确的统属关系。由刘晏设置的地方财政官"租庸使",因为缺乏实例,也无从知晓其与度支的相互关系③。度支组织网的真正完备是在贞元以后设置了度支巡院、代北水运使以后的事了。

---

① 《册府元龟》卷七百二十九《幕府部辟署·于顾》:
大历中,第五琦署为河东租庸、粮料、盐铁等使务。
② 《旧唐书》卷一百四十六《于顾传》:
度支使第五琦署为河东租庸使,累授凤翔少尹,度支郎中,兼御史中丞,转运、租庸、粮料、盐铁使等。
③ 关于租庸使,参照高桥继男1972,1~22页。

第二节 度支系诸司的调整

度支原本只是律令制度中隶属于尚书户部的一个部门,但随着财政规模的扩大及复杂化,其重要性逐渐增加,德宗建中元年(780)实施两税法后,度支作为中央财政总管的地位得到了巩固①。德宗治世,即位初由于对藩镇采取了强硬政策,结果引发了诸藩的大规模反叛,此后的情形,则经常被评论为自甘消极政策的时代。叛乱刚平息不久的贞元二年(786),吐蕃再次大举入侵②,贞元年间(785—805)的唐朝,重建边防体系势在必行,因此,正式开始完善度支管辖下的补给体系。本节将探究其过程。

一、设置度支巡院

唐代后半期,两大财政机构即度支使、盐铁转运使将国家财政分为西北与东南两部分进行分管。高桥继男不仅明确论述了两司设置地方组织——巡院的情况,还论述了根据地域分管制由度支使与盐铁转运使分别管辖这些巡院的情况③。高桥详细阐述了代宗时开始实施的分管制在德宗初年的这一时期内曾一度遭到破坏,后经种种曲折,直到贞元八年(792)得以恢复的过程,也阐述了在此期间完善巡院的过程。在此需要强调的与本章有关的内容是,这一时期北边的度支巡院得以完备,开始与原有的粮料使一起担负度支指挥下的物资筹措任务。关于北边究竟是何时开始设置巡院的这一问题,就现存的记录尚无法明确。但巡院筹措物资的职能作为紧急的现实课题被提上日程应该是在吐蕃再度开始入侵的贞元二年(786)之后的事。

度支巡院究竟发挥了怎样的作用呢?贞元八年(792)陆贽上奏请求扩

---

① 日野开三郎 1981B,75~112 页。
② 《旧唐书》卷一百九十六《吐蕃上》及《新唐书》卷二百一十六《吐蕃》。
③ 高桥继男 1973,23~41 页。

大北边军粮供给的计划①可为说明这一问题提供有利线索。在奏折中陆贽说到，当年由于江淮地方歉收（谷价高涨）而关中地方丰收（谷价下降），因此，他建议：一是削减江淮的上供米，把削减的谷物在江淮以低价出售；二是在关中实施和籴，以填补削减的上供谷物不足的部分，和籴费用则以江淮的布帛及因减少粮食上供而节省的漕运费来充当。根据该奏文，可明确度支巡院在实施和籴时发挥的三大职能。第一是调查准备实施和籴的各地域的谷物价格，预计可以购买的谷物量。上奏文中关于这一内容有如下记述：

> 臣已令度支巡院勘问诸军州米粟时价，兼与当管长吏商量，令计见垦之田，约定所籴之数。得凤翔、泾陇、邠宁庆、鄜坊丹延、夏绥银、灵盐、振武等道，良原、长武、平凉等城报，除度支旋籴供军之外，别拟储备者，计可籴得一百三十五万石。（《陆宣公集》卷十八《请减京东水运收脚价于沿边诸州镇储蓄军粮事宜状》）

巡院的价格调查机能，在巡院设置之初，早在刘晏时代就得到了重视②。第二个职能是与当地地方官一起负责和籴粟的交接。

> 请各委当道节度及当城兵马使，与监军中使并度支、和籴巡院官同受领，便计会和籴。（《陆宣公集》卷十八《请减京东水运收脚价于沿边诸州镇储蓄军粮事宜状》）

这个奏请，与两年后陆贽的上奏文③中的记载均可知从敕裁到实施的过程。

> 准元敕，各委当道节度及监军中使、度支知巡院官，同勾当检纳。（《陆宣公集》卷二十《请边城贮备米粟等状》）

---

① 《陆宣公集》卷十八《请减京东水运收脚价于沿边诸州镇储蓄军粮事宜状》。此上奏文在《资治通鉴》中系年为贞元八年八月（卷二百三十四）。

② 《资治通鉴》卷二百二十六建中元年七月己丑条：
诸道各置知院官，每旬月，具州县雨雪丰歉之状白使司，丰则贵籴，歉则贱粜，或以谷易杂货供官用，及于丰处卖之。知院官始见不稔之端，先申，至某月须如干蠲免，某月须如干救助，及期，晏不俟州县申请，即奏行之，应民之急，未尝失时，不待其困弊、流亡、饿殍，然后赈之也。

③ 严一萍1975，196页中把本奏折当作贞元十年的上奏。

第三职能是监督实施和籴时官吏的不端行为。但陆贽指出：

> 虽设巡院使相监临，既失纲条，转成囊橐，至有空申簿帐，伪指囷仓。计其数则亿万有余，考其实则百十不足。巡院巧诬于会府，会府承诈以上闻。（《陆宣公翰苑集》卷十八《请减京东水运收脚价于沿边诸州镇储蓄军粮事宜状》）

由此可知，本该监督地方官的巡院本身似乎也出现不少舞弊行为①。

综上所述，巡院具有实施和籴前的预备调查、实施和籴时谷物授受、实施和籴后监察不端行为的职能，也就是说巡院拥有实施和籴前的准备工作、实施和籴及处理和籴善后事宜的整个过程的权限。在"北边"，度支行使的职权中还包括漕运、营田等。可以推测，与和籴业务一样，巡院也会与这些业务有某种关联，只是目前尚没有确证。在上述的奏文中，陆贽使用了"和籴巡院"这个词，同样的措辞在其他史料中也有出现②，因此，可以说在"北边"，度支巡院的职责仍然以和籴为主。

二、设置代北水运使

继度支巡院后，贞元中期又创设了代北水运使这一官职。关于代北水运使，目前为止只有较为简单的说明。青山定雄的论述算是最为详细的了，但也只是研究了具体的事例而已③。青山论述中最大的问题是将代北水运使与之前的六城水运使归为同一系列。表9是根据青山列举的事例，添加了笔者及李锦绣新增的若干发现④，并增补了必要信息后的列表。根据表9可知，兴元元年（784）的李怀光是最后担任六城水运使的人，之后到大中末的唐持，文献上没有出现过六城水运使这个称呼，而在此期间却出现了代北水运使这个词。然而并没有废除六城水运使及设置

---

① 关于巡院的监察职能，参照高桥继男1978，41~60页。
② 《册府元龟》卷九十《帝王部·赦宥九》长庆元年七月己酉条中也有"和籴院官"的表达形式，史料参照本书第99页。
③ 青山定雄1954，41页。
④ 李锦绣2001，第一分册，339页。

代北水运使的相关记载①,而且由于地域与担当的职务也会出现相互重叠,所以也有不得已把二者混为一谈的情况。

表9　六城水运使、代北水运使等事例

姓名	年份	官名	本官·兼任官	出典
王承裕	开元中	朔方道水陆运使	胜州都督府长史	《千唐志斋藏志》八百六十
杨行审	开元末	六城水运使	灵州都督府长史	《文苑英华》四百一十四
王忠嗣	开元二十九(741)	六城水运使	朔方节度使	《唐会要》卷七十八
李林甫	天宝十年(751)	六城水运使	朔方节度使	《册府元龟》卷三百二十九
魏少游	至德元年(756)	六城水运使副使		《新唐书·肃宗纪》《旧唐书》卷一百一十五、《资治通鉴》卷二百一十八
郭子仪	宝应元年(762)	六城水运使	朔方节度使	《册府元龟》卷一百二十九
仆固怀恩	广德二年(764)	六城水运使	朔方节度使	《旧唐书·代宗纪》《册府元龟》卷一百六十四
郭子仪	大历十四年(779)	六城水运使大使	朔方节度使	《旧唐书·代宗纪》
李怀光	兴元元年(785)	六城水运使	朔方节度使	《旧唐书》卷一百二十一、《册府元龟》卷一百七十六
裴琚	贞元十四(798)—十七年(801)	知京北馈饷	?	《古志石华续编》卷二

---

① 表明有废除六城水运使可能性的史料是《册府元龟》卷四百九十八《邦计部·漕运》贞元二年(786)正月条,其中有以下记载:
诸道水陆运使及度支巡院、江淮转运等使,宜并停。
如果这里所说的"诸道水陆运使"中包括六城水运使的话,此时可能就废除了六城水运使。但根据《资治通鉴》卷二百三十二同年同月条记载的这一事件可知,这个诏书是宰相崔造、元琇为对抗前一年就任江淮转运使的韩滉,企图将漕运运营权收归中央而发布的,最终并没有成功。之后,并没有废除度支巡院、江淮转运使的迹象,而且还继续任命应该包括在"诸道水陆运使"中的河南水陆运使(这个事例记载在《唐会要》卷八十七《河南水陆运使》里)。就是说该诏书本身的实效性很令人怀疑,因此,不能根据这个诏书断定六城水运使被废除了。

续表

姓名	年份	官名	本官·兼任官	出典
薛謇	贞元末—元和初	京北水运使（代北水运使）	代北营田使、监察御史里行	《刘禹锡集》卷二十九、《新唐书》卷一百五十九、《资治通鉴》卷二百三十九、《册府元龟》卷五百一十
韩重华	元和七年（812）	振武京西水运使（代北水运使）	京北五城营田副使、振武京西和籴使、侍御史	《韩昌黎集》卷二十一、《新唐书》卷五十三、卷一百五十九
（任溆）	元和十四年（819）	（度支水运使？）	度支振武营田使	《李文公集》卷十四
贺拔志	长庆末（824）	度支水运使	振武营田使	《册府元龟》卷五百一十一、《旧唐书》卷一百六十六、《新唐书》卷一百一十九
司空舆	开成三年（838）	水运使		《册府元龟》卷四百九十八
马曙	大中五年（851）	代北水运使	度支河东振武天德等营田供军使、检校太仆卿、御史中丞	《东观奏记》卷中、《樊川文集》卷十七
唐持	大中末（859）	灵武六城转运使	朔方节度使	《旧唐书》卷一百九十
支谟	乾符三年（876）	代北水陆发运使	云州防御使	《资治通鉴》卷二百五十三考异所引《后唐太祖纪年录》
段文楚	乾符五年（878）	代北水陆发运使	大同（云州）防御使	《新唐书》卷二百一十八、《资治通鉴》卷二百五十三

注1：李怀光：《册府元龟》卷一百七十六《帝王部·姑息》中关于该事项的记载，在通行的明刊本中，由于与该事件相连的记事记载为贞元元年（785），因此看上去是贞元元年二月甲子条的记事，但事实上与该事件相连的记事记载的应该是前一年即兴元元年正月条的事后谈，这里应该是明刊本区分段落时的错误（宋本中是按连续发生的事件记载的），因此，本条应该是兴元元年二月甲子条。

注2：关于薛謇，在出典的史料中是"京兆"水运使，但由于官衙在代州，根据青山定雄1954，41页的论述订正为京北水运使。

但仔细研究会发现代北水运使是肩负着与六城水运使完全不同的使命的官职。

1. 代北水运使的名称

关于代北水运使的名称正如表9的记录有很多种叫法。表10中代北水运使的名称是根据表9列举的各事例整理不同文献得出的结论。

表10 代北水运使在不同文献中的官职名

	编纂史料(数字为卷数)				同时代史料
	《旧唐书》	《新唐书》	《资治通鉴》	《册府元龟》	
薛謇		代北水运使(159)	代北水运使	代北水运使	京北水运使② 代北水运使③
韩重华		代北水运使(159) 振武京西 水运使(53)			代北水运使③
贺拔志	水运使			度支水运使	
司空兴				水运使	
支谟			代北水陆 发运使①		
段文楚		代北水陆 发运使(218)	代北水陆 发运使①		

注：①为《通鉴考异》所引、赵凤《后唐太祖纪年录》；
②为《刘禹锡集》所收的薛謇神道碑；
③为《李文公集》所收的卢坦传(卷十二《故东川节度使卢公传》)。

其中,作为同时代的史料,最早使用"代北水运使"这一名称的是李翱撰写的卢坦传记(《李文公集》卷十二《故东川节度使卢公传》),卢坦是元和十二年(817)九月去世的①,因此,大约在那个时期代北水运使这个称呼就已经开始使用了。另外,稍晚一些,在敦煌发现的韦澳《诸道山河地名要略》残卷(伯2511号文书)第59~60行代州条中有如下记事：

今为刺史理所,兼置代北水运使院。

这本《诸道山河地名要略》是大中九年(855)完成的②,因此,大中年间

---

① 《旧唐书》卷一百五十三本传。
② 参照日比野丈夫1992,337~338页；王仲荦1993,90页以后。

也已经开始使用"代北水运使"了。据此,这个官职名在同时代的通称就是"代北水运使",因此,本章中关于该名称以下统一使用"代北水运使"①。

2. 代北水运使的创立时间

没有发现明确记载代北水运使的创立时间的记录,最早的记事出现在贞元十一年(795)年:

> 十一年二月,置度支水运,供军印。(《册府元龟》卷六十《帝王部·立制度》)

这里所说的"度支水运使"就是代北水运使。因为不可能在官职设置前就开始使用印章,所以,可以说代北水运使应该是贞元十一年二月之前设置的。另外,贞元八年(792)五月,根据度支从胜州向灵州输送粮食时的记录(《册府元龟》卷四百八十四,参照本书第84页),同年陆贽提议的"北边"和籴计划中(参照本书第86~88页)也完全没有提到代北水运使。因此,可以推测代北水运使大约设置于贞元十年(794)左右。贞元十年是继陆贽提议和籴后逐渐再启屯田开发、开始恢复"北边"粮食自给体制的时期(参照本书第一章第17~18页表2)。可以肯定代北水运使是在这样的背景下设立的。

3. 代北水运使的职务

关于代北水运使的职务,从薛謇的神道碑中可窥见一斑。

> 贞元中,上方与丞相调兵食,思得通吏治而习边事者,计相以公为对。乃授监察御史里行,充京兆(京北之误)水运使。局居雁门,主谷籴,具舟楫,募勇壮且便弓矢者为榜夫千有余人,隶尺籍伍符,制如舟师。诏以中贵人护之,声震塞上。每发粟溯河北行,涉戎落以馈缘边诸军及乘障者,虽河塞回远,必克期如合符,一岁中省费万计。(《刘禹锡集》卷二十九《唐故福建等州都团练观察处置使福州刺史兼御史中丞赠左散骑常侍薛公神道碑》)

---

① 丸桥充拓1996中认为同时代最早使用"代北水运使"的是《诸道山河地名要略》,并以此为依据展开了论述,小野达哉指正认为应该是《卢公传》。在此表示感谢,并对论述的部分内容进行了订正。

我认为这里出现的薛謇是有明确记载就任代北水运使的第一人①。据此,代北水运使设置在雁门(代州),在河东和籴的谷物溯黄河而上,运输到流域各地。在前节中论述了代宗后半期,完善了把在太原和籴的粮食运往北边各地的体制,这里所说的漕运是这种体制的延续。

4. 代北水运使的意义

前面提到了六城水运使与代北水运使是性质完全不同的两个官职,以下来具体阐明这一观点。从结论来说,前者是一个地方官的名称,后者则是度支的地方组织机构,这是二者的最大不同。关于六城水运使是一个地方官的名称,前一节中论述的由朔方节度使(灵州节度使)兼任可以得到证明。从下面的这个内容可以知道代北水运使是隶属于度支的。

> 贺拔志,穆宗时为度支水运营田使②。长庆四年六月丁亥,振武军节度使奏"志以刃自割不死"。志前奏营田数过实,将图功效。及命主客郎中白行简覆验,志不胜其惧,遂欲自裁。(《册府元龟》卷五百一十一《邦计部·诬诔》)

如果代北水运使是个地方官的名称,前面引文中的"度支"是"支度"之

---

① 关于薛謇在任时期需要进行以下考证。在《资治通鉴》卷二百三十八元和六年四月庚午条中有:"或告泗州刺史薛謇为代北水运使,有异马不以献。"的记载,这论述的是此时薛謇由泗州刺史转任代北水运使。但《新唐书》卷一百五十九《卢坦传》中有:"或告泗州刺史薛謇为代北水运使时,畜异马不以献。"(《李文公集》卷十二《故东川节度使卢公传》同)的记载,这与上面相反,写着就任代北水运使是在就任泗州刺史之前。因"时"一字的有无,官职就任的顺序就变得正好相反了,但后者应该是正确的。这是因为在《册府元龟》卷五百一十《邦计部·交结·薛謇》中有:"薛謇,贞元末为代北营田水运使,善畜牧,有良马,时以赂朝权及中贵人。时中官薛盈珍有勤力,于元和初,謇以族人附进,盈珍颇延誉以助之。故自泗水刺史,迁福建观察使。"的记述,可知薛謇是由代北水运使调任泗州刺史的。据此,如果给《通鉴》的内容中加上"时"的话,就是在元和六年(811)四月时已经是泗州刺史了。因此,薛謇在任的最后期限肯定在元和六年以前。根据《册府元龟》的记载薛謇上任的最初时间应该是贞元末。但在《韩昌黎集》卷二十一《送水陆运使韩侍御归所治序》的诸家注中,根据《通鉴》元和六年四月时薛謇已就任代北水运使的记述,把同年冬天做了水运使的韩重华解释为薛謇的后任了。但如果上述记述正确的话,元和六年四月以前,薛謇应该已经转任泗州刺史了,因此这应该是有误的。

② 通行的明版本中是"度支水边营田使",根据宋本改成了"水运"。

误的话,则"支度－水运－营田使"应该是成立的,史料中经常混有"度支使"与"支度使",区别的主要依据就是该职位属于中央还是地方。我认为原文"度支水运营田使",即水运、营田使是由度支管辖的解释是正确的。作为其依据可以列举以下记事:

> 三年四月,度支使杜㥄奏:"水运院旧制在代州。开成二年,省司以去营田、发运公事稍远,遂奏移院振武。臣得水运使司空舆状,兼往来之人备言移院不便。请依旧却移代州。"从之。(《册府元龟》卷四百九十八《邦计部·漕运》)

很明显,代北水运院的迁移问题,以水运使的报告为依据,后由度支上奏。由此不难看出度支与代北水运使的统属关系。元和十四年(819)在任佶的合葬墓墓志铭中,对撰写墓志铭时其子任溆的官职记载如下①:

> ……为度支振武营田使,得试协律郎、摄监察御史。(《李文公集》卷十四《故检校工部员外郎任君墓志铭》)

按语序来看,绝不可能是"支度振武营田使"。由于代北水运使也兼任营田使,任溆是水运使的可能性很大。因此,任溆的官职应该是"度支振武水运、营田使"。

至此可知,"也有用代北水运使代替度支水运使的表达形式",相反,虽然用的是度支水运使一词,其实就是指代北水运使。在唐代设置的漕运关系职位中,称为"水运使"的职位,除了本书中涉及的六城水运使、代北水运使外,还有由盐铁使兼任的"江淮水陆运使"(诸道转运使的别称)、还有汴东水陆运使、河南水陆运使、陕州水陆运使。既然"江淮水陆运使"由盐铁使兼任,因此不可能属于度支管辖。的确,在财务分管制崩溃的德宗朝前半期,虽有将度支与盐铁转运使合称为"度支转运使"的情况,但绝无"度支水运使"这样的称呼。汴东、汴西水陆使的实例也仅限于贞元初②,与贞元十一年(795)初次出现的"度支水运使"时期不同。另外,河南、陕州水运使

---

① 在丸桥充拓1996中以为享有这个官名的是任佶本人,并以此为基础进行了论述,这里予以订正。
② 参照严耕望1986《唐仆尚丞郎表》卷十四《诸道盐铁转运等使》。

在贞元八年(792)以后,属于财务分管制下盐铁使的管辖①,因此,并不是"度支水运使"。六城水运使自贞元十一年后至大中末期找不到实例,也应予以排除。除此之外就只有代北水运使了。可见度支水运使与代北水运使是一个完全相同的官职。

度支与代北水运使之间不仅有上述行政上的统属关系,还有监察关系。代北水运使薛謇渎职时,关于朝廷采取的措施有如下记录:

> 或上封告,泗州刺史薛謇为代北水运使时,畜马四百匹,有异马不以献者。事下度支,乃使巡官往验之②。(《李文公集》卷十二《故东川节度使卢公传》)

水运使渎职时由度支派遣属僚巡官审理、处理。关于上述状告水运使贺拔志在营田上弄虚作假的问题,当时去调查的白行简,作为"判度支案",负责检举整个"北边"的渎职行为③,由此可知代北水运使接受度支的监管。

无论是行政隶属还是监管,代北水运使都属于度支管辖。而且代北

---

① 度支与盐铁水运使的财务分管制从建中元年(780)开始停止了一段时间,贞元八年(792)再次启用,并一直持续到唐末。根据《唐会要》卷八十四《两税使》贞元八年四月条可知,东渭桥以东是盐铁使的管辖范围,所以,河南、陕州两水陆运使也在盐铁使的管辖之下。参照高桥继男1973。另外,高桥指出,《唐会要》中的这个记事记载在建中三年(783)与贞元七年(791)的记述之间,看上去好像是"建中八年"的记事,其实是有误的(参照高桥继男1973注11)。另外,河南、陕州两水陆运使一直延续到元和六年(811)(《旧唐书》卷十四《宪宗纪》元和六年十月己巳条)。

② 《资治通鉴》卷一百三十八将这件事记载在元和六年(811)四月庚午中,而且实际去调查的巡官,如本书第103页注⑤所述,是一位使职关系的僚佐,与巡官并没有直接关系。

③ 《唐会要》卷五十九《度支员外郎》长庆三年(823)十二月条:
度支奏:"主客员外郎、判度支案白行简,前以当司判案郎官刑部郎中韦词、近差使京西勾当和籴,遂请白行简判案。今韦词却回,其白行简合归本司。伏以判案郎官比有六人,近或止四员。伏请更置郎官一员判案,留白行简充。"敕旨依奏。
所谓"判度支案"是随着财政的增大、度支业务繁多,为补充隶属于尚书户部官职的度支官员而从别的司派遣郎官做官员。这里出现的白行简,其本官为主客员外郎。参照《通典》卷二十三《职官典五·户部郎》中建中三年正月杜佑的上奏、《唐会要》卷五十九《户部员外郎》会昌元年二月条的中书门下的上奏。

水运使与由朔方节度使兼管的六城水运使是完全不同的两个官职。六城水运使设置在接受物资方的灵州,而代北水运使则被设置在物资供应方的代州或振武军,这种安排若从其属于物资分配的总负责人度支的管辖角度来看,是很有道理的。对于以财物分管制来统领中国西北的度支来说,为"北边"防卫提供物资是其重要的职责之一。在当地承担这项职责的代北水运使,实质上就承担着"度支水运使"的具体工作。

三、度支系诸司的再编成

1. 诸司的再编过程

贞元年间设置了由度支管辖的常设官职巡院与代北水运使,但并未因此而废除前代的粮料使。此外,还有和籴使、营田使这样的度支系诸司,各司都与"北边"的物资供给相关,因此,出现了总计五官职(巡院、代北水运使、粮料使、和籴使、营田使)并列的情况。以下概括贞元以后的粮料使,以及至今未曾论及过的和籴使、营田使的情况,并列出表11—表13,并以此为根据追寻其历史根源①。

粮料使在贞元后继续作为给出动军队(行营)提供物资供求的职位而存在,但贞元后好像更多使用其异称"供军使"这个名称,因此,在以下的论述中将统一使用适用范围更广的"供军使"一词。关于这一时期的供军使重要的内容是:根据贞元十一年(795)起开始使用"度支供军使印"的史料(《册府元龟》卷六十)可知,供军使就是度支管辖下的一个职位。虽然无法确切知道当初由中央派遣的台省官何时归属度支管理了,但从担任由度支设置的食出界粮分配的职责来看,这应该是个合乎情理的结论②。

---

① 表11—13是根据丸桥充拓1996中的注记事例及李锦绣2001的收集事例(344页、347页、351页)做成的,后又增添了笔者查阅得到的新内容。

② 李锦绣2001中根据就任供军使的官员比代北水运使、度支营田使的职位高,并在长安奉职为依据,将供军使定位为北边财政的最高权力者(347~351页)。

表 11　供军使的事例（贞元以后）

年份	人名	职位	本官/兼任官	出典
元和九年（814）	王遂	西北供军使	太府卿	《旧唐书》卷一百六十二
开成三年（838）	高霞寓？	夏州供军使	夏州刺史	《新唐书》卷六十四
大中五年（851）—大中六年（852）	马曙	度支河东振武天德供军使	度支河东振武天德营田使、代北水运使、大理卿	《东观奏记》卷中、《樊川集》卷十七
大中五年（851）—大中六年（852）	房次玄	度支灵盐供军使	检校员外郎	《樊川集》卷十九
大和六年（852）	毕诚	河西供军安抚等使	邠宁节度使	《旧唐书》卷一百七十七
乾符二年（875）	李珰	大同军及云朔供军使	大同军云朔都防御使、营田使	《旧唐书》卷十九
乾符六年（879）	李蔚	河东供军使	河东节度使	《旧唐书》卷十九、《资治通鉴》卷二百五十三
乾符六年（879）	李邵	河东供军副使	河东观察留后	《资治通鉴》卷二百五十三
大顺元年（890）	张道蔚	朔方节度供军判官		《文苑英华》卷四百一十三

表 12　和籴使的事例（贞元以后）

年份	人名	职位	本官/兼任官	出典
贞元三年（787）	姚南仲	和籴使	兵部郎中	《册府元龟》卷五百二
元和七年（812）	韩重华	振武京西和籴使	京北五城营田副使、振武京西水运使、侍御史	《韩昌黎集》卷二十一、《新唐书》卷五十三、卷一百五十九
元和十四年（819）	宦官某	京西京北和籴使（中止）	？	《唐会要》卷七十八
长庆元年（821）		废除京西京北和籴使		《册府元龟》卷五百二
长庆二年（822）	范季睦	京西京北和籴使	仓部员外郎、判度支案	《元氏长庆集》卷四十七
长庆中	韦辞	京西北和籴使	刑部郎中	《旧唐书》卷一百六十

续表

年份	人名	职位	本官/兼任官	出典
长庆中	?	和籴贮备使	（根据窦易直申请而设置）	《新唐书》卷二百三
会昌中	?	和籴使	（根据李德裕申请而设置）	《会昌一品集》卷十四

表13 度支营田使的事例（贞元以后）

年份	人名	职位	本官/兼任官	出典
贞元十二年（796）	柳某	度支营田副使	殿中侍御史	《柳河东集》卷十二
贞元末—元和初	薛謇	代北营田使	京北水运使、监察御史里行	《刘禹锡集》卷二十九
元和七年（812）	韩重华	京北五城营田副使	振武京西和籴水运使、侍御史	《韩昌黎集》卷二十一，《新唐书》卷五十三、卷一百五十九
元和八年（813）	潘孟阳	京北五城营田使	户部侍郎、判度支	《旧唐书》卷一百六十二
元和十四年（819）	任滫	度支振武营田使	试协律郎、摄监察御史	《李文公集》卷十四
长庆末（824）	贺拔志	度支营田使	度支水运使	《册府元龟》卷五百五十一
大中五年（851）—大中六年（852）	马曙	度支河东振武天德营田使	度支河东振武天德营田使、代北水运使、大理卿	《东观奏记》卷中、《樊川集》卷十七
大中五年（851）—大中六年（852）	傅孟恭	度支银州营田使	银州刺史	《樊川集》卷十八
大中八年（854）	契苾通	度支河东振武营田使	振武麟胜节度使	陕西金石文献汇编《咸阳碑石》
乾符二年（875）	李珰	大同军云朔营田使	大同军云朔都防御使、供军使	《旧唐书》卷十九

在"北边",从大历末任命杜佑开始①,到长庆元年(821)三月②因民众苦不聊生废除为止,和籴使是一个常设的官职。然而,关于这一时期北边和籴官的史料却极少,因此无法知晓和籴使在官职中的级别及职责。只是,长庆元年废除和籴使后,也会任命临时和籴使负责相关工作。

最后来看营田使。这里所说的营田使,叫做"度支营田使",即度支管辖下的官职,与有势力的节度使根据开元时期以来的惯例兼任观察使、支度使等的各道营田使不同③。度支营田使原则上由代北水运使兼任。根据表9可知,担任过代北水运使的薛謇、韩重华、贺拔志等都曾兼任过营田使④。此外,还有许多间接证明此事实的史料。例如,长庆元年(821)就下达了检举当时实施和籴时渎职行为的敕文:

> 宜委度支精择京西北应供军粮,并和籴院官,并营田水陆运使,切加访察,仍作条疏检辖,速具奏闻。(《册府元龟》卷九十《帝王部·赦宥九》长庆元年七月己酉条⑤)

所谓供军粮使就是供军使,和籴院官就是度支巡院的知院官。如果留意一下敕文中的"并",就很容易理解营田使是由水陆运使,即代北水运使兼任这一点了。另外,开成三年(838),度支使杜悰的奏章(《册府元龟》卷四百九十八,参照本书第94页)中有"省司以去营田、发运公事稍远,遂奏移院振武"的记述,可知营田与漕运是代北水运院的"公事",由此可推知水

---

① 铃木正1940B,54页。关于担任和籴工作者的职位,铃木只列举了和籴使与粮料使,并认为前者是由中央、后者是由地方行营分管的职位。这虽不能算错,但巡院等其他官职也承担和籴职责。

② 《册府元龟》卷五百二《邦计部·平籴》长庆元年三月条:

敕:"春农方兴,种植是切。其京西、京北和籴使宜勒停。"先是,度支以边储无备,请置和籴使,经年无序,徒扰边人,故罢之。

③ 关于节度使兼任营田使、支度使等诸使的过程,参照《唐会要》卷七十八《诸使中·节度使》。

④ 根据《旧唐书》卷一百六十二《潘孟阳传》的如下记述,韩重华有可能是副使(关于这一点,青山定雄1954的注55中也有同样的内容)。

……武元衡有旧。元衡作相,复召为户部侍郎、判度支,兼京北五城营田使,以和籴使韩重华为副。

⑤ 根据《旧唐书》卷十六《穆宗纪》等,日期应改为壬子。

运使是由营田使兼任的。大中四年(850),关于"北边"的盐政状况有如下记录:

> 四年三月,因收复河陇,敕:"令度支收管温池盐,仍差灵州分巡院官专勾当。"先是,湖落地(池)在丰州界,河东供军使收管每年采盐约一万四千余石,供振武、天德两军及营田、水运官健。是年,党差(项)叛扰,馈运不通。供军使请榷市河东白池盐供食。其白池属河东节度使,不系度支。(《册府元龟》卷四百九十四《邦计部·山泽》大中四年三月条)

从这里的"振武、天德两军及营田、水运官健"可知营田业务与漕运业务密切相关。因此,大致可以推断代北水运使兼任营田使。

接下来想简单论述一下由节度使兼任各道营田使的情况。营田业务原本是由中央和地方分别行使营运权,在律令制下,中央管理司农寺,地方则管理州、镇、军等各部门①。开元以后,在地方负责营田的实际是由节度使兼任的营田使,由营田使负责营田开垦、运营的例子屡见不鲜(参照本书第一章表2),这种状况一直持续到"安史之乱"以后。到宪宗朝时,中央集权制度的各项政策取得成果,元和十三年(818)最终废除了由节度使兼任营田使、支度使的制度②。至此,原来各道营田使所拥有的营田运营权不再由节度使掌握,而是收归给了度支。

---

① 参照仁井田陞《唐令拾遗》田令36条(出典《通典》卷二《食货典二·屯田》)。
② 《唐会要》卷七十八《诸使中·节度使》元和十三年(818)七月条。
诏曰:"事关军旅并属节制,务属州县悉归察廉。二使所领,管辖诸道,度支(支度之误)、营田承前各别置使。自艰虞以后,各置因循,方镇除授之时,或有兼带此职,遂令纲目所在各殊。今者务修旧章,思一法度,去烦就理,众已为宜。唯别置营田,处其使,且令仍旧。其忠武、凤翔、武宁、魏博、山南东西、横海、邠宁、义成、河阳等道支度、营田使及淮南支度,近已定省。其余诸道,并准此处分。"初景云、开元间,节度、支度、营田等使诸道并置,又一人兼领者甚少。艰难以来,优宠节将,天下拥旄者常不下三十人。例衔节度、支度、营田、观察使,其边界藩镇增置名额者又不一。前后六十余年,虽尝增减官员及使额,而支度、营田,以两河诸将兼领,故朝廷不议停废。至是群盗渐息,宰臣等奏罢之。

另外,《旧唐书》卷十五《宪宗纪》、《文献通考》卷六十一《职官考十五》中都有"度支营田使"的说法,当然都是"度支、营田使"之误。

第一部　唐代"北边"财政研究

综上所述,在贞元年间以前设置的"北边"财政诸司中:长庆元年(821)三月废除了和籴使,之后只有临时性设置;度支营田使由代北水运使兼任;元和十三年(818)废除了各道营田使。也就是说,到长庆初之前,度支系诸司再编成为度支巡院、代北水运使(兼度支营田使)、供军使三个职位。长庆元年七月的敕文(《册府元龟》卷九十,参照本书第99页)就是废除和籴使前后颁布的,这里所说的"京西北应供军粮,并和籴院官,并营田水陆运使"就是指此三职位,可以说是对长庆初度支系诸司三职位的准确描述。

2. 诸司的职务分担

在论述度支系诸司再编成的过程之前,先来看一下诸司间职务分担的情况。首先回顾一下长庆元年七月的敕文(《册府元龟》卷九十),这本是为监督和籴渎职问题而采取的政策,但却命令重新精选供军使、知院官、代北水运使的所有职位。也就是说,在监督和籴这项业务时,上述三职位都有某种权限。实际上,这三个职位之间存在着分管权限不明确的问题,营田中也存在着同样的问题。元和八年(813),围绕北边营田政策的问题在中央政界发生了纠纷,以下是关于此事件的记载①:

> (潘孟阳)与武元衡有旧。元衡作相,复召为户部侍郎、判度支,兼京北五城营田使,以和籴使韩重华为副。太府卿王遂与孟阳不协,议以营田非便,持之不下。孟阳忿憾形于言。二人俱请对,上怒不许,乃罢孟阳为左散骑常侍。(《旧唐书》卷一百六十二《潘孟阳传》)

代北水运使韩重华从前一年开始实施北边营田②,在推进派与反对派之间引起了强烈的对峙。作为反对派急先锋的王遂,是当时的"西北供军使"③。围绕营田业务,营田使(潘孟阳)、副使(兼和籴使、代北水运使韩重华)与供军使(王遂)发生争执,表明三者在营田业务上都拥有某种权限,同

---

① 根据《旧唐书》卷十五《宪宗纪》的记载,潘孟阳就任判度支是元和八年八月辛丑的事。
② 关于韩重华的营田,参照青山定雄1954,27~28页。
③ 《旧唐书》卷一百六十二《王遂传》。

时也表明诸司的职务之间并没有明确的界限。

设置了巡院、代北水运等常设机构后,诸司为何还会出现官职重叠的现象呢?因本应废除的供军使以及长庆以后的和籴使,多是临时性政策的产物。对此虽也可以进行积极评价,但总体上说职位的整合、撤销与合并的艰难有其重要的政治原因。几个职位行使同一职权,效率极低,但这种格局一旦形成,除非有特殊原因,否则很难改变。度支系诸司的并存并非各职位间相互共存,而是由于诸司间关系不明确造成的事实。

同样,潘孟阳与王遂对立的也不是营田政策本身有问题,"不协"的个人私欲才是二者对立的根本原因。当时正在萌芽的官员之间的党派纷争也许就是其背景。

代北水运使兼任营田使和废除和籴使等举措可以说就是职位的整合、撤销与合并。虽无法明确前者改变的背景,而实施后者的原因则是由于残酷的掠夺严重到无法维持权力拥护者既得利益的程度。但残留的巡院、代北水运使、供军使等依然持续着分管权限不明的状态。

上面论述了贞元之后度支系诸司的设置、再编成的过程,诸司在财政上的意义就是把向"北边"供给物资业务的运营权归还了中央。元和十三年(818)在"北边"实施了禁止节度使兼任支度使、营田使的财物运营制度,可以说这是由度支系诸司首创的决定性政策①。

四、"北边"财务运营的动摇

最后想论述一下北边财务运营体制其后的发展过程。

---

① 在推进中央集权化过程中,度支系诸司还发挥了另一个重大作用,即就任诸司者兼任御史或郎中,承担地方监察工作。关于巡院,《新唐书》卷二百三《吴武陵传》中对长庆时期的状况有"西北边院官,皆御史、员外郎为之"的说明。另外,在《旧唐书》卷十七下《文宗纪》开成二年(837)十月甲寅的敕文中有"盐铁、户部、度支三司下监院官,皆郎中、御史为之"的内容,可见知院官由御史、员外郎兼任。关于代北水运使(兼营田使)、供军使(粮料使)、和籴使,参照本书表9、表11、表12中的"本官/兼任官"栏的内容可以得到确证。这些所谓的"出使御史""出使郎官"由中央派遣,原本是为了监督地方行政的渎职行为,他们所肩负的御史、郎中等通常只是形式化的官职形式,有时也有监督地方的工作之实。参照高桥继男1978、渡边孝2001,36页。

首先，长庆年间和籴业务由度支移交户部管理是一个巨大的变化①。当初，在户部司中并未设置专门的总管或部门②，但到会昌年间（841—846）之前的"户部巡官"拥有"和籴巡官"的头衔，主管和籴业务③。另一方面，地方组织又是怎样对应这种局面的呢？在此之前，作为度支的地方组织负责和籴业务的是巡院。既然将中央的和籴业务移交给户部司管理，那么，将巡院也移交给户部司管理的观点应该是妥当的④。但灵州分巡院（《册府元龟》卷四百九十四；参照本书第100页）依然隶属于度支管理，因此，移交给户部管理的应该只是一部分。可见，在中央由户部和籴巡官统管和籴业务，而在地方实际负责和籴业务则是户部巡院⑤。

到了会昌年间，遭到黠戛斯追逐的回鹘入侵代北。在记录唐政府对其

---

① 渡边信一郎1988，17~18页。这里所说的户部并非尚书户部，是与盐铁、度支并存的三司中的户部司。

② 大和八年（834），关于发生在户部的贪污和籴钱物事件的始末有如下记述：
裴充，为大理少卿。文宗太和八年十二月癸巳，命充与刑部郎中张讽、侍御史户弘正充三司使，就御史台推户部钱物事。华州刺史宇文鼎、户部员外郎卢允中、左司员外郎判户部姚康并下御史台推鞫。先是，宇文鼎妄支和籴官秦季元钱八万余贯，姚康、卢允中与巡官李孚、杨洵美并典吏等分取秦季元绢凡六千九百四十匹。（《册府元龟》卷六百一十九《刑法部·案鞫·裴充》）
虽查明当地官员除华州刺史以外，判户部、户部员外郎也涉足了渎职行为，但并未明示担任和籴业务的责任者究竟是谁。另外，还有"和籴官"的字样，应该是管理钱物的一个官职名。

③ 户部巡官是元和六年（811）四月设置的，官品位于员外郎与主事之间。定员是两名（《唐会要》卷五十八《尚书省诸司中·户部侍郎》；《新唐书》卷四十六《百官志·尚书户部》）。任命户部和籴巡官的事例可见于《樊川文集》卷十九《赵元方除户部和籴巡官、陈洙除长安县尉、王严除右金吾使判官等制》。另外，《金石续编》卷四《和籴粟窖砖文四种》的第三、四中有关于大中年间户部和籴粟收纳的记事，列举了和籴粟的缴纳方、收纳方担当官，可见，在这一时期下层组织是健全的。

④ 高桥继男1995（600页及注8）中的论述中，虽承认户部巡院的存在，但就现存的史料很难确认其地位，这是我未来的研究课题。

⑤ 应注意的是，户部和籴巡官隶属中央，是掌管多个巡院的户部司的一个属僚，并非每个户部巡院的长官。"巡官"与判官、推官等一样，是"使职的一个僚佐"的称谓（高桥继男1985，36~37页），绝非"巡院的长官"。巡院的长官是知院官（知某事）。日野开三郎将巡官当成巡院长官，以及未提及盐铁使系的巡院与户部系的度支巡院的区别，这两点内容应予以补充与订正（日野开三郎1980A，124页）。

进行讨伐之前的史料中并未发现代北水运使这个名称，全权负责处理这一系列应对措施的宰相李德裕灵活地调用度支及其下属诸使，并下达命令①。另外，大中三年（849），从吐蕃手中夺回黄河上流的河湟时，通过度支实施了向各道将士赐予户部物、实施盐专卖、给耕耘者提供耕牛、种子并赠给衣物等措施②，可见，"北边"的度支到此时还充分发挥着自身的功能。

与此同时，"北边"财政运营开始出现脱离中央统治的倾向。表9、表12、表13明确表明，大中五年（851）至大中六年（852）担任"度支河东、振武、天德等道营田、供军使、代北水运使"的马曙（本官为大理卿）与被任命为"度支灵武供军使"的房次玄（本官为检校员外郎）是最后③由中央派往"北边"管理财物诸司的官员，之后又像贞元前一样，由地方官来兼任这些职位了。

乾符五年（878），"北边"财政受到致命打击。由于最后一任代北水运使段文楚不顾多年饥荒，强行减少衣食供给，引起将士们的不满。当时，在代北迅速壮大并企图扩张势力的沙陀族乘机反叛④。此后，"北边"就被沙陀族控制了。就这样，从唐末五代起，"北边"进入战乱期，由度支负责的

---

① 在丸桥充拓1996中，以史料中未出现代北水运使一名为依据，认为代北水运使处于"机能麻痹"的状态，但根据本书第四章的论述可知，除代北水运使外，度支系诸司及宦官组织均正常运行，因此，"北边"防御体系依然充分发挥着其职能（参照本书第四章第128～130页）。特此订正。

② 《唐会要》卷九十七《吐蕃》大中三年八月条：
泾原宜赐绢六万匹，灵武五万匹，凤翔、邠宁四万匹，<u>并以户部产物充</u>。仍待（泾原节度使康）季荣、（灵武节度使朱）叔明、（凤翔节度使李）玭、（邠宁节度使张）君绪各领征师到本镇，<u>度支差脚</u>，两司各差人押领，送至本道分府。令充节级优赏……原州、秦州、威州并七关侧近，访闻土地肥沃，水草丰美，如有百姓要垦辟种，五年不加赋税，五年已后，量定户籍，使任为产业。温地有盐，颇闻厚利，如置榷税，可赡边陲。<u>仍委度支计度制置闻奏</u>。四道长吏如能各于镇守处遣官健营田，<u>度支出牛粮种子</u>，每年量得多少充军粮，亦不限约定数。原州、秦州、威州并七关镇守官健，每人各给衣料两分，一分依常年例支给，<u>一分度支加给</u>。

③ 《樊川文集》卷十七《马曙除右庶子、王固除太府少卿、王球除太府少卿等制》以及卷十九《房次玄检校员外郎充度支灵盐供军使等制》。颁布这些的年份是杜牧分别担任知制诰、中书舍人的大中五年八月到大中六年。关于杜牧的官履，参照仓石武四郎1925年。

④ 《资治通鉴》卷二百五十三乾符五年正月条。

"北边"财政运营至此完全崩溃。

结 论

本章探寻了唐代后半期在"北边"设置度支系诸司的经过。开元二十五年(737)前后设置,由朔方节度使兼任的六城水运使负责北边的漕运业务,但"安史之乱"后失去了其原来的职能。之后由粮料使负责分配度支支给的物资,但粮料使只是一个临时的官职。贞元年间,由于吐蕃大肆入侵,度支逐渐成为中央财政的掌管者,并创立了其地方常设组织——巡院、代北水运使以强化物资供应业务的运营权。之后,历经代北水运使兼任度支营田使、禁止节度使兼任各道营田使、废除和籴使,长庆中确立了由度支巡院、代北水运使、供军使三官职构成的供给体制。之后,和籴业务移交户部管理,户部在中央设户部和籴巡官为总管,还收管了地方组织巡院。但以大中年间为界,诸司逐渐都由地方官兼任,最终形成与沙陀族的割据局面,同时"北边"的财政体系也崩溃了。

最后,本章还论述了度支系各司,特别是代北水运使的历史意义。下面是宋代监司,特别是作为阐明各路转运使的内容而被经常引用的著名史料[①]:

> 诸道分置巡院,皆统于使。五代罢巡院,始置转运使。(《职官分纪》卷四十七《诸路转运使副使判官》)

室永芳三研究了五代的北面转运使,认为其是继承唐代巡院、开启宋代各路转运使的新机构。回顾本章中论述的代北水运使隶属于度支,是管辖数道州的地域组织,而且也负责像营田等除漕运以外的多种财务运行,与宋代的各路转运使有很多相同之处。因此,可以说代北水运使与上述文献中提及的官职是有关联的。代北水运使与巡院同时并存,很难说前者是"继承"后者的职位。但在度支管辖下进行某地的财政运营这一点上,可以说二者属于同一个系统。在北边设置巡院数年后,贞元十年(794)左右设

---

① 青山定雄1963B,室永芳三1962,高桥继男1976,渡边久1992。

置的代北水运使被称为"水运院",虽无法断定这就是从巡院派生出来的一种新形式,但这种可能性很大①。至少在代北水运使中完全可以看到宋代各路转运使的雏形。

关于粮料使,广德元年(763)对第五琦就任粮料使的情况有如下记载:

> 粮料使,主给行营军食。我宋朝随军转运使即其任。(《资治通鉴》卷二百二十三代宗广德元年十月条的胡注)

在粮料使为行营提供供给这点上,宋代的随军转运使可以看作是其延伸。

综上所述,本章所论述的度支系诸司中,设置有"院"的常设官职——巡院、代北水运使,到宋代被各路转运使代替;临时设置的粮料使(供军使)到宋代时被随军转运使所代替。

---

① 高桥继男根据巡院制复杂化的特点解释了在度支"使"管辖下设置各种"使"的过程(高桥继男 1976,37 页)。

第四章

度支、宦官、朔方军

绪　论

上章主要论述了唐朝后半期的"北边"防卫问题和以度支及围绕度支运营的军粮政策。本章将把上述问题与这一时期的政治动向相结合，从更广阔的视野来探讨之前的论述。考察的中心问题是处于防卫前线的"北边"诸道与唐朝中央的关系。

唐代后半期的军制由自备必要物资的团练兵与接受官府衣粮供给受雇佣的官健两个兵种构成。后者是隶属节度使的道州兵、神策军等管辖下的禁军兵、关东诸州派遣的防秋兵。其中，道州兵待遇最差，处境最艰苦。敌人来袭时，他们是首当其冲的退敌主力军，然而却只能领到一份衣粮。与此相对，防秋军不仅可以领到比道州兵更多的衣粮，而且还能得到茶药蔬酱费；禁军兵则可以获得比道州兵多三倍的供给[①]。

这种差别不仅限于士兵，就连将帅、上佐阶层也一样。例如，大和四年（830）中书、门下有如下报告：

> 灵夏、邠宁、麟（鄜）坊、泾源、振武、丰州全无俸料，有出身及正员官悉不肯去。（《册府元龟》卷六百三十一《铨选部·条制

[①] 《陆宣公集》卷十九《论缘边守备事宜状》：
今者穷边之地，<u>长镇之兵</u>，皆百战伤夷之余，终年勤苦之剧。角其所能则练习，度其所处则孤危，考其服役则劳，察其临敌则勇，<u>然衣粮所给，惟止当身，例为妻子所分，常有冻馁之色</u>。而关东戍卒，岁月践更，不安危城，不习戎备，怯于应敌，懈于服劳，<u>然衣粮所颁，厚逾数等，继以茶药之馈，益以蔬酱之资</u>，丰约相形，悬绝斯甚。又有素非禁旅，本是边军，将校诡为媚词，因请遥隶神策，不离旧所，惟改虚名，<u>其于廪赐之饶，遂有三倍之益</u>。（《资治通鉴》卷二百三十四贞元九年五月条中有节略文）

三》大和四年五月条①)

唐政府并非不重视对其边防的管理,同时,"北边"出现的强大藩镇令其很紧张,这一点在上述的记录中可见一斑。

唐政府在为"北边"各道提供充足军事、财政资源的同时,还面临着防止节度使割据的重大难题。唐政府究竟是怎样处理这些问题的呢?本章将围绕这个问题,就以度支、唐代后半期掌握军事的宦官,以及作为统治对象的"北边"各道这三者的关系为中心进行分析。

第一节　朔方军的解体

7世纪后期,随着吐蕃与东突厥(第二汗国)的崛起,前线地带及东面的平卢、范阳、河东、朔方、陇右、河西的防御就交给了各节度使负责。其中,位于都城长安正面,承担边境防御主要任务的是治所设在灵州的朔方军。"安史之乱"之际,兼任平卢、范阳、河东三节度使,帮助肃宗即位并收

---

①　关于"北边"诸道文武官的低薪有很多记录,可见这是唐代后半期一直存在的问题。

《唐会要》卷九十一《内外官料钱上》:

元和六年闰十二月,敕:"河东、河中、凤翔、易定四道,州县久破,俸给至微,吏曹注官,将同比远,在于治体,切要均融,宜以户部钱五万五千贯文,充加四道州县官课。"

《唐会要》卷九十一《内外官料钱上》:

其年(元和七年)十二月,以麟、坊、邠三州官吏近边俸薄,各加赐其料钱。

《唐会要》卷九十二《内外官料钱下》:

会昌元年,中书门下奏:"河东、陇州、廊坊、邠州等道比远官,加给课料。河东等道,或兴王旧邦,或陪京近地,州县之职,人合乐为,只缘俸课寡薄,官同比远。"伏准。

(本奏的出典是《会昌一品集》卷十二《论河东等道比远官加给俸料状》。《旧唐书》卷十八上《武宗纪》中本奏则为会昌二年二月丙寅)

《文苑英华》卷四百三十《大中元年正月十七日敕文》:

……河东、振武、易定、京西北等道官吏科(料)钱,过闻寡薄……

《册府元龟》卷五百八《邦计部·俸禄》:

(大中六年)八月,敕:"夏州等四道,土无丝蚕,地绝征赋,自节度使以下俸料、赏设,皆克官健衣粮。所以兵占虚名,军无战士,缓急寇至,无以支敌。将欲责课,又皆有词。须有商量,用革前弊。"

复了长安的功臣正是朔方节度使郭子仪。

"安史之乱"后,在"北边"还有河东节度使李光弼、泾源节度使马璘、凤翔节度使李抱玉等人,在藩内发挥了强大的指挥力。这几位都在平定叛乱、抵御外敌中做出了巨大的贡献,也是在重振唐朝威望中做出过重大贡献的著名人物。

另一方面,他们的军事力量又常常受到当时掌权者的戒备,特别是战功卓著的郭子仪,其遭到鱼朝恩、程元振等宦官势力的打压,掌权者软硬兼施企图夺取其节度使的军权。

德宗刚即位,由于对外形势好转,政局较为稳定,这种局面开始变得越发严重。朔方军被分成河中邠宁、灵盐、振武三部分,泾原节度使段秀实也因反对修筑原州城得罪宰相杨炎,被征召入朝任司农卿。德宗初期,为了抑制藩镇,对河北三镇、平卢、淮西等骄藩采取了强硬措施。当然,在"北边"的管理上也同样采取了强硬的手段。

然而激进的革新也使德宗付出了巨大的代价。被逼到绝境的骄藩持续不断地发动叛乱。以杨炎及其继承者卢杞为首的长安朝廷的应对措施严重滞后,最终,派去讨伐叛乱的泾原军、朔方军反叛,导致局面严重失控。特别是郭子仪系的武臣——朔方节度使李怀光与李晟率领的神策军对立,最终李怀光向反叛势力朱泚投降,因此,在内乱期间一直持续着朝廷警戒朔方军、朔方军不信任朝廷的情况①。

历经了五年的藩镇叛乱,德宗自身也再三蒙尘,并破例颁布"罪己诏",至贞元元年(785)终于平定了这种局面。将旧朔方军的区域分与所谓的"奉天靖难功臣"们,表面上看是为了牵制郭子仪,实则实现了解体朔方军的目的。

然而刚刚解决了内忧,外患又起,持续了一段平衡状态的吐蕃开始入侵。因此,唐政府不得不再次强化刚刚削弱了的边防军势力。而且,朔方军由节度使兼任六城水运使,掌管物资运输(参照本书第三章第二节),所以朔方军解体后的边防财政也面临着再建的任务。最终,这个难题以军事

---

① 本节中的论述的依据是张国刚1987B,王吉林1989,黄利平1991,黄永年1998,李鸿宾1999。

方面由宦官操纵的神策军接管、财政方面由以代北水运使为中心的度支系诸司接管而得以解决。这样,直到贞元年间后半期,机构调整才真正走上了正轨。在此之前的大约十年期间,唐政府实行了各种复兴政策。因此,下一节将探讨相当于准备期的贞元前期的再建过程。

第二节　军粮政策的复兴

唐代后半期,利用当地自给的两税、屯田、就军和籴和来自中央补给的京兆府和籴、折籴、上供这两种形式为"北边"提供粮食,二者互补,满足了"北边"的需要(参照本书第一章第一节)。其中,屯田、京兆府和籴、折籴、上供在贞元二年(786)秋开始的约两年多内,成为改革的契机,贞元后半期的机构调整也以此为基础。在这短暂而关键的时期,韩滉和李泌成为主角。

一、韩滉

首先着手实行改革的先驱者是韩滉及其幕僚[①]。韩滉在代宗朝时曾担任判度支,与盐铁转运使刘晏并称,俱为经验丰富的财政家。但韩滉在德宗朝时并未受到恩宠,仅以浙东观察使的虚职驻守江南。或许是由于怀才不遇,在其后的藩镇叛乱、时局动荡之时常常见风使舵,更加加深了朝廷对其的不信任。

兴元元年(784),曾经与韩滉有过接触的李泌认为应公正评价韩滉的实绩。对此,韩滉非常感激,开始向都城运粮[②]。当时的漕运行政受到淮西等藩镇的妨碍,面临必须探索除大运河以外新路线的严峻局面,关中的粮食状况也因此不容乐观。贞元二年(786)四月,当得知粮食运达的消息时朝野上下额手称庆,韩滉的声望也一举大振。重开上供(漕运的复兴)是韩滉实施的第一个复兴政策。

---

① 韩滉的经历参照《旧唐书》卷一百二十九本传,韩滉在漕运复兴中发挥的作用,参照王力平1987。
② 《资治通鉴》卷二百三十一兴元元年十一月戊午条。

因为有了这样的政绩,大约同年秋韩滉就收到了调回中央的朝廷命令。韩滉十一月入朝,立刻就将当时掌握政权的崔造、元琇等赶下台,于十二月就任判度支、诸道盐铁转运使。但韩滉专权的时间极短,其于贞元三年(787)二月去世。在此前后,作为"北边"军粮政策重要支柱之一的折籴,在他的政治影响力下得以实施。首先列举记载了那个时期情况的三段史料(均出自《册府元龟》卷五百二《邦计部·平籴》):

①(贞元)二年十月,度支奏:"京兆、河南、河中、同、华、陕、虢、晋、绛、鄜、坊、丹、延等州府,秋夏两税、青苗等钱物,悉折籴粟麦,所在储积,以备军粮。京兆府兼给钱收籴,每斗于时价外,更加十钱,纳于大仓。"诏可其奏。自是每岁行之,以瞻军国。

这是记录创设折籴的史料(参照本书第25页)。在京兆府以下的十三府州征收的当年两税钱和青苗钱都用粟麦折算,做军粮使用。

②十一月,度支奏:"请于京兆府明年夏秋税钱二十二万四千贯文,又请度支给钱添成四十万贯,令京兆府今年内收籴粟麦五十万石,以备军粮。"诏从之。

③(贞元)三年闰五月,度支奏:"河南、河中府及同、华、晋、绛、陕、虢、鄜、坊、丹、延等州,今年夏税各送上都。及留州、留都府钱八十一万贯,请量取三十万贯折籴豆麦等贮纳,仍委和籴使、兵部郎中姚南仲勾当。"从之。

"②"并不是关于折籴的记录,而是作为与"③"连动的政策列举的。也就是说,贞元二年(786)十一月,京兆府将作为第二年预算的两税钱收入留用为籴本,因此,贞元三年(787)闰五月,在除了本府外的十二州府实施折籴。

读这三段史料可发现,韩滉的名字一次也没有出现过。只记录了折籴的实施主体是"度支"。那么三段史料中所说的"度支"究竟是谁呢?

首先来看比较容易梳理的史料"②""③"。"②"无疑指的就是韩滉。根据《旧唐书》卷十二《德宗纪》,韩滉是贞元二年十二月丁巳就任判度支的,因此,十一月时的判度支应该不是他。但有个叫顾况的人留下了他的行状。

二年冬十一月朝觐,上深礼重,委以大计,加度支诸道盐铁转运等使。……时属西北用兵,仓库空竭。公和籴五十万斛,无敢夺期,米价遂贱,防秋士马,储糗更无阙。(《文苑英华》卷九百七十三《检校尚书左仆射同中书门下平章事上柱国晋国公赠太傅韩公行状》)

的确,文中与十一月相连接的只不过是入朝的时间,并不能判断其就任判度支也是当月的事。而且,在此前后完全没有实施过除"②"以外的和籴的迹象,从 50 万石和籴额完全一致来看,本记录与"②"相对应,"②"中的度支(判度支)就是韩滉应该不会有错。

关于"③",根据严耕望在《唐仆尚丞郎表》中的记载,班宏是当时的度支①。如前所述,"③"与"②"是连动存在的。如果班宏是判度支韩滉手下的副使,那么,韩滉死后,班宏晋升为长官②,并主管相关业务,从政策的连续性来看是完全吻合的。而且不可忽视掌握实务的和籴使姚南仲的存在。姚南仲曾因常衮失势,被贬为苏州海盐县令。后韩滉将其召为幕僚,姚南仲才重新出现在中央政界③。韩滉的影响力在此也可见一斑。

难以理解的是"①"。根据《唐仆尚丞郎表》,贞元二年十月时的判度支是吉中孚。但事实上要认定他是实施折籴的责任人是相当困难的。自贞元二年正月以来,吉中孚就在以崔造为首的集团中担任了判度支④,但在之后的一年里无任何关于他政绩的记录。领导人崔造因财政运营的失败称病躲在自己的官邸内⑤,同年后半,崔造集团垮台。因此,作为这项政策的主导人,韩滉起了更大的作用。

根据《旧唐书·德宗纪》,"①"是十月壬午实施的。与其入朝的十一月乙未只有不到半个月的时间,与就任判度支的十二月丁巳相差大约一个多月。这个时间差怎么解释都显得微妙。但不难想象,此时韩滉已离开江南之地,应该在距离京师不太远的地方。这样,毋庸置疑"①②③"之间存在

---

① 严耕望 1986,卷十三"度支"项,768 页。
② 《旧唐书》卷一百二十三《班宏传》。
③ 《旧唐书》卷一百五十三《姚南仲传》。另外,《权载之文集》卷十四《唐故中散大夫守尚书右仆射上柱国赐紫金鱼袋赠太子太保姚公神道碑铭并序》中有如下记载:
迁本司(兵部)郎中,凶旱之后,被边艰食,近关蒲晋十余城之地,因其征令,悦以平籴,乃董其使车,赢粮息人。……
④ 《旧唐书》卷十二《德宗纪上》同年同月癸丑条。
⑤ 《旧唐书》卷十二《德宗纪上》贞元二年正月甲寅条。

着政策上的联动性。由韩滉自身实施的折籴("②"),在第二年时由班宏、姚南仲继续推广实施("③"),那么,就很难推测只有"①"是根据崔造集团的意志实行的政策。因此,折籴政策是在韩滉的影响力之下产生的。

从以上论述中可以推测出复兴漕运及创设折籴,是以韩滉一派为核心于贞元二年开始推进的,一直持续到贞元三年。

表14 围绕韩滉入朝的政局

年份	月	日	事项
贞元二年(786)	1	11	崔造就任宰相
	4		韩滉将米运抵,报告京师
	?		召还韩滉的命令
	10	26	**在京兆等13府州实施折籴**
	11	9	韩滉入朝
		?	**在京兆府实施和籴**
	12	2	韩滉就任度支、诸道盐铁转运使
		5	罢免崔造的宰相
贞元三年(787)	2	23	韩滉死去
	五	?	**在河南等12州府实施折籴(姚南仲)**
	6	5	李泌就任宰相

注:月份汉字为闰月。

二、李泌

继韩滉之后指挥改革的是李泌①。自玄宗至德宗,李泌侍奉四任皇帝,才智过人,因此,经常被杨国忠、李辅国、元载、常衮等政要提防。每逢这样的时候,他就以退为进,多次实现了政治性复活。李泌天生具备淡泊权利的隐逸之风,在与方伎之士的交往中也颇具传奇色彩。德宗初期发生藩镇大乱时,他任

---

① 关于李泌的经历参照《旧唐书》卷一百三十本传及清代杨希闵撰《唐李邺侯年谱》(《先贤十五家年谱》所收)、外山军治1978。另外,两《唐书》后的诸文献所依据的李泌传记——《邺侯家传》史料的问题性,以及关于李泌的历史性评价的变迁,参照Dien, A. E. 1974。

杭州刺史,兴元元年(784)六月,被蒙尘于兴元府的德宗召回,侍奉于德宗身边。贞元元年(785)七月赴任陕虢观察使,在漕运路上最艰难的三门开挖车道,保证了运输的通畅。在韩滉死后四个月的贞元三年(787)六月就任宰相,于贞元五年(789)三月去世。在这不到两年的时间里,确立了和籴,复兴了屯田。

本书第二章第二节已论述了李泌在贞元四年(788)设置了户部钱,以补充实施折籴所带来的铜钱收入的不足。此外,李泌还在确保恒久籴本,特别是在确立京兆府和籴中做出巨大的贡献。这里想阐明的是和籴与屯田复兴等的关联性。

在创立户部钱之前的贞元三年七月,李泌就开始着手复兴屯田(参照本书第一章第17页的表2及第20页的注②)。有以下三个要点:一是防秋兵务农;二是将第二年的剩余粮食用来和籴;三是根据"入粟助边"调配当年的粮食。

第一,开设屯田时最重要的条件是确保有耕作者(参照本书第一章第19页)。李泌让防秋兵充当了屯田的耕作者。他从防秋兵中招募愿意定居边境的人,并提供麦种、农具、耕牛等让他们进行耕作。结果,防秋兵中约有五至六成的人应招,防秋兵务农取得了成功。

第二,预计第二年也就是贞元四年(788)的收获量,让他们返还赈贷的种子。此外,还制定了将剩余粮食用作和籴的计划。贞元四年二月创设了户部钱,结果,现实情况与预料一样。于是在同年八月按计划在京兆府实施了和籴①。以此为契机,"北边"的屯田逐渐得到复兴,在京兆等地区的和籴,虽存在囤积、支付金延滞等问题,但也逐步成为经常性的政策。

第三,防秋兵所需费用,原本由他们自身所属的州道向度支缴纳,如果他们改变身份开始务农,并实现自给的话,度支就没有必要再征收这部分费用了。但如果立刻停止征收的话,会造成到第二年收获前的经费不足。因此,李泌决定采用募集自愿前往边境地区的"入粟助边"者,即自发缴纳

---

① 《唐会要》卷九十《和籴》:
(贞元)四年八月,诏:"京兆府于时价外,加估和籴。差清强官,先给价直,然后贮纳。续令所司自般运,载至太仓。并差御史分路访察,有违敕文,令长以下,当重科贬。"先是,京畿和籴,多被抑配,或物估逾于时价,或先敛而后给直,追集停拥,百姓苦之。及闻是诏,莫不欢忻乐输焉。

粮食者的方式解决这一问题。第二年,也就是贞元四年正月的大赦令中发令奖赏"入粟助边"者,并在二月德音中表示将不需要的防秋兵费用一百零七万余石全部返还诸道,这证明他的屯田、和籴改革进展顺利,并取得了一定的成效①。另外,付给"入粟助边"者的报酬,无论对官吏还是客商都是"官秩"的形式。但却未成为后世入中法那样的经济型诱导,表明了在此阶段财政上进行货币经济渗透的局限性,值得关注探究(参照本书第142页)。

李泌就任宰相的贞元三年(787)六月前后,国库存在严重的铜钱不足问题(参照本书第二章第49~52页)。五月,在凉州与吐蕃的会盟中,由于吐蕃的背信弃义,会盟失败,对外关系恶化。虽面临重重困难,李泌的改革还是取得了很大的成就。除一般自耕农为了获取两税钱而出售的商品谷物外,让原本为和籴粟最大消费者的防秋兵变成生产者,并将防秋兵生产的剩余谷物作为新财源——户部钱进行和籴,最终增加了国家的谷物收获。这就是将李泌与韩滉均看作确立了"北边"财政的中心人物的理由所在。

表15 李泌做宰相时的政局

年份	月	日	事项
贞元三年(785)	2	23	韩滉死去
	五	?	张延赏的削俸政策
			与吐蕃会盟,失败(平凉)
	6	5	李泌就任宰相
	7		将西域使人的徒食者编入神策军
			京西、京北屯田
	10		吐蕃入侵

---

① 《册府元龟》卷八十九《帝王部·敕宥八》:
(兴元)四年正月庚戌朔,御丹凤楼,制曰:"……军州官吏寄客,能务农业,入粟助边,量其多少,酬以官秩。"
《文苑英华》卷四百四十一《放免诸道先停放将士资粮德音》(贞元四年二月):
……其贞元二年、三年已前所收诸道停放归营农将士军资粮斛钱米等,缘送纳向毕,任依前敕收管。其贞元四年已征到及在路者,即依前送,其在百姓腹内者,并宜令放免。其贞元五年已毕,每年合收一百七万八百八十八贯石,宜并放免,仍委每道观察使具当管每州都放钱数。闻奏,并各下本州,晓示百姓,令知其悉。……

续表

年	月	日	事项
	11		无吐蕃入侵,但运粮状况不佳,故将多数防秋兵撤回本州,就食。
贞元四年(786)	1		奖赏入粟助边者
	2		创设户部钱
			向出身道返还防秋兵经费
	8		京兆府和籴
贞元五年(787)	3		李泌死去

注:月份汉字为闰月。

三、党派的关系

"北边"的主要军粮政策几乎都是韩滉与李泌在贞元初期确立的。那么,这在当时的政治史上又有什么意义呢?

这两个人一方是刚正不阿、掌握着江南财政的铁腕政治家;另一方则是与政权争斗无缘、悠然游走于朝野之间的人物。这样处境、性格迥异的二人,很难找出明确的党派关联关系。但也有史料表明,在建中年间的政界,同样不得志的两人之间还是存在着某些关联的。

韩滉做浙东观察使时,李泌被任命为同道内杭州刺史。在德宗召李泌回朝廷时,宫廷到处都充斥着韩滉警戒论,李泌抑制了这样的言论,才使得韩滉有机会重新效力于朝廷①。之后,李泌就任陕虢观察使,负责转运由韩滉从江淮运来的物资,这可看作是两人关系的延长线②。

也有以下的传说。《资治通鉴考异》里所引《邺侯家传》中,记载了判度支元琇向叛乱的李怀光及骄藩势力秘密高价出售上供物的事。此时,度支命令将物资转运到李怀光所在的河中,李泌无法应付,在报告朝廷前先找

---

① 《资治通鉴》卷二百三十一兴元元年十一月戊午条。
② 《资治通鉴》卷二百三十二贞元二年四月条:
关中仓廪竭,禁军或自脱巾呼于道曰:"拘吾于军而不给粮,吾罪人也。"上忧之甚,会韩滉运米三万石斛至陕,李泌即奏之。上喜,遽至东宫,谓太子曰:"米已至陕,吾父子得生矣。"时禁中不酿,命于坊市取酒为乐,又迁中使谕神策六军,军士皆呼万岁。

韩滉商量此事,韩滉建议暂时隐匿不报。贞元二年(786)十一月李泌入朝时以充分的事实证据向德宗报告了此事,成功让元琇下了台①。司马光认为这段史料"有个人因素",因此未采用。但从中可发现韩滉与李泌在分担漕运业务过程中建立了良好的关系,并与崔造、元琇等当时的掌权者对立②。在建中年间掌握实权的是杨炎、卢杞,平定了李怀光叛乱后的实权人物则是崔造。其中,在杨炎与崔造施政中有两个特点应注意。第一,否定唐代中叶后逐步设置的令外官职,力图重回律令官制。杨炎的事例很有名,崔造也在贞元二年(786)正月规定由六名宰相分担该职位的职责③。第二,他们对"北边"诸道态度强硬,打算将其置于中央的统一管理之下。杨炎夺取郭子仪的军权后分割了朔方军④,解除了反对修筑原州城的泾原节度使段秀实的兵权⑤。此外,不顾京兆尹严郢的反对强行在丰州开垦屯田⑥,在朔方节度使崔宁的下属部门安插了六名留后,通过他们监视崔宁的行为⑦,显示了欲使边防军中央化的意图。卢杞则因利用判度支征收各种

---

① 《资治通鉴考异》卷十八所引《邠侯家传》(对应《资治通鉴》卷二百三十二贞元二年十二月条):

时元琇判度支,江淮进米相次已入汴州,而淄青及魏府蝗旱尤甚,人皆相食。李纳无计,欲束身入朝,元琇乃支米十五万石与之,纳军遂济。三月,入河运第一纲米三万石,自集津车船至三门,十日而毕,造入渭船亦成,米至陕。俄而度支牒至,支充河中军粮。先公(李泌)忧迫,不知所为,欲使人闻奏,先令走马与韩相谋之。韩相报曰:"慎不可奏,某判度支,来在外,势不禁他,及被更鼓作言语。待某今冬运毕,当请朝觐,此时面奏。"时蝗旱,运路阻涩,自四月初,后有一日之内七奉手诏者,皆为催米,且言:"军国粮储,自今月半后,悉尽此米,所藉公忠副朕忧。属星夜发遣,以济忧功。"其旨如此,而不知米皆被外支。盖琇及时宰忌韩相及先公运米功成,而不为朝廷大计,几至再乱。十月,韩相以馈运功成,请入朝。及对见,上大悦,言无不从,遂委运事,且言:"元琇支米与淄青、河中,臣在外,与先公皆不敢奏。"上大惊,即日贬琇为雷州司户。

② 韩滉的原幕僚、记载他事迹的顾况,在江南就与李泌有交情,二者之间还存在人脉关系。关于韩滉与顾况的关系,参照《文苑英华》卷九百七十三《检校尚书左仆射同中书门下平章事上柱国晋国公赠太傅韩公行状》、《黄甫持正文集》卷二《顾况诗集序》。关于顾况与李泌的关系则参照《旧唐书》卷一百三十《李泌传》,同附《顾况传》。

③ 《资治通鉴》卷二百三十二贞元二年正月壬寅条。
④ 《旧唐书》卷十二《德宗纪上》大历十四年闰五月甲申条。
⑤ 《旧唐书》卷一百二十八《段秀实传》。
⑥ 《册府元龟》卷四百九十七《邦计部·河渠》建中元年正月条。
⑦ 《旧唐书》卷一百一十七《崔宁传》。

杂税而臭名昭著,过度的抢夺使关中经济陷入混乱,再加之对"北边"诸道疏于管理,从而导致了泾原军的反乱。

与此相对,韩滉、李泌及李泌推荐的其后掌握政权的窦参[①]等所推行的政策中则极少见到这样的倾向。首先,在官职方面,积极灵活地任用在旧政权时被排挤的财政官员,出现了班宏、张滂等很多著名的财政家。对"北边"诸道也十分温和,人事方面的处置也相当稳妥。表16列举的是德宗朝时就任"北边"诸道节度使人名及就任时间。以韩滉、李泌掌握政权的贞元二年到贞元三年为界,此后,"北边"诸道节度使的任期大大延长,甚至出现了镇守十年以上的例子。

表16 德宗期"北边"诸道的人事

年份	凤翔	鄜坊	邠宁	泾原	灵盐	夏绥	振武
大历十四年(779)	朱泚	吴希光	李怀光	段秀实	郭子仪		浑瑊
建中元年(780)		崔宁		朱泚	崔宁		张光晟
建中二年(781)		李建徽		姚令言	李怀光		彭令芳
建中三年(782)	张镒						王翃
建中四年(783)		李晟		冯河清			杜从政
兴元元年(784)	李楚琳	唐朝臣	韩游环	田希鉴	浑瑊		
贞元元年(785)	李晟			李观			
贞元二年(786)							唐朝臣
贞元三年(787)	邢君牙	论惟明					
贞元四年(788)						(从灵盐分出)	
			张献甫				
贞元五年(789)							
贞元六年(790)					杜希全		
贞元七年(791)							
贞元八年(792)							

---

① 《资治通鉴》卷二百三十三贞元五年二月条。这一时期董晋是最高掌权者,但实权却掌握在兼任度支、盐铁使的窦参手中。

续表

	凤翔	鄜坊	邠宁	泾原	灵盐	夏绥	振武
贞元九年(793)						韩潭	
贞元十年(794)							
贞元十一年(795)		王栖耀	杨朝晟	刘昌			
贞元十二年(796)							
贞元十三年(797)							范希朝
贞元十四年(798)	张敬则						
贞元十五年(799)					李栾	韩全义	
贞元十六年(800)							
贞元十七年(801)			李朝采				
贞元十八年(802)			高固				
贞元十九年(803)		刘公济		段祐			
贞元二十年(804)		裴玢					阎巨源

注:参照吴廷燮《唐方镇年表》。

由此可以看出,中央对"北边"的政策由管制变成了慰抚。

建中以来由于为政者采取了强硬的政策,导致了"北边"军的大反叛。后来历任的为政者从这样的政策失误中汲取了巨大的教训①。

对"北边"诸道分权的容忍态度一直持续到接替窦参做宰相的陆贽。陆贽在继韩滉、李泌、窦参掌握政权期间,由于为其母服丧等原因远离了国家政治体制,而且与他们并非一个党派。尤其是与窦参的不合,在各种史书上都有记载②。陆贽在贞元九年(793)上呈的所谓"备边六失"中批评与吐蕃苦战时边境节度使必须听命于中央,指出这种指挥系统过于迂回拖

---

① 窦参企图实行藩镇统制,所以频繁进行节度使的人事变动。但"北边"诸道节度使被排除在外。渡边孝列举了窦参实行的节度使人事变动共有 23 个事例,但"北边"诸道的事例在全国的 23 件中只占了 1 件(参照渡边孝 1989,10~11 页)。

② 关于陆贽的经历、政治立场的变动等,严一萍 1975 中有完整的论述。并参照 D. Twitchett1962,藤田纯子 1973,渡边孝 1989。

沓,请求扩大各道的决策权①。因此,贞元前期虽有党派纷争,但却是按"北边"各道的实情进行复兴的时期。

以此复兴政策为核心,自陆贽下台的贞元十年(794)起,度支与宦官开始着手推行"北边"防御机构的完善与集权化。

第三节　调整"北边"防御体系

贞元后期至元和前期构筑的"北边"防御体系,其支柱是财政组织度支与军事组织神策军。本节中将对二者及"北边"诸道在怎样的关系下构筑了这一体系进行论述。

一、度支与"北边"诸道

第三章详细论述了度支及其下层组织在贞元后期逐步完善的过程,在此不再赘述。这里想论述有关度支系诸司定位的两个史料。这里列举的是刚过贞元十年(794),被任命为"度支营田副使"的"柳某"。在《新唐书》卷七十三上《宰相世系表·柳氏·僧习》项中可以找到这个男子的名字,这些内容可以从其侄柳宗元为其撰写的《故殿中侍御史柳公墓表》及《故叔父殿中侍御史府君墓版文》(均出自《柳河东集》卷十二)这两篇传记中找到。据此可知,这个"柳某"是渭北节度使论惟明、邠宁节度使张献甫的幕僚,做度支判官后被任命为"度支营田副使",贞元十二年(796)年正月死去,享年50岁。在这两个史料中最应注意的是在介绍了他的官履后概括他业绩的地方。先看《墓表》:

> 分阃之寄,参制其半。柔以仁抚,刚以义断,戎臣坐啸,公堂无事。朝端延首,放待以位。既而禄不及伐冰,政不获专达。

而在《版文》中与此相对的地方记载如下:

---

① 《陆宣公集》卷十九《论缘边守备事宜状》。《资治通鉴》卷二百三十四贞元九年五月条也有此奏议节略文的记载。

既佐戎事，实司中府，匪颁有制，会计明白。呜呼！分阃委政，紧公而成务，朝右虚位，待公而周事。宗门期公而光大，姻党仰公而振耀。

总之都是歌颂"柳某"在肩负中央指令的同时也赢得"分阃"即节度使的信任并圆满完成工作的事迹。《墓表》的内容有过度赞美之嫌，但由此可见，与地方官建立良好人际关系并参与各道的财政事务应该是度支系诸司的理想状态。

二、宦官与"北边"诸道

到德宗朝前期，宦官一时被排挤出了政治中枢，但在贞元年间，宦官又取得皇帝的信任，势力也逐渐扩张。在此过程中，他们通过控制禁军（神策护军中尉制度、神策外镇）、把持文书行政（枢密使制度）、监督节度使（监军使制度）、掌握内藏库（奖励进奉）等方法，获取了覆盖行政、军政、财政的掌控权①。

其中与"北边"防御有直接关系的是监军使与神策外镇。监军使是为了监督节度使而派遣到各道的宦官，有时在藩内的权力甚至大于节度使②。

神策外镇则主要设置在京北、京西为中心的要地（参照图6及表17）。配置在各道区域内，直属于左右神策军，即构成"神策军—神策外镇"这样的与"道—州—县"不同的组织系统。神策外镇体现中央意志，监视、控制各道军③。各外镇在屯驻地拥有屯田等各道内独自的财政基础，此机能不

---

① 整体内容参照矢野主税1954C、横山裕男1970，王寿南1971，何永成1990；禁军部分的内容参照小畑龙雄1959、1968；枢密使部分的内容参照矢野主税1953A、1954A；监军使部分的内容参照矢野主税1953B、1954B；内藏库部分的内容参照室永芳三1969、中村裕一1971、古松崇志1999。
② 王寿南1971,76~81页。
③ 日野开三郎1939，何永成1990,47~50页。

能有效发挥时,就强行要求州县筹款补充①(参照本书第 28 页)。

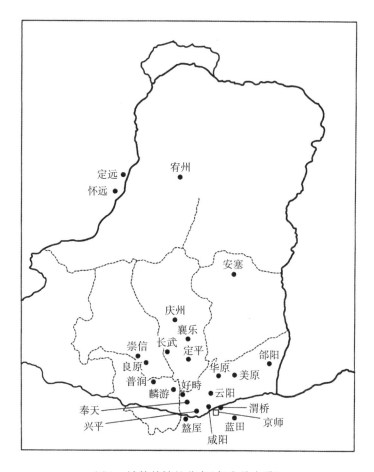

图 6　神策外镇的分布(仅含关内道)

神策外镇除在机构上、职务上进行干预外,还通过人事任免手段对"北

---

① 参照《元氏长庆集》卷三十八《同州奏均田》以下记载:
当州供左神策邠阳镇军田粟二千石。右,自置军镇日,伏准敕令,取百姓蒿荒田地一百顷,给充军田。并缘田地零碎,军司佃用不得。遂令县司每亩出粟二斗,其粟并是一县百姓税上科配。偏当重敛,事实不均。臣今已于七县应税地上,量事配率,自此亦冀均平。
关于本奏章,船越泰次 1992 有详细注释。

边"诸道予以有效控制。颇具象征性意义的"债帅"现象,显示了宦官当时对节度使的整体影响力。唐代后半期的官僚更喜欢就任可以得到各种实惠的地方官职。因此,一旦有人事变动,很多官僚为了能到地方任职,就向在节度使的人事任免上具有绝对发言权的宦官行贿。这种现象愈演愈烈,在都城甚至出现了借钱来运作人情关系的官员(这些人被称为"京债")。这些负债前往任地的"债帅"们,为了还债,一到任地便采取各种手段强取豪夺,造成了严重的政治及经济问题①。特别是神策军的将帅们,在前往镇守地的过程中,其赴任所需的各种费用全都由该军队支付,为此,到任后必须以三倍的金额予以返还②。

经过努力,最终得到了实惠较多的江南等地的职位,那么对于该官员来说,真是万分幸运。就连给他托了关系的宦官,因为官僚们下次人事移动还得继续给他们"进贡",所以他们的财源也会持续不断。如果不幸被任命"北边"地域,那就是悲剧了。毕竟"北边"是个连薪俸都得不到保障的地方。而且,"北边"当地的生产物都供军需了,此外还得依赖中央补给,所以如果过度榨取的话,甚至会直接引起常驻部队的反叛,所以百官都极不情愿到"北边"任职也是意料之中的事。

即便是这种油水稀少的地域,宦官们也是毫不手软地大肆攫利,并扩展自己的影响力。对于驻扎在同一地区的神策外镇兵,给予三倍于各道士兵的优惠待遇,从各道吸引加入神策军的遥隶(形式上编入)。于是加入者数量大增,贞元十四年(798)神策军的总兵力达到十五万人③。

---

① 《旧唐书》卷一百六十二《高瑀传》:

自大历已来,节制之除拜,多出禁军中尉。凡命一帅,必广输重赂。禁军将校当为帅者,自无家财,必取资于人,得镇之后,则膏血疲民以偿之。及瑀之拜(忠武节度使),以内外公议,搢绅相庆曰:"韦公(韦处厚)作相,债帅鲜矣。"

参照顾炎武《日知录》卷二十八《京债》关于"债帅"现象中具有代表性的宦官与藩镇的关系,横山裕男1970,436页有略述。

② 《册府元龟》卷九百二十四《总录部·诈伪》:

萧洪者……复为鄜坊节度使。先是,<u>有自神策军出为方镇者,军中多资其行装,至镇三倍偿之</u>。故自左军出为鄜坊者(赵僐),兹钱未尝而卒,乃征于洪。

③ 《资治通鉴》卷二百三十五贞元十四年八月条:

初置左右神策统军。时禁军戍边者禀赐优厚,诸将多请遥隶神策军,称行营,皆统于中尉,其军遂至十五万人。

这一时期的神策遥隶现象主要起因于兵员补给的不平等,对此当时已有人提出过,后来的研究也是在此基础上展开的①。把"北边"的特殊情况,即不仅是士兵,就连节度使以下的诸多地方官员,都觉得后期回报与前期投入不相符,极不情愿才去赴任这一因素也考虑进去的话,就可更加清楚宦官统治的极度用心了。

这种不正当的影响力引起了以科举入仕的官僚的严厉批评,其中也出现坚决抵制宦官利诱的循吏②。但宦官在晋升与收入这两大官僚们人人关心的事情上,可以给予官僚们在讲究程序、死板教条的国家评价体制上难以获得的"实惠"。宦官们暗中要求派往富裕任地的请托者以进奉灰色收入的方式偿还,对到贫瘠地区的赴任者,就想方设法引诱他们加入到可使自己实惠增多的组织中来。

像唐代这样具有发达官僚体制的朝代,每个官僚任特定职位的时间极短,他们总是每隔数年就会收到任职调动的命令。因此,如果某个政治集团想在这样的国家掌权的话,不仅要在特定的国家机构中增强制度性权限,而且必须掌握人事任免权,控制官僚一生的晋升,这样其权力就至高无上了。陆贽、李绛等提倡的"正论",最终未能彻底执行③,未能发挥持续性的效果也就不难理解了。

三、薛謇的贼运、裴琚的悲运

相对于一般官僚群体,宦官以人事任免为武器,因而拥有巨大的影响力,就连掌握国家财政中枢的度支也不例外。贞元后期到元和前期,围绕代北水运使发生的以下两个事件就是极好的例证。

---

① 《李相国论事集》卷六《论京西京北两神策镇遏军事》,王寿南1971,153~154页等。

② 如:归还了神策行营节度使兼号的凤翔节度使李郿(《旧唐书》卷一百五十七)、把神策外镇编入藩帅管制下的邠宁节度使柳公绰(《旧唐书》卷一百六十五)、取缔了在藩内专横的神策外镇兵的鄜坊节度使崔从(《旧唐书》卷一百七十七)等。

③ 根据《李相国论事集》卷六《论京西京北两神策镇遏军事》及《论边事》的记载,虽然李绛批评神策外镇吃白食,并主张将神策外镇划分由各道进行管理,但由于士兵力求维持现状,最终不了了之。

第一件事发生在贞元十七年(801),原来担任代北水运使的裴琚被贬为岭南崖州澄迈县尉。这是由于前一年赴淮西讨伐未取得战果而返镇的夏绥节度使韩全义,不知因何故记恨裴琚,因此两人之间产生了隔阂①,导致裴琚被贬黜。

第二件是元和六年(811)四月,泗州刺史薛謇在任代北水运使时,曾因私藏军马事件被告发②。但薛謇并未受到特别的处分,后又做了福建都团练使,于元和十年(815)67 岁时去世③。

薛謇明明犯了法,却被免除了罪责,而裴琚仅仅因为遭到节度使的忌恨就被贬黜。二者命运为何会有如此大的差别呢?其背后宦官起了很大作用。裴琚的不幸主要缘于对手的卑劣。

> 韩全义,出自行间,少从禁军,事窦文场。及文场为中尉,用全义帐中偏将,典禁兵在长武城。贞元十三年,为神策行营节度、长武城使,代韩潭为夏绥银宥节度,诏以长武兵赴镇。(《旧唐书》卷一百六十二本传)

隐藏在韩全义背后的是贞元末期宦官的最高实权者窦文场。与此相对,薛謇也有强有力的保护人。

> 薛謇,贞元末为代北营田水运使,善畜牧,有良马。时以赂朝

---

① 清黄本骥撰《古志石华续编》卷二《唐裴氏子墓志铭并序》:
有唐故侍御史裴公,讳琚,知京北馈饷。时夏州连帅韩全义,以王命讨淮夷,不克归镇。德宗期孟明于异日,释而不问。疑惧之甚,其意端公焉。遂有青蝇之间,白圭成玷。贞元十七年,竟贬崖州澄迈县尉。至廿年十一月,终于南海。
本志的拓本收录于《北京图书馆藏中国历代石刻拓本汇编》第 29 册(中州古籍出版社,1989,23 页)。另外,韩全义出兵淮西是贞元十六年二月己酉(《旧唐书》卷十三《德宗纪》同日条)。
② 根据《李文公集》卷十二《故东川节度使卢公传》,被质疑有"畜马四百匹,有异马不以献者"的问题。究竟"异马不献"是什么罪,虽不明确,但私藏军马本身可能会触犯私藏"甲、弩、矛、矟、具装"等重兵器的擅兴律(《唐律疏议》第 20 条)。关于国家管理这类重兵器的内容,请参照穴泽彰子 1999,107~109 页。关于这一事件在《资治通鉴》卷二百三十八元和六年四月条、《权载之集》卷十三《卢坦神道碑》中也有同样的记载。
③ 《刘禹锡集》卷二十九《唐故福建等州都团练观察处置使福州刺史侍御史中丞赠左散骑常侍薛公神道碑》。

权者及中贵人。时中官薛盈珍有勤力,于元和初,謇以族人附进,盈珍颇延誉以助之,故自泗州刺史迁福州节度使。(《册府元龟》卷五百一十《邦计部交结》)

薛謇通过进奉得到了地位可与窦文场比肩的实权派宦官薛盈珍的庇护。虽然上文并未说明"元和初"的进奉究竟目的何在,但根据前述,元和六年被告发时薛謇的职位是泗州刺史,上文中所说进奉后薛謇由泗州刺史调任为福建节度使,由此推测,向宦官进奉是薛謇为了从私藏军马的嫌疑中保全自己暗地里做的工作。裴琚与薛謇二者命运的不同,主要是由于度支的下属组织也与其他官署一样,无法摆脱宦官在人事方面的巨大影响力。

四、度支与宦官

度支也并非心甘情愿地任宦官摆布。再介绍另一个记载薛謇事件始末的史料。如上所述,在此事件中最终薛謇得以幸免,在此过程中最终决定不再问责是在连薛謇本人都不知情的地方还存在着另一番力量的较量。

在告发薛謇违法时,负责调查的是相当于代北水运使上级机构的度支。当时的判度支是下面传记的主人公卢坦。

> 泗州刺史薛謇为代北水运使时,畜马四百匹,有异马不以献者,事下度支,乃使巡官往验之。(《李文公集》卷十二《故东川节度使卢公传》①)

然而在度支的调查尚未结束时,出现了意外事态,即宪宗开始焦虑了。

> 未反,上迟之,使品官刘泰昕按其事。(同上)

无论怎样的国事,皇帝都喜欢让宦官干预,对此卢坦竭力抗争。

> 坦上陈,以为"陛下既使有司验之,又使品官往,岂大臣不足信于品官乎?臣请先罢免"。疏三奏,上是之,遂追刘泰昕。(同上)

本案件的最终负责人判度支卢坦声称如果皇帝不接受此提案自己将

---

① 年份据《资治通鉴》卷二百三十八元和六年四月庚午条记事推算。

辞官,终于算是保全了制度。然而经过抗争获得了单独搜查权的度支最终并未能将薛謇问罪,可见在人事关系背后隐藏着宦官巨大的权力阻挠。作为个案,虽然最终未能将薛謇问罪,但将宦官的权力限定在非公开的范围内已经很有意义了。一旦此次允许宦官介入调查,那么宦官们就有可能以此为先例恒久地参与到管理制度中来。类似事件绝不仅是这一件,这种时候,宦官就企图超越其权限范围插手各种国家机构管理的官方事务。由于创设护军中尉制度、监军使制度,宦官得以插手禁军指挥权、地方检察权等。如果不是卢坦三次上奏请求皇帝撤回诏书的话,那么对度支下属机构的检察权也肯定与这些权利一样被宦官瓜分了。

此后,长庆年间发生了代北水运使贺拔志夸大报告营田业绩的事件,此事件由判度支案白行简负责调查(参照本书第三章第 95 页)。大中年间,代北水运使马曙引发的私藏犀甲事件,由宰相魏谟和御史台负责侦办①。尽管记录中未明确记载有度支参与,但还是试图在国家机构的范畴内处理此事。宦官势力虽已渗入了人事权中,但度支的机构在形式上的独立性一直保持到了晚唐②。

五、党派关系

度支与宦官之间的对立,也就是外朝(国家机构)与内朝(家政机构)的对立。两者的对立在宦官取得决定性优势的元和末年以后也反复发生。在"北边"财政问题上,二者的对抗在贞元年间至元和年间达到顶点,长庆

---

① 《东观奏记·卷中》记载:

大理卿马曙,任代北水陆运使。代北出犀甲,曙罢职,以一二十领自随。故事人臣家不得蓄兵器,曙既在朝,乃瘗而藏之。一日,奴有犯罪者,曙笞之,即告于御史台,称曙蓄兵器,有异谋。命吏发曙私第,得甲不虚。坐贬邵州刺史。谏官上论以奴诉郎主,在法不赦,上命杖杀曙奴于青泥驿。曙再贬岭外。上奏,人臣无不感悦。

另外,参照《旧唐书》卷一百七十六、《新唐书》卷九十七《魏谟传》。

② 此外,元和十四年(819)由于谏官的反对,取消了任用宦官做京西和籴使的命令。

某年(元和十四年)四月,命中官五人为京西和籴使,谏议大夫郑覃、右补阙高钺等同以疏论。上览之,即日罢其使。(《唐会要》卷七十八《诸使中·诸使杂录上》)

以后就不再有较大冲突了。

元和八年(813)前后,官僚们之间的冲突围绕李绛与李吉甫两宰相开始加剧。首先,关于"北边"的屯田开发,李绛派坚持推进论,李吉甫派则提倡停止论,形成了对立(参照本书第三章第 101~102 页)①。另外,在黄河决口崩塌之际,西受降城的城址成为另一个争论的焦点。李绛派主张在当地修建,而李吉甫派则主张迁移到天德古城②。这样的争论逐渐演变成包括撤换当事者在内的激烈的政治斗争。在此应注意的是,双方的对立仅限于个别的政治策略,并非是在财政结构上的纷争。李绛如此,就连传说与宦官关系密切的李吉甫③,也没有打破度支与宦官间的平衡关系。李吉甫所著《元和郡县图志》对"北边"各州的各处都有极其详细的注记④,可见他对"北边"的情形相当了解。由此可推测,李吉甫的"北边"运营政策还是符合实际情况的措施。

长庆年间之后,随着牛李党争的加剧,政局变得日趋混乱。但在"北边"运营上,官僚与宦官、官僚之间都没有产生特别的对立,而是井然有序

---

① 此时支持李绛势力的人物有卢坦(判度支)、潘孟阳(度支营田使)、韩重华(代北水运使、度支营田副使),支持李吉甫势力的人物则是王遂(西北供军使),记载里各有其名。另外,也记载了命令韩重华停止开拓屯田的人是"宰相"(《新唐书》卷五十三《食货志三》)、"大臣"(《韩昌黎集》卷二十一《送水陆运使韩侍御归所治序》)这两个称呼。李锦绣通过论证,认为这里所说的人就是李吉甫(李锦绣 2001,163~167 页)。

② 《旧唐书》卷一百五十三《卢坦传》:

元和八年,西受降城为河徙浸毁,宰相李吉甫请移兵于天德故城,坦与李绛叶议,以为:"西城张仁愿所筑,制匈奴上策,城当碛口,居虏要冲,美水丰草,边防所利。今河流之决,不过退就二三里,奈何舍万代永安之策,徇一时省费之谋。况天德故城僻处确瘠,其北枕山,与河绝远,烽侯警备,不相统接,虏之唐突,势无由知。是无故为蹙国二百里,非所利也。"及城使周怀义奏利害,与坦议同。事竟不行,未几,出为剑南东川节度使。

根据《资治通鉴》卷二百三十九元和八年七月条、《权载之集》卷十三《卢公神道碑》及《李文公集》卷十二《故东川节度使卢公传》,最终未修筑西受降城是由于宰相即李吉甫的反对。

③ 李锦绣 2001,163~167 页。

④ 程大昌《元和郡县图志跋》:

吉甫再相,盖元和六年。此志自载其所尝建白者二事:改复天德旧城,则在八年;更置宥州为经略军,则在九年。其年十月,吉甫遽薨于位,则是书又当国日久,乃始纂述。此于唐家郡县疆境,方面险要,必皆熟按当时图籍言之,最为可据。

地进行着由度支巡院、代北水运使（兼度支营田使）、供军使构成的度支系诸司的调整工作。

在宦官跋扈、牛李党争的政治局面下，"北边"运营竟未受到太大的影响，这究竟是什么原因呢？最大的是外因，即这一时期与吐蕃的关系得到了改善，长庆元年（821）时终于实现了"唐蕃会盟"。

然而，在"北边"防御体系的制度安定性上存在着不容忽视的问题。会昌年间（841—846）被黠戛斯追至牙帐城的回鹘族入侵"北边"时，"北边"防御体系在宰相李德裕的指挥下，很好地发挥了其功能。李德裕与其父李吉甫一样，相当熟悉"北边"的情况，在《会昌伐叛记》①这本著作中详细记述了讨伐回鹘族的始末。虽然现在已无法得知该书的全部内容，但通过从该书中引用了很多资料的《资治通鉴》以及李德裕个人文集《会昌一品集》中可知晓他的指挥风格与"北边"防御体系的实情②。例如，会昌二年（842）五月四日③，请求对回鹘降将嗢没斯等实施如下的赈济措施：

> 望速降中使宣慰，嗢没斯特勒及王子等并多揽将军共七人，望各内赐锦彩银器，其嗢没斯下兵马，望赐米五千石，度支给绢三千匹，以户部物充，度支速差正纲般送。（《会昌一品集》卷十三《论嗢没斯特勒状》）

同年十二月十日上奏请求给由河中府向派往"北边"的支援部队进行物资支援，内容如下：

> 仍望赐绢一千八百匹，内三百匹充职掌人优赏，以户部物充，度支差纲发遣，兼令中使送。（《会昌一品集》卷十四《请发河中马军五百骑赴振武状》）

据此，不难看出作为辅助财源的"内库物"与"户部物"，财货调配、运输机关的"度支"，转达皇帝赐予恩泽的"宦官"，这些不同的角色，在宰相的指

---

① 参照《新唐书》卷五十八《艺文志二·乙部史录·杂史类》，岑仲勉1937。
② 根据史念海的论述，这一时期好像没有大规模的入侵，由此可知九世纪中叶"北边"防御体系的概要。
③ 《会昌一品集》所收作品的系年，参照岑仲勉1937。

挥下发挥着各自的作用①。对立尚未消解的度支与宦官,随着时间的推移逐渐形成了相互辅助的关系,并在实战中发挥了作用也正是这个时期②。由度支主导的"北边"财政运行一直维持到大中初年左右。

结　论

到长庆初为止,度支完善了由度支巡院、代北水运使(兼度支营田使)、供军使构成的组织网(参照本书第88~96页)。宦官则于元和年间在"北边"各道遍布神策外镇、监军使等下层组织,双方都以各自的构想推进着集权化。度支一面与节度使建构良好关系,一面又企图渗透进诸道财政;宦官则通过控制人事关系发展神策遥隶。二者在立场、价值观、手段上都不同,因此并非总能保持一致,时常会出现摩擦。财政集权化的关键是皇帝个人(或者说是家政机构)与国家机构的关系。除了过度强调国家机构遭到重创的顺宗外,德宗、宪宗等均竭力保持着这二者的平衡,查阅这一时期的史书会发现,二者间的关系曾多次变动。二者的紧张关系在"北边"的防御体系中也有典型的体现。

然而,就算"出发点"不同,但"最终目标"是一致的。两个系统的组织

---

① 李德裕在会昌二年八月有如下的上奏:
访闻麟、胜两州中间,地名富谷,人至殷繁,盖藏甚实。望令度支拣干事有才人充和籴使,及秋收就此和籴,于所在贮蓄,且以和籴为名,兼令与节度使潜计会设备,如万一振武不通,便改充天德军运粮使。胜州隔河去东受降城十里,自东受降城至振武一百三十里。此路有粮,东可以壮振武,西可以救天德。(《会昌一品集》卷十四《条疏边上事宜状》)
在这一条中,由于黄河左岸的代北地区遭到回鹘的入侵,在右岸的富谷设置和籴使作为筹措军粮的根据地。紧急状态时,就将和籴使改为粮运使负责运输。这一做法是否得到皇帝的准许并不明确,但可知度支管辖下的职位会根据战况进行临时性的机构调整。
② 从下面代北水运使薛謇的神道碑可知,始于贞元时期的度支与宦官的相辅性。
诏以中贵人护之,声震塞上。
(《刘禹锡集》卷二十九《唐故福建等州都团练观察处置使福州刺史兼侍御史中丞赠左散骑常侍薛公神道碑》)代北水运使的运输船队由神策外镇护送。

若即若离地履行着各自的职责,从最终结果来看,9世纪前半期的"北边"防御体系,在唐朝中央的综合管理下正常运转。

表17 神策外镇一览

府州	外镇名	所属	史料	出典
京兆	奉天	右神策	左神策、京西北八镇:普润镇、崇信城、定平镇、□□□、归化城、定远城、永安城、邠阳县也。右神策五镇:奉天镇、麟游镇、良原镇、庆州镇、怀远城也。	《续通典》(《资治通鉴》卷二百三十七胡注所引)
			左右神策军分屯近畿、凡八镇。长武、兴平、好畤、普闰、邠阳、良原、定平、奉天也。	《续通典》(《资治通鉴》卷二百四十一胡注所引)
			敕……右神策军奉天镇都知兵马使……梁荣干	《樊川文集》卷十九
	兴平	神策	左右神策军分屯近畿、凡八镇。长武、兴平、好畤、普闰、邠阳、良原、定平、奉天也。	《续通典》(《资治通鉴》卷二百四十一胡注所引)
	好畤	神策	左右神策军分屯近畿、凡八镇。长武、兴平、好畤、普闰、邠阳、良原、定平、奉天也。	《续通典》(《资治通鉴》卷二百四十一胡注所引)
	蓝田	神策	(贞元)六年八月铸蓝田、渭桥等遏使印凡二十三颗	《唐会要》卷七十二
	华原	左神策	以左神策军华原镇遏兵马使兼御史大夫康志宁为检校左骑常侍兼左龙武军将军	《册府元龟》卷一百三十一
	周至	右神策	右神策盩厔镇遏使宋楚擒获(李)训	《册府元龟》卷九百三十五
			今又瓯越卒留戍邑中,神策亦屯兵角居,俱称护甸。	《沈下贤集》卷五《周至县丞厅壁记》
	咸阳	金吾?	(金吾将军张)献甫领禁军出镇咸阳,凡累年军人百姓悦之。	《册府元龟》卷四百一十二
			咸阳县尉袁儋与军镇相竞,军人无理,遂肆侵诬,儋反受罚。	《旧唐书》卷一百五十三

续表

府州	外镇名	所属	史料	出典
京兆	渭桥	神策	(贞元)六年八月铸蓝田、渭桥等镇遏使印凡二十三颗	《唐会要》卷七十二
			祖(王)曜,定难功臣,渭桥镇遏使。	《旧五代史》卷二十二
			宪宗以统领禁戎,畿甸称最。精选名望,公(骆明珣)其当焉,改东渭桥监军。	《唐代墓志汇编续集》大和017
	美原	左神策	至(宝历)四年,诏除左神策军美原镇军使	《唐代墓志汇编续集》会昌007
	云阳	左神策	长子左神策军云阳镇监军……(仇)师约……	《唐代墓志汇编续集》大中024
			(乾宁二年九月)史俨败邠宁兵于云阳,擒云阳镇使王令诲等,献之。	《资治通鉴》卷二百六十
凤翔	普润	左神策	左神策、京西北八镇:普润镇、崇信城、定平镇、□□□、归化城、定远城、永安城、邠阳县也。右神策五镇:奉天镇、麟游镇、良原镇、庆州镇、怀远城也。	《续通典》(《资治通鉴》卷二百三十七胡注所引)
			左右神策军分屯近畿,凡八镇。长武、兴平、好畤、普闰、邠阳、良原、定平、奉天也。	《续通典》(《资治通鉴》卷二百四十一胡注所引)
			(元和八年十月戊戌)以(左)神策普润镇使苏光荣为泾州刺史	《旧唐书》卷十五、卷一百五十七,《册府元龟》卷五百五十三
			(元和)三年正月诏普润镇兵马使隶右神策军,良原镇兵马使隶右神策军。	《唐会要》卷七十二
			(李良)移屯普润	《唐代墓志汇编续集》贞元101
	麟游	右神策	左神策、京西北八镇:普润镇、崇信城、定平镇、□□□、归化城、定远城、永安城、邠阳县也。右神策五镇:奉天镇、麟游镇、良原镇、庆州镇、怀远城也。	《续通典》(《资治通鉴》卷二百三十七胡注所引)
			诏麟游、灵台、良原、崇信、归化等五镇并修整	《册府元龟》卷四百一十

续表

府州	外镇名	所属	史料	出典
鄜州	肃戎军	神策	（元和九年）夏五月庚申，复置宥州，理经略军，取鄜城神策屯兵九千以实之（大历六年，置肃戎军于鄜州之鄜城）。	《资治通鉴》卷二百三十九
延州	安塞军	左神策	左神策延州防御安塞军同十将陈留谢君墓志铭并序	《唐代墓志汇编续集》会昌024
邠州	长武	神策	（元和元年正月）以左神策长武城防秋都知兵马使高崇文……充神策行营节度使。	《旧唐书》卷十四
			（元和六年七月）辛未以神策军长武城使杜叔良为朔方、灵盐、定远城节度观察使	《旧唐书》卷十五
			（元和七年十一月）己卯以左神策长武城使朱叔夜为泾州刺史、充泾原节度使	《旧唐书》卷十七
			（开成四年）六月辛亥朔以长武城使符澈为邠宁节度使	《旧唐书》卷十七
			左右神策军分屯近畿，凡八镇。长武、兴平、好畤、普润、邠阳、良原、定平、奉天也。	《续通典》（《资治通鉴》卷二百四十一胡注所引）
			自大中四年，党羌狂悖，府君（杨居实）奉诏监抚长武、崇信等镇将士行营。	《唐代墓志汇编续集》咸通009
宁州	襄乐	右神策	故右神策军襄乐防秋同正将兼……董府君（董叙）	《金石萃编》卷六十六《董府君经幢》
	定平	左神策	左神策、京西北八镇：普润镇、崇信城、定平镇、□□□、归化城、定远城、永安城、邠阳县也。右神策五镇：奉天镇、麟游镇、良原镇、庆州镇、怀远城也。	《续通典》（《资治通鉴》卷二百三十七胡注所引）
			左右神策军分屯近畿、凡八镇。长武、兴平、好畤、普闰、邠阳、良原、定平、奉天也。	《续通典》（《资治通鉴》卷二百四十一胡注所引）
			（贞元十七年）六月戊戌，以定平镇兵马使李朝采检校工部尚书、兼邠州刺史、朔方邠宁庆节度使	《旧唐书》卷十三
			（浑瑊）署（朱忠亮）定平镇都虞侯	《旧唐书》卷一百五十一
			（元和）四年，隶左神策军	《新唐书》卷三十七

续表

府州	外镇名	所属	史料	出典
庆州	庆州	右神策	左神策、京西北八镇：普润镇、崇信城、定平镇、□□□、归化城、定远城、永安城、邠阳县也。右神策五镇：奉天镇、麟游镇、良原镇、庆州镇、怀远城也。	《续通典》（《资治通鉴》卷二百三十七胡注所引）
泾州	良原	右神策	左神策、京西北八镇：普润镇、崇信城、定平镇、□□□、归化城、定远城、永安城、邠阳县也。右神策五镇：奉天镇、麟游镇、良原镇、庆州镇、怀远城也。	《续通典》（《资治通鉴》二百三十七胡注所引）
泾州	良原	右神策	左右神策军分屯近畿，凡八镇。长武、兴平、好畤、普闰、邠阳、良原、定平、奉天也。	《续通典》（《资治通鉴》二百四十一胡注所引）
泾州	良原	右神策	（乾宁二年五月）邠阳镇近华州，韩建求之。良原镇近邠州，王行瑜求之。	《资治通鉴》卷二百六十
泾州	良原	右神策	（元和）三年正月诏普润镇兵马使隶左神策军、良原镇兵马使隶右神策军。	《唐会要》卷七十二
泾州	良原	右神策	贞元癸酉岁……（李元谅）薨于良原镇之公馆	《唐代墓志汇编续集》贞元030
原州	崇信	左神策	左神策、京西北八镇：普润镇、崇信城、定平镇、□□□、归化城、定远城、永安城、邠阳县也。右神策五镇：奉天镇、麟游镇、良原镇、庆州镇、怀远城也。	《续通典》（《资治通鉴》卷二百三十七胡注所引）
原州	崇信	左神策	泊大中四年，党羌狂悖，府君（杨居实）奉诏监抚长武、崇信等镇将士行营。	《唐代墓志汇编续集》咸通009
灵州	定远城	左神策	左神策、京西北八镇：普润镇、崇信城、定平镇、□□□、归化城、定远城、永安城、邠阳县也。右神策五镇：奉天镇、麟游镇、良原镇、庆州镇、怀远城也。	《续通典》（《资治通鉴》卷二百三十七胡注所引）
灵州	怀远	右神策	左神策、京西北八镇：普润镇、崇信城、定平镇、□□□、归化城、定远城、永安城、邠阳县也。右神策五镇：奉天镇、麟游镇、良原镇、庆州镇、怀远城也。	《续通典》（《资治通鉴》卷二百三十七胡注所引）

续表

府州	外镇名	所属	史料	出典
宥州	宥州行营	左神策	敕……左神策军宥州行营都知兵马使……田克加	《樊川文集》卷十八
同州	邠阳	左神策	左神策、京西北八镇：普闰镇、崇信城、定平镇、□□□、归化城、定远城、永安城、邠阳县也。右神策五镇：奉天镇、麟游镇、良原镇、庆州镇、怀远城也。	《续通典》（《资治通鉴》卷二百三十七胡注所引）
			左右神策军分屯近畿，凡八镇。长武、兴平、好畤、普润、邠阳、良原、定平、奉天也。	《续通典》（《资治通鉴》卷二百四十一胡注所引）
			邠阳镇近华州，韩建求之。良原镇近邠州，王行瑜求之。	《资治通鉴》卷二百六十
			又命左神策邠阳镇遏将索日进以泾原兵六百人会（李）光颜	《册府元龟》卷一百二十二
			索日进，元和末为神策邠阳镇遏使	《册府元龟》卷四百四十五
			当州（同州）供左神策邠阳镇军田粟二千石	《元氏长庆集》卷三十八
深州	乐寿	左神策	以左神策行营乐寿镇兵马使傅良弼为沂州刺史	《册府元龟》卷一百二十八
不明	归化城	左神策	左神策、京西北八镇：普闰镇、崇信城、定平镇、□□□、归化城、定远城、永安城、邠阳县也。右神策五镇：奉天镇、麟游镇、良原镇、庆州镇、怀远城也。	《续通典》（《资治通鉴》卷二百三十七胡注所引）
			现任左神策军行营归化、崇城等镇监军使、内侍省内府局令……	《唐代墓志汇编续集》元和004
	永安城	左神策	左神策、京西北八镇：普闰镇、崇信城、定平镇、□□□、归化城、定远城、永安城、邠阳县也。右神策五镇：奉天镇、麟游镇、良原镇、庆州镇、怀远城也。	《续通典》（《资治通鉴》卷二百三十七胡注所引）
	崇城	左神策	现任左神策军行营归化、崇城等镇监军使、内侍省内府局令……	《唐代墓志汇编续集》元和004

第五章

军粮运输及"财政物流"

绪 论

前面几章从政治、组织侧面对"北边"财政进行了论述,本章将着重考察究竟由谁来负责实施运输业务这个问题。

关于唐代前期到中期国家物流的构成问题,大津透、荒川正晴利用新发现的史料进行了研究①。据此可知,将士的衣物、供给及充当和籴款项的布帛运输方法在7世纪至8世纪初时已由徭役变为"和雇送达",后来又变为"傔勾客运"了。所谓"和雇送达"就是官府直接雇佣并监督运输者(纲丁)的方法,而"傔勾客运"则是官府不监督,客商承包运输的方法②。

根据菊池英夫的论述,开元元年(713)时"傔勾客运"的方法在内地已普遍实行③。大津、荒川的研究以第一手史料证实了上述观点,使得"徭役－雇佣－客商承包"的漕运经营模式的变迁更具说服力并广受关注。宫泽知之则将这样的变迁理解为是"北边的物流体制得以改变"的过程,并将其概括为"唐后半期是以军事物资的筹措调运为原动力,并由商人承担的全国性物流体系形成的时代,尽管当时的物流尚处在低水平④。"宫泽知之、足立启二则重视宋代以后作为流通经济发达"原动力"的国家建成的物流(即二人所谓的"财政物流""国家物流")对民间经济("市场物流")的刺激和诱导⑤。这在很大程度上改变了此前把流通发达的原因归结为源于民

---

① 大津透1986、1987、1990,荒川正晴1992等。
② 菊池英夫1976。
③ 菊池英夫1976、1995。
④ 宫泽知之1993,95页。
⑤ 足立启二1990,121~124页;宫泽知之1998,21~25页。

间自发性商业发展的观点。从以上的概括中可以看出,宫泽认为玄宗时期是由"财政物流"变为"市场物流"的起点。

如果按宫泽的意见,将"北边"限定为玄宗以前的所谓的西域,大津、荒川的研究确实证明了有客商频繁活动的现象。而且,菊池的研究也表明在大运河与河北的漕运中"僦勾客运"已很普遍。然而,在唐代后半期,对物资投入最多的地区,即本书所说的"北边"的研究分析尚不够充分。大津、荒川对唐代前半期的研究以及宫泽的概括都必须在明晰唐代后半期"北边"运输情况的基础上才能更好地衔接起来。因此,本章探究的目的正是希望填充关于这一时期的研究空白。

第一节 "北边"运输体系的变迁

律令制下的"北边"漕运也和别的地区一样,原则上都是由徭役承担的。在敦煌发现的开元二十五年(737)水部式残卷(伯2507号文书)第62~66页中有徭役征收水手的规定①:

> 胜州转运水手一百廿人,均出晋、绛两州,取勋官充,不足兼取白丁,并二年与替。其勋官每年赐勋一转,赐绢三匹、布一端,以当州应入京钱物充。其白丁充者,应免课役及资助,并准海运水手例。不愿代者,听之。

因无法确证这一条规定的增补始于开元二十五年,也就不能断言这就是开元二十五年的实际情况。但可确证的是,在唐代前半期的某一时期之前,漕运是由徭役承担运输的这一事实,以及该规定到开元二十五年时至少在原则上是持续的。

唐代后半期,律令制下的劳役最终崩溃,这究竟经历了怎样的变化呢?首先,发现了这一时期依然征收相当于徭役的劳役记录,大历四年(769)十月在以京兆府为对象颁布的诏书里有如下内容:

---

① 关于水部式中的诸多徭役,参照滨口重国1969。

> 其京兆府今年秋税,于所征数内减十万石。百姓应纳诸色物等,比缘朔方军粮输转劳弊,又时方收敛,(务)从便省。其草粟等,并于中渭桥、东渭桥纳,仍随当县道路稳便,如法般入苑南及于苑北面贮积及检纳等,宜委中书门下与所由计会处置。(《文苑英华》卷四百三十四《放京畿丁役及免税制》。据《全唐文》卷四百一十四增补)

其次,贞元三年(787)德宗行幸时,有位名叫赵光奇的人状告和籴过于严酷,其中有这样的内容:

> 始云所籴粟麦纳于道次,今则遣至于京西行营,动过数百里。车摧牛毙,破产奉役,不能支也。(《册府元龟》卷四百九十一《邦计部·蠲复三》贞元三年十二月庚辰条)

另外,元和十五年(820)的诏书中记载了动用京畿民众运输军粮的情形:

> 敕,京畿二十有二县,欠元和十四年京百司职田二十二万九千一石束贯等。京畿百姓闻甚艰贫,顷差搬运军粮,今又修营陵寝。虽应缘驱役,皆给价钱,而屡有牵召,颇妨农亩。岂可更征悬欠,重使忧愁。(同上,元和十五年四月条)

另外,有关雇佣输送者的记述也开始出现。例如,自贞元末到元和初担任代北水运使的薛謇的神道碑中关于运输的情形描述如下:

> 局居雁门,主谷籴,具舟楫,募勇壮且便弓矢者为榜夫千有余人,隶尺籍伍符,制如舟师。(《刘禹锡集》卷二十九《唐故福建等州都团练观察处置使福州刺史兼御史中丞赠左散骑常侍薛公神道碑》)

由此可知,到贞元后期之前已雇佣水手了。另外《韩昌黎集》卷二十一《送水陆运使韩侍御归所治序》中关于元和六年(811)至元和八年(813)"北边"的情况有如下记载:

> 吾以为,边军皆不知耕作,开口望哺。有司常僦人,以车船自他郡往输,乘沙逆河,远者数千里。人畜死,蹄踵交道,费不可胜

计。中国坐耗,而边吏恒苦食不继。

可见通过雇佣确保有水手可用是事实。从薛謇碑中的"尺籍伍符(即军籍)"《韩昌黎集》中的"边军皆不知耕作"可知,这里所谓的水手就是"官健"。"北边"漕运的主力军此后也一直是官健,这可从大中年间有关"北边"胡落池产的盐供给"振武、天德两军以及营田、水运官健"的记录中看出①。假如"北边"的漕运由官健承担,那么雇佣水手与监督运输就都是由官府直接实施的,因此将此视为"和雇送达"应该不会有错。但在使用兵员上,又的确与其他地域的"和雇送达"存在着性质不同的地方。

此外,在雇佣费用的财源上也与其他地域不同。雇佣官健的费用、衣赐由江南上供的布帛充当,谷物以两税斛斗、屯田的收获物、和籴粟的某种形式充当(参照本书第一章第34页表4)。与此相对,在其他地域,以大运河为例,大体来说"安史之乱"之前由脚直(徭役中承认代人出差,作为赔偿各州县征收的代人维持费用)充当,刘晏实行盐政改革后依赖盐利就是依据②。也就是说,虽同为"和雇送达",但"北边"在成员的构成范围、雇佣费用的财源这两点上是与其他地域不一样的。

第二节　军粮政策与商人

根据前述,可明确从内地到"北边"的军粮运输,即便是到了唐代后半期依然停留在"徭役"及"和雇送达"的层次上。那么商人与"北边"的军粮政策究竟有怎样的关联呢？下面将分为物资补给地长安、太原以及从长安、太原运送到"北边"地域的各区域进行论述。

---

① 《册府元龟》卷四百九十四《邦计部·山泽》大中四年三月条:
四年三月,因收复河陇,敕"今度支收管温池盐,仍差灵州分巡院官专勾当"。先是,湖落地(池)在丰州界。河东供军使收管每年采盐约一万四千余石,供振武、天德两军及营田、水运官健。是年,党差(项)叛扰,馈运不通。供军使请榷市河东白池盐供食。其白池属河东节度使,不系度支。

② 外山军治1937。

一、长安、太原

唐代后半期首都圈的"市场"已从唐代前期的两市限制中解放出来,供需的理论空间不断拓展。第二章中介绍了从百姓手中以一斗二十五文收购的粟麦,再以一斗六十文出售给官府的京兆府商人们的情况(参照本书第55页)。这真实反映了可以根据自己的意志决定谷物价格,不仅生产者,就连为政者都必须向他们妥协的商人形象。

国家也不能无视供需关系推行强权的经济政策。这一点可从政府强行要求长安商人提供官需物资的"宫市"政策导致大乱得到充分证明①。另外,大和八年(834),允许商人在近京的丰收地域(同州、河中府、晋绛、京西北丰收之处)进行活动,还颁布了不准妨碍商人往来的诏书②。可见在经常实施和籴的长安周边,流通的停滞对国家不利成为共识。围绕和籴,官民间的这种互争行为引起了以"不与民争利"为美德的保守派官僚的担忧。但对掌握全国的课户以满足谷物需求的直接税中心型的财政运营上难以有所作为的朝廷来说,其对策或许只能是把筹措谷物的重点转移到首都周边的流通过程中。

长安经常性的和籴中依然保留着"配户方式",即强行让一般民众出售一定量的谷物。由此可见仅依靠市场原理无法筹措到所需数量的谷物,因此也就无法否认其极限以及属于过渡期的性质。但这是国家在主要谷物"市场流通"中进行经常性干预的经营模式的开端,可以认为是宋代以后的财政运营的新起点。

可见向"北边"输送补给军粮的长安,依靠"市场流通"筹措军粮的方法逐渐得以推广,同样,可以推测在经常性实施和籴、作为输出地起点的太原

---

① 《资治通鉴》卷二百三十五贞元十三年十二月条。
② 《册府元龟》卷五百二《邦计部·平籴》大和八年八月戊申条:
诏曰:"岁有歉穰,谷有贵贱,权其轻重,须使通流,非止救灾亦为利物。同州诸县,至河中、晋绛、京西北丰熟之处,宜令近京诸道许商兴贩往来,不得止遏。"

也与长安的情况大概一样①。

二、在"内地—北边"之间

从长安、太原到"北边"的军粮运输,以"徭役""和雇送达"为主,几乎没有由势力正在壮大的商人负责实施的"僦匀客运"。像宋代的入中法那样,在边境发放盐引等各种票据(钞)的利益诱导措施并不发达,对商人来说冒险到前线也得不到好处②。正如在宋代的边境政策中经常出现的问题一样,在军粮筹措上要想很好地发挥商人的作用,最为关键的是确保"回货"的问题,即在军粮纳入地能否保证他们获得其他商品③。但在距离长安千余里以外的交战地带要找到具有商品价值的物资绝非易事。

商人并非仅仅因为危险就不从事这样的工作,一旦发现有利可图的商业机会,商人们也会义无反顾地前往"北边",有几个事例可以证明这一点。例如,贞元八年(792)陆贽的奏折中,关于当时在边境的军粮管理中经常出现的弊端有如下描述:

---

①　关于商人参与代北粮食输送的情况,参照李锦绣2001(336~338页,1317~1318页)。

②　并非没有暗示官运中存在客商的记录。
今缘边膏壤,鞠为榛杞,父母妻子不相活。前在朔方,度支米价四十,而无逾月积,皆先取商人,而后求牒,还都受钱。(《新唐书》卷二百三《吴武陵传》)
大中初,突厥扰河东,钞漕米、行贾。(《新唐书》卷一百四十八·史孝章传)
前者为吴武陵在长庆年间所言,因此"前在朔方"以下的内容应该是指元和中的情形。在此文中记载着给商人纳入的谷物开票据,并且如果能将这些票据带到都城的话,就可以兑换现金。假如这种做法在某种程度保持了常态化,那么就不仅是"僦匀客运"了,与盛行于宋代以后的入中法类似的手法此时已经开始实行。但灵武在元和末到长庆年间大量开垦屯田之前,为确保谷物的确费尽心机。因此,就算承认以上措施具有延续到后代的先进性,也很难说已承担了运输体制的主干部分。
后者的事件,在《资治通鉴》卷二百三十八中系年为大和元年八月。这是说突厥掠夺了"漕米、行贾",可见商人以某种形式介入了运输业务。如前节所述,河东在代北水运使的指挥下由"水运官健"主要负责输送,因此,很难认同这里出现的"行贾"全部承包了输送业务。所以,从唐代后半期的整体资料来看,控制局面的应该是"徭役""和雇送达",而"僦匀客运"则只占了一小部分。

③　宫泽知之1990,295页。

①又有势要、近亲、羁游之士，或托附边将，或依倚职司，委贱籴于军城，取高价于京邑，坐致厚利，实繁有徒。(《陆宣公集》卷十八《请减京东水运收脚价于沿边州镇储蓄军粮事宜状》。)

由此可见长安的有权势者、商人与边将勾结任意杀价购买本应供应边境的军粮，并将这些军粮运到谷价相对较高的长安谋求暴利。另外，在大中六年(852)的诏书中对商人在当年丰收的西"北边"收购全部作物的情形有以下的记录：

②五月，敕："……今年京畿及西北边，稍似时熟，即京畿人家，竞搬运斛斗入城，收为蓄积，致使边塞粟麦依前踊贵。兼省司和籴，亦颇艰难，其弊至深，须有厘革。其京西北今年夏秋斛斗，一切禁断，不得令入京畿两界。"其年六月，敕："近断京兆(西)北斛斗入京，如闻，百姓多端，以面造曲，入城贸易，所费亦多。切亦所在严加觉察，不得容许。"(《册府元龟》卷五百二《邦计部·平籴》)

这里所说的"京畿人家""百姓"应该指的是商人阶层。由于他们将"北边"的谷物运到长安，使得边境明明是丰年却谷价暴涨。"①""②"都是商人乘边境丰年，造成粟麦从"北边"向"内地"流动的运输形式。由"①"可知，边境丰年时，驻守那里的将帅也能通过高价出售官粮获利。将帅们的职责本来应该是优先考虑公家利益，实行就军和籴，在谷物流通量正常化的基础上力保储备，但实际上有很多私欲横流的例子。商人通过与这类官员的勾结实现获利的目的。从"②"中可看出，在商人活动的背后隐藏着由将帅们谋划唆使却不能用文字来表达的内容。

与此相反，在边境谷物相对不足的年份(这种情况其实更常见)，无法确证商人们赶赴边境各地贩卖谷物的事实。这大概是由于无论商人提供的商品多么廉价，与官给军粮以及当地无偿供给的税物相比，还是毫无竞争力的(参照本书第一章第一节)。

唐代后半期，势力大增的商人们的确在"北边"从事了谷物的买卖，但这只是根据他们自身对谷物供需关系的判断实行的个人或市场的商业行为，与在和国家军粮政策紧密相关的长安、太原地区的活动有很大不同。另外，商人也从事"北边—内地"的商品运输，这与必须经常性进行"内地—

北边"官需物资运输的"僦勾客运"完全不能相提并论。

三、国家的物流编成与商人活动

在商人的活动领域即"市场流通"的范围内,谷物的流通方向根据地域间的需求差异不断地发生变化。与此相对,"财政物流"则无论丰荒年都必须保持从"内地"向"北边"的流向。而宋代以后发展起来的入中法则是具有划时代意义的政策,是"市场流通"的延伸,即在边境地区发行与谷物需求量完全不同的钞或票。但在唐代史料中,这种方法只在长庆年间有一项记录①,因此难以确认这已经成为恒久性的制度并得以普及了。

在唐代之所以能够形成从"内地"向"北边"的物资运输,更多是由于采取了以下的措施:

> 制曰:"……军州官吏寄客,能务农业,入粟助边,量其多少,酬以官秩。"(《册府元龟》卷八十九《帝王部·赦宥八》贞元四年正月庚戌条②)

在这里实施"入粟助边"后官秩授予(或者是考课短缩③)的情况是非市场、难以常设的诱导措施④。从这样的褒奖方式中,很难将商人预想为"入粟"者。也就是说,唐朝未能建成具有市场性质的从"内地"向"北边"的物流体系。

边境的谷物比内地相对过剩时,以黑市价出售谷物并转卖到内地的事

---

① 参照本书第141页注②。
② 关于此赦令与李泌的屯田政策相关性内容在本书第四章已做论述。
③ 《唐会要》卷七十五《选部下·杂处置》元和十二年七月条:
诏:"入粟助边,古今通制。如闻,定州侧近,秋稼未登,念切饥民,不同常例。有人能于定州纳粟五百石者,放同优比出身,仍减三选。一千石者,无官便授解褐官,有官者依资授官。纳二千石者,超两资。如先有出身及官,情愿减选者,每三百石与减一选。"
④ 《旧五代史》卷五十八《李琪传》中也有给入粟者官秩授予的记录:
臣伏思……今陛下纵不欲入粟授官,愿明降制旨下诸道,合差百姓转仓之处,有能出力运官物到京师者,五百石以上,白身授一初任州县官,有官者以资迁授,欠选者便与于(《文献通考》卷二十五《国用考三》后唐同光三年条中写作"放")选。千石以上至万石,不拘文武,明示赏酬。免令方春农人流散,斯亦救民转仓赡军之一术也。

例屡见不鲜,相反,没有发现边境出现谷物不足情形时发生逆向物流的记载。这个模式表明,政府与商人隐约的合作关系反而使得从"内地"向"北边"物流变得不稳定。对未能把"内地——北边"的物流建成市场流通的朝廷来说,与商人的合作还为时过早。假如不严格维持官运,无视核算收支以无偿供给军粮的话,那么不分丰荒年持续供给额定军粮是不可能的。因此,在"内地"与"北边"之间形成了两种物流形式,即财政物流和市场物流,但在这一时期这两种物流形式最终并未形成交集,每种形式都以自己特有的方式进行着物流。

根据以上论述,可将运往"北边"的补给物资的筹措、运输结构概括如下:首先,在长安、太原的物资聚集方面,实施了经常性和籴,并尝试与市场流通的协作。这一区域与实施折籴的京兆、河南府以下的十三州(参照本书第一章第25~26页及引言中的地图)几乎一样,均肩负着补给第一线的责任。另一方面,从这里向"北边"的运输过程中,市场原理未能起到任何作用,政府主导下的官运则得以维持。

长安与"北边"都是拥有数十万非农业人口的巨大消费地。长安当时的粮食状况相当严峻,甚至到了若不"东都就食",连朝廷运营都无法维持的程度。但实施了经常性和籴后,这个问题得以解决。也就是说,长安的经济在依靠财政诱导的市场流通情形下得以保持。与此相对,"北边"则靠官运来维持,市场流通与"北边"的军队物资供给几乎没有关联。也就是说,作为全国流通财货最基本的谷物,在唐代两大消费地区,采取的是财政主导的供给形式。因此,市场流通先兴盛起来,国家的财政政策则随之连动的这一解释就很难成立。至少对唐代后半期的长安周边及"北边"而言,宫泽知之等强调的以财政性物流为主导的物流供给的观点更具有说服力。

结　论

玄宗时期的"僦勾客运"与宋以后的"财政物流"并非直接相连。根据本章中阐明的唐代后半期的实际情况,可将唐宋变革期的物流建设概括如下:

过渡为募兵制后,不仅需要税收部门增征,也要求运输部门进行全面改革。因此,玄宗时期实行了根据市场流通输送军需物资的体制。"安史之乱"后西域沦陷。于是这种方法受到挫折,在成为新前线的"北边"采取了振兴当地自给与官运补给相结合的政策。财政物流与市场物流在此暂时分离了。

玄宗时期实行了"僦勾客运",但"安史之乱"后继续维持官运,乍一看好像是"倒退"了,但这两个时期的差别,与其说是受制于发展水平及优劣,不如说是由于不同阶段成为军事前线地区的地域性差异造成的。作为唐代前半期前线的西域,是东西交往的中转站,商人们能够往返于官物纳入地以求谋利[①]。因此,比较容易诱导从"内地"向"北边"的物流。

"北边"作为唐代后半期的前线,由于没有受到市场化的充分影响,又缺乏回货,对商人来说是没有太大诱惑的市场。而且在唐朝前半期,府兵、防人等负责防卫,因此缺乏由外部补给衣粮的经验。到了唐代后半期,虽然这里突然成了前线,但也无法立刻采用市场物流的方式建立物流体系。

另一方面,作为补充物资供应地的长安周边则灵活应用了西域的市场流通经验。开元二十五年(737)以后,常态化了的关中和籴政策,正如陈寅恪的论述,是将原河西节度使牛仙客曾在任地采取的措施应用到内地了[②]。

将王都作为中转地把江淮的财富运往前线的业务,正如妹尾达彦的论述,宋明时期也得以延续,形成了"后期中华帝国的行政、财政的框架"[③]。然而,作为这种模式起点的唐代后期,财政物流与市场物流的联动关系主要表现在"江淮—长安"之间,而在"长安—北边"之间二者还是分离的。二者的协作关系一直延伸到"北边",而"边境—王都—长江流域"形成统一系统则是创建了入中法的宋代以后的事了。

综上所述,唐代后半期的物资运输组织尚有不够成熟的地方,但在官运中,以度支、户部为中心推进的组织层面的扩充、集权化,具有深远的意义。这给宋代统管"边境—王都—长江流域"间物流的三司使留下了有形与无形的经验。

---

① 荒川正晴1992,211页。
② 陈寅恪1944(1980版,154页)
③ 妹尾达彦1999,60~61页。

结语

"北边"防御体系简述

　　第一部对"安史之乱"后面临重大危机的"北边"防御体系,从大历至建中时期对盐法、两税法等财源调整,在贞元至元和时期形成集权化的过程,通过军粮的筹措、分配过程(第一、二章)、组织体系(第三、四章)、物流建设(第五章)等方面进行了论述。最后在归纳各论点的同时,概括出唐代后半期"北边"防御体系的历史意义。

　　用以供养数十万边境募兵部队的粮食,并非仅仅依赖来自江淮的补给。因为作为当地自给的政策,免除了上供的两税斛斗,在各道推行的屯田收获,丰年时实施的就军和籴承担了筹措军粮的主要部分。此外依然不足的部分,则将首都圈、太原、代北地区积集的和籴、折籴谷物及江淮上供物的一部分作为补给物资运往"北边"。因此,在军粮供给方面对江淮的依赖度是有限的。

　　在这些军粮政策中,长安及太原、代北地区的和籴,与丰年时实施的就军和籴不同,是每年都实施的经常性粮食筹措政策。贞元四年(788)确立了名为户部别库钱的恒久财源,重点是回收百姓为了获得两税钱卖掉的谷物。其依旧无法满足需求的部分则通过配户方式来确保,但强行分配出售标准使百姓困苦不堪。

　　构成这一体制的核心是位于前线指挥军队的各道节度使、支撑边防财政基础的度支、企图控制各道军事管制的宦官。

　　自天宝后至大历、建中间,掌握着"北边"防卫军事、财政两大核心的是郭子仪及其属将继承的朔方军节度使(也兼任六城水运使)。平息了朔方节度使李怀光叛乱,进入贞元年间后,度支与宦官的集权化开始逐渐增强。前者设置了代北水运使、巡院等派往地方的财务机构,后者通过在"北边"各地重点配置直属于神策军的外镇网实现对财政、军事的管制。

　　肩负将聚集在长安及太原、代北的补给物资运往"北边"职责的机构,前者是京西、京北各道节度使,后者是代北水运使。但在各运输过程中,无论哪一方,都没有把运输委托给当时势力不断增长的商人,都是由官健负责运输的。玄宗时形成雏形并开始实行的"市场流通"这一集权国家的物流体系,虽在安史之乱时受到重创,但却是从纯粹的"国营事业"走向"市场经济"的变革第一步。

唐代后半期的边防军的确没有发挥像前期那样的大规模的对外扩张时的作用。李锦绣将这种状况评价为"边军无功",认为其原因是官给物被流用为度支、节度使的进奉,未充分惠及兵士(李锦绣 2001,1288~1292 页)。

另一方面,由于周围被很多半独立性质的藩镇包围,度支、宦官指挥下的常备军队纳入了中央集权抚养的组织构架,虽有不合理性,但却很重要。在"北边"配置有大规模的雇佣兵部队,必须以江淮的经济力量来保障庞大的军事需求,以集权的方式驱动巨大的官僚机构,这制约了中国集权国家的官僚组织命运。极端地说,即使唐宋变革以后的历代王朝成为"集权国家"的各类事业,可以说唐代后期的"北边"防御体制,向后世呈现了构成集权国家内核的制度性范例。至于外扩张的成功与否这一表面意义毋庸赘言,对于这样的制度层面上的划时代意义,完全应当给予积极的评价。

第二部

唐代军事财政补论

第六章

唐宋变革史的近况

绪 论

在国际形势日益复杂的背景下,日本已将世界史定为高中阶段的必修科目,因此,目前有关中国史研究著作的出版盛况空前。不仅有以"世界史"命名的各类出版物,亚洲史、中国专门史的策划也层出不穷。因此,与以前相比,更容易了解中国史学的现有研究水平。

本章中将要论述的唐代史在学术界的研究及讨论十分深入。1995年发刊的《唐研究》(北京大学出版社)每年都提供大量最新研究成果的信息。1998年,日本国内也创刊了最早研究唐代的专门杂志——《唐代史研究》(唐代史研究会)。此外,近年唐史史料研究也有很大变化:《吐鲁番出土文书》(图录版)(文物出版社,1992—1996),收录了大量石刻和研究成果的《全唐文补遗》(三秦出版社,1995),网罗唐代散文史料出典的《新编全唐文》(吉林文史出版社,1999—2001)等,从中国大陆传入的大型出版物不胜枚举。在律令制的研究领域,大津透等人复原了提供诸多律令具体实施形式的《唐仪凤三年度支奏抄·四年金部旨符》[①],由池田温编纂的《唐令拾遗补》(东京大学出版会,1997),则以仁井田升的遗作为基础,又加入许多新的研究成果;还有由戴建国发现,内容逐渐得到认同,并由天一阁收藏的

[①] 《唐律令国家的预算——仪凤三年度支奏抄·四年金部旨符试释》(史学杂志95-12,1986)、《大谷探险队从吐鲁番带回的符籙文书群的复原——唐仪凤三年度支奏抄·四年金部旨符》(与榎本淳一共著,东洋史苑28,1987)、《唐仪凤三年度支奏抄·四年金部旨符补考——唐朝的军事和财政》(东洋史研究49-2,1990)

"北宋天圣令"等①史料的充实,为新的研究提供了更多可能性。同时,电脑的普及,使得两《唐书》《资治通鉴》《史通》《唐会要》等主要文献得以数字化,"语句检索"的意义正在迅速发生变化。

但与这种表面盛况相反,也有人对研究内容持悲观态度。其中最严重的是"研究的碎片化"和"缺乏争论"。20世纪70年代,引发了"共同体争论"的中国中世纪研究会的研究活动终止,极具象征意义地反映了那个时代的状况。另一方面,20世纪80年代到90年代,在上述诸多研究策划的推动下以各种方式尝试"整体性的回复"也是不争的事实。鉴于此,本章将围绕唐宋变革期这一焦点,介绍、探讨近年来整体性研究的成果,并根据具体事例来重新审视当下如何解读那个时代,今后又该如何进一步研究。

第一节 国家、社会与"中间项"

这二十年来,关于中国古代史的研究,特别是在唐宋变革以后的研究中,引起诸多研究者关注的中心课题可以概括为如何处理介于集权国家和基层社会之间的"中间项""媒介项"问题。"中间项"有两方面的内容:一是处于"人与人"之间的"中间团体"问题。中国古代史里的"中间团体"如今已经不能看成是理所当然的了。与过去由历史学研究会领衔的以中国历史上的封建制度的存在为前提开展研究的时期相比,情况已经有了很大变化。中国的村落社会没有发展成为如同日本、西欧那样的独立权力体,仅是对该地区进行极为松散的管理,而且超越地缘理论集结的宗族、慈善团体、各种结社等诸多社会集团也没有能够对其成员施以法律性限制等,这已是学术界的广泛共识。因此需要再次研究"中间团体"处于国家和社

---

① 戴建国《天一阁藏明抄本〈官品令〉考》(历史研究1999-3)、戴建国《唐〈开元二十五年令·田令〉研究》(历史研究2000-2)、兼田慎一郎《关于戴建国发现的天一阁博物馆所藏北宋天圣令田令的介绍及初步整理》(上智史学44,1999)、池田温《唐令与日本令(三)唐令复原研究的新阶段——戴建国的天圣令残本发现研究》(创价大学人文论集12,2000)、大津透《北宋天圣令·唐开元二十五年令赋役令》(东京大学日本史学研究纪要5,2001)

会的关系中的哪一个层面。

另一方面是由"人与物"的关系衍生出的与流通经济以及货币相关的评价问题。以前是从探求"资本主义萌芽"与考证封建制密不可分的话题来探讨这个问题的。最近,开始从集权国家管理基层社会的物质基础这样的思路出发,即"财政"问题,进行持续关注。

下面,首先介绍一下对这两方面内容做出过综合论述的中国史研究会的观点,并从这些观点出发发现问题并延伸到其他相关研究进行探讨。

一、"中间团体"论

中国史研究会提出了"中间团体"在集权国家中处于弱势的观点,并由足立启二等人归纳得出"封建制批判"(足立启二 1983)这一结论。此结论得到了重视"中间团体"作用的集权国家论及认为小农是基层社会构成主体的小经营生产模式论的支持。所以首先来探讨一下这个问题。

中国史研究会在定义国家与农民关系时,除从生产资料的所有关系进行分析的传统型视角外,还从农业经营或生产力方面进行了评价。首先从生产资料所有关系的角度来看,岛居一康根据中村哲的理论,将唐宋变革后国家与农民的关系定义为"国家农奴制"(岛居一康 1975、1993A 等)。并未像以前那样将国家聚焦于"地主—佃农"的关系上,而是把国家与农民的关系作为基础。让人觉得贯穿中国传统社会始终的、或者说迄今一直潜在的这种超历史的特质包含在"国家的"这样的表达里。与此相对,所谓"农奴制"则是与前代"奴隶制"相关联的历史性标志。即对国家而言,生产劳动过程(经济强制)两方面都没有充分独立的唐宋变革前的"奴隶",变为即便实现了土地的私有,但在政治上依然(即在经济以外的强制下)屈从于国家的变革后的"农奴"。

从经营方面来看,大泽正昭通过农法分析,推断出地域社会的劳动结构。根据这一成果,在唐宋变革期,农具(犁)与土地肥力维持法(轮作、肥料)的进步提高了生产力,通过家庭劳动的小规模经营开辟了自力再生产的道路。另一方面,在大规模经营中,比起奴隶更多地雇佣了实属农奴的庄客(大泽正昭 1983)。

而且还把到此为止作为生产关系基础的"地主—佃农"关系当成了次要问题,以民间的契约形式进行土地借贷,借地农的土地占有、使用与收益仅限于契约期间,借地农除了土地外也拥有其他生产手段,以此为依据就可以用"中间地主制"这一限定性概念进行解释(中村哲 1993,36~37 页)。

这样,集权国家与小农直接对立,中间团体则由此成为二次定义的社会形象,就会在"所有"与"经营"两个方面显示出来。那么这三者究竟是根据什么理论相互关联呢?大泽正昭列举以下三项作为构成中间团体—基层社会间的人际关系的要件:一是在农业生产中指挥、互助、维持再生产的各类关系;二是在商业、流通中围绕物流的各种关系;三是与维持及重建当地秩序相关的军事体制的各种关系。并力图论证前两点。首先,随着农业技术的改良,生产集中化促进了小经营的自立,从而阻碍了通过地域性合作劳动实现村落社会的形成。其次,可推断为随着城市经济的发展,商品作物的种植开始盛行,这促进了小经营的独立,并从地缘关系中解放出来。

综上,"国家—中间团体—社会"的关系可以归结为国家统治正当性的依据究竟在哪里这个问题上。关于这一点,中国史研究会尝试着从两方面进行定义。一是从"官方统治"的角度来看。官方代替自给自足的小农与缺乏社会掌控能力的地域实权者,主张国家拥有实行"社会性必要劳动"的正当性。二是从与"国家奴隶制(农奴制)"密切关联的所有制关系来看,作为人为拟定的法治制度所设定的国家拥有土地所有权,是通过征收地租(租税、徭役)的形式榨取农民的剩余价值。但由于农民先收获然后才向国家上缴,因此,国家为了在农民所有权之上设定所有权,就有必要采取包括暴力在内的经济外强制措施,即所谓的政治统治(渡边信一郎 1993A,45~49 页等)。这其中受到更多关注的,体现中国史研究会研究特点的是前者,而后者的剩余价值榨取也可以在国家推进公共事业这一点上得到其合理解释。

以上的介绍虽长,但中国史研究会的特色体现在消除基层社会里"中间团体"的固有性,在极为单纯的国家与社会的两极结构中"重构中国历史形象"这一点上。

由于该学会的学者们意识到这是与现代史有关联且属于把握整体性的研究方法,因此他们也十分清楚自身的研究中或多或少存在着操之过急的地方。于是,客观上就需要读者对由此确立的研究视野予以建设性的验证及批判。实际上,这20年来出现了很多对此进行批判的见解,或者说出现了诸多站在不同立场上的研究成果。下面将以中国史研究会的成果为基础,整理或许会对今后研究产生影响的论点。

首先关于国家统治原理,围绕国家上级土地所有权展开的议论。森正夫的研究提出以下两个观点:第一,对明代的江南官出,用与国家上地所有不一样的"国家土地支配"概念进行说明;第二,把"国家—农民"的关系定位成与政治关系相对独立的独特经济关系[①]。对此岛居一康首先发表对第一点的看法,即"在古代国家中,不基于人身所有的支配,或者说作为与法令制定的'所有'无关的统治是不可想象的"。对于第二点,他则批判性地认为"国家从农民那里收取税役并非根据'国家—农民'间的经济关系即土地借贷关系,而是根据经济外强制即政治性服从关系",并再次强调了国家的土地所有权是毋庸置疑的(岛居一康1993A,137页)。然而,在应将课征的本质看作"税"还是"地租""纳贡"的议论过程中,学者们的看法并未取得一致。例如,岩井茂树重视"税"的所领收入与资产收入的差异问题,认为这不是"地租"。尽管在收取税役的依据是推行公共事务这一点上与中国史研究会观点一致,然而并没有将此与土地所有制关系结合起来,认为国家的本质是"无产"(岩井茂树1992,273页、304页)。在中国,对该类问题的研究也是相互对立的状况,出现了"赋税"说、"地租"说、折中说并存的局面(陈明光、郑学檬2001,162页)。

关于中国史研究会定义为了实现"国家土地所有"的"经济外强制"因素之一的武力问题,近年,穴泽彰子的观点引人注目(穴泽彰子1999)。在此,根据不受中间团体—基层社会间的经济关系束缚的原理,以唐代后半期各地发生的自卫集团拥有武器为焦点,描述了以此为中心的人际关系。首先,地方自卫集团作为驻守地防卫的基本形态,至安史之乱后,由于公家武器管理混乱,战乱后丢弃兵器等原因,重兵器开始流入基层社会。于是获得这些武器的自卫集团势力大增且规模扩大,以至于超出所在地的范

[①] 《15世纪前半期太湖周边地带的国家与农民》(名古屋大学文学部研究论集38,1965)

围,甚至也有人实现了对更广阔区域的掌控。结束了五代战乱的宋朝,为了压制居住地的实权者,明令禁止拥有重兵器。并干预权贵与民众的联系,重新把农村的自卫力量组成"县尉—耆长—弓手"的形式。大泽正昭尽管将此作为构成中间团体和基层社会人际关系的第三要件(参照本章第153~154页)进行了论述,但还是将此作为今后的研究课题予以了保留。可以说上面列举的各项研究成果正是填补这种保留形成的空白。另外,通过不把军事当作与敌对势力(其他民族、藩镇)的对抗手段,而是通过创建由国家、共同体对民众的支配、编成的论点也值得关注。

关于"中间团体"论,斯波义信与美国的宋代史学家提出了与中国史研究会的见解差异很大的关于时代特征的描述。斯波重视由国家及社会"溢出"的"中间领域","以三分法而不是二分法"来解释社会关系。斯波曾在宋代问题上提出"全国性市场"的形成(斯波义信1968等),之后一直着眼于"中间领域"独立的经济发展研究。在中国史研究会的研究成果公开发表后的20世纪80年代初期之后,斯波还多次对于其探究中下层社会真相的步履迟缓和急于得出结论的做法表示了忧虑(斯波义信1982,202页)。而且在近期的研究成果中,列举南宋时重视培养"公""义"精神,开始形成区域共同体对此予以支持的趋势以及为了弥补行政的粗放,在县与乡村之间镇、市丛生的现象的两个例子。还论述了宋代已经开始出现的并被当时的人意识到的非国非民的社会领域的内容(斯波义信1996)。

斯波的论述与欧美社会史研究密切相关,未采用简单的直线发展说,而是重视不同地域、不同时期的差别。比起唐宋变革,美国的宋史学家特别重视两宋间的断层问题,他们进行了从未有过的历史描述,这一点应受到关注(波尔 P. Bol1995)。

R. Hartwell 的论考(R. Hartwell1982)是这些研究的根据。R. Hartwell将中国大陆地区划分为七个大地域,在其下设定了二十个中等地域,并且分析了公元1世纪至公元20世纪各地域的人口密度,推断出各地的盛衰以"向未开发地的移居—急速发展—结构性衰退—均衡"这一循环为特点。但无论发展还是衰退,周边地域均比中心地域变化剧烈。哈特在提出这些理论假说后,描述了以下具体的历史形态。唐代中期至宋代,以南部中国为中心,人口不仅在中心地域急剧增长,在周边地域也同样迅速增长。这使得国家日常行政事务急速增多,由国家实行的集权性社会管理也达到了极限。因此,此后国家开始实行地方分权管理政策,具体而言即不得不将地方统治的主要机构由州转移至县,并增加县的数量以确保实施,或者设定行政单位路、行省、省,使之成为更大规模的地方事务的管理者等。然而,士人们的想法一直发生着变化。宋代前半期,通过科举入仕,成为行政、财政的专门性官僚并参与管理国政是士大夫们的追求目标。然而,党派纷争的激烈,渐渐开始盛行将政敌驱逐出党派的风气,于是通过"庇荫"获得子孙世袭特权就变得困难。这逐渐影响了士大夫们在中央出人头地的想法,使其开始将注意力转移到扶植地方势力上。这种倾向的另一种表现是宋代前半期,曾盛行一时的名门间跨越地域的联姻逐渐减少,地域内的婚姻则有所增加。

关于士大夫不愿在中央有所作为的情形,P. Bol(P. Bol1993)深入考察分析了他们的学问背景。当时,科举的范围开始扩大,在党派纷争激烈的宋代各类士人中,P. Bol重点关注了王安石与司马光两个人,论述了两者的政见、施政方针等的形成过程。王安石持有整合社会的强烈志向,认为如果国家能够控制社会财富,人与人之间的关系也自然会和谐,因此积极推进新法。司马光则认为应尽量将国家与民众区分开来,主张国家机构的运营应以适当的形式进行权限委托,这与王安石的见解不同。最终,新法遭遇挫折,这与在地方上已经有了立足点的士大夫们厌恶中央对于财富的专控密切相关。南宋道学继承了司马光的思想,十分警惕将学问应用于实政,主张士大夫应承担的最大责任、发挥的最大作用不在于政治,而在于道德方面。

总之,美国宋代史研究中强调了宋代以后士大夫降低了在中央出人头地的想法以及随之放弃的国家集权支配。另外,相对于全国性更加强调地域性,这一态度与中国史研究会的集权国家论明显不同。

二、流通经济与货币

关于第二个中间项,即流通经济与货币的评价问题,中国史研究会的研究,与前面的中间团体论一样,极为重视集权国家的作用。依据是宫泽知之与足立启二等人的论述,首先,将财政定位为集权国家在经济方面实现社会统治的手段,此前一直认为"商业的发达"是宋代以来流通经济的发展,普遍认为很大程度上受国家的主导。具体来说就是重视通过募兵制重点组织以扩大军需①的"国家性物流"(足立启二 1990,宫泽知之 1993)。

另一方面,以各种流通为媒介的货币的信用,被认为是依据 M. Weber 所说的"钦定的支付手段",即通过与国库的通用性得到保证。的确,在两税法中承认了土地私有,从唐代后半期开始,农业生产力显著提高,使货币使用与市场物流的范围得以扩大。但是,这种变化并没有扩展至全国范围,从短陌惯例可知,市场依行业、地域之别孤立分散于各地。因此,这样背景下的货币虽实现了表示价格功能,却无法实现其交换功能。也就是说价格不由交换价值决定,商品流通与货币流通的对应关系,即货币数量说并不成立。从这样的结论可以看出当时的市场流通十分有限(宫泽知之 1990)。

那么货币在与国库的通用关系中发挥了怎样的作用呢?宫泽知之着眼于 8 世纪以后在财政上出现的"复合单位"。乍一看这是个奇妙的习惯,实际上"复合单位"被用来综合表示军事的"使用价值",即以军事目的使用的物品总数(宫泽知之 1990,282~291 页)。只是当时"很难理想、合理获取其必要的使用价值",因此,货币起着"调整必要的使用价值过度不足的功能"(宫泽知之 1999,289 页)。张泽咸指出,因为唐朝租庸调制时期的纳税品种与缴纳地是固定的,那么把河北产的绢运往长安,把首都圈所生产的布运向河北就显得不合理(张泽咸 1986,47 页)。按照宫泽知之的观点,以上现象可以理解为在货币使用尚未普及的时代,无媒介的"使用价值"很难筹措的事例。

岛居一康从两税法方面也论述了征税目的在于获得使用价值。岛居

---

① 中村哲、足立启二认为募兵制转变的原因在于:伴随农业生产的发展及农民与耕地关系的日益密切,在农民中征兵变得困难。但这与历来的"随着逃户数量增加无法继续控制农民才诱发了募兵制"这一解释完全相反。大泽正昭则引用唐代后期的史料作为农业生产促使小经营形成的确凿证据(大泽正昭 1996,103-6),另外,制度性保障小经营生产的两税法的实施比募兵制的真正实施晚了近半个世纪。因此二位所阐述因果关系在历史上的真实性令人质疑。

发现将税款折合成绢帛缴纳时,"折纳价格"与市场价格未必一致。由此可以推断这是由于折纳价格是国家以必要的绢帛数(使用价值)为基准设定的。认为折纳价格是"国家财政需要,并在维持其价额的同时调整税物的纳入量,而且是在重视收支平衡的前提下设定的"(岛居一康1990,349页)。有意思的是,这个折纳价格职能与宫泽知之所阐述的货币功能是一样的。可以说作为自身不具备使用价值的单纯媒介物的货币,与国家设定的留有余地的折纳价格,都在调整弹性的使用价格上起到了作用。

宫泽知之的货币论以及"国家物流"论与之前加藤繁、日野开三郎所阐明的唐宋变革期以后的社会经济形态是相对的。宫泽知之的研究视角抛开了从中国古代史的角度探究中国货币经济发展的局限性,这一点得到很高的评价。不过,与"中间团体"一样,也有很多人指出这种极端二元化论也存在一定缺陷。上述斯波义信的一系列论述中,在有关流通经济的内容里也提到了这一点。另外,熊本崇认为无法否定自发性商品流通的存在(熊本崇1991,227~228页),柳田节子则关注的是介于国家物流与市场物流之间的各种关系(柳田节子1999,49页)。关于通过国家物流与货币控制能力管理社会的国家形态究竟是否也适用于宋以后的问题,根据黑田明伸重视货币经济自然规律的学说来看,尚有很大的研究余地[①]。不过,若是追溯到"货币经济发达"的开端——唐代后半期来看的话,就不能忽略其重要性。因为它对两税法里不稳定的钱纳范围的设定以及由此引起的社会上钱重物轻的现象给予了系统的说明。而斯波义信不仅论述了货币在南部中国的自然发展,也肯定了国家的介入在北部经济发展中起到的重要作用(斯波义信1997,198页)。

另一方面,美国在财政研究领域出现了与日本不同的成果。在此,来看一下用"经济行动主义"原理分析国家与经济关系的P. Smith的论说(P. Smith1993)。第一,国家直接(通过专卖、官营)、间接(通过商税)介入商业经济;第二,国家干预经济是为了振兴经济或为了增加国家占有财富的比例。与前面提到的P. Bol的理论一样,王安石被看作代表人物,其新法中诸

---

① 关于黑田明伸与足立启二的流通经济观的差异,请参照《中国史学》第9号田口宏二朗的详细论述(田口宏二郎,1999)。

多政策具有的经济行动主义特性。王安石认为：为了实现国家与社会的富裕，应该通过抑制独占，进行财富再分配，以顺利实现物品流通，使经济充满活力。并主张应该通过国家机构对抗兼并。这个理念实现的结果便是国家机构膨胀，官僚不仅是行政官员还必须扮演企业家的角色。不过，最终新法的政策由于受到厌恶中央控制财富的精英阶层——士大夫们的拒绝而夭折。可以说这是补充了重视两宋间变革的美国宋代史研究的论述。而这一补充则是源自"自唐以前延续下来的经济行动主义的挫折"这一财政思想。

不过，有一点疑惑，即唐代前半期的商业统管制策与王安石的经济活动的主张是否完全一致的问题。根据P.Smith在经济史研究中主要依据的D.Twitchett的观点来看，认为相对于唐朝前期通过政治制度（禁止做官）、限制经济活动（市制、通行税）、压制价格竞争（官方在衣食、基础物资等流通方面占绝对优势）等实现强有力的商业管制。唐朝后半期，由于生产力发展、货币流通、重农抑商观念减弱、对于官僚个人参与商业活动政策方面的管制明显趋缓（D.Twitchett1968）。因此，P.Smith视王安石为经济行动主义者，并将其定位为唐代前半期型财政观的承袭者，而把司马光则看作是立足传统财政观之上的不干涉民间经济活动的经济主义者。这里应当注意的是，大肆宣扬"不与民争利"的保守派和士庶分别论者所指责的专卖等新政策，并不会把矛头指向D.Twitchett所列举的直接管制政策。也就是说，在官民直接对峙场合下的掠夺，即使在古代典籍中也是有据可查证的。与此相对，向属于中间项的"市场流通"进行掠夺则被视为禁忌。此时，二者均作为同样的商业管制主义，从现代的视角来评价其实态上的同一性并没有什么意义，倒是更应该重视当时人们严格区分并认识直接管制性财政与经济行动主义这一点。这样说来，王安石等人就是与唐代前半期之前，南宋以后截然不同的，属于唐宋变革期特有的人物了。

综上，要简单概括各家在唐宋变革研究上的方法论特点的话，可以举出分析视角的多样化与"矛盾史观"的相对化两个方面。

从20世纪70年代开始，将理解历史的基本点基于"地主——佃户关系"，以"生产资料的所有制关系"或"榨取剩余的关系"为轴心探讨二者关系的历史唯物论的局限性被广泛认知。同时也涌现出了很多新的研究方法。例如,以谷川道雄等人为先驱者的中国中世史(魏晋南北朝、隋唐时代)研究会提出的共同体论,森正夫等提出的地域社会论。中国史研究会倡导的小经营生产模式论、集权国家论以及美国宋代史学家倡导的士大夫研究等均是这一趋势的产物。

不仅把时代的影响因素归结于经济关系,而且通过广泛的实证积累以求整体把握的研究方法,早在以宫崎市定为首的京都学派中进行了运用。近年的研究特点在于积极吸收相关社会科学的研究成果,强调并深化理论。不管其内容能否全部归结在"社会史"的研究范畴,R. Hartwell 的活用人口统计学方法以及 P. Bol、斯波义信等重视社会心理学的方法,即便是从马克思历史学出发的中国史研究会也深受把市场流通相对化的经济人类学的影响。

另外,所谓"矛盾史观的相对化",不是将社会的日常形态置于"斗争"与"矛盾"中,而是指在"均衡"与"持续"两方面进行观察理解的方式。例如,大泽正昭在商品作物生产中寻找小经营自立诱因的观点等,与"参与货币经济促使农民分化"的"常识"完全相反。斯波义信在考证国家与社会、中央与地方、都市与农村的相互关系时,呼吁关注"相辅"与"相克"两方面关系的主张也与此相符合(斯波义信1982,201 – 3)。在研究论证的各个时期,重视衡量开拓时代新局面的"矛盾"作用与引导社会归于安定的"均衡"作用,寻找其平衡折中的研究态度,如今正在逐渐成为"常识"。

第二节　财政研究"过渡期"的唐宋变革

多角度的研究能够更准确地把握历史真相。近年的研究不同于"世界史基本法则"中包含的共通原则,更注重个别性、特殊性的研究,这正是大家所期待的结果。然而,关于唐宋变革的研究虽内容丰富,也存在方向性不统一的问题。但只是随意地主张多样性的话,各种学说的龃龉乖离就难以避免,因此就有必要对学说予以梳理。在"整体性"已难以维持的今天,"学界动向"的评论形式受到重视,竭力提供详细论述理由的原因恐怕就在于此。

本节介绍的各研究成果，从相对比较古典的观点，即中央集权和地方分权的观点出发，在回顾历史事实的同时，努力为全面系统地理解各个学说，探索一个思路。

分析近年的研究成果会发现，无论从中央集权的观点还是地方分权的观点，对唐宋变革的研究都有各自的理由。正如佐竹靖彦所说："实际上，地方分权因素极大地支持了完整的中央集权官僚机构。"（佐竹靖彦1990，9页）那么，变革究竟有多大能量？方向性又如何呢？

首先，以加强中央集权的观点去理解唐宋变革的话，就不得不提到内藤湖南、宫崎市定的"君主独裁"论。其次，穴泽彰子的宋朝镇压当地实权者的观点也可以用同样的内容进行解释。关于中国史研究会提出的"国家奴隶制（农奴制）"，若留意其"国家性"的话，可以说还是一个不允许中间有封建势力存在的集权制国家的形态。该会的"国家物流"论，从高度评价国家对流通经济发展的作用和认为货币使用主要依赖于国库的通用性这两点来看，也可包括于此。

近年，通过多位学者的充分论述，地方分权说的观点已成为共识。推动其发展的，毫无疑问是 R. Hartuwell"重视县及设置路、省"的观点和他与 P. Bol"士大夫的地方自我发展志向"的观点，以及 P. Smith"经济行动主义的倒退"论等。此主张与斯波义信提出的"行政因素作为社会都市化推动力的作用减弱，宋代以后经济吸引力增强"的观点一致。即便是以集权国家论为基本观点的中国史研究会，如果关注一下其"国家奴隶制（农奴制）"中的"从奴隶制到农奴制"的部分，就会发现其中所论述的内容表明国家对于农民统治的减弱，如对土地私有的承认、小农经营的自立等。渡边信一郎批判堀敏一主张的"由于承认了土地私有，小农经济被分解，才诞生了新的地主阶级"学说，由此提出小农自立论主张。之后，堀敏一又论述到小农分化的结果，出现了新自耕农和地主阶级，此阶级是从均田制的制约中解放出来的。因此不能说其一定与"小农自立"相矛盾。堀敏一还认为，在此期间国家对于农业再生产的作用降低了（堀敏一1982，154页）。所以，两者的见解实际上并没有太大差别。

那么这样的"并存"状况是怎么形成的呢？① 从前面各家的论述中，找出与集权、分权要素相抵触的部分，然后来探索一下进行整体研究的可能性。最明显的不同是，唐代后半期以后官僚机构以及国家财政的膨胀这一构成中央集权说核心的事实，却无法与地方分权说吻合。反过来看，也可以这样说：如果在唐代前半期存在更强的集权意志，那么，以极少的人员、经费就能够维系统治，这究竟是怎么回事呢？

对此，R. Hartwell 作了明确解释。他强调自己的分权说与内藤的集权说完全相反，认同了内藤所说的皇帝对宰相的支配权加强了，但结论是皇帝对整个帝国的统治力却衰落了。的确，内藤等认为主要问题是皇帝与旧贵族制之间的关系，由此出现的"独裁"，也应当仅适用于国家机构的层面。但是，R. Hartwell 的主张中虽然阐明了地方分权说与中央集权说的分歧，却无法说明为什么要采取地方分权与中央集权并存的体制的历史原委。

下面再来关注一下陈明光在分析唐代财政时用过的"预算"这个概念（陈明光 1991）。将唐代前半期全年的国家财政计划分为纳入（预算内收入）和未纳入（预算外收入）两部分，将租庸调、地税、户税、资课划为前者，公廨本钱、公廨田、驿田、屯田（食封也应包括在该项中）等划分为后者。但是这种分类法，不仅存在着该项内容是否被登记到国家账簿的问题，还隐藏着另一个重要问题，即"预算外收入"项目被掌控财政的公权力以某种形式从国家管理中截留了出来。在"有无公权分割"的基础上进行研究的话，就会发现唐朝前期除各种税赋外，役法、兵役、市制等国家政治体制的基础部分都由国家直接掌握，此外，对于财政上无法完全承担的军费、俸禄、行政费用的一部分，则利用早已预备的属于"预算外收入"的官厅、官员单位的自主运营部

---

① 渡边信一郎进行各题实证研究时运用"层次区分"方法提出的"国制层面的层次"到"生产方式的层次"的六个阶段，都附有相应的论说，这或许是一个很好的做法（渡边信一郎 1996，52 页）。但总体上来说，现阶段的成果尚未具备能够将其全部配附到各个层次进行比较验证的完备程度。这里只做简单介绍，期待未来的研究成果。

分和公权力截留的部分来补充①。

手里掌握的多余部分,通过公权分割,从国家管理中进行截留,这毫无疑问是封建制度下形成的政治权术。这里很明显存在着分权的因素。唐代前半期之前较为庞大的社会管理机构,实际上通过采取精干简练的体制,得以很好地运行。

那么唐代后半期又如何呢?陈明光的论著中关于"预算"的概念,在唐朝前半期与后半期有微妙的变化。在有关前半期的章节中,预算概念被作为各收支项的分类基准(租庸调为预算内、官业收益为预算外)使用的,与此相对,在论述后半期的章节中则将预算作为测量中央财政与地方财政竞争与合作关系的指标(如何使藩镇从属于国家的"预算"计划)。这反映了藩镇乱立以及限定上供两税等时代背景,也显示着根据预算内还是预算外,即有无公权分割来分析财政的做法已经没有意义。也就是说,唐代后半期以后的国家,尽管拥有军队这样巨大的消费体,但拒绝以公权分割的方式,而是选择了包括国家所有机构的方式来解决供给问题。因需负担庞大的官僚组织,使财政产生了大规模增长的必要性。但这也是有局限性的。由于安史之乱后动乱不断,社会流动性增强,国家开始无法控制人民。而且随着承认土地私有制,贫富差距进一步扩大。与国家和社会直接对峙时不一样,直接征收实物获取必要使用价值的做法已很难施行。在这样艰难的局面下,历经反复尝试最终推出的就是在国家与社会之间插入"中间项"乃至"媒介项"的这种方法。除了宫泽知之、岛居一康认为"起到了调整必要使用价值的供需作用"的货币与两税折纳制之外,还有专卖、和籴、和买、募役、募兵制等接二连三颁布的新政。总体来说,以流通经济作为"媒

---

① 这个论点,与渡边信一郎在分田以及在国家奴隶制范围内解读以职田(职分田)为主的公田的观点(渡边信一郎1983B)、以用足立启二的封建制的本质是"结构性统治的分割",并认为这一点在中国古代社会一直欠缺的主张(足立启二1983)完全不同。另外,在上述"国家无产论"的论述中,关于明代屯田没能延续的问题,岩井茂树认为"在那个时代,以土地支付代替财政的方法已失去了意义,成为无法维持的制度……纵观历史进程,对国家来说,通过保证遵循传统的正统统治权,以获得征税权,并完美地发挥保证收入获取的机构和财政体系的作用十分重要,具有决定性意义。"(岩井茂树1992,304页)唐代前半期的"公权分割"方式与后半期加入"中间项"方法的划分属于与岩井茂树所提出的利用"土地支付制度"的统治法及"财政方法"同样的观点。

介",其中也含有对地主、大商人等"中间层"的诱导与掌控。像这样寻求不用公权分割来维持国家的时代,大概就是唐朝后期到北宋时期①。南宋以后,这样的国家运营模式虽在制度上被继承,但国家逐渐失去统领社会的能力,于是,利用"中间项"时必然伴随的"承包制"的方式开始成为主角,国家与社会的分离便日益明显。

以上整理了近年关于国家体制的研究成果,当然,这只是掌握整体情况的一种尝试。依据"经济行动主义"和唐朝前期之间存在隔绝的事实,或者说国家财政的命脉从所谓"除赘瘦身"过渡到"血液循环通畅的健康体质"的状况,可知唐代后半期的转换在理念层面上是不应被轻视的。而且可以看出,从唐代后半期直到北宋,存在着与唐代前半期的直接管制与南宋以后的地方分权的明显不同,而且其时代特征亦是整个国家机构通过"中间项"尽力掌控市场流通。不论是唐宋变革还是两宋变革,与其将此作为"分水岭",不如在此设定一个具有一定时间的"过渡期",这样或许能够更容易地理解和把握诸位学者描述的时代特征。

结 论

本章从近年的研究成果中选取了与唐宋变革相关的内容并进行了梳理,介绍了该时期与社会构造相关的论述,未能提及在方法论上探索其他可能性的论述。

近年,妹尾达彦曾尝试着采用不同于社会构造论的方式进行深入研究,以便探寻新的历史真相。他在以长安为中心的大量城市研究的基础上,致力于"文明史"以及"环境史"这两方向的研究方法的探索。关于"文明史",他提出了将3世纪—5世纪划为周边多个民族融入中国的"出现多样性"的时期;6世纪—8世纪划为隋唐世界帝国的"普遍创造"时期;9世纪—13世纪划分为随周边民族的独立,汉民族"形成特色"的时期(妹尾达彦1999)。另外,

---

① 关于唐代前半到北宋中央与地方的财政分割关系的变迁,参照(渡边信一郎1990B)、(古松崇志1998)。

妹尾还依据与史念海、鹤间和幸等人合作进行的关中平原的发掘成果,把通过考察人与"环境"关系的历史——"环境史"研究法运用到唐代研究中(妹尾达彦 2001)①。妹尾达彦根据空间结构论确立的这两个研究方法②,目前正处于探讨包含"环境史"方法论上的更缜密的思考,以期向一体化理论升华的阶段,其研究成果值得期待。

社会结构论无法充分把握"受统治方""承认权利正当方"的真实想法,或理解统治、被统治之间形成一致的形态方法。谷川道雄在六朝至唐初的研究中开创的共同体论,岸本美绪等人尝试的明末清初的行动方式论等研究,都有很多值得借鉴的地方③。栗原益男曾研究过的藩镇"假父子结合论"④也还有进一步探讨的必要。目前,渡边信一郎、穴泽彰子等的论说也在探索同样的研究方法(渡边信一郎 1994,穴泽彰子 1999)。

渡边信一郎指出历史研究一直受到与该历史时代相关的现实问题的约束(渡边信一郎 1996)。经济因素被相对化,社会史的研究方法处在摸索阶段,这符合开始步入社会主义市场经济这一前所未有的新征途的人民共和国前进方向。妹尾重新审视了通过文明史研究方法的可能性,同时,主张环境史研究方法,恐怕与眼前持续不断的民族纷争与超越国界日益扩大的环境破坏这样严峻的国际现实,以及近代"国民国家"的格局动荡不安不无关系。让人想到内藤湖南主张的文明史的历史形态,但又与亲眼目睹了辛亥革命并记述了这些内容的内藤的著作完全不同,必须进行新的解读。

在辛亥革命、国民革命的混乱期,在日本侵略中国的时期,立志详细掌

---

① 《黄土高原和鄂尔多斯——中国西北路宁夏、陕北调查记》(日中文化研究别册3,勉诚出版,1997)、史念海主编《汉唐长安与黄土高原》(中日历史地理合作研究论文集第一辑,陕西师范大学,1998)、史念海主编《汉唐长安与关中平原》(中日历史地理合作研究论文集第二辑,陕西师范大学,1999)

② 参照《从环境方面思考东亚的农业——历史的发展与现状》(日中文化研究14,勉诚出版,1999),《研讨会·中国文明与环境》(中国——社会与文化14,1999)等。

③ 岸本美绪《道德经济论与中国社会研究》(思想192,1990),葭森健介《有关中国史上"社会"及"人"的理解——共同体、地域社会、道德、经济》(中国——社会与文化7,1992),《研讨会·欲望、规范、秩序——中国社会思想的发展再考》(中国——社会与文化10,1995)等。

④ 《唐五代的"假父子结合"的性质》(史学杂志 38-4,1953)、《唐末五代的假父子结合中的姓名与年龄》(东洋学报 38-4,1956)

握中国传统特质的内藤湖南等可称中国史的第一代研究者；目睹了新中国的成立而力求"摆脱停滞论"的是昭和年间出生的第二代学者；承袭了先辈传统的第三代人担负并发展了日本的中国史学研究。而本章所介绍的各研究者，几乎都是在新世纪前后陆续迎来知命之年的第四代研究者。他们出生于二战后，对于革命没有实际感受，他们认识中国的出发点是从混乱的 20 世纪 70 年代到市场经济开放这段历史。他们深知建构符合这段进程的新中国形象是自己的使命，并一直向 20 世纪 80 年代后的学术界施加影响。

另一方面，包括笔者在内出生于日本经济高速成长期后、未体验过中国改革开放前的一代，现在在历史学界渐渐开始崭露头角。可是，在从中国大陆传来的图像音频资料日趋普遍的今天，比起政治、学术等，更多受到亚文化强烈的影响的这一代人，他们的课题研究意识在前人看来显得过于乐观，也是无可争辩的。中国的未来本身也将不断发生变化，今后会出现自己的研究被关注议论的情形。我们必须积累足够知识见闻，磨炼提升分析研究的方法，这将关系到日本中国史学界的"第五代"研究者能否成长及日后能否做出更大贡献。

第七章

府兵制下的军事财政

绪　论

在中国史研究中,将"军事"与"财政"结合起来研究的现象集中在八世纪引入募兵制之后。支持这种研究方法的是认为急剧增加的养兵费使中国开始向"财政国家"转型(宫崎市定1968)这一观点。这可以说是建立在是否存在"军事支出"及"军事支出"多寡基础上的研究方法。

财政通过募兵制开始与军事相互关联,支持这种观点的另一个原因源自募兵制之前的府兵制的论述。所谓府兵制是一种兵役制度,是指"兵农一致,衣粮自理耗资低廉的军队"。因此,如果以"军事支出"的多寡作为衡量标准,那么府兵制就必然存在财政问题。这种认识源自研究府兵制的背景①。

然而,纵览中国集权国家的进程可知,财政问题与军事密不可分。自古以来军事与祭祀并称国家两大要事②。财政的起源在于支撑军事的赋与祭祀的税(宫崎市定1957)。国家形成之初,军事即与财政息息相关。关于中国集权国家的财政,根据其历史属性的特点完全可以称其为"军事财政"。另外对于"军事财政的谱系",也应以国家形成之时为起点,理应在更长时间跨度上进行研究。

本章选择了一直未引起足够重视的"府兵制下的军事财政"为中心展开论述。

---

① 研究这个时期军事财政的先驱者是日野开三郎,在其两税法研究(日野开三郎1981—1982)中把财政问题与军事(藩镇权力)紧密联系进行了论述,但在其租庸调研究中(日野1974,1975,1977)却没有论及军事问题。

② 《左传》成公十三年三月:"国之大事,在祀与戎。"

第一节　府兵制研究与财政问题

　　本章所使用的"军事财政"一词,首次提出此概念的是宫泽知之(宫泽知之1990,282～291页)。宫泽是在研究唐代中期到北宋时期特有的财政现象,即关于"复合单位"形成的研究中提出"军事财政"这一概念的(参见本章第三节)。这里要强调的是宫泽以存在复合单位为前提进行研究时得出的结论:"北宋财政不仅表现在庞大的军事支出量上,更重要的表现是其本质是军事财政。"关于"军事财政"的形成原因,宫泽列举了以下三点:

　　(1)由府兵制(农民的衣粮自给)向募兵制(国家的计划配给)转型;

　　(2)综合管理全国经济,集中支持国防的强大国家权力;

　　(3)北方诸民族的兴起迫使中国加强国防并形成大规模物流。

　　不难看出,宫泽将这一概念作为印有唐宋变革期以后(或引入募兵制后)时代烙印的历史性产物。然而,宫泽又叙述道:"不仅唐宋时期的国家财政是军事财政,中国古代的国家财政基本上均可称为军事财政。"(宫泽知之1998,44页)从这句话可知"军事财政"可以有两种定义:一是指"狭义的军事财政",即募兵制以后特有的历史现象;二是指"广义的军事财政",即古代的通时性的超历史现象。到目前为止,学术界比较偏重于对前者的研究,几乎都以"军事支出的多少"作为衡量的标准。

　　"狭义的军事财政"概念也是通过与募兵制前的府兵制进行对比后产生的,可将府兵制理解为"衣食自理的耗资低廉型军队"。由于过分强调府兵制与募兵制的区别,因此几乎没有关注府兵制时代的军事财政。

　　在有关府兵制的财政研究中,比起军费(支出)研究者更重视兵役负担(收取)。这是由于近代历史学研究上存在着过度关注"掠夺构造",对国家进行税收再分配的过程关注不够。而且,作为分析对象的财政史料问题,律令制的财政规定以及正史《食货志》等史料的记载偏重于田制、赋役制度、户籍制度等岁入部门,或掌管财政运输(漕运)、储备、救荒(仓储、赈恤)

的供需调整部门,然而对涉及财政支出的项目,除了官俸之外几乎没有记载①。受传统"量入为出"观念的影响,支出与收入被看成不可分割的两个方面,因此,支出通常会被连带记载进收入的规定中。

另外,把府兵制当成隋唐时期军事制度的整体做法使得支出问题更不透明。如果单纯地将隋唐时期的军制全部看成是"耗资低廉型府兵制",那么,与募兵制的差异就会更加显著,解释前后的历史也会变得相对容易。

总之,募兵制研究以财政支出为基础,且在府兵制研究中将隋唐时期的军制全部看成了"低支出型府兵制"的话,就会使得研究很难对"军事财政"进行通时性展望。

近年来,出现了从多个角度探究府兵制时期军制的研究。代表性的成果是气贺泽保规的"府兵制即民兵分离"论(气贺泽保规 1999)。气贺泽的理论涉及面较广,与本章相关的是通过区分府兵与一般百姓,将府兵制与衣食自理的兵役义务区别对待的内容。另外,菊池英夫的研究表明,在隋唐时期的军制中除了府兵外还存在多种兵种(菊池英夫 1970)。在欧美的研究中,似乎有在职业兵的范畴研究府兵制的趋向(Graff. D. A. 2002)。此外,平田阳一郎分析了隋唐时期的整体军制最终被等同于府兵制的过程,阐明其研究是受到了后世(北宋)历史观的强烈影响(平田阳一郎 2002)。我在分析唐宋变革时期的军事礼制时,明确表示对于表现传统军事秩序的府兵制时期的军礼研究,必须将其放在历史进程中的观点(丸桥充拓 2005)。因此可以说,现在的府兵制研究已经打破了以往受局限的府兵制观念,进入了从多角度、长时段进行研究的崭新阶段。下面从记载有关府兵制与"军事财政"关系的史料中进行论述。

---

① 在有关财政记载史料中,最早将支出作为单独项目进行记载的文献是《册府元龟》卷四百八十四《邦计部·经费》,但本章中所涉及的唐代 56 件记事中,发生在开元以前的只有 4 件(武德年间 1 件,开元年间 3 件)。可见在开元以前把经费与赋役分离,使之成为独立财政领域的意识非常薄弱。(比起把记载内容分配到本卷的宋人来,唐代原史料的记载方式影响了记载内容的分布。)

第二节　府兵制与军事财政

在众多记述岁入规定的史料中,《唐六典》中残存的这一节关于"财政支出原则"的记载显得尤为珍贵：

> 度支郎中、员外郎掌支度国用、租赋少多之数,物产丰约之宜,水陆道路之利,每岁计其所出而支其所用。凡物之精者与地之近者以供御,物之固者与地之远者以供军。《唐六典》卷三《尚书户部·度支郎员外郎》

显而易见,这里的"供军"与"供御"相对。李锦绣将原本区分为两部分的财政支出分为"上供""供国""供军"三部分。尤其在唐朝前期的财政分析中加入"供军"这项内容具有划时代的意义(李锦绣1995,第三篇第三章)。具体来说,根据支付军费对象的不同,将兵种分为陇右监牧、禁军、京师宿卫兵、边兵等,李锦绣的论述中还记录了大量的供给各部的粮食(含马草料)、衣类、兵器等的交付登记。李锦绣分析这些内容,得出的结论是府兵自备的衣粮等只不过是军需的一部分,大部分仍由国家提供(李锦绣1995,1209页、1225页、1247页)。气贺泽保规也对国家为府兵供给衣粮进行了研究,认为府兵自身只承担很少的部分(气贺泽保规1999,293~295页)。近年来的研究表明必须着重关注国家财政中军费支出的比重。这些成果均把研究的焦点集中到府兵制时期的"军事财政"上了。

"广义的军事财政"不仅包括军事支出,也包括对补给体制方面的考证。李锦绣认为士兵衣粮补给的来源并非是该士兵供职的折冲府库(保存士兵自备衣粮的财库),而是由州仓、县仓、镇仓补给的(李锦绣1995,1225页)。李锦绣自身的研究仅仅停留在以官供士兵衣粮为依据的层面,若从整体的物流构成与军事机构配置来考虑,这个结论具有更深远的意义。

折冲府库里储存的是军队底层组织("火""队"),或供给每个府兵的兵器与粮食,但是仅限于军队远征或上番执勤时的所需部分,并不包括日常在军府执勤时的支出部分①。在折冲府官中,长史掌管"仓储",兵曹参军事掌管"兵吏粮仓、公廨财物、田园课税之事,与其出入勾检之法"②。他们平时所掌管的军用品就是国家补给部分,按李锦绣的观点即主要来自州、县、镇提供的物品。

那么,这些由州县等提供物资的来源是哪里呢?首先是粮食,给每个折冲府分配四顷公廨田③,给州等分配的屯田收入应该就是其最基本的来源。关于布帛,大津透、榎本淳一复原的《仪凤三年度支奏抄·金部旨符》中有如下内容,表明都督府的作用开始受到重视(大津透1990,渡边信一郎2009)。

A'.8 一   每年伊州贮物叁万段,瓜州贮物壹万
9   段,剑南诸州庸调送至凉府日,请委府
10   司,各准数差官典部领,并给傅递往
11   瓜伊二州,仍令所在兵防人夫等防援。□任
12   夫□发遣讫,仰头色数具申诸司。其伊
13   瓜等州准数受纳,破用见在,年终申金
14   部度支。

在剑南诸州征收的庸调物(布帛)先在凉州都督府集中,然后向西运往伊州、瓜州等地。进入8世纪后,这种体制变成了由接收方的州、折冲府组

---

① 《新唐书》卷五十《兵制》:

火备六驮马,凡火具乌布幕、铁马盂、布槽、锸、鑺、凿、碓、筐、斧、钳、锯皆一,甲床二,镰二。队具火钻一,胸马绳一,首羁、足绊皆三。人具弓一、矢三十,胡禄、横刀、砺石、大觽、毡帽、毡装、行縢皆一,麦饭九斗,米二斗,皆自备,<u>并其介胄、戎具藏于库。有所征行,则视其入而出给之。其番上宿卫者,惟给弓矢、横刀而已</u>。

② 《唐六典》卷二十五《诸卫折冲都尉府》:

别将一人,长史一人,兵曹参军事一人……长史掌判兵事、<u>仓储</u>、车马、介胄之事,及其薄书、会要之法,兵曹掌兵吏粮仓、公廨财物、田园课税之事,<u>与其出入勾检之法</u>。每月,薄番上卫士之数以上卫。每岁,薄录事及府、史、捉、□、品于补上年月、姓名,以上于州,申考功兵部。

《隋书》卷二十八《百官志下》:

(鹰扬府)各有司马及兵、仓两司。

③ 《唐六典》卷三《尚书户部·户部郎中员外郎》

织运输部队从凉州运往各个目的地的方式(荒川正晴 1992,40 页)。但是不管哪种方式,都是通过都督府连接内地与前线的"外配"体制保障着边军的给养。折冲府军事物资的供给则依赖于"都督府——州县"系统。

另一方面,折冲府在军制上隶属于都之诸卫(南衙)。所以,这一时期,军府处于军制上的指挥系统与财政上的统属系统是相互独立的状态,即"兵财分离"的体制。

"府兵制下的军事财政"不仅可以从"军事支出俨存"的层面予以证实,也实现了高水准的供给体制层面的"兵财分离"。而且达到这一状况的过程,正好与府兵制的发展史重合。下面来分析一下其过程。

在南北朝的都督府体制下,都督诸州军事掌管着管辖区内的军政、民政,估计也掌管财政①。另外,目前普遍认为被视为府兵制起源的西魏二十四军的创设时期,也是处于兵财一致的状态。在设立于华州(陕州)的宇文泰霸府内,行台尚书、大将军司马承担着军粮的调配,财政业务是在府内独自进行的②。另外,同时期的东魏也有同样的情况,即在设立于邺的高澄霸府中由司马负责调配军队物资③。也就是说当时大区域军管区长官掌握着兵财两权,而由中央主导的供给体制尚未确立。

随着历史的发展,府兵制也不断地发展,关于北周武成元年(559)宇文护所设立的作为掌管大区域军管区财政权的总官府,尚无具体史料可考。但在隋开皇九年(589)灭陈时,在由粮食不足引起谷价高涨的情况下,一位

---

① 渡边信一郎认为,北魏孝文帝时期确立了包括州县时期在内的所有的收获物都纳入国家财政管理的体制(渡边信一郎 2002),但并未论及与都督府等广域军管区司令官所拥有的财政独立权的关联性。

② 《周书》卷二十二《周惠达传》:
太祖为大将军、大行台,以惠达为行台尚书、大将军府司马,封文安县子,邑三百户。太祖出镇华州,留惠达知后事。于时既承丧乱,庶事多阙。惠达营造戎仗,储积食粮,简阅士马,以济军国之务,时甚赖焉。

③ 《大隋使持节上大将军本州并州曹沧许郑五州刺史行台三总管广昌肃公王使君墓志》(《中国北周珍贵文物》,陕西人民美术出版社,1993,《全隋文补遗》卷二,三秦出版社,2004 收录):
世子(高)澄为京畿都督,专开一府,以统戎政,乃以公(墓主为王士良)为司马,领外兵事……初高氏好战,穷于用武,黄钺一麾,玄甲万众,朝发夕具,不遑支度。公处案屈指,执鞭心计。马余茎秣,士厌传飧,挟纩俱暄,投醪并醉。公之瞻才,皆此例也。

行军总管擅自出售军粮受到了严厉的处罚①,可见中央在一定程度上逐渐加强了统制力。

在军制上具有划时代意义的应该是隋大业元年(605)总管府的废止与隋大业三年(607)"十六卫府·鹰扬府"体制的确立。气贺泽保规指出,这两个政策属于同一个系列,分割了原来由总管府所掌控的军政、民政权,变为由中央掌握军政、刺史掌握民政的形式(气贺泽保规 1999,213 页)。其结果是所有的军府(鹰扬府)不再是地方的大区域军管区,开始隶属于中央的诸卫。

此时赋予刺史的财政权,仅限于其所管辖的州内,那么负责国家级"军事财政",承担运往前线地带"财政物流"的究竟是怎样的组织呢?虽然整体情况并不明确,但可推测是"在外征过程中,行军时构建的供给体制,在战争结束后作为日常的体制保留下来,并由中央主导运行"的模式。

这里列举隋大业五年(609)降服吐谷浑的例子。隋炀帝在征服地设置郡县、军镇,开发屯田的同时,构建了域外的供给体制。

> 于是置河源郡、积石镇。又于西域之地置西海、鄯善、且末郡。谪天下罪人配为戍卒,大开屯田②,<u>发西方诸郡运粮以给之</u>。道里悬远,兼遇寇抄,死亡相继。(《隋书》卷二十四《食货志》)

这种供给体制,在隋炀帝时代治理诸藩很有策略的裴矩(此时官职为黄门侍郎)的指挥下成为一项长久持续的措施。

> 竟破吐谷浑,拓地数千里,并遣兵戍之。每岁委输巨亿万计,

---

① 《隋书》卷六十《于仲文传》:
乃伐陈之役,拜行军总管……时三军乏食,米粟踊贵,<u>仲文私粜军粮,坐除名</u>。明年,复官爵。

② 这一时期在前线负责屯田开发的是刘权(职位不明):
大业五年,从征吐谷浑,权出伊吾道,逐贼至青海,乘胜至伏俟城。帝复令权过曼头、赤水,置河源郡、积石镇,大开屯田,留镇西境。在边五年,诸羌怀附,贡赋岁入,吐谷浑余烬远遁,道路无壅。(《北史》卷七十六《刘权传》)
有关此后记载唐朝边境各州的地方官开发屯田的史料中,经常有称赞其缓解了中央的补给负担的记载。这表明在征服地初期先是普遍采用由中央供给的财政补给体制,随着形势稳定后再扩大现地自给能力的措施。

诸藩慑惧,朝贡相继。(《隋书》卷六十七《裴矩传》)

综上所述,通过以下两种方式建构了《仪凤三年度支奏抄·四年金部旨符》中所记载的外配体制:

(1)隋炀帝时由于实行兵财分离导致军府直属于各卫;

(2)在外征过程中建立的补给体制,战后在中央主导下持续使用。

从本节的论述中可以明显看出,隋朝时集权制供给体制(外配)开始出现[①]。综合李锦绣阐明的军事支出的研究,以及在兵民分离及职业兵的范围内考察府兵主力的气贺泽保规与 Graff. D. A. 等人的观点,不难看出,今后对府兵制的研究必将超越之前将其作为"衣食自理的耗资低廉型军队"的框架,从多角度进行探讨。

第三节 关于"天宝财政统计"的评价

前一节从"军事支出俨存"及补给体制集权化的角度论述了府兵制时期"军事财政"的情况。将府兵制与募兵制放在"军事财政"的通时性这一点上进行研究的话,其结果是两者的区别要小于此前的界定。即便这样,也不可无视府兵制与募兵制的不同。特别是废除兵役这一征兵方式,应当作为财政史上具有划时代意义的大事予以重视。

包含兵役在内的一般徭役(劳动力的征收)与"财用"(财货的收支)相对立,前者处于保障后者的灵活性的地位(宫泽知之 1999,岩井茂树 2004)。本节从"徭役与财用的关系"出发,重新考察兵役废除给此后财政带来的影响,然后在弄清财政上"变化了的部分"的质的基础上,探求与上一节提到的"持续部分"的相互关系。

值得庆幸的是文献中保存了正值转折期的某财政统计数据,这就是在《通典》卷六《食货六·赋税下》里记载的财政统计(以下简称为"天宝财政

[①] 本章中虽未充分论述,但中村圭尔、川合安的研究指出同样的政策在南朝随处可见(中村圭尔1984,川合安1985)。也可以从"军事财政"的可持续性层面追溯这种情况。

统计")。这里结合渡边信一郎的研究整理制作的表18,是重新从"徭役财用化"这一观点出发做出的概括。

表18 天宝财政统计(参考渡边1988表1及2009,182页)

	收入	支出
粟	租粟　　　740余万石 江北租粟　520余万石 地税　　　1240余万石 (小计2500余万石)	供御　代替绢布运往两京库　300万石 　　　代替米豆运往京仓　　300万石 　　　(尚食,诸司官厨料等) 　　　江淮回造米运往京师　400万石 　　　(义仓,官禄,诸司粮料等) 供军　诸道节度使军粮　　190万石 当州　当州仓库储备　　　890万石 　　　俸禄,递粮　　　　　500万石 (小计2580余万石)
布绢绵	庸调输绢　　740余万匹 庸调输绵　　185余万屯 庸调输布　1035余万端 江南折纳租布　570余万端 (小计2530余万匹屯端)	供御　纳入西京　　　　　1300万 　　　纳入东都　　　　　100万 供军　诸道兵赐、和籴　　1100万 其他　远小州使充官料、邮驿费200万 (小计2700余万)
钱	税钱　　　200余万贯 (小计200余万贯)	供军　和籴　　　　　　　60万贯 当州　诸道州官课料、购驿马140万贯 (小计200余万贯)

度支每年所入　税钱・地税・庸调・折租5340余万端匹屯(贯石?)
　　　　　　　资课・勾剥　　　　　　470余万
　　　　　　　　　　　　　　　　　　5810余万

进行此统计时,兵役、正役都几乎消失,代替正役的庸被包括进布绢绵等收入部门。因取消正役无法履行的劳役则由庸代替,并反映在支出部门的统计数值中。支出部门中虽未明示有该项目的存在,但考虑到正役是国家性劳役,那么很有可能包含在两都所缴纳的1400万里了。另外,关于兵役与纳资之间是否存在联动关系的研究并未取得定论(气贺泽保规1999,290~291页),关于免除兵役是怎样体现在本统计的支出部门中这一问题,也很难做出准确判断。但在供军支出部分的1100万(诸道兵赐、和籴)中,随着免除兵役、引入募兵制而产生的必要费用,肯定以某种形式存在于收入部门中①。

另外,粟项目的诸道节度使军粮190万,钱项目的和籴60万是随着兵役废止和募兵制的引入而产生的新项目,成为新规中的必要支出,对此,收入部门中肯定要增设新的课税项目。

综上所述,天宝统计反映的是正役、兵役消失后的财政状况。如果重新用"徭役财用化"观点进行考察的话,就是用"财用代替了消失的徭役"。

两者的关系于是发生了大转变。这是在律令制财政中发生的重大转变,因为在律令制下徭役曾发挥了"填补财用不足"的作用。

由于律令制下的基本税格式租调就是人头税,所以根据百姓的生死、年龄以及上缴税收的状况(即课与不课,输与不输的区别),也许不同的年份税收会减少,但却不能征收高于从课丁总数中获得的租调总额的赋税。而且,正如渡边信一郎所说,律令制下财政的收取与再分配是不可分割的。渡边非常重视此属性,称当时的财政为"Oikos财政"(渡边信一郎2009,183页)。国家财政曾采用"量入为出"的原则来调整岁出以维持平衡,但也做了高出岁入预定额的储备。第一是建成把财物供给相对富裕地区的财物定期平稳地移往别处的"财政性物流"。第二是根据储备的多少来应对丰年荒年。可以说两者都是从大范围、长时间的认识出发组织的大规模国家级别的应对政策。此外,承担应对更普遍、个别事件职责的应该是"役追加(追加就役日期)"。

从下面的记载中可以看出作为财用调整方式的徭役的作用:

> 凡丁岁役二旬,无事则收其庸,每日三尺。有事而加役者,旬有五日免其调,三旬则租、调俱免。(《唐六典》卷三《尚书户部·户部郎中员外郎》)

---

① 前面提到的《仪凤三年度支奏抄·四年金部旨符》中记载的庸调物被运输到边境,由此可知庸也有被挪作他用的可能性。

在分析唐代百姓的负担时,各种减免规定引起了诸多的争议。与本章相关的是正役超出规定日期,租调得以减免的这一关系。也就是说承担超过预定需求对策的是徭役,通过减免租调来实现追加服兵役的日期。

所以,徭役的消失也意味着财用弹性补充手段的丧失。色役系统的作用在后世依然存在,但满足需求增加部分的物资,则由财用范围内的新设税、增征、财货流通等来承担。

在此过程中最显著的就是从兵役到募兵的变化。8世纪前半期的军制是通过延长兵役的日期(年数)来满足新军务的需求。原本只有一年的防人义务,在开元二年(714)至开元五年(717)期间增加到4年,开元末期更增至6年,甚至出现了终身从军的长征健儿(渡边信一郎 2003,8~9页)。此时延长年限的方法已达到极限,之后,除了给予薪水的募兵待遇之外别无他法。也就是说,一旦兵役消失,财用就必须灵活应对军事的弹性需求。

宫泽知之通过对"复合单位"的探讨,得出了天宝时期以后的财政具有"军事财政"性质这一结论(宫泽知之 1990,289~291页)。"根据军事经费的需求从各地有计划地大量聚敛物资""有关岁入的主要部分,每个物品种类,都严格地贯彻了军事支出中规定的'量出制入'的原则"。因此普遍认为"军事使用价值决定了这一时期的财政性质"。这也就是将其评价为"军事财政"的理由所在。

宫泽的这一见解与我的论述多有重叠之处。保障"量入为出"灵活性的徭役消失后,财用必须承担起满足不时之需的保障重任。此后的财用原理就只能是依照需求调整收取的"量出制入"型。在以上的过程中可以发现,基于财用伸缩下的募兵制的"军事财政",有其必然化的理由。

因此,原本救荒用的储备(义仓)事实上被当成了一般财源,诸如地税、江南折纳租布、和籴等成为出现在天宝财政统计中的新型的需求补充方式。这些财源补充形式代替徭役发挥了调整需求的财用功能。

天宝财政统计经常被当作反映律令制下财政的具有代表性、典型性的史料。的确,该统计中如岁入额依据"天下计账"来确定、租调占据年入的大部分等都体现着律令财政的特色。但是另一方面,不仅含有财用中的周转额增大这一量的内容,也包含着源于财用开始担负调整需求功能这一质的变化①。渡边信一郎还指出,向以市场为导向的财政转型也始于这一时期(渡边信一郎2009,190~192页)。这些都是募兵制的特色。所以,这个统计,不应将其视为体现了某一时代完整的财政体系,而应注重其引入募兵制之初过渡期的特点②。

---

① 一向被认为是向"狭义的军事财政"转型证据标志的"军费量的增加",其实只是这个问题中的一个次要因素而已。这是因为此前由兵役承担的军事需求,只不过由于募兵化即财用化,其统计上的数值表面化了而已。这一点当时的人(唐代人、宋代人)好像并未在意。《资治通鉴》卷二百一十五天宝元年正月条中,对开元以前和天宝之后的财政状况进行了如下对比:

开元之前,每岁供边兵衣粮,费不过二百万。天宝之后,边将奏益兵浸多,每岁用衣千二十万匹,粮百九十万斛,公私劳费,民始困苦矣。

这里对财用部分的数值进行了比较,并未考虑开元以前的兵役负担。另外,《新唐书》卷五十二《食货志二》中有关于从课户数中的兵数比率向养兵负担改变的历史性变化的记载:

元和中,供岁赋者……户百四十四万,比天宝才四之一。兵食于官者八十三万,加天宝三之一,通以二户养一兵……至长庆,户三百三十五万,而兵九十九万,率三户以奉一兵。

未考虑与课税户数无关的课利,这一时期已占到年入额的一半之多。当时的人们缺乏财用与徭役互相联系、整体看待财政的意识(宫泽知之1999等)。

然而,在当时被评价为推进募兵制是一项缓解人民负担的政策,《唐六典》卷五《尚书兵部·兵部郎》中记载着开元二十五年间颁布的引入长征健儿制的诏书,对该政策的效果评价如下:

人赖其利,中外获安,是后州郡之间永无征发之役矣。

由于这是刚实施政策后的记录,尽管难免有自夸的嫌疑,但此时已将军事需求的多寡与兵役、财用进行整体考虑了。以此史料为依据,证实了在府兵制时与引入募兵制后,实际上全社会总体军事负担未发生变化的研究观点(胡宝华1990)。

当然,财用化需要集权制财政运营系统来支撑,宋代以后产生的庞大官僚机构对"军费数量的扩大"有着深远的历史影响,并由此孕育出了宋以后庞大的官僚机构。在这一点上,"军费数量的扩大"具有深远的历史意义。可是,兵役所担负的部分,历来是以财政上零起点考察的,因此应注意此前理解募兵化时存在前后落差过大的问题。

② 渡边信一郎将天宝财政统计作为体现"Oikos财政"特点的典型进行了介绍(渡边信一郎2009,182~183页)。渡边对"Oikos财政"做了如下定义(渡边信一郎2010,197页):"在古代中国的财政运用中,基于'量入为出'的家政性运营原则,根据中央政府的指令,在由农民组成的军役、徭役编成范围中排除市场流通来实现财政物流与社会再生产。对被统治的农民百姓来说,其自身就是直接生产者,也就是说他们既是租税负担者、租税输送劳动者又是士兵。以这种体制为基础的财政运营就称为'Oikos财政'。"但是,开元末期以各种改革为契机导致了"Oikos财政"的解体。按照渡边的这一整体构思,应将天宝财政统计看作正在解体的"Oikos财政"的某个阶段的史料。

天宝财政统计的过渡期特征也体现在"复合单位"中。律令制下的财政制度,就是渡边信一郎所说的"Oikos 财政",财用(从财物的收取到再分配)中不存在市场交换。这一时期,课役是通用的单位,此观点自宫崎市定提出以来,引起诸多议论并最终得到认同的是徭役(徭役的日数)(宫崎市定 1956)。因此,徭役的消失也意味着这一通计单位的消失。同时期,市场原理开始介入财政,但是距离用货币来体现各种财物价值体系(即价格)的形式的出现还有很长一段时间。所以天宝财政统计作为史料上初次出现的"复合单位",充分反映了在徭役消失后,在货币作为新的计价单位成为定式前过渡期的性质。

宫泽知之指出,关于"复合单位",例如将一两金子合计为一束稻草的话,从通算的角度来看,就是在诸财物之间未能选择好近似的价格单位(宫泽知之 1990,283 页)。据此,宫泽指出"复合单位"具有合理性,但不能无原则地选取计算单位。举一个例子,大历年间沙洲仓曹参军的行政文书中,这样记载各种现货的总额[①]:

<u>肆仟贰佰玖拾贰硕贯零柒斗叁升柒合玖勺柒佰叁拾文</u>应见在前账

　　(4292 石贯 7 斗 3 升 7 合 9 勺 730 文)

此时的敦煌由于与西域有贸易来往,理应比中国内地更加熟知市场原理以及货币的价值法则。而且这时敦煌已经处于吐蕃的统治之下,没必要遵守唐朝的财政惯例。在这种情况下仍使用了"复合单位",可以看出这一惯例的根深蒂固与"合理性"。

从上述的记载中可以看出,各财物中有与其他财务合计时使用的基本单位(石、贯)与作为零数单位的补助单位的区别。辅助单位的"合"与"文",虽然数字的位数一样(均为基本单位的百分之一),但"737.9 合 + 730 文 = 1467.9 合文"这样的计算方式并未被采用。因此,在统计上必然根据实际情况选择换算单位。从此统计可知通过各类财务通计来掌握财用所产生的价值整体这一机制的高水准。在徭役这种能够灵活满足需求

---

　　① 《吐蕃(巳年?)(780?)沙州仓曹会计牒》(2654 页)9 行月。属同类的"复合单位"也见于《沙州仓曹状上勾覆所牒》(2763 页背Ⅳ)。参照池田温《中国古代籍帐研究》(东京大学出版社,1979 年)509 页~510 页,《敦煌社会经济文献真迹释录》第一辑(书目文献出版,1986 年)490 页~492 页。

的方法消失后,财用这一框架内大多财政需求必须进行调整。

结 论

黑田明伸指出,中国集权国家财政的一个重要特征就是"不存在财政赤字"。对研究中国史的学者来说这是理所当然的共识,因此,并未引起过多的关注。然而,事实上财政赤字是不可避免的,但与以借款填补其亏欠的封建时期的日本和欧洲的情况存在很大不同,应当引起足够的重视。在日欧,封建领主的财政可确保自立,但想要满足所管辖领域内的军役财政需要就必须从管辖之外借入商业资本。在中国,可以通过临时的附加税或国内的财物流动等调整手段来解决供需不平衡的问题(黑田明伸1994,135~139页)。

中国集权国家坚持财政一元化管理,将统治领域按其功能分为"担负对外防卫的边缘地域"与"几乎没有(或极为轻微)军役负担、可专注于生产的地域"两类,而连接二者的"财政性物流"的建立,使上述的供需不平衡的调整成为可能。为了满足以军事为首的巨大财政需求,集权国家采取的财政措施,大趋势是从徭役过渡到财用。随着财用规模的扩大,采用了诸如各种直接税、间接税、财政物流与储备等多种多样的手段。在文献中能够看到,即使是掌管财政权的当事人或者是留下记载的同时期的人也无法掌握其整体构造。在分析各个时代的财政时,具有整体意识及更长时间跨度的思维,在今后的研究中将变得越来越重要。

第八章

唐代后半期"北边"经济再考

绪 论

唐朝政府在疏通以大运河为代表的水陆交通网的同时组织了供应官需的物流(财政物流),这些行政手段强化了帝国内部的经济融合。与此同时,商业兴盛,粟特商人、波斯商人、新罗商人等都参与到民间的自发流通(市场流通)中,超出帝国国界的贸易活动十分活跃①。

唐朝政府为了减轻国内的供需不平衡,组织并运营了"财政物流"。为了有效地实施大规模的运输业务还利用了商人的力量,在丝绸之路沿线、大运河沿线等地都收到了一定的成效(荒川正晴2010)。与之相对,"北边"地带②一直处于与北方、西方的游牧势力对峙的局面。我在以前的论述中提到过在"北边"的物流中几乎找不到与商人的关联,因此,可以说官营仍是"北边"财政运营的主体(丸桥充拓1996、同1999A)。

此后,贾志刚在唐代军事与商业关联的分析研究中指出,"北边"地带也存在官商关系密切化的趋势(贾志刚2006C,118页)。村井恭子详细探讨了宣宗时期(847—859)党项族叛乱前后唐朝政府的各项政策,明确了在向前线运输军粮的业务中也加入了商人阶层的力量。而且,至少到宣宗时期,商人参与运输军粮的体制已经确立,并与官运并存。同时,作为吸引商人参与边境经营的手段,完善了散布在"北边"盐池的专卖制(村井恭子2010)。以上二位查阅并采用了我之前的论述中未使用的史料,极具说

---

① 关于"财政物流(国家物流)""市场物流"的概念定义,参照(渡边信一郎2010,28页)。

② 关于"北边"这一地域概念,延续"由国家财政抚养的边防军活动地域"这一财政观点来进行地域划分(丸桥充拓2006,3~5页;本书第5~6页)。

服力。

唐代后半期以后,江南、西域的民间流通的持续扩大已成为共识,但"北边"的官运则更具特殊性。在以前论述时,"北边"官运与民间运输广泛的江南和西域地区相比具有优势。随着史料范围的扩大和研究的深入,有关唐代"北边"的实际状况的分析及进一步分析"北边"官运成为可能。

"北边"是一个多种族群混杂的世界,如粟特、回鹘、吐蕃、沙陀等在游牧、军事、通商等诸多方面具有其民族特点。对这些民族的研究近年取得了显著的进展。仅本章涉及的唐代后半期,就有森安孝夫、森部丰、齐藤茂雄、岩尾一史、菅沼爱语、西村阳子等人把"唐朝"这一概念放在"东部欧亚"或"欧亚的东方"这一大框架下进行探讨,这种具有相对性的视角至少在日本学术界正逐渐扎根①。本章在以前未能论述的新观点的基础上,再度进行了探究。具体而言,以盐专卖及军马征用为新的切入点,在关注与回鹘、党项、吐蕃的关系史的同时,进行重新解读。

第一节 "北边"经济与盐专卖

在之前论述中,所欠缺的最为重要的一点是把盐专卖和军粮征调关联起来的内容。其基本史料是长庆元年(821)三月在盐州乌池进行的盐政改革,有如下记述:

> 勅:"乌池每年榷盐收权博米,以一十五万石为定额。"(《唐会要》卷八十八《盐铁使》②)

《元和郡县图志》中记载了元和年间(806—820)的乌池盐政改革:"今

---

① 此外,川本芳昭、会田大辅、平田阳一郎等对宿卫武官的研究也能够通时代地观察中原王朝里游牧文化的影响,此研究方法快速且深入地推进。

② 《旧唐书》卷四十八《食货志》《册府元龟》卷四百九十三《邦计部·山泽一》中提出了"每年榷盐收博权米"。本论文参照了《册府元龟》卷四百九十三《邦计部·山泽一》中的"肃宗乾元元年,司金郎中第五琦为河南等五道度支使,创立盐法,就山海井竈收榷其盐,官置盐院,官吏出粜……"这一记载(《旧唐书》卷一百二十三《第五琦传》中也有类似记载),且遵循了《唐会要》的解读。

度支收粜",但却只字未提盐利的用途①。因此,将盐利作为补给购买粮食(和籴)资金来源的这一敕令可以说是此时创立的一种新制度。

村井恭子根据长庆元年的这一敕令,认为商人在产盐地的监院购入专卖盐并现金支付的方式已普遍化,推测在宣宗时期(847—859)盐州粮食的筹措均以卖盐得到的钱来买粮,或通过盐与粮食直接交换的方式从商人手里获取粮食(村井恭子2010,296~301页)。村井认为,尽管盐州这样的筹粮方式在宣宗以前就已经存在,但其开端为长庆元年(821)的观点是妥当的。本节试图通过进一步研究基础史料来确认其合理性。

首先在《旧唐书》卷四十八《食货志》中,关于乌池盐政的记载列举了度支管辖的盐地及相关情况,如表19所示。

《旧唐书》中的这部分内容尽管多少有些偏颇,但均罗列了度支所管辖盐地的"盐池名""所在地""负责官员""榷课""供给地"等各项内容。其中"榷课"一栏里频繁出现的"定额",并不是"一定额度"的意思,而是唐代后期设定于财政收支费用名目中整体付款范畴的基准值(渡边信一郎2013B,459页)。因此在"榷课"一栏中出现的"定额"的部分,就是盐税赋税额或是与其等同的内容。例如,在安邑、解县两池说明了"定额"的具体数值,但在女盐池等处却没有设定被视为非专卖对象的榷课。温池在创设之初并未设定固定的"定额"。胡落地、白池则没有进入专卖的行列,规定直接供给边境各军队。

根据盐地前后规定的构成,对乌池的记载就有了新的解释。盐利本该用钱数来表示,但"石"这一单位也用来表示盐利。"一十五万石"就可理解为是用石数来实现"定额"化。把该业务放入实际规章中便可发现:将盐或盐专卖的利益作为资金来源和籴十五万石粮食,并且每年都换算成石记录在册②。考虑到像盐州这样农业生产力短缺的"北边"藩镇,无论丰年还是荒年,每年都要实现和籴"定额"化,就非常有必要移入外来人员。

---

① 《元和郡县图志》卷四《关内道四·盐州五原县》:

盐池四所:一乌池;二白池;三细项池;四瓦窑池。乌、白二地出盐,今度支收粜,其瓦窑池、细项池并废。

② 根据《唐会要》的记载,"博米"也就是"米的博籴(采用官钱以外的支付手段进行的和籴)",按照字面意思理解,盐本身就是资金来源的可能性很大。

由此可推断,在长庆以后的军粮筹措中存在着大量利用盐利诱惑商人的现象。

《新唐书》卷五十四《食货志四》中也有类似的记载。开头部分的内容是"唐有盐池十八,井六百四十,皆隶度支",其后的部分列于表20。

《新唐书》中也可以看到在各地的盐池、盐井、盐屯中有榷课的记载。而且不仅是盐州的乌池,还有灵州、会州的三州十二池都规定了"皆输米以代盐"的措施。前后的记载都明确规定了榷课的额度,由此可以推断此处应为"皆输米以代盐价"的校订。如果真是这样,那么此处就可理解为"若纳米于各池则视为代纳盐税"。

假如商人真的参与了乌池的各项军粮政策,那么就能理解吴武陵在同一时期对"北边"经济进行的现状分析并参考其观点了①。时任判度支的窦易直想在"北边"设置和籴储备使这一官职,但同一时期主管"北边"盐政的吴武陵则一直持反对态度。以下对"北边"经济状况的描述可作为依据:

> 长庆初,窦易直以户部侍郎判度支,表武陵主盐"北边"……会表置和籴储备使、择郎中为之。武陵谏曰:"……前在朔方,度支米价四十,而无逾月积,皆先取商人,而后求牒还都受钱。脱有寇薄城,不三旬便当饿死,何所取财而云和籴哉?……"(《新唐书》卷二百三《吴武陵传》)

窦易直的判度支任期是从长庆二年(822)十二月庚戌至宝历元年(825)五月乙卯与韦顗交替之际为止②。因此,与吴武陵发生争执时,应该早已开始利用乌池盐利进行和籴了。但从时任"北边"盐政官的吴武陵完全没有谈及过该情形来看,对乌池和籴的成功与否尚处于未知的分析阶段。

当时,所采用的是让商人先向"北边"缴纳粮食,之后发放收据(牒),再在都城支付给商人粮款(钱)的方法。与后世的"见钱交引"颇为类似,可见其具有萌芽性特征。根据吴武陵的言论,应当注意这个方法作为筹粮政策

---

① 以上的论述中也提到了吴武陵的这一言论,本章中依然保留了与其时代背景相关的说明(丸桥充拓2006,184页;本书第141页)。

② 均出自《旧唐书》本纪。

时被评价为不完备这一点①。也就是说"先取商人,而后求牒还都受钱"的方式不能很好地进行粮食储备,也无法应对特殊事态,因此不能成为和籴所需的充足财源。可见,在"北边"发放的"牒"并不具有后世"见钱交引"的信用度,这一时期需要更加可靠的信用方式。所以,将乌池的盐与和籴相结合可能是解决这一问题的途径之一。

根据李锦绣的研究,通过乌池盐利诱惑商人筹措军粮的方法,在数量上占比不大(李锦绣2001,751页),由于这种方法产生了诸多问题,因此,以官运为轴心维持军粮运输的基本方法得以延续。但至少这种方法在长庆年间(821—824)已问世。根据《新唐书·食货志》中的记载,盐州、灵州、会州三州曾以盐利进行过和籴,由此可推测在长庆以后,这一范围应在逐渐扩大。

表19 《旧唐书》记载的各地盐池

盐池名	所在地	负责官员	榷课	供应地
安邑、解县两池		旧置榷盐使,仍各别置院官。元和三年七月,复以安邑、解县两池留后为榷盐使。……	(大和三年四月敕)榷课以实钱一百万贯为定额。至大中二年正月,敕但取匹段精好,不必计旧额钱数。及大中年,度支奏纳榷利一百二十一万五千余贯。	
女盐池	解县			
朝邑小池	同州		并禁断不榷	
卤池	京兆府奉先县			

---

① 贾志刚将这种粮食供给政策作为"以商辅军"的例子进行过介绍,并认为各军很大程度上依赖于商人的粮食供给(贾志刚2006c,123页、127页)。

续表

盐池名	所在地	负责官员	榷课	供应地
乌池	盐州	旧置榷税使	长庆元年三月,敕乌池每年粜盐收博榷(榷博?)米。以一十五万石为定额	
温池		大中四年三月因收复河陇,敕令度支收管。温池盐仍差灵州巡院官勾当。至六年三月,敕令割属威州,置榷税使	缘新制置,未立榷课定额。	
胡落池	丰州界	河东供军使收管	每年采盐月一万四千余石	供振武、天德梁军及营田水运官健。自大中四年党项叛扰,馈运不通。
白池		属河东节度使,不系度支。		供军使请榷市河东白池盐供食

表20 《新唐书》记载的各地盐池、盐井、盐屯

名称	所在地	负责官员	榷课	供应地
池五,总曰"两池"	蒲州安邑、解县		岁得盐万斛	以供京师
乌池、白池、瓦池、细项池	**盐州五原**		三州皆输米以代盐	
温泉池、两井池、长尾池、五泉池、红桃池、回乐池、弘静池	灵州			
河池	会州			
胡落池	安北都护府		岁得盐万四千斛	以给振武、天德

续表

名称	所在地	负责官员	榷课	供应地
井四十一	黔州	山南西院	皆随月督课	
井各一	成州、巂州			
井百二十三	果、阆、开、通			
井十三	邛、眉、嘉	剑南西川院		
井四百六十	梓、遂、绵、合、昌、渝、泸、资、荣、陵、简	剑南东川院		
盐屯（每屯有丁有兵）	幽州、大同横野军		岁得盐二千八百斛,下者千五百斛	
	负海州		岁免租为盐二万斛	以输司农
	青、楚、海、沧、棣、杭、苏等州			以盐价市轻货,亦输司农。

第二节 "北边"经济与军马贸易

一、回鹘

唐代前期被认为是马政的黄金期之一。陇右、鄂尔多斯、代北等牧地被列入监牧范围,养殖着大量的战马。安史之乱后,吐蕃占领了陇右,唐朝失去了大规模养殖战马的能力,逐渐依赖从外部购马（市马）（横山贞裕1971,斋藤胜1991,马俊民、王世平1995）。于是作为唐朝后期的军马征调的重要途径,受到学界关注的就是与回鹘的绢马交易（傅乐成1977,马俊民1984,D. Twitchett. 1986）。

关于绢与马的交易,相关史料里频繁出现类似"回鹘以高价大量卖给唐朝质量低下的马匹,而唐朝则甘愿接受"的记载。但这样的记载可信与否一直是学术界争论的一个焦点。近年通过对史料批判性地研讨,认为当时唐朝需要军马而回鹘需要马价绢(与马具有相同价值,用于支付的布匹),因此二者是相互依存的关系(斋藤胜 1998)。回鹘与蒙古地区的历代势力相比,更加重视了与唐王朝的通商关系(林俊雄 1992)。

但是,现阶段的研究在绢与马的交易定位问题上,认为在接触地带(回鹘的南边,唐的"北边")存在相互关联的各种流通经济的思路极为罕见。因此,本章中笔者把绢与马的交易放在唐代"北边"经济中进行探究。而进行这一研究的第一步就是弄清绢与马的交易究竟是在哪里进行的。

回鹘之前的突厥第二汗国曾在西受降城等地与唐朝进行过绢与马的交易①(马俊民、王世平 1995,87 页)。11 世纪至 12 世纪,契丹与北宋的互市则在雄州等四处设置的榷场进行交易(畑地正宪 1974)。但无论哪种交易形式都是在南北势力的中间地带或"国境"地带进行的,而回鹘与唐的交易则似乎大多在长安进行。

回鹘每年都派遣使者来唐(林俊雄 1992),绢与马的交易可能就是在这个过程中进行的。例如,贞元三年(787),德宗化解了与回鹘长年的私人恩怨,并决定下嫁和蕃公主的时候,在麟德殿向回鹘使节引荐公主后,向其赠予代价(马价绢),并且表示允许互市②。马价绢通常都是通过鸿胪寺发放的③。当马价绢的发放出现迟滞时,回鹘的使节为了请求付款,经常一批又

---

① 《旧唐书》卷一百九十四上《突厥传》。
② 《册府元龟》卷九百七十九《外臣部和亲二》:
德宗贞元三年八月丁酉,回鹘可汗遣首领啜达干多览将将军合关达干等来贡方物,且请和亲。帝许以咸安公主嫁之,命见于麟德殿。且令贵公主画图就示可汗,以马价绢五万还之,许互市而去。
③ 《旧唐书》卷一百九十五《回鹘传》:
大和元年,命中使以绢二十万匹付鸿胪寺宣赐回鹘充马价。

一批聚集在鸿胪寺门前进行讨要①(斋藤胜1998,43页)。

另一方面,在太原(北都)也似乎常年进行着绢马交易(马俊民、王世平1995,89页)。

> 是岁,北虏遣梅禄将军李畅以马万匹来市,托云入贡。所经州府,守帅假之礼分,严其兵备。留馆则戒卒于外,惧其袭夺。太原故事,出兵迎之。畅及界上,公绰使牙将祖孝恭单马劳问,待以修好之意。畅感义出涕,徐驱道中,不妄驰猎。<u>及至,辟牙门,令译引谒,宴以常礼。及市马而还,不敢侵犯</u>。(《旧唐书》卷一百六十五《柳公绰传》)

河东节度使迎接朝贡使节团的过程被叫做"太原故事"。从史料记载可知,在节度使府衙门内举办宴会、进行互市是固定的程序②。

回鹘与唐政府之间的绢马贸易,不仅在长安的鸿胪寺,就连在太原进行交易时,河东节度使(北都留守)是作为公务实施的。可以说它具有不需要市场介入,仅依靠政治关系便可实施的制度性贸易的特征(唐朝称之为"朝贡贸易")。交易的场所在长安的鸿胪寺、河东节度使衙门等相对"密闭的空间"进行,缺乏市场的开放性。可以说由于唐朝对军马的需要、回鹘与唐朝交易的愿望以及定期来朝的使臣影响了两大势力的稳定关系,而绢与马的交易正是反映这种关系的产物。

另一方面,除了由唐朝中央操控的制度性交易之外,欲从中谋利的人们也展开了制度外的经济活动。首先是派遣到回鹘的唐使。商人阶层聚集在绢与马交易的周围,谋求更丰厚的利益。他们私自携带布帛等进入回鹘境

---

① 《旧唐书》卷一百九十五《回纥传》:
(大历)八年十一月,回纥一百四十人还蕃,以信物一千余乘。回纥恃功,自乾元之后,屡遣使以马和市缯帛,仍岁来市,以马一匹易绢四十匹,动至数万马。其使候遣继留于鸿胪寺者非一。蕃得帛无厌,我得马无用,朝廷甚苦之。是时特诏厚赐遣之,示以广恩,且俾知愧也。

② 在史料中可以发现从朔方军那里领到的不是马价绢而是岁赠绢的记载。《资治通鉴》卷二百二十至德二载十一月条己丑:"以回纥叶护为司空、忠义王。岁遗回纥绢二万匹,使就朔方军受之。"

内,除执行公务外也参与马匹买卖,目的是倒卖马匹并从中获利。这种行为本身是违法的,但历史上似乎并没有处罚事例的记载。例如贞元四年(788),派遣至回鹘的赵憬因未进行这样的私下交易而被当成佳话流传下来①。记载赵憬事例的史料反映出官员(唐使)倒卖马匹并从中获利已成为常态。

其次是"北边"各地的藩镇和游牧民族。会昌年间(841—846),由于吉尔吉斯人的侵略,回鹘内部崩溃,其中的一部分逃亡到漠南。此时唐朝政府为了支援这一支势力,支付了马价绢。"北边"的诸藩(河东、振武)及各少数民族(吐谷浑、党项)看到这种情形后,都纷纷想与回鹘进行牛、马、骆驼等的买卖。这种行为无疑帮助了回鹘,但"北边"防御却极易因此遭到削弱,所以唐朝限制了外藩与边境诸藩进行直接交易,并下令将交易收益缴纳官方②。正如村井恭子所阐述的那样,在"北边"诸藩,节度使以下的各级官员为了一己私利,挪用分配的公款,造成了国防虚空的例子并不少见。本章列举的就是其中的一个例子。

第三类是中原商人以及"商胡(粟特商人?)"。这些商人在回鹘使节回国时,经常与他们同行(村井恭子 2015,61～63 页)。虽然不清楚这些商人的目的,但可以想象与之前所说的唐使一样,都是先在回鹘领地内收购马匹,然后再带回唐朝倒卖。贞元三年(787)签订和约时,宰相李泌提出的五项和议事项中,有一项是"不得携中国人及商胡出塞"③。

在唐代后期,回鹘商人及其支配下的粟特商人在长安居住的人口数达

---

① 《旧唐书》卷一百三十八《赵憬传》:

贞元四年,回纥请结和亲,诏以咸安公主降回纥,命检校右仆射关播充使,憬以本官兼御史中丞为副。前后使回纥者,多私赍缯絮,蕃中市马回以规利,憬一无所市,人叹美之。

② 《会昌一品集》卷十三《论太原及振武军镇及退浑党项等部落互市牛马骆驼等状》:

右。缘回鹘新得马价绢。访闻塞上军人及诸藩部落,苟利货财,不惜驰马,必恐充为互市,招诱外藩,岂惟资助虏兵,实亦减耗边备。望诏刘沔、忠顺、义忠、守志等切加钤键,如有违犯,并按军令,马及互市物纳官。如有人纠告,便以所得物充赏。

③ 《资治通鉴》卷二百三十三贞元三年九月条:

(李泌)对曰:"……臣今请以书与之约,称臣,为陛下子,每使来不过二百人,印马不过千匹,无得携中国人及商胡出塞。五者皆能如约,则主上必许和亲。……"既而回纥可汗遣使上表称儿及臣。凡泌所约五事,一皆听命。

到上千人的规模,而且他们活跃于各种交易与金融经营活动中①(日野开三郎1965,佐藤圭四郎1979,森安孝夫1997)。不难想象潜身于回鹘使节中往来两国间的商人肯定有很多属于这类人。

唐朝与回鹘之间,在制度性的绢马贸易以外还存在着各种形式、各种层次的私下交易活动。唐朝一方面极力取缔这种非制度性的交易活动,另一方面则继续维持中央对军马征调的管理。这一举措在两大势力关系平稳持续的条件下基本得到了顺利发展。

二、党项

党项族原本居住在陇右,因吐蕃的扩张,被迫移居到关内道北部至河东道北部的地域。安史之乱时,吐蕃占领了河西、陇右,于是党项移民的规模进一步扩大。由于党项族经常与吐蕃联手侵扰边境,所以唐朝把党项迁至夏州、银州等地以切断二者的联系。但此后党项也是向背无常,逐渐成为了扰乱"北边"防卫的重要因素。

以往在唐代经济史、财政史的研究中,都没有探讨过党项的动向。但是近年,参考了"早期党项史"(赵斌、尹夏清2001,周伟洲2004A、2004B等)等新史料发现马匹交易是支撑早期党项势力的重要的经济支柱。村井恭子也

---

① 《资治通鉴》卷二百二十五大历十四年七月条:

庚辰,诏回纥诸胡在京师者,各服其服,无得效华人。先是,回纥留京师者常千人,商胡伪服而杂居者又倍之,县官日给饔饩,殖资产,开第舍,市肆美利皆归之,日纵暴横,吏不敢问。或衣华服,诱取妻妾,故禁之。

《新唐书》卷二百一十七《回鹘传》:

元和初,再朝献,始以摩尼至。其法日晏食,饮水茹荤,屏湩酪,可汗常与共国者也。摩尼至京师,岁往来西市,商贾颇与囊橐为奸。

《册府元龟》卷九百九十九《外臣部·互市》:

(大和)五年六月,贬右龙武大将军李甚为宣州别驾。甚子贷回纥钱一万一千四百贯不偿,为回纥所诉,故贬甚。因下诏曰:"如闻顷来京城内衣冠子弟及诸军使并商人百姓等,多有举诸蕃客本钱,岁月稍深,征索不得,致蕃客停滞市易,不获及时。方务抚安,须除旧弊,免令受屈,要与改更。自今已后,应诸色人,宜除准敕互市外,并不得辄与蕃客钱物交关。委御史台及京兆府切加捉搦,仍即作条件闻奏。其今日已前所欠负,委府县速与征理处分。"

在对党项史研究的基础上探讨了唐朝与党项在经济、军事等方面的关系（村井恭子2010、2015）。本节中将根据这些研究成果，通过与前一节中与回鹘进行绢马贸易的比较，进一步探讨以党项为主的"北边"经济的确立状况。

关于安史之乱以后党项族分布在夏州、银州的平夏部，庆州的东山部等几个集落里，甚至有一部分移居到了河东道的石州，总之，分布范围十分广阔。由于分布并往来于多个州，所以经常会出现在一个州犯罪后逃到另一个州的情况。也会发生以纵向分治为特征的州县制无法处理的案件①。

关于安史之乱以后党项族的生活状况，有如下记载：

> （元和）五年五月，盐州奏："渭北党项拓跋公政等一十三府连状称，管渭北押下帐幕牧放，经今十五余年，在盐州界。今准敕割属夏州，情愿依前在盐州充百姓。"（《册府元龟》卷九百七十七《外臣部·降附》）

由此可知，在迁居后十五年多的岁月里，党项一直持续着"放牧"生活，之后拓跋公政等十三府终于在盐州被编了户。于是他们便开始自己培育马匹，并以之为基础参与了"北边"的经济活动。

与党项进行马匹贸易的首先便是商人阶层。例证如下：

> 贞元三年十二月，初禁商贾以牛马、器械于党项部落贸易。（《旧唐书》卷一百九十八《党项羌传》②）

> 以部落繁富，至今远近商贾，赍杂缯诸货，入其部落，贸其牛马。（《唐会要》卷九十八《党项羌》③）

---

① 《资治通鉴》卷二百四十七会昌三年十一月条：

党项寇盐州，以前武宁节度使李彦佐为朔方灵盐节度使。十一月，邠宁奏党项入寇。李德裕奏："党项愈炽，不可不为区处。闻党项分隶诸镇，剽掠于此则亡逃归彼。节度使各利其驼马，不为擒送，以此无由禁戢。臣屡奏，不若使一镇统之，陛下以为一镇专领党项，权太重。臣今请以皇子兼统诸道，择中朝廉干之臣为之副，居于夏州，理其辞讼，庶为得宜。"乃以兖王岐为灵夏等六道元帅兼安抚党项大使，又以御史中丞李回为安抚党项副使，史馆修撰郑亚为元帅判官，令赍诏往安抚党项及六镇百姓。

② 《旧唐书》卷十二《德宗纪》贞元三年十一月壬申条记载"禁商人不得以口马兵械市于党项"。

③ 《旧唐书》卷一百九十八《党项羌传》中有同样的记载。

> 至大和中,寖强数寇掠,然器械钝苦,畏唐兵精,则以善马购铠、善羊贸弓矢。鄜坊道军粮使李石表禁商人不得以旗帜、甲冑、五兵入部落,告者举罪人财畀之。(《新唐书》卷二百二十一上《党项传》①)

这些例子讲的都是党项养殖的畜类(马、牛、羊)与唐朝商人带来的布帛、兵器进行交易的情况。而第一、第三个例子则讲述的是兵器从交易品变成被禁对象的始末。与回鹘进行的绢马交易基本都是由朝廷独占并主导的,与之不同的是党项的马则直接在市场上买卖,朝廷并不是直接的第一买家。

不仅是商人阶层,"北边"诸藩也对党项的马匹有需求。但是在哪里进行贸易却是一件极不对等的事。例如,党项在与各藩镇进行马羊交易时必须要给当地节度使送礼②。另外,围绕马匹的交易也经常发生事端,例如在开成年间(836—840)就发生了下面的事情:

> 至开成末,种落愈繁,富贾人赍缯宝鬻羊马,藩镇乘其利,强市之,或不得直,部人怨,相率为乱,至灵盐道不通。(《新唐书》卷二百二十一上《党项传》③)

商人与藩镇的强行采购以及不付货款的行为,也引起了党项的叛乱。或者像夏绥银节度使田缙那样,在元和十四年(819)时"强取"马羊,导致了吐蕃的入侵。

> 贬右卫大将军田缙为衡王傅。缙前镇夏州,私用军粮四万石,强取党项羊马,致党项引吐蕃入寇故也。(《旧唐书》卷十五《宪宗纪》元和十四年九月庚寅条)

---

① 《旧唐书》卷一百九十八《党项羌传》中有同样的记载:
至大和、开成之际,其藩镇统领无绪,恣其贪婪,不顾危亡,或强市其羊马,不酬其直,以是部落苦之,遂相率为盗,灵盐之路小梗。
② 《旧唐书》卷一百七十七《崔慎由传》:
长庆二年,检校礼部尚书、鄜州刺史、鄜坊丹延节度等使。鄜畤内接畿甸,神策军镇相望,逾禁犯法,累政不能制,而从抚遇举奏,军士慴然。党项羌有以羊马来市者,必先遗帅守,从皆不受,抚谕遣之,群羌不敢为盗。
③ 《旧唐书》卷一百九十八《党项羌传》有相同的记载。

神策外镇也发生过类似的事：

> （贞元）十五年二月，六州党项自石州奔过河西。……永泰、大历巳后，居石州，依水草。至是永安城镇将阿史那思昧扰其部落，求取驼马无厌，中使又赞成其事。党项不堪其弊，遂率部落奔过河。（《旧唐书》卷一百九十八《党项羌传》）

永安城是左神策京西北八镇之一（丸桥充拓2006，167页；本书135页），其镇将与中使（监军使）沆瀣一气，强取党项的马匹导致党项的流亡。

"边将暴政"导致了党项的反叛，但另一方面，党项接连不断的叛乱又使唐朝各阶层失去对他们的信任。唐沈亚之的《夏平》一文中有就这样的描述："华民"在买马后的归程中，经常遭到党项骑兵的袭击以致身负重伤；或是高价买下的良马却行踪不明，一番寻找后发现马跑回了党项的部落，好多年都无法讨回①。这些引起了唐朝政府及官民对党项人的不信任。

双方之间的不信任是由绢马交易的纠纷引起的，而这些纠纷的最终原因是"北边"诸藩与神策外镇在军马的供给上依赖于党项（从党项榨取来的马匹，比起强化边防，更多则被边将、幕僚占为己用了②）。将此观点与前一节的内容相联系便不难推测，回鹘的马与党项的马，在军马流通的构成上是属于不同层次的。也就是说前者极力排斥市场且具有垄断性，而后者则

---

① 《沈下贤集》卷三《夏平》：
……道路杀掠以为常。尝与华民贸易马牛羊橐驰者，贸已，辄以壮骑从间道，伺险去夺华民。华民脱死者几希矣。愿乃按察部落，尽知其猾，大者死，小者盟。又令曰："今盟巳，敢有叛者灭之。"其后有人货得一马，厚价善色，骇而逸。亡其所就月余，奔历数帐，异逐之。又至一帐，帐之老乃相与执而诣公居，请曰："有马逸来，莫知其所由。"其后更岁。故亡马者得复之。是则整顿其弊如此。其气复能为狠耶。

② 自元和十五年（820）六月起担任夏绥银节度使的李祐，于长庆四年（824）七月时其职位变动为左金吾大将军。据说在这之后又想以150匹马行贿（结果行贿没有成功，反被定了违敕进奉的罪名）：
夏绥节度使李祐入为左金吾大将军。壬申，进马百五十匹，上却之。甲戌，侍御史温造于阁内奏弹祐违敕进奉，请论如法，诏释之。祐谓人曰，吾夜半入蔡州城取吴元济，未尝心动，今日胆落于温御史矣。（《资治通鉴》卷二百四十三长庆四年七月条）
因此，李祐在任夏绥银节度使时期，私藏的马匹是用于行贿的。

是赤裸裸的争夺战,成为影响经济、军事两方面的不安定因素①。

每逢党项骚扰中原时,其对应之策经常出现边境诸军与朝廷间主张分歧的现象。例如,元和元年(806),党项引吐蕃入关侵入中原时,针对边将的讨伐主张,宰相杜佑有如下论述:

> 元和元年……时河西党项潜导吐蕃入寇,边将邀功,亟请击之。佑上疏论之曰:"……而公卿廷议,以为'诚当谨兵戎,备侵轶,益发甲卒,邀其寇暴',此盖未达事机,匹夫之常论也。……且党项小蕃,杂处中国,本怀我德,当示抚绥。间者边将非廉,亟有侵刻,或利其善马,或取其子女,便赂方物,征发役徒。劳苦既多,叛亡遂起,或与北狄通使,或与西戎寇边,有为使然、固当惩革。…"上深嘉纳。(《旧唐书》卷一百四十七《杜佑传》)

另外在会昌年间(841—846),在给叛乱的党项的敕书中有如下记载:

> 比闻边将不守朝章,失于绥辑,因缘征敛,害及无辜。……所冀群帅听命而不敢自专,诸部怀冤而有所披诉。奉我宪令,以保和宁。(《会昌一品集》卷六《赐党项敕书》)

边军普遍对党项存有敌意,因而主张讨伐。与此相对,朝廷则在指责边军巧取豪夺的同时,主张通过招安以谋求安宁。对党项战略上认识的差异,以及之前分析的在军马流通层次上的差异,是在"北边"政策上唐政府与边境诸军存在分歧的问题。

第三节 围绕"北边"经济各方势力的活动

围绕"北边"政策的运营,朝廷与边境诸军之间存在着分歧。关于这一分歧,村井恭子进行了详细的梳理。京西、京北地区②的各藩都与宦官(神策军)有着密切的关系,而通过榨取、虚占军籍、挪用军费等手段获得的财

---

① 《资治通鉴》卷二百四十二长庆二年六月条中有一记载为"党项寇灵州、渭北,掠官马"。由此可知党项也曾经抢夺过官马。

② 关于京西、京北的定义,参照村井恭子2015注33。

产,除了私藏以外,都用于贿赂宦官、招募维持游牧兵等方面。虚占军籍虽在一定程度上弱化了官健体制,但实际上则是利用代北、河东的游牧势力来填补空缺(一直由代北势力承担应对河西党项的职责)的。另一方面,唐朝政府在承认、依存游牧兵的同时,认为这些游牧兵只是用来应对紧急事态的非正规军事力量(村井恭子2015,65~66页)。村井借鉴军事、财政等诸多领域的研究观点,阐明了王朝权力、边境诸军与游牧势力复杂地交织在一起的"北边"特有的政治关系。

村井恭子主要根据元和年间(806—820)李绛的言论解读了唐朝政府的目标("唐中央的理想")。与之相似的例子,还有长庆年间(821—824)试图推行的几项财政政策。下面在关注与其同时代的对外关系史的同时(参照表21),着重探讨这项改革的具体过程。

作为其开端的是京西、京北地区的和籴改革。在此之前,元和末年前京西、京北的和籴使均由宦官担任,但储备与创造利益的效果不甚明显,而且暴露出侵害民众的弊端。于是,在长庆元年(821)三月废除了和籴使这一职务[①]。

史料中并没有明确记载到底是谁指挥了这场改革,但在当时主管财政的诸官员中,户部尚书杨于陵的可能性很大。杨于陵在任户部尚书期间,大刀阔斧地进行两税改革,承认以实物抵税的方式。可以说他是财政方面的专家,而且还曾多次对抗宦官,并最终使宦官屈服[②]。

---

① 《唐会要》卷九十《和籴》记载:"长庆元年二月敕:春农方兴,种植是切。其京北、京西和籴使宜勒停。先是,度支以边储无备,请置和籴使,经年无效,徒扰边民。故罢之。"这一敕令在《旧唐书》卷十六《穆宗纪中》的记载日期是长庆元年三月戊申,《册府元龟》卷五百二《邦计部·平籴》中记载的也是三月,所以《唐会要》的记载可能出现了错误。而关于将宦官任命为和籴使的弊端,《旧唐书》卷一百六十八《高钺传》、卷一百七十三《郑覃传》,《唐会要》卷七十八《诸使中·诸使杂录上》元和十四年四月条等均可看到相关记载。

② 《旧唐书》卷一百六十四《杨于陵传》,《李文公集》卷十四《唐故金紫光禄大夫尚书右仆射致仕上柱国弘农郡开国公食邑二千户赠司空杨公墓志铭》。杨于陵在贞元末年做京兆府尹时,限制了禁军的影响,在元和初年担任岭南节度使时,又排除了监军使的干涉。在人际关系上,他是贞元初年奠定"北边"财政基础的韩滉的女婿。而且,在他担任岭南节度使时举荐的韦词,又做了京西和籴使(《新唐书》卷一百六十四《杨于陵传》)。除了他之外,也有可能是时任判度支的崔倰由于在担任地方官时在财政上政绩卓越。(《元氏长庆集》卷五十四《有唐赠太子少保崔公墓志铭》)。

表 21 长庆前后的重要事件(黑体字为内政关系,细字为对外关系)

年份	月份	事件
元和十五年(820)	正	**宪宗死去,穆宗即位**
	正	**任命杨于陵为户部尚书,崔俊为判度支**
	10	田缙的榨取,使党项、吐蕃进攻泾州,在乌池、白池设置临时军营
	12	吐蕃包围乌池、白池
长庆元年(821)	3	**废止京西京北的和籴使(实际上只是由宦官变为文官)**
	3	**乌池盐利的榷课定额为 15 万石**
	6	太和长公主下嫁回鹘,之后吐蕃入侵青塞堡,最终盐州刺史李文悦将其击退
	7	**大赦:下达精选"北边"财政官的命令**
	10	唐与吐蕃会盟(于长安)
	10	灵武节度使李进诚在大石山大破吐蕃
长庆二年(822)	正	**判度支由崔俊改任张平叔**
	5	唐与吐蕃会盟(于拉萨)
	6	吐蕃与党项入侵灵、盐、夏州附近,夏绥银节度使李祐将其击退①
	闰10	**杨于陵离任户部尚书一职**
	12	**判度支由张平叔改任窦易直**
长庆三年(823)	12	**在这之前,韦词(韦辞)一直担任京西和籴使**②
	?	吐蕃与回鹘会盟
长庆四年(824)	正	**穆宗死去,敬宗即位**
	6	**度支营田水运使贺拔志的营田虚假夸大报告曝光**
宝历元年(825)	5	**判度支由窦易直改任韦颇**

注:①《张宁墓志铭》(《榆林碑石》65 页。周峰 2013)。
②《唐会要》卷五十九。

实际上这之后,并未废除京西、京北的和籴使,只是具有任职资格的候选人由宦官变成了郎官阶层的文官(出使郎官)。朝廷希望通过这种方式改善当时的局面。而推行这种方法的正是本章第一节中提到过的判度支窦易直①。窦易直于长庆二年(822)十二月至宝历元年(825)五月在任,在任期间任用下属范季睦、韦辞(韦词)等判度支案担任京西、京北的和籴使②(丸桥2006,114页。本书95页)。其中,在范季睦的任命书中有如下记述:

> 汝其往哉,予用训汝。夫廉贾五之,不争之谓也③。出纳必吝,有司之常也④。贰上下之价,则茫昧者受弊。杂苦良之货,则豪右者受赢。(《元氏长庆集》卷四十七《授范季睦尚书仓部员外郎制》)

由此可知随着和籴使逐渐深入的介入市场流通,朝廷对其追逐利益的行为也保持着警惕。这应该是对那些一直担任和籴使的宦官们赤裸裸地牟取私利的警告。

从和籴使改革上可以看出,官僚们存在谋求个人利益的私欲。朝廷抑制官僚们私欲的决心从其他政策上也能看到。首先是在长庆元年(821)七月己酉的大赦期间,和籴的利益几乎全被时任使官所掌握,完全看不到政策的效果。因此,朝廷下达了精选京西、京北供军使、和籴巡院官、度支营田使、代北水运使等官职的命令⑤(丸桥充拓2006,115页。本书99~100

---

① 《新唐书》卷二百三《吴武陵传》:
长庆初,窦易直以户部侍郎判度支,表武陵主盐"北边",易直以不职薄其遇。会表置和籴储备使,择郎中为之。

② 有关判度支案的内容,参照丸桥充拓2006,126页及本书第95页。

③ 《汉书·货殖传》颜师古在注中引孟康的说法,有如下说明:
贪贾,未当卖而卖,未当买而买,故得利少,而十得其三。廉贾,贵乃卖,贱乃买,故十得五也。

④ 《论语·尧曰》:
子张曰:"何为四恶。"子曰:"不教而杀谓之虐;不戒视成谓之暴;慢令致期谓之贼;犹之与人也,出纳之吝谓之有司。"

⑤ 《册府元龟》卷九十《帝王部·赦宥》长庆元年七月己酉条:
近边所置和籴,皆给实价。如闻,顷来积弊颇甚,美利尽归于主掌,善价不及于村间。或虚招以奉于强家,或广僦用盗于游客。若不严约,弊何可除。宜委度支精择京西京北应供军粮,并和籴院官,并营田水陆运使,切加访察,仍作条疏检辖,速具奏闻。

页)。接着判度支案作为"出使郎官",清理了财政上的各种不正之风①。例如长庆四年(824),时任主客员外郎、判度支案的白行简经过调查,揭露了度支营田使贺拔志夸大虚报营田的行径②。

第一节中论述的乌池盐政榷课 15 万石的定额化也属于这一时期,即长庆元年(821)三月开始实行的政策。虽说可以推测,乌池运输粮食的业务中朝廷启用了商人,但从上述长庆时期的政治状况推断,朝廷为抑制由商人介入而带来的牟求私利的现象做出了努力。对于这时候商人参与的程度,应适当地择其重点予以考证。

在进行上述改革时,恰逢唐、吐蕃、回鹘以及包括南诏在内的盟约缔结使欧亚大陆的东方暂时处于稳定时期(参照表 21)(佐藤长 1977,森安孝夫 2007,岩尾一史 2014)。党项动乱也在此后的几年内归于平静。

但朝廷所追求的"理想",即"抑制官僚谋求个人私利"的实效如何,则必须另行考证。到了文宗年间(826—840),担任过夏绥银节度使、银州监牧使的刘源夸大虚报了营田的实际功绩与监牧的马匹数③。而且"北边"藩镇(特别是京西、京北地区)与宦官之间关系密切(村井恭子 2015,57～60页,丸桥充拓 2006,146～153 页。本书第 121～127 页)。由此可以肯定,度支的监察未能揭露并惩治其不端行为。

就营田功绩的虚夸上报而言,度支营田使贺拔志事件也许就源自这

---

① 关于出使郎官的监察机能的内容,参照丸桥充拓 2006,128 页;本书第 101 页。
② 《册府元龟》卷五百一十一《邦计部·诬罔》:
(贺志拔)穆宗时为度支水运营田使。长庆四年六月丁亥,振武军节度使奏"志以刃自割不死"。<u>志前奏营田数过实</u>,将图功效。及命主客郎中白行简复验,志不胜其惧,遂欲自载。
③ 《册府元龟》卷六百九十七《牧州部·邪佞》:
刘源,文宗时为银州刺史,请置营田,<u>事多不实</u>,或朝廷遣使至边上,源必先令下吏多驱马皆负布囊,实之以土,声言运粮于屯田。百千驮之中,或致粟麦之囊一二。因潜为识认于使者前,私决其囊,以遗之用,取信于人,而广以财贿交通,遂擢授夏州节度使。<u>又虚增监牧马数,以取其度支供给</u>。时人知其脏,仗倚权幸,有司不敢举劾,终不置于极法,议者以为幸。

而且,正如下面《册府元龟》卷六百七十三《牧州部·褒龙二》中记述的那样,大和七年(833),刘源的营田功绩甚至成为了他晋升的依据:
刘源为银州刺史,太和七年,就加检校国子祭酒,旌营田积粟之功也。

不正风气。但与一介地方官刘源不同,贺拔志是隶属于度支下属部门的官员。因此这件事也意味着掌控集权性财务运营的营田使也开始谋求私利了。此类问题的实质比"北边"藩镇以及宦官日常庇护的神策外镇发生类似的事件更为严重。实际上,据史料记载由营田使等度支系诸司所引发此类事件的数量巨大。例如,在贞元时期,代北水运使薛謇就因大量饲养军马,以及未上报"异马"的罪状而被降职①;大中时期的代北水运使马曙也曾因私藏兵器犀甲而被处分②。

朝廷为了抑制"官僚的逐利之心",推行了各种各样的制度改革,但均收效甚微。不仅边境诸军(普通各藩、神策外镇),就连由中央政府派遣的度支官僚也深陷追逐私利的不正之风之中。

结 论

本章的论述,以分布在"北边"的地方组织——"北边"诸藩、神策外镇、度支系各司(水运使、营田使、和籴使、巡院等)为中心,对"北边"经济的各个侧面进行了梳理。边境防卫最前沿的应属"北边"诸藩,而在军事、财政等各个方面对其进行支持与控制的则是神策外镇和度支系诸司。

这些机构通过以下三种途径获得军用物资。首先是由中央政府提供的军费。这既有以直接的形式发放的衣服、粮食,也有承认税收再分配(两税留使、营田收入与盐利的自主财源化)的方式。第二是由商人运送的物品。典型代表就是将乌池盐利等籴本作为货款购入军粮的形式。第三是从诸藩(特别是党项)买入的军马。而朝廷(特别是度支)以及度支系诸司的职责就是监督这样的"制度性物流",并保障其顺利流通。

---

① 《李公文集》卷十二《故东川节度使卢公传》:
泗州刺史薛謇为代北水运使时,畜马四百匹,有异马以不献者。事下度支,乃使巡官往验之。

② 《东观奏记》卷中:
大理卿马曙,任代北水陆运使。代北出犀甲,曙罢职,以一二十领自随。故事人臣家不得蓄兵器,曙既在朝,乃瘗而藏之。一日,奴有犯罪者,曙笞之,即告于御史台,称曙蓄兵器,有异谋。命吏发曙私第,得甲不虚。坐贬邠州刺史。

但是,地方各机关官员存在着通过各种各样的不正当行为巧取豪夺谋取私利的风气。具体有如下方式:一是通过营田、监牧、兵额等的虚夸上报非法获利(对于朝廷)①;二是强行和籴与拒付货款(对于商人);三是强夺军马、强制购买与拒付货款(对与诸藩)。通过这些方式,被私吞的财物背离了"原有目的",被当作进奉、贿赂(对朝廷),流用、转卖(对商人)②,游牧兵的招募(对诸藩)等"目的外使用"的资金来源肆意转用(村井恭子2015,70~72页)。

由于"非制度性物流"与"制度性物流"密切相关,使原本负责杜绝不正之风发生的度支系诸司官员也时常被拖下水。可见,若不对事物背后存在的非制度性领域的情况进行研究,也就无法准确把握事实真相。

在唐代"北边"财政中商人看似毫无存在感,因此之前的论述中做出了"不存在令商人们动心的商品"这一推测(丸桥充拓2006,177页;本书第141页)。但是近年来,随着对游牧势力相关研究成果的增加,像盐、马等商品性极高的物品在史料中显现出来③。因此,此前研究中遗留的问题也在一定程度上得到解决,并由此引起了再思考。

---

① 关于维持营田之艰辛,参照(贾志刚2006B);虚报兵额(虚占军籍)的诸问题,参照(贾志刚2006A、村井恭子2015,64~63页)。

② 下面记述的就是边将与首都的富裕阶层相互勾结秘密贩卖军粮的典型事例(贞元期)(丸桥充拓2006,178页;本书第141~143页):

又有势要、近亲、羁游之士,或托附边将,或依倚职司,委贱籴于军城,取高价于京邑,坐致厚利,实繁有徒。(《陆宣公集》卷十八《请减京东水运收脚价于沿边州镇储蓄军粮事宜状》)

③ 本章中未涉及的铁、武器也是"北边"经济中重要的商品的内容。参照贾志刚2006C,128~131页。

第三部

唐代军事礼制研究

第九章

魏晋南北朝隋唐时期军事礼制确立过程的概况

绪　论

唐开元二十年(732),上呈的《大唐开元礼》(以下简记为《开元礼》)是汇集自古以来诸礼的集大成者。其中记载的国家礼制合计有152种,这些礼节根据"五礼"(吉礼、嘉礼、宾礼、军礼、凶礼)的范畴进行了区分。为了更好地理解"五礼"的内容,根据这152种礼节内容的类似性,进行适当地概括整理列成表22。概括表22内容可知:"吉礼"是由国家举办的以祭祀活动为主的仪式;"嘉礼"是规定家族、共同体秩序的仪式;"宾礼"是谋求与异邦友好、亲善的仪式;"军礼"是与军事相关的仪式;"凶礼"是与丧葬活动相关的仪式。

表22　《大唐开元礼》的概况

吉礼	郊祀(圜丘、方丘、四郊、明堂等)
	社稷
	山镇海渎
	太庙
	诸陵
	籍田、亲桑
	学校(释奠、孔子、齐太公)
	巡狩
	封禅
	祈雨

续表

嘉礼	冠礼
	婚礼
	受朝
	读时令
	养老、乡饮酒、正齿位
	册命
	遣使慰劳、宣制
宾礼	藩主朝见
	宴藩国王、宴藩国使
军礼	出征（上帝、太社、太庙等；宣露布、劳军将）
	训练（讲武、田狩、射礼）
	祀马祖、享先牧、祭马社、祭马步
	合朔伐鼓
	傩
凶礼	赈抚、劳问
	服丧
	举哀吊祭
	丧葬

注：表中列举的是经过适当概括的相关诸礼。

此前，我在诸礼中重点关注了"军礼"，虽研究过军礼在《开元礼》以后的历史性发展（丸桥充拓 2005），但却没有深入探讨《开元礼》的历史性。《开元礼》中的"军礼"自然应该是历史的产物。另外，虽说《开元礼》中"军礼"的主要构成要素是出征仪式与训练仪式（参照表22），但包含在"军礼"中的具体内容却是随着时代而发生变化的。

本章以此为切入点，以起源各异的诸礼集于"军礼"，并最终归纳于《开元礼·军礼》的过程为研究内容，在重点关注历代正史礼志构成的同时，进行深入探索。

第一节 "五礼"制度的确立过程

"五礼"的起源历史悠久,最早将其体系化的是《周礼》①。但将礼学体系引入国家制度体系需要时间过程,所以,直到魏晋以后该体系才得以确立。研究隋朝以前"五礼"发展历程的梁满仓把五礼制度的确立过程划分为如下三个时期(梁满仓2009第三章第二节):

(1)孕育期:汉末三国时期;

(2)发育期:两晋时期~南朝的宋齐时期;

(3)成熟期:梁朝天监年间(502—519)至北魏太和年间(477—499)之后。

按这种区分方式进行定位的话,第一个时期是"五礼"尚停留在礼学概念的阶段,第二、第三个时期则是按"五礼"的框架进行国家礼制编成的阶段。魏晋南北朝时期,顺应这种趋势,出现了编撰与诸礼相关的注释书——"仪注"的盛大景象(参照表23)。

陈寅恪早已阐明了以这种"仪注"为基础举行各种仪式的历代继承过程,在日本,西嶋定生与金子修一将其作为解读帝王制的内容进行了研究(陈寅恪1944,西嶋定生1961,金子修一2006)。近年来,小林聪、梁满仓又对其政治意义进行了研究,逐渐明确了魏晋南北朝时期在礼制研究史上的重要性(小林聪2005A、B,梁满仓2009)。特别是梁满仓,广泛收集并详细分析了这个时期的诸礼,很大程度上推进了有关诸礼的史料研究。

不过,在梁满仓的分析中需要注意的是,其从一开始便将诸礼按"五礼"的框架进行了划分,并在此基础上进行论述。因此,在探求构成"五礼"诸礼的历史变迁及"五礼"各自的特征变化时,很难解读其随时间推移而发展变化的情况,即诸礼究竟如何与"五礼"的各项内容相匹配。不言而喻,在历史发展过程中,其始终处于变化之中。"五礼"中我主要关注并研究的"军礼",其结构并非一开始就是确定的。下一节中将具体考察各王朝"军礼"的构成内容及历史上的发展变化等问题。

---

① 《周礼·春官·大宗伯》。

表 23　魏晋南北朝时期的仪注类

时代	《隋书》	《旧唐书》	《新唐书》
晋	付瑗《晋新定仪注》40卷		付瑗《晋新定仪注》40卷
		《晋仪注》39卷	《晋仪注》39卷
	《晋杂仪注》11卷	《晋杂仪注》21卷	《晋杂仪注》21卷
	江左《甲辰仪》5卷	《甲辰仪注》5卷	
		《冠婚仪》4卷	
		徐广《晋尚书仪曹新定仪注》41卷	《晋尚书仪曹新定仪注》41卷
		《晋尚书仪曹吉礼仪注》3卷	《晋尚书仪曹吉礼仪注》3卷
			《晋尚书仪曹事》9卷
		孔朝等《晋明堂郊社仪》3卷	
		蔡谟《晋七庙仪》3卷	
		荀顗《晋杂仪》10卷	
宋	《宋仪注》10卷	《宋仪注》36卷	《宋尚书仪注》36卷
	《宋仪注》20卷	《宋仪注》2卷	《宋仪注》2卷
		《杂仪注》108卷	
南齐			严植之《南齐仪注》28卷
梁	明山宾《梁吉礼仪注》10卷(原206卷)	明山宾等《梁吉礼》18卷	明山宾等《梁吉礼》18卷
		《梁吉礼仪注》10卷	《梁吉礼仪注》4卷或10卷
		沈约《梁祭地祇阴阳仪注》2卷	沈约《梁祭地祇阴阳仪注》2卷
	贺玚《梁宾礼仪注》9卷	贺玚《梁宾礼仪注》1卷	贺玚等《梁宾礼》1卷
	严植之《梁凶礼仪注》散佚(原479卷)	严植之《梁皇帝崩凶仪》11卷	严植之《梁皇帝崩凶仪》11卷
		严植之《梁凶礼天子丧礼》5卷	

续表

时代	《隋书》	《旧唐书》	《新唐书》
梁		《梁凶礼天子丧礼》7卷	《梁天子丧礼》7卷或5卷
			《梁皇太子丧礼》5卷
		严植之《梁王侯已下凶礼》9卷	《梁王侯以下凶礼》9卷
		《梁太子妃薨凶仪注》9卷	《梁太子妃薨凶仪注》9卷
		《梁诸侯世子凶仪注》9卷	《梁诸侯世子卒凶仪注》9卷
		《梁大行皇后崩仪注》1卷	《梁大行皇后崩仪注》1卷
			《士丧礼仪注》14卷
	陆琏《梁军礼仪注》散佚（原190卷）	陆琏《梁军礼》4卷	陆琏《梁军礼》4卷
	司马褧《梁嘉礼仪注》散佚（原113卷）	司马褧《梁嘉礼仪注》21卷	司马褧《梁嘉礼》35卷或《嘉礼仪注》45卷
		杂撰《梁尚书仪注》18卷	《梁尚书仪曹仪注》18卷或20卷
		沈约《梁仪注》10卷	沈约《梁仪注》10卷
陈	《陈吉礼》171卷	杂撰《陈吉礼仪注》50卷	杂撰《陈吉礼仪注》50卷
		《陈杂吉仪志》30卷	《陈吉仪志》30卷
	《陈宾礼》65卷	张彦《陈宾礼仪注》6卷	张彦《陈宾礼仪注》6卷
	《陈军礼》6卷		
	《陈嘉礼》102卷		
		《梁陈大行皇帝崩仪注》8卷	《梁陈大行皇帝崩仪注》8卷
		《陈诸帝后崩仪注》5卷	《陈诸帝后崩仪注》5卷
		仪曹《陈皇太子妃薨仪注》5卷	仪曹《陈皇太子妃薨仪注》5卷
		《陈杂仪注凶仪》13卷	《陈杂仪注凶仪》13卷
		仪曹《陈皇太后崩仪注》14卷	仪曹《陈皇太后崩仪注》14卷
		杂志《陈尚书曹仪注》20卷	
		《陈杂仪注》6卷	《陈杂仪注》6卷

续表

时代	《隋书》	《旧唐书》	《新唐书》
北魏	《后魏仪注》50卷	常景《后魏仪注》32卷	常景《后魏仪注》50卷
北齐	《后齐仪注》290卷	赵彦深《北齐吉礼》72卷	赵彦深《北齐吉礼》72卷
		赵彦深《王太子丧礼》10卷	赵彦深《王太子丧礼》10卷
隋	《隋朝仪礼》100卷	高炯《隋吉礼》54卷	高炯《隋吉礼》54卷
		高炯等《隋书礼》7卷	
			牛弘等《隋江都吉礼》120卷

注：《隋书》卷三十三《经籍志二·史部·仪注类》；

《旧唐书》卷四十六《经籍志上·乙部史类·仪注类》；

《新唐书》卷五十八《艺文志二·乙部史类·仪注类》。

第二节　魏晋南北朝时期军事礼制的定位

一、5世纪以前

梁满仓指出，汉代以前作为学术的礼学体系与国家级别的礼制未必一致。例如《史记》中的《礼书》与《封禅书》、《汉书》中的《礼乐志》与《郊祀志》、《后汉书》中的《礼仪》与《祭祀》都是分别记述的（梁满仓 2009，128页）。

另外，即使深入研究上文所提到的各文献的构成及内容也依然无法区别"五礼"的构成。比如《后汉书·礼仪下》"大丧""诸侯王列侯始封贵人公主薨"等，虽被单独分类在"凶礼"系的诸礼中，但在上、中卷中，除此之外并未区分其他诸礼，只是依照四季历书，顺"时令"的方式进行排列。

要从上述文献中找出被分类在"军礼"系的诸礼的话，首先应属三月

(季春)的射礼①。另外,与讲武、田猎内容相似的"貙刘""乘之"被定为"立秋之日"的仪式②。也就是说,这个时期把射礼与讲武、田猎全部包括在"军礼"范畴内的思想尚不普遍。

继《后汉书》后的正史礼志是由唐代房玄龄等编撰的《晋书·志·礼》。《晋书·志·礼》共三卷,汇集了三国至晋代的诸礼的构成,如下所示:

《礼上》:吉礼(郊祀、明堂、社稷、读时令、籍田、亲蚕、释奠、宗庙等)

《礼中》:凶礼(丧制、诸陵等)

《礼下》:宾礼(元会、巡狩、封禅等)

<u>军礼(讲武、遣将出征)</u>

嘉礼(冠礼、婚礼、养老、乡饮酒、释奠、季春上巳禊祭、九月九日马射等)

《晋书·志·礼》中的诸礼按"五礼"进行了分类,而早于《晋书》的《宋书》《南齐书》《魏书》并未按"五礼"的规范整理诸礼的次序。因此,《晋书·志·礼》很有可能是根据已形成"五礼"框架的唐代思维进行编纂的。

虽说如此,唐人不可能仅按照唐代的基准区分"五礼"。因为在唐代时,包括在"嘉礼"中的读时令与释奠被编入"吉礼",元会则被编入"宾礼"。可见唐人对晋代的礼制是运用一定的知识或依据进行了以上的分类的。虽说有史料上的问题,但下面暂且按《晋书》的分类,对构成"军礼"的内容进行分析。

晋礼中的"军礼"由讲武与遣将出征仪式组成。尤其是讲武,在后世的正史礼志中也经常出现在"军礼"的范畴内,逐渐成为"军礼"的核心仪式。关于出征仪式,除《晋书》礼志的"军礼"部分外,在"吉礼"郊祀中也有记

---

① 《后汉书·礼仪上》:

明帝永平二年三月,上始帅群臣躬养三老、五更于辟雍。行大射之礼。郡、县、道行乡饮酒于学校,皆祀圣师周公、孔子,牲以犬。于是七郊礼乐三雍之义备矣。

② 《后汉书·礼仪中》:

立秋之日,白郊礼毕,始扬威武,斩牲于郊东门,以荐陵庙。其仪:乘舆御戎路,白马朱鬣,躬执弩射牲。牲以鹿麛。太宰令、谒者各一人,载以获车,驰送陵庙。于是乘舆还宫,遣使者赍束帛以赐武官。武官肄兵,习战阵之仪、斩牲之礼,名曰貙刘。兵、官皆肄孙、吴兵法六十四阵,名曰乘之。

载①。另外,九月九日的马射虽被编在"嘉礼"中,根据说明可知马射是与讲武同宗旨的军事仪式。

> 九月九日,马射。或说云:"秋,金之节。讲武习射,象立秋之礼也。"②

也就是说,在《晋书·志·礼》中与军事有关的诸礼并未全部归纳在"军礼"中,而是分散在"吉礼""嘉礼"里。换句话说,此时的出征仪式与射礼等都具有军事性质,但人们更重视其作为祭祀与共同体礼制的仪式感。

这种现象在此后也持续了一段时间。下面来梳理一下梁代沈约撰的《宋书·志·礼》(五卷)的构成内容:

《礼一》:冠礼、婚礼、元会、郊祀、社稷、籍田、亲蚕、学校、释奠、讲武、田猎等

《礼二》:巡狩、读时令、丧制、诸陵等

《礼三》:郊祀、封禅、宗庙等

《礼四》:宗庙、太社、籍田、亲蚕、岳渎、祈雨、释奠

《礼五》:车服

由此不难看出,《宋书·志·礼》未按"五礼"的结构进行分类,而且郊祀与籍田、亲蚕、释奠等仪式中反复出现,结构混乱、未经整理的痕迹十分明显。这不由让人怀疑这个时期"五礼"的框架究竟是否已经被全面应用在国家礼制中了。

与"军礼"相关的讲武、田猎等则被归纳、记载在一处,成为"军礼"的核心部分。但是与《晋书》一样,与军事相关内容的诸礼也分散记录在各处。

---

① 《晋书》卷十九《礼上》:
安帝元兴三年,刘裕讨桓玄,走之。己卯,告义功于南郊。
(本书213页注②是本记载的先行史料)
《晋书》卷十九《礼上》:
魏文帝黄初四年七月,帝将东巡,以大军当出,使太常以一特牛告祠南郊。
(本记载在同卷的两个地方重复出现。)

② 《晋书》卷二十一《礼下》:
九月九日,马射。或说云:"秋,金之节。讲武习射,象立秋之礼也。"

例如，大射被记载在《礼一》的学校礼制部分（"嘉礼"系统）①；与出征告郊相关的内容记载在《礼三》的郊祀部分（"吉礼"系统）②；而讲武献牲的内容则记载在《礼四》的宗庙部分（"吉礼"系统）中③。也就是说，即便到了南朝宋，射礼、出征礼也并未列入"军礼"的范畴。

下面来看一下梁代萧子显撰写的《南齐书·志·礼》（二卷）的内容构成：

《礼上》：郊祀、宗庙、太社、籍田　　　　　　　　【吉礼？】

　　　　学校、释奠、冠礼、婚礼、元会等　　　　　【嘉礼？】

　　　　九月九日马射　　　　　　　　　　　　　　【军礼？】

《礼下》：诸陵、丧制　　　　　　　　　　　　　　【凶礼？】

《南齐书·志·礼》虽未严格区分"五礼"，但却没有《宋书》那么杂乱。将关联紧密的诸礼概括排列，上卷分为吉礼、嘉礼、军礼，下卷为凶礼④。并

---

① 《宋书》卷十四《礼一》：
又缮造礼器俎豆之属，将行大射之礼。亮（庾亮）寻薨，又废。

② 《宋书》卷十六《礼三》：
安帝元兴三年三月，宋高祖讨桓玄，走之。己卯，告义功于南郊。（本记载应是本书第212页注①先行史料）
《宋书》卷十六《礼三》：
文帝元嘉三年，车驾西征谢晦，币告二郊。
孝武帝孝建元年六月癸巳，八座奏："刘义宣、臧质，干时犯顺，滔天作戾，连结淮岱，谋危宗社。质反之始，戒严之日，二郊庙社，皆已遍陈。其义宣为逆，未经同告。舆驾将发，丑徒冰消，质既枭悬，义宣禽获，二寇俱殄，并宜昭告。检元嘉三年讨谢晦之始，普告二郊、太庙。贼既平荡，唯告太庙、太社，不告二郊。"
《宋书》卷十六《礼三》：
成帝咸和三年，苏峻覆乱京都，温峤等入伐，立行庙于白石，告先帝先后曰……
《宋书》卷十七《礼四》：
宋文帝元嘉三年五月庚午，以诛徐羡之等，仇耻已血，币告太庙。
元嘉三年十二月甲寅，西征谢晦，告太庙、太社。晦平，车驾旋轸，又告。

③ 《宋书》卷十七《礼四》：
大明七年二月丙辰，有司奏："銮舆巡蒐江左，讲武校猎，获肉先荐太庙、章太后庙，并设醴酒，公卿行事，及献妃阴室，室长行事。"

④ 《南齐书》卷九《礼上》中记载了永明二年（484）王俭制定的礼制中有"五礼"的区分：
于是诏尚书令王俭制定新礼，立治礼乐学士及职局，置旧学四人，新学六人，正书令史各一人，干一人，秘书省差能书弟子二人。因集前代，撰治五礼，吉、凶、宾、军、嘉也。

且可以推测"五礼"的结构正逐渐渗透其中。但依然很难清楚地看出"军礼"的框架。

在上述论证中将"九月九日马射"判断为"军礼"是因为《南齐书》里说马射与讲武(军礼核心内容)是同宗旨的仪式①。不过,事实上这个记载与前文介绍过的《晋书》中"九月九日马射"的内容几乎一样(参照本书第212页注②及第214页注①)。而且《晋书》将此仪式划分在"嘉礼"中。因此,根据《晋书》的分类,将《南齐书》里的马射归类在"嘉礼"也并非不可能。就算只重视内容将马射视为"军礼",那么,《南齐书》与此相同的记载中只有两篇"九月九日马射"的内容。因此,不得不说"军礼"的范畴依然非常模糊。

下面来看看北魏时期的情况。北齐时期魏收撰的《魏书·志·礼》共有四卷,构成如下:

《礼四之一》《礼四之二》:郊祀、宗庙、籍田、巡狩等　　【吉礼?】

《礼四之三》《礼四之四》(部分):诸陵、丧制

【凶礼?】

《礼四之四》(部分):讲武、冠礼、舆服等　　【军礼、嘉礼?】

《魏书·志·礼》虽也未明确记载"五礼"的结构,但从编排上大致能看出其中已包括了吉礼、凶礼、军礼、嘉礼的区分。不过,在《礼四之一》《礼四之二》部分中,按编年体的方式把关于郊祀、宗庙等记载混同在一起,出现了其他文献里没有类似例子的情况,与《南齐书》相比,"五礼"的体系化多少有些落后。

《魏书·志·礼》的"军礼"部分中包括讲武的记载,讲武也逐渐成为"军礼"的核心内容。但另一方面,在《礼四之一》的郊祀中也可发现关于出征仪式的记载②。因此,出征仪式作为祭祀得到重视,但"军礼"的主体基本

---

① 《南齐书》卷九《礼上》:
九月九日,马射。或说云:"秋,金之节。讲武习射,像汉立秋之礼也。"史臣曰:"……宋武为宋公,在彭城,九日出项羽戏马台,至今相承,以为旧准。"

② 《魏书》卷一百八之一《礼志一》:
神䴥二年,帝将征蠕蠕,省郊祀仪。四月,以小驾祭天神,毕,帝遂亲戎。大捷而还,归格于祖祢,遍告群神。

上只由讲武构成。

通过以上对5世纪以前的正史礼志的概括可知,"军礼"的主体框架是以讲武为核心渐渐形成的。但出征仪式被记载在郊祀部分、射礼被记载于学校礼制部分的情况也很常见。总之,以在南郊、宗庙、大社等地祭祀为主的出征仪式属于"吉礼"系统,与养老、乡饮酒礼等相关的射礼属于"嘉礼"系统,二者之间有着深厚的渊源。诸礼在6世纪时最终被归纳到"军礼"的范畴中①。

二、6世纪

南朝的梁、陈,北朝的北齐、北周和隋这五个朝代的礼制全部记载在唐代长孙无忌等编撰的《五代史志·礼仪》(五卷)中②。其构成如下所示:

《礼仪一》:郊祀、明堂 【吉礼?】
《礼仪二》:雩(祈雨)、迎气、宗庙、封禅、社稷、籍田、亲蚕等 【嘉礼?】
《礼仪三》:丧制、朝见、天子征伐、命将出征、讲武、田猎、射礼、和朔
　　　　　　伐鼓、傩、宣露布等 【凶礼、军礼?】
《礼仪四》:婚礼、冠礼、学校、释奠、元会、受朝 【嘉礼、宾礼?】
《礼仪五》:车服

《五代史志》虽未强调依据"五礼"进行分类,但从排列顺序已能看到"五礼"的区别了。另外,诸礼均采用了通载五朝变迁的形式,是与唐代中期杜佑所撰《通典·礼典》中提出的"历代沿革礼"有密切关联的分类方法。

关于"军礼",上面列举的诸礼几乎包含了《开元礼·军礼》的所有构成要素(参照表22)。此前一直被归纳到"吉礼""嘉礼"系统里的出征仪式与射礼等,也被归纳到"军礼"系统中并进行了综合性记载。因此,可以认同以出征仪式、训练仪式等为主要内容的《开元礼·军礼》的原型是在这个时期形成的观点。

陈寅恪指出,隋朝修订"五礼"时,是以梁、北齐的仪注为蓝本进行的

---

① 本书第十一章将对原本属于"嘉礼"系统的射礼演变为"军礼"的背景、历史意义进行详细论述。
② 《五代史志》作为《隋书》"志"的补充内容在同本中合卷。

(陈寅恪1994,6页)。在探索《五代史志》"军礼"系谱时,也应该重视这种观点。特别是天监年间(502—519)由梁武帝实施的"五礼"制度改革就是重要的转折点。正如小林聪、梁满仓所说的那样,梁武帝改革在礼制史上具有划时代意义(小林聪2005B,30页;梁满仓2009,144页)。梁代的仪注类与前代不同,是根据"五礼"的各部分编成的(参照表23),且各部分内容均超过一百卷①。这个时候的"军礼"范畴,极有可能是历经陈代②后被传入隋朝的。

另一方面,在北朝时期,北魏末普泰元年(531)常景编撰的《五礼》与北齐武平年间(570—576)薛道衡撰写的《五礼》③等,都是早于《五代史志》的著作④。从《五礼》中甚至可以知晓像李绘、王乂等军礼负责人的姓名⑤。而且,将《五礼》与《五代史志》"军礼"进行比较可知,无论哪种仪式,北齐、北周特别是北齐都比梁、陈的数量多得多,内容上重复的部分也更多。因此,可以推测《五代史志》中记载的军礼对《开元礼·军礼》产生最直接影响的是北齐的军礼⑥。

---

① 《梁书》卷二十六《徐勉传》:
普通六年,上修五礼曰:"……五礼之职,事有繁简,及其列毕,不得同时。嘉礼仪注以天监六年(507)五月七日上尚书,合十有二秩,一百一十六卷,五百三十六条。宾礼仪注以天监六年(507)五月二十日上尚书,合十有七秩,一百三十三卷,五百四十五条。军礼仪注以天监九年(510)十月二十九日上尚书,合十有八秩,一百八十九卷,二百四十条。吉礼仪注以天监十一年(512)十一月十日上尚书,合二十有六秩,二百二十四卷,一千五条。凶礼仪注以天监十一年(512)十一月十七日上尚书,合四十有七秩,五百一十四卷,五千六百九十三条。大凡一百二十秩,一千一百七十六卷,八千一十九条。又列副秘阁及五经典书各一通,缮写校定,以普通五年二月始获洗毕……"。
② 如表23所示,陈代也延续了仪注类按五礼区分的编撰习惯。
③ 《北史》卷三十六《薛道衡传》。
④ 表23所示的《后魏仪注》《后齐仪注》分别被解释为是与常景、薛道衡的《五礼》有密切关联的典籍(陈寅恪1944,10页)。
⑤ 《北齐书》卷二十九《李绘传》:
侍中西河王、秘书监常景选儒学十人编撰《五礼》,绘与太原王乂同掌军礼。
⑥ 据陈寅恪的观点,常景与薛道衡的《五礼》继承了北魏太和十七年(493)从南齐流亡到北魏的王肃的思想。北魏时期,王肃的改革是北魏礼制史上一个划时代的举措。这一观点自从陈寅恪提出以来一直受到重视。不过,在王肃曾生活过的南齐,军礼尚在确立过程中,因此,王肃的思想使军礼的内容变得更加充实。

结　论

综上所述,由出征仪式、训练仪式等构成的《开元礼·军礼》是 6 世纪特别是在北齐时期形成的。《开元礼·军礼》以讲武等训练仪式为核心,是汇集"吉礼"系统、"嘉礼"系统等来源各异的诸礼而形成的。

本章主要从正史礼志的构成这一侧面追寻了"军礼"的形成过程。重新考察了原本来源各异的诸礼最终归纳到"军礼"的过程,并追寻了其历史背景。

第十章

中国古代的战争与出征仪式
——从《礼记·王制》到《大唐开元礼》

绪　论

　　传统中国对"武力"的认识存在很大"分歧"。从思想方面来看,在所谓"尚文卑武"的风气下,尤其是在文官、士大夫中轻视、蔑视武官的思想根深蒂固。从礼制与官制方面来看,虽按阶层秩序赐予官员坐席时注重文武对称,但在实际的政治过程、行政、财政运营中,无法否认军事的巨大威慑力以及所承担的重要作用。

　　究竟应该怎样理解这种"分歧"或"落差"呢?历代王朝政权内部又是怎样协调统一这些关系的呢?这在广义上被认为是"武力的制度化"问题[①]。而"被制度化的武力"的最高表现形式就是军事仪式。

　　近年,历史学界整体提高了对礼制的关注度。在中国史领域,对皇帝祭祀、各种家礼的研究虽不断取得进展,但对军事仪式的研究却依然相对落后。在这些领域的研究中,较为领先的是欧美的亚洲史研究,Lewis. M. E、Graffle. D. A.等从文化层面对中国古代、中世纪(魏晋南北朝、隋唐时期)军事史进行的分析论考,为军事仪式的研究提供了诸多启发(Lewis. M. E1990、2002, Graffle. D. A. 2009)。

　　在亚洲地区,梁满仓发表了关于魏晋南北朝时五礼制度确立过程中军礼的专论。最近,王博则根据唐代到宋代的"献俘礼"探讨了军事仪式的变迁过程,可以说研究逐渐进入了萌芽阶段(梁满仓2009,王博2012)。迄今为止,我的研究多着眼于军事仪式中展现的军事秩序以日常进行的"训练

---

① 这里所说的"武力的制度化"源于Lewis. M. E的"被认可的暴力"这个概念。

仪式"为中心展开分析考察(丸桥充拓2005、2012),本章将在此基础上,以战时举行的"出征仪式"为焦点进行深入考察。

出征礼的历史久远,既有利用遗物的考古学性质的研究,也有基于金文等文字史料进行的探讨。利用兵书等进行的军事思想研究在以战国时期为中心的探究中已经取得了相当多的成果(汤浅邦弘2009)。与此相对,对秦汉以后古代国家形成过程中有关军事秩序的文献学的考证则显得不足。

本章将对汉代到唐代期间的古典出征仪式的历史进行论述。为了概括出征仪式的整体情况,首先分析《大唐开元礼》(以下简称《开元礼》)中规定的出征仪式的构成,并考察自汉朝至唐朝的出征仪式的历史性进程。

第一节 《大唐开元礼》的出征仪式

首先通览一下集古代礼典之大成的《开元礼·军礼》的内容并确认其构成。如表24所示,《开元礼·军礼》由战时出征仪式与训练仪式等日常的诸礼构成。本章以出征仪式为主题,重点论述处于其核心地位的三个祭祀,即祭祀上帝(天)的圜丘或在南郊举行的"类"、在太社举行的祭祀地神的"宜"、在太庙举行的祭祀祖灵的"告"。

在圜丘及太社、太庙举行的诸礼中除军礼外,也举行每年传统节日的正礼祭祀与狩猎时的仪式(不含军事性质的皇帝一般性行幸)(表25)。整理这些仪式内容中有关圜丘的正礼、巡狩、出征的仪式程序列成表26。从仪式的本质来看三者的内容大致相同[①]。尽管出征仪式与军礼不同,但其基本内容依然属于祭祀(吉礼)。《开元礼·军礼》集约了与吉礼、嘉礼等起源不同的诸礼而形成。由此可知,出征礼也是在南北朝时期后期,进入6世纪后开始列入军礼的(丸桥充拓2011)。

---

① 王博2012复原了告天礼的仪式程序,可供参考。

表24 《开元礼》军礼的构成

		卷八十一	皇帝亲征类于上帝
战时	出征礼仪	卷八十二	皇帝亲征宜于太社
		卷八十三	皇帝亲征造于太庙
		卷八十四	皇帝亲征祃于所征之地
		卷八十四	皇帝亲征及巡狩郊祀有司軷于国门
		卷八十四	皇帝亲征及巡狩告所过山川
		卷八十四	平荡贼寇宣露布
		卷八十四	遣使劳军将
		卷八十七	制遣大将出征有司宜于太社
		卷八十八	制遣大将出征有司告于太庙
		卷八十八	制遣大将出征有司告于齐太公庙
平时	训练礼仪	卷八十五	皇帝讲武
		卷八十五	皇帝田狩
		卷八十六	皇帝射于射宫
		卷八十六	皇帝观射于射宫
	其他的全年庆典等	卷八十九	祀马祖（仲夏）
		卷八十九	享先牧（仲夏）
		卷八十九	祭马社（仲秋）
		卷八十九	祭马步（仲冬）
		卷九十	合朔伐鼓
		卷九十	合朔诸州伐鼓
		卷九十	大傩
		卷九十	诸州县傩

注：卷数与诸礼的名称参照古典研究会本。

表25 《开元礼》中天、太社、太庙的诸礼（只布告皇帝亲祭）

	正礼（吉礼）	巡狩（吉礼）	出征（军礼）
天	皇帝冬至祀圜丘（卷四）	皇帝巡狩告于圜丘（卷五十六）	皇帝亲征类于上帝（卷八十一）
太社	仲春·仲秋上戊祭太社（卷三十二）	皇帝巡狩告于太社（卷五十八）	皇帝亲征宜于太社（卷八十二）

续表

	正礼(吉礼)	巡狩(吉礼)	出征(军礼)
太庙	时享/祫享/禘享太庙(卷三十七/三十九/四十)	皇帝巡狩告于太庙(卷六十)	皇帝亲征告于太庙(卷八十三)
	正礼	告礼	

表26　祭天礼的仪式程序比较(正礼、巡狩、出征)

	正礼(吉礼)		巡狩(吉礼)		出征(军礼)
	皇帝冬至祀圜丘		皇帝巡狩告于圜丘		皇帝亲征类于上帝
奠玉币	皇帝:入场、下车		皇帝:入场、下车	奠玉帛	皇帝:入场、下车
	皇帝:登上圜丘坛		皇帝:登上圜丘坛		皇帝:登上圜丘坛
	皇帝:向昊天上帝供奉玉币		皇帝:向天帝供奉玉币		皇帝:向昊天上帝供奉玉币
	皇帝:向高祖供奉玉币				
进熟	向各神座分配熟馔	亲告	向各神座分配熟馔	进熟	向各神座分配熟馔
	皇帝:登上圜丘坛		皇帝:登上圜丘坛		皇帝:登上圜丘坛
	皇帝:向昊天上帝供奉酒爵诵读祝文		皇帝:向天帝供奉酒爵诵读祝文		皇帝:向天帝供奉酒爵诵读祝文
	皇帝:向高祖供奉酒爵诵读祝文				
	皇帝:在昊天上帝的神座前饮福酒接受俎肉		皇帝:在昊天上帝的神座前饮福酒接受俎肉		皇帝:在天帝的神座前饮福酒接受俎肉
	太尉的亚献、光禄卿的终献				
					军将:登上圜丘坛
					军将:在天帝的神座前饮福酒接受俎肉
	望燎(在柴火上烧玉币、祝版、馔物等)		望燎(在柴火上烧玉币、祝版、馔物等)		望燎(在柴火上烧玉币、祝版、馔物等)

注:参照江川式部2006,王博2012。

应该注意的是,执行仪式的官员在举行正礼时被称为"祀官",在巡狩与出征仪式时则被称作"告官"。如词义所示,前者是"祭祀"天、地神、祖灵的仪式(正礼),而后两者则是"告辞"天、地神、祖灵的仪式(告礼)①。

《开元礼》中的出征仪式,可根据指挥战斗的主体是皇帝(皇帝亲征)还是其他司令官(制遣大将)以及处于战争进程哪一阶段(出征阶段、战场阶段、凯旋阶段)进行分类。整理出的结果如表 27 所示。为了便于对照,表 27 还附上了对《开元礼》产生直接影响的北齐时期的出征仪式(后齐仪注,见《隋书》卷八《礼仪三》)。

表 27 《开元礼》出征仪式与战争(附:北齐的出征仪式)

	唐(开元礼)		参考 北齐(后齐仪注)	
	皇帝亲征	制遣大将	皇帝亲征	制遣大将
出征	○上帝(类) ○太社(宜) ○太庙(造)	●太社(宜) ●太庙(造) ●齐太公庙(告)	○上帝(类) ○太社(宜) ○太庙(造) ○后土、神州、岳镇、海渎、源川等	●太庙(造)
战场	○所征之地(祃) ●国门(軷) ○所过山川(告)		○所征之地(祃) ○所过山川(告)	
凯旋	○宣露布 ○太庙 (○太社)	○宣露布 ○遣使劳军将	○太庙 ○太社	

注:"○":皇帝亲祭;
   "●":有司摄事(派遣代行者)。

表 27 中有两点需要注意的内容。第一是"皇帝亲征"与"制遣大将"(派遣司令官)的差别。备战时,天子是否亲征的差异在礼制上表现为"类

---

① 关于告礼(告祭)的内容参照池田末利 1981(特别是《告祭考——古代中国的季冬诸礼》一文)。

于上帝",也就是明确地表现在是否举行告天礼上。与此相对,在太社、太庙举行的诸礼,则无论由谁担任司令官都要举行。

第二点是凯旋后的仪式中不包括对天的告礼。另外,规定凯旋后在太庙举行祭祀仪式时,则要陈列俘馘与军实①。

如此,在庙、社举行的告礼,无论是出征时还是凯旋时都要举行,而告天礼则仅限于天子亲征且出征时才举行。由此可推测,在天与战争的关系中包含了不同于太庙、太社与战争关系的意义。

第二节　出征仪式的思想渊源

关于天、太社、太庙与战争的关联有各种不同的解释。经常被引用来证明双方关系的史料有《尚书·甘誓》中的如下经文及孔安国传:

> 大战于甘,乃召六卿。王曰:"嗟!六事之人,予誓告汝。有扈氏,威侮五行,怠弃三正。<u>天用剿绝其命,今予惟恭行天之罚</u>。左不攻于左,汝不恭命。右不攻于右,汝不恭命。御非其马之正,汝不恭命。用命赏于祖(孔安国传:<u>天子亲征,必载迁庙之祖主行。有功则赏祖主前,示不专</u>),弗用命戮于社(孔安国传:<u>天子亲征、又载社主,谓之社事。不用命奔北者,则戮之于社主前。社主阴,阴主杀,亲祖严社之义</u>),予则孥戮汝。"

从上面的记事中可知,有下划线部分的内容表明了祖(庙)与社的作用。出征时,首先要去庙、社举行告礼,之后,恭敬地拥戴"庙主""社主"一

---

① 《大唐开元礼》卷八十三《皇帝亲征告于太庙》:
凯旋告日,陈俘馘于南门外,北面西上,军实陈于后。
俘就是俘虏,馘就是评价战功的证据。即士兵在战场上杀死敌人,并将其左耳割下带回。军实指的是在战斗中使用的马车与武器等。在《开元礼》中尚未明确记载凯旋后在太社举行的告礼。根据《册府元龟》卷十二《帝王部·告功》中记载的例子,可以断定是承袭了北齐的制度。

同出征①。"庙主"就是迁庙里的远祖的神主(迁庙之主)②,凯旋后,在庙主前襃赏有功者。"社主"拥有对违反军律的人实施处刑的权利(守屋美都雄1969,增渊龙夫1970,宇都木章2011)。像这样利用"褒奖时庙主、惩罚时社主(亲庙严社之义)"的职责分工,起到了统治自己军队的良好作用。

对自己统帅的军队采用强制行为执行奖惩时,应该如何定义作为主将的君主与庙、社之间的关系呢？在说明这一点时,最常用到的一句话就是"不敢自专"。例如,对规定了天子亲征时举行告庙礼的《礼记·王制》的经文,唐代孔颖达的《礼记正义》中有如下的解说:

> "受命于祖",谓出时告祖,是不敢自专,有所禀承。故言受命③。

告庙的意义就是证明君主的权力并非是其个人的专断,而是受托("禀承")于祖灵。"不敢自专"一词频繁出现在经书的解释里,此外,也被灵活应用在天子与天、臣下与君主、宗族内的分支与本家的对应关系等其他各

---

① 《周礼·夏官·大司马》中有如下记载:
若大师,则掌其戒令,涖大卜帅执事、涖衅主及军器。
即举行告礼时,将祭祀用牲畜的血涂在庙主、社主以及军器(鼓、铎之类)上,并将此作为神来供奉。

② 《礼记·曾子问》中关于庙主有三个记载:
1. 曾子问曰:"古者师行,必以迁庙主行乎？"孔子曰:"天子巡守,以迁庙主行,载于齐车。言必有尊也。今也取七庙之主以行,则失之矣。当七庙五庙,无虚主。虚主者,唯天子崩,诸侯薨,与去其国,与祫祭于祖,为无主耳。吾闻诸老聃曰:天子崩,国君薨,则祝取群庙之主而藏诸祖庙,礼也。卒哭成事,而后主各反其庙。君去其国,大宰取群庙之主以从,礼也。祫祭于祖,则祝迎四庙之主,主出庙入庙,必跸。老聃云。"
2. 曾子问曰:"古者师行无迁主,则何主？"孔子曰:"主命。"问曰:"何谓也？"孔子曰:"天子诸侯将出,必以币帛皮圭告于祖祢,遂奉以出,载于齐车以行。每舍奠焉,而后就舍。反必告。设奠,卒敛币玉,藏诸两阶之间,乃出。盖贵命也。"
3. 孔子曰:"诸侯适天子,必告于祖,奠于祢,冕而出视朝。命祝史告于社稷、宗庙、山川,乃命国家五官而后行,道而出,告者五日而遍,过是非礼也。凡告用牲币。反亦如之。诸侯相见,必告于祢,朝服而出视朝。命祝史告于五庙,所过山川,亦命国家五官。道而出,反必亲告于祖祢,乃命祝史,告至于前所告者,而后听朝而入。"
根据第二条记载所示,没有"迁庙之主"时则用"币帛皮圭"代替。

③ 《尚书·甘誓》的伪孔《传》中以"示不专"供奉庙主也是同样的意思。

种关系模式上①。在此,所有的相关行为均非当事者的独断,而是获得相对更高一级权威授权后的行为。也就是说,这种关系可解读为对自己军队的统帅权源于祖灵与地神,君主只是代行者而已②。

更能显示祖灵、地神至高权力的是凯旋时举行的凯旋礼。首先在社里举行社主归位及对有罪者进行处罚(宇都木章 2011)的仪式。另外,在庙里举行庙主归还仪式的同时③也举行凯旋礼(饮至、策勋)。在太庙举行的凯旋礼由褒赏有功者、陈列"俘馘"与"军实"、庆功宴组成④。与此很相似的是作为国家礼制的狩猎(田猎、田狩)。狩猎时,向庙、社及四方神灵供奉狩猎的战利品(获物)(丸桥充拓 2005;本书第十二章)⑤。总之,无论是凯旋

---

① 列举几个《礼记》中的例子:
1. 天子与天相对应的事例(《表记》):
子曰:"唯天子受命于天,士受命于君。"
2. 臣下与君主相对应的事例(《曲礼》):
大夫私行出疆必请,反必有献。士私行出疆必请,反必告。(郑注:臣不敢自专也。)
3. 分家与本家相对应的事例(《曲礼》):
支子不祭。祭必告于宗子。(郑注:不敢自专。)
② 《白虎通·三军·论遣将于庙》中关于"制遣大将"的出兵仪礼进行了以下说明:
天子遣将军必于庙何?示不敢自专也。独于祖庙何?制法度者,祖也。
这直接表明各项制度都是依据祖先的规矩制定的。
③ 参见本书第223页《尚书·甘誓》及第224页注②《礼记·曾子问》的(2,3)。
④ 《左传》隐公五年春:
五年春,公将如棠观鱼者。臧僖伯谏曰:"凡物不足以讲大事,其材不足以备器用,则君不举焉,君将纳民于轨物者也。故讲事以度轨量谓之轨,取材以章物采谓之物。不轨不物,谓之乱政。乱政亟行,所以败也。故春蒐、夏苗、秋狝、冬狩,皆于农陈以讲事也。三年而治兵,入而振旅,归而饮至,以数军实,昭文章,明贵贱,辨等列,顺少长,习威仪也。鸟兽之肉,不登于俎。皮革、齿牙、骨角、毛羽,不登于器。则公不射,古之制也。若夫山林川泽之实,器用之资,皂隶之事,官司之守,非君所及也。"公曰:"吾将略地焉。"遂往,陈鱼而观之。僖伯称疾,不从,书曰:"公矢鱼于棠,非礼也。且言远地也。"
⑤ 《大唐开元礼》卷八十五《皇帝田狩》:
诸得禽者,献于旗下,致其左耳。大兽公之,小兽私之。其上者以供宗庙,次者以供宾客,下者以充庖厨。乃命有司饎兽于四郊,以兽告至于庙社。
《周礼·夏官·大司马》中冬大阅条:
大兽公之,小兽私之。获者取左耳。及所弊,鼓皆骇,车徒皆噪。徒乃弊,致禽饎兽于郊,入献禽以享烝(郑注:"徒乃弊"徒,止也。冬田主用众物多得取也。"致禽饎兽于郊",聚所获禽,因以祭四方之神于郊。《月令·季秋》"天子既田,命主祠〔转下页注〕

礼还是狩猎，都要报告外出归来，并与祖灵共享战利品。

在庙、社举行的告礼，高木智见、Lewis. M. E. 等认为可从《左传》等文献记载中发现很多实例（高木智见 1986，Lewis. M. E. 1990），这些例子证明，告礼作为社会惯例从很早开始就与战争结合在一起了。

那么，天与战争又是怎样的关系呢？前面提到的《尚书·甘誓》中画波浪线的部分是记载向敌对者（有扈氏）发动武力讨伐时执行"天罚"的情形。《尚书》中收录在"誓"里的各篇，会经常出现讴歌这种"代行天罚的战争"①

祭禽于四方"是也。入又以禽祭宗庙。）
另外，在《礼记·王制》的出征规定后有如下记事：
天子诸侯无事，则岁三田。一为乾豆，二为宾客，三为充君之庖。
总之，从这里可知"战时的出征"与"平时的田猎"是平行关系。正如刘易斯所说，战争与狩猎，与具体的战争或狩猎行动以及先祖在共同享有收获物的两个方面有很多可以类比的地方，在探究战争本质时，由此可得到诸多的启发（Lewis. M. E. 1990）。
①《尚书·大禹谟》（伪古文）：
帝（舜）曰："咨禹，惟时有苗弗率。汝徂征。"禹乃会群后，誓于师曰："……蠢兹有苗，昏迷不恭，侮慢自贤，反道败德。君子在野，小人在位，民弃不保，天降之咎，肆予以尔众士，奉辞罚罪。尔尚一乃心力，其克有勋。"
《尚书·汤誓》（今文）：
王曰："……有夏多罪，天命殛之……予惟闻汝众言，夏氏有罪，予畏上帝，不敢不正。……夏德若兹，今朕必往。尔尚辅予一人，致天之罚。"
《尚书·汤诰》（伪古文）：
敢用玄牡，敢昭告于上天神后，请罪有夏，聿求元圣，与之戮力，以与尔有众请命。
《尚书·泰誓上》（伪古文）：
予小子，夙夜祗惧，受命文考，类于上帝，宜于冢土，以尔有众，厎天之罚。
《尚书·泰誓下》（伪古文）：
时厥明，王乃大巡六师，明誓众士。王曰："……上帝弗顺，祝降时丧。尔其孜孜，奉予一人，恭行天罚。"
《尚书·牧誓》（今文）：
王曰："……今予发，惟恭行天之罚。"
《尚书·武成》（伪古文）：
予小子其承厥志，厎商之罪，告于皇天后土、所过名山、大川。曰："惟有道曾孙周王发，将有大正于商。……予小子，既获仁人，敢祗承上帝，以遏乱略。"
《尚书·多士》（今文）：
惟三月，周公初于新邑洛，用告商王士。王若曰："尔殷遗多士，弗吊旻天，大降丧于殷。我有周佑命，将天明威，致王罚。敕殷命终于帝。"

的内容。但是,在《尚书》诸篇中,关于战争"天支持"的内容,很多是为了证明战争正当性而抽象地提出的,而与告天礼等社会传统惯例的具体关联,则只有零星记载①。战争与天的关系作为礼制逐渐固定且形式化,相对晚于庙、社的告礼,应该是在形成完整祭天体系的汉代后期以后才形成的。

"天罚"当然是仅限天(天子)使用的概念,与此相对,诸侯向敌对者发动的武力讨伐被称为"王诛"。这样的内容记载在《尚书·胤征》的以下经文及伪孔《传》中:

> 今予以尔有众,奉将天罚(伪孔《传》:将,行也。<u>奉王命、行王诛……</u>)。尔众士同力王室,尚弼予钦承天子威命。

原本以诸侯为指挥官的战争,借助了王(天子)的力量后就变成了顺应天意的行为②。

很难断言上述的《尚书·夏书》两篇中所体现的战争观具体形成于何时,但至少可以确定战争与庙、社以及战争与天的关系来源不同,分别有其各自的历史渊源③。

随着时代的发展,关于两者的记载出现在相同的地方,因此,将二者作为同系列的告礼进行了分类。其中的一部分可追溯到《尚书·泰誓

---

① 《尚书》诸篇中,具体记载告天礼的只有《汤诰》《泰誓上》《武成》。(参见本书第226页注①中划二重线部分)。

② 萧梁刘勰撰《文心雕龙·檄移第二十》中有以下记载:

夫兵以定乱,莫敢自专,天子亲戎,则称恭行天罚。<u>诸侯御师,则云肃将王诛</u>。故分阃推毂,奉辞伐罪,非唯致果为毅,亦且厉辞为武。

《文心雕龙》是文学论著而不是制度史的史料,天子亲征是"恭行天罚",诸侯出征(制遣大将)是"肃行王诛",可见南朝时期依然保留着与《尚书·胤征》所述的结构一样的仪礼。

③ 根据以上分析可知,借助庙、社将自己对军队强制统帅进行正当化,借助天实现对敌军发动武力的正当化。但是,当事者们并非有意识地将武力矛头指向自军或敌军,也没有根据表明同一场合中将庙、社与天的关系按"前者(自军)""后者(敌军)"进行"角色分配"。除《尚书》诸篇,《礼记·王制》《开元礼》中也都没有进行这样的分类,因此,在概念的解释上应该慎重。

上》《司马法·仁本篇》等①先秦的史料中。将出征仪式作为国家礼制过程的参照基准,对后世产生了巨大影响的是《礼记·王制》。现将《礼记·王制》中与出征仪式相关的记事以及前面提到过的巡狩的记载列举如下:

(1)天子五年一巡守。岁二月,东巡守,至于岱宗。……五月,南巡守,至于南岳,如东巡守之礼。八月,西巡守,至于西岳,如南巡守之礼。十有一月,北巡守,至于北岳,如西巡守之礼。归假于祖祢,用特。

(2)天子将出,类乎上帝,宜乎社,造乎祢。诸侯将出,宜乎社,造乎祢。

(3)天子将出征,类乎上帝,宜乎社,造乎祢,祃于所征之地,受命于祖,受成于学,出征执有罪,反释奠于学,以讯馘告。

"(1)"是天子每五年举行一次的四方巡狩,只记载了归来时的告礼。"(2)"是天子、诸侯巡狩时的规定,只记载了出发时的告礼②。"(3)"是天子的军事出征,列举了出征时、凯旋时的仪式。表28是以"(3)"的内容为基础列举的出征仪式,未包含的凯旋仪式参照"(1)"、诸侯仪式参照"(2)"进行推定、复原而成的内容。根据表28可以判断,告天仪式("类")是天子亲征起兵时举行的仪式,凯旋时则不举行。前节论述的《开元礼》以及后齐仪注的基本构成在此时已经出现了。

《礼记》汇集了来源各异的各种古礼,要类推出各篇中各项规定的形成

---

① 《尚书·泰誓上》参照本书第226页注①。《司马法·仁本篇》则有以下内容:

其次,贤王制礼乐法度,乃作五刑,兴甲兵以讨不义。巡狩省方,会诸侯,考不同。其有失命、乱常、背德、逆天之时,而危有功之君,遍告于诸侯,彰明有罪。乃告于皇天上帝、日月星辰,祷于后土、四海神祇、山川冢社,乃造于先王。

② 对上"(2)"的注疏(孔颖达《礼记正义》)有如下说明:

天子至乎祢,《正义》曰:一经论天子巡守之礼也。……诸侯将出者,谓朝王及自相朝、盟会、征伐之事也。

这一节中所描述的天子、诸侯的"出",前者是指巡狩,后者则指入朝、诸侯之间的会见、会盟以及出征。由此可知诸侯的出征仪式也包含在其中。表28"诸侯"一栏就是以此为根据列出的。

时期确实相当困难,但可以肯定戴圣《礼记》(《小戴礼记》)的成书早于西汉宣帝时期。天、庙、社的出征仪式也形成于这一时期,具体而言,就是在元帝以后,经由王莽政权一直到东汉前期的这一期间形成的。此时正好是以儒教为基础的祭祀体系成为国家制度重要支柱的时期(目黑杏子2005,渡边信一郎2003,金子修一2006),这一时期,举行出征仪式的实例开始出现在经书以外的史书上。下节将考察体现在《礼记·王制》中的出征仪式的礼学体系此后被制度化的过程。

表28 天子与诸侯的出征仪式

		天子	诸侯
出征	类(上帝)	○	
	宜(社)	○	○
	造(祢=祖)	○	○
战场	祃(所征地)	○	?
凯旋	宜(社)	○	○
	造(祢=祖)	○	○
	释奠(学)	○	?

注:凯旋时的情形参照《周礼·夏官大司马·春官大祝》。

第三节 围绕出征仪式制度化的诸问题

《礼记·王制》中记载了天、庙、社一体化的告礼是礼制体系上的形成阶段。由于《礼记·王制》中包括了来源各异的诸礼,因此,将告礼作为国家礼制进行制度化规范时,产生了各种不同意见。

在《礼记·王制》中规定天子的告天只在出征时举行。为什么凯旋时不举行告天("凯旋告天")礼呢?这样的规定在将出征仪式编入国家礼制的过程中产生很大的争议①。

据记载,在东汉初的白虎观会议上出现了对凯旋告天的争论,在《白虎通》中记载了出征、凯旋时举行两次告庙礼的原因。征引如下:

> 王者将出,辞于祢;还,格祖。祢者,言子辞面之礼,尊亲之义也。(《白虎通·三军·论告天告祖之义》)

对只在出征时举行告天礼的理由做出了不同的解释:

> 出所以告天。告天何？示不敢自专也,非出辞反面之道也,与宗庙异议。还不复告天者,天道无内外,故不复告也。《尚书》言"归,格于祖祢",不见告于天,知不告也。(同上)

---

① 在"武王克殷"的相关史料中,有很多史料记载了"凯旋告天"的内容。后世,在是否承认凯旋告天的议论中,这些史料几乎没有被引用过,因此,并未产生影响,现逐一列举如下:
《尚书·武成》(伪古文):
惟一月壬辰,旁死魄。越翼日,癸巳,王朝步自周,于征伐商。厥四月,哉生明,王来自商,至于丰,乃偃武修文,归马于华山之阳,放牛于桃林之野,示天下弗服。丁未,祀于周庙,邦甸、侯、卫,骏奔走,执豆、笾。越三日,庚戌,柴、望,大告武成。(伪孔《传》:燔柴郊天,望祀山川。先祖后郊,自近始。)
《礼记·大传》:
牧之野,武王之大事也。既事而退,柴于上帝,祈于社,设奠于牧室(郑注:柴、祈、奠,告天地及先祖也。……)遂率天下诸侯,执豆、笾,逡奔走,追王大王亶父、王季历、文王昌,不以卑临尊也。
《汉书·律历志下》:
故《武成篇》曰:"惟四月既旁生霸,粤六日庚戌,武王燎于周庙。翌日辛亥,祀于天位。粤五日乙卯,乃以庶国祀馘于周庙。"
在"武王克殷"的相关史料中,记载了凯旋后举行告庙、告天的相关仪式,《大学衍义补》卷一百三十二《出师之律》中有如下解释:
此武功成告祖及天之礼。先祖后郊者,郑氏谓"其自近始",蔡氏以为"由亲而尊"。窃以谓武王伐商,受命于文考,及其成功也,先告焉。因告文考,遂及七世之庙,故又三日,然后以所以成文考之志者告天焉。盖武王成文考之志而文考又所以成天之志也,岂以远近为先后哉？
这里主要的论述的是举行告礼的顺序,把对殷发动武力讨伐的依据直接归结为文王的遗命("文考之志"),而文王的这个遗命又基于天命("天之志")。实际上这是在祖灵意志的延伸线上看待天意的解释。

"辞面之礼"和"出辞反面之道"指的是相同的内容。这是出自《礼记·曲礼》中的"夫为人子者,出必告,反必面"的内容,文面表达的是"子(子孙)是与父母(祖先)相对的概念,子(子孙)出门或回家时都必须问候父母(祖先)"的这样一个社会规范。也就是说,告庙礼被定位成"子孙对祖先之礼",因此出征时、凯旋时都必须举行。

与此相对,告天礼被看作是"不敢自专",即发动武力征伐不是天子个人的武断行为,强调是天赋的特权。而且与告庙礼的"出辞反面"不同,天子与天之间外、内的关系,即出征、凯旋的关系并不成立,因此主张不举行凯旋时的告天礼。总之,从西汉后期到东汉初期,凯旋告天从《礼记·王制》传承到《白虎通》的今文学系的主张,在礼学上是被否定的①。

与礼学上的体系化相比,实际情况又如何呢?下面列举几个两汉到魏晋的记载:

> 诛郅支单于,告祠于郊庙,赦于天下。(《汉书·元帝纪》建昭四年春正月条)
>
> 于是天子下诏曰:"……今延寿、汤睹便宜,乘时利,结城郭诸

---

① 在汉代末期成书的《孔丛子·问军礼篇》中详细记载了出征仪式(参照表29)。出征时举行天、庙、社告礼,凯旋时举行庙、社告礼,这一点与《礼记·王制》的基本结构相同。该篇详细叙述了战地的仪式,如作战前向天"祈克",胜利后向天、社、祖的"告克"等内容在其他书上都没有记载。因为,此书被认为是伪作,无论从史料方面还是从思想方面,此书都是很难定位的文献,而且此书中记载的出征仪式并没有实例证据,在此特予说明。

表29 《孔丛子》的出征仪式(皇帝亲征的情况)

出征	①	郊、太社、太庙、帝学的祭祀
	②	载庙主、社主于齐车一起出征
战场	③	告祭所经过的山川
	④	"定誓命战"向天祈愿战胜
	开战 – 胜利	
	⑤	在战场上向祃祭、天、社、祖报告战胜(战败就"不告")
	⑥	褒赏有功者(祖奠之前)、处罚违反者(社主之前)
	⑦	向③中祭告的山川报告战胜
凯旋	⑧	祖祢的告礼(庙主、社主送返)、帝学祭祀
	⑨	在祖庙"饮至策勋"

国,擅兴师矫制而征之。赖天地、宗庙之灵,诛讨郅支单于,斩获其首,及阏氏、贵人之名王以下千数。……"太中大夫谷永上疏讼汤曰:"……今汤亲秉钺,席卷喋血万里之外,荐功祖庙,告类于上帝,介胄之士靡不慕义。"(《汉书·陈汤传》)

以上两条均为西汉元帝时期,甘延寿、陈汤等人在与匈奴作战时击毙郅支单于的相关史料。记载的是非天子亲征、凯旋后却举行了天、庙告礼的内容。另外还应注意,在战后颁发的诏书中有依靠"天地、宗庙之灵"取得了胜利的内容①。只是,这时南郊祭天制度本身尚未确立(渡边孝2001),是否能与后世的凯旋礼同一而视,需要慎重的判断。

> 诏曰:"匈奴背叛,为害久远。<u>赖祖宗之灵</u>,师克有捷,丑虏破碎,遂扫厥庭……有司其案旧典,<u>告类荐功</u>,以章休烈。"(《后汉书·和帝纪》永元元年闰七月)

这是东汉和帝永元元年(89),窦宪大胜匈奴之后颁布的诏书。记载的是"告类(向天告礼)""荐功(向祖庙告礼)"这样的对应关系,可见凯旋时举行告庙仪式的同时也举行告天仪式。并且三条史料都不是天子亲征的事例。自白虎观会议之后,实际上告礼也未必一定是按照《礼记·王制》的规定举行的。

> 《魏书》曰:"七月乙未,大军当出,使太常以特牛一告祠于<u>郊</u>。"臣松之按:魏郊祀奏中,尚书卢毓"议祀厉殃事"云"具牺牲祭器,如前后师出告郊之礼",如此,则<u>魏氏出师,皆告郊也</u>。(《三国志》卷二《文帝纪》黄初四年六月条所引裴注)

接下来是曹魏的事例。这里表明出征时告天,这一点与《礼记·王制》

---

① 在出征时或凯旋时颁布的诏书中,祈求或感谢天与祖灵保佑的事例随处可见:今贼效尤,天人所怨,奉时宜速,庶凭炎精,祖宗威灵相助之福,所向必克。(《三国志》卷二十三《蜀后主纪》建兴五年春条,裴注所引《诸葛亮集》)。而且这里所列举的不是昊天上帝之名,而是蜀五天帝——炎精(赤帝赤熛怒)之名。
陈叔宝因藉伪基,昏狂纵毒,下人涂炭,控告于我。故命将出师,救彼危厄。赖苍昊降福,宗庙神灵,将军运百胜之谋,战士出万死之志……(《文馆词林》卷六百六十九,李德林《隋文帝平陈大赦昭》)

的规定一致(由于没有言及凯旋时的情形,所以实际情况并不清楚)①。

> 安帝元兴三年三月,宋高祖讨伐桓玄,大胜。己卯,<u>告义功于南郊</u>。(《宋书》卷十六《礼三》。《晋书》卷十九《礼上》也记载了同一事件)

东晋安帝元兴三年三月(403),刘裕讨伐桓玄取得胜利时,在南郊举行了凯旋礼。

从两汉到魏晋,经常举行在礼制规定上理应被否认的"制遣大将""凯旋告天"仪式。像这样的理念与现实差别很大的情形,在刘宋孝武帝孝建元年(454)六月平定了刘义宣、臧质叛乱后不久,围绕凯旋礼的形式展开的议论中,礼制问题开始作为政治问题表面化了。此时,按照《礼记·王制》的规定八座尚书提出了草案,该草案以元嘉三年(426)在讨伐谢晦的战争中,出征时在南北二郊及太庙举行告礼,凯旋时在太庙、太社举行告礼为例②制定而成的。不过,讨论这一提案时,负责的礼官、国士助教苏玮生提出异议,坚决要求举行凯旋告天礼。苏玮生引用未规定告天仪式的《礼记·王制》《曾子问》的记载进行了如下叙述:

> 天子诸侯,虽事有小大,其礼略均,告出告至,理不得殊。郑云:"出入礼同。"其义甚明。天子出征,<u>类于上帝,推其所告者,归必告至,则宜告郊,不复容疑</u>。元嘉三年,唯告庙社,未详其义。(《礼心·王制》)

---

① 《太平御览》卷三百六《出师》所引的西晋挚虞撰《决疑要注》中有以下记载,指出庙主、社主偕行已成了表面形式:

古者帝王出征,以齐车载迁庙之主及社主以行。故《尚书·甘誓》曰:"用命赏于祖,不用命戮于社。"秦汉及魏行不载主也。

② 《宋书》卷十六《礼三》:

文帝元嘉三年,<u>车驾西征谢晦,币告二郊</u>。

孝武帝孝建元年六月癸巳,八座奏:"刘义宣、臧质,干时犯顺,滔天作虐,连结淮岱,谋危宗社。质反之始,戒严之日,二郊庙社,皆已遍陈。其义宣为逆,未经同告。舆驾将发,丑徒冰消,质既枭悬,义宣禽获,二寇俱殄,并宜昭告。<u>检元嘉三年讨谢晦之始,普告二郊、太庙。贼既平荡,惟告太庙、太社,不告二郊</u>。"

这是郑玄所谓"同出入之礼"告庙原则的延伸解释①,主张告天仪式需在出征时、凯旋时举行两次。因此,特别强调了《礼记》规定的不完善:

> 或当以《礼记》唯云"归假祖祢",而无告郊之辞。果立此义,弥所未达。夫《礼记》残缺之书,本无备体,折简败字,多所阙略……天子反行告社,亦无成记,何故告郊,独当致嫌。(《礼记·曾子问》)

对出征仪式的根本规范《礼记》表示了完全不信任的态度,最终,苏玮生的建议得到皇帝的许可,凯旋时的告天礼由此开始举行了②。

与汉魏至南朝的曲折过程相比,北朝的出征礼的进程相对稳定。北族出身的北魏皇帝(尤其是中期以前)亲征经验较多,因此,《魏书》中有很多关于出征仪式的记载。例如,太武帝神䴥二年(429)破柔然之战的出征仪式可以复原如下(根据《魏书》卷四《世祖纪上》):

四月某日　在南郊举行告天(治兵于南郊)

　　庚寅　开始北伐

五月丁未　到达沙漠,派轻骑队搅乱柔然

七月某日　在黑山确认战果与赏赐(校数军实,班赐王公将士各有差)

八月某日　进攻高车

十月某日　凯旋平城,举行告庙仪式(振旅凯旋于京师,告于宗庙)

《魏书》本纪中记载了数量众多的出征仪式,但都仅限于凯旋后的太庙告礼,告天礼则都在出征前举行③。大概北朝时规定了与《礼记·王制》的内容相近的出征仪式④。

---

① 本书第224页注②《礼记·曾子问》"3"中的郑玄注有如下叙述:
反必亲告祖祢,同出入礼。
② 《宋书》卷十六《礼三》。
③ 《魏书》卷四《世祖纪上》始光四年条中有如下记载:
是月(四月),治兵讲武……五月,车驾西讨赫连昌。辛巳,济君子津。三城胡酋鹊子相率内附。帝次拔隣山,筑城,舍辎重,以轻骑三万先行。戊戌,至于黑水,帝亲祈天,告祖宗之灵而誓众焉。
④ 在隋代,也有暗示举行"凯旋告天"的史料:
隋制:……亲征及巡狩,则类上帝,宜社、造庙。还礼亦如之。(《隋书》卷八《礼仪三》)

由此可推测,《大唐开元礼》中所规定的出征仪式,以北魏的制度为渊源,经北齐(后齐仪注)形成。唐礼在"贞观礼""显庆礼"的阶段遵循的是郑玄说,而《开元礼》则是在王肃说基础上形成的(金子修一2006)。但是,出征仪式并未受到礼说"波动"的影响,一直以《礼记·王制》为基础。其依据就是孔颖达的《礼记正义》中的如下记载:

  然出告天地及庙,还惟告庙,不告天地者,《白虎通》云:"还不复告天者,天道无外内,故不复告也。"

这里引用《白虎通》来论证凯旋时不举行告天的原因。可以推断孔颖达生活的唐初("贞观礼"阶段)也采用了《礼记·王制》。

第四节　武与礼、武与法
——发动武力征伐的依据与程序

将战时对敌军发动的武力讨伐定义为"天罚",是一种将战争性质归纳入刑罚范畴的思想。在《汉书·刑法志》中不仅记述了刑罚、法制的历史,也以大量篇幅记录了有关战争、军事的内容,表露了军事与刑罚的近似性[①]。

法制的背后隐藏着刑罚,这是国家动用强制力最直接的表现形式。因此,从理论上来说,执行刑罚要遵守法的程序。然而,在发动战争以及战争胜利时却依据的是礼的程序。该如何理解这种不同呢?

汉代以后,战争、军事已与一般的刑罚、法制分离,找不出两者之间产生分歧的原委。为了阐明这个问题,就必须追溯到更早的时代。这里值得关注的是阐明了由法家体系化的法与刑由来的籾山明的理论。籾山对从春秋以前的"兵刑未分"状态到战国秦汉时期的法制完备的过程,大体进行了如下说明。

春秋以前,军事与刑罚的区别很模糊,即所谓"兵刑未分"的状态。后

[①]　关于《汉书·刑法志》中收录了诸多军事关系的记事,有探索班固思想背景的研究(关口顺1978)。

世认为这一时期"刑罚"的体系尚未确立,在迄今为止的研究中,作为"刑罚"被记载的事例,最多不过是当事者的随性报复、凌辱等行为。但即使是这样的时代,也有实施了应称为"刑罚"制裁的事例,即在军事集团内对违反规定的人实施的制裁。此时制裁的基准是让集团的成员预先周知集团内部的规定(命、誓),并由第三者(司马)负责执行。具备这样合理性、平等性的军事集团的刑罚成了秦汉时代刑罚的起源。

连接军事集团内部规律与秦汉以后刑罚规范的是"蒐",即狩猎。蒐,本来是军事教练的场所,随着时代的发展,蒐开始发挥其他功能,即由参加者开始决定政令的改定、刑的制定、断狱等。选用军礼的形式处理政治事件,是由于军礼是由支配者全体参与的仪式,其中还包含了军事集团将固有秩序推广到内政上的意图。军事集团的严格规范,经过此后所谓的"刑鼎公开"、商鞅变法等,逐渐扩展到日常生活中,适用对象也扩大到一般平民(籾山明1980,增渊龙夫1970)。

籾山明提出的"法的起源就是在举行军事仪式时宣布的命、誓"的观点,是探索战争依据礼制程序开始及结束理由的重要依据。这里所说的"命、誓"是军事集团内部的严格规范,换句话说就是"统帅自己军队的强制力"。这种强制力因战地的庙主、社主被正当化了,出征仪式时声称"不敢自专"的国君不过是代行者而已。

另外,根据籾山明的说法,我们通常所说的"刑罚"是由法家构建的规范体系,也是把战时的命、誓推广到日常生活中的情形。如果是平时的话,就没有必要像出征时那样带着庙主、社主了。因此,执行刑罚就变成国君可以"自专"的领域。于是,法制也被当作专权归属于君主了。

与此相对,战争不可避免地伴随着"出征",战地的国君作为主将,拥有与掌控自己军队统治权的地神、祖灵保持相互联系的权利。因此,当出征军队集结或解散时,在"与地神、祖灵进行沟通的场所"庙、社里举行告礼,是向自己军队成员显示授予或返还统治权力的必要程序。

庙、社的告礼起源于春秋以前,而告天礼作为国家礼制被定式化则是在汉代以后。此外还应注意的是儒学者们作为建立"儒教国家"核心问题的郊祀制度的确立。根据近年来这一领域的研究成果,由于儒家引入郊祀制度,从而确立了始皇帝以来无人能制约的至高统治者"皇帝"从属于"天"

的关系。据此,皇帝成为除天之外的最高统治者(目黑杏子 2005,渡边信一郎 2003,渡边义浩 2009、2010)。

作为"与天的沟通方式"的战时告天是国家的需要,庙、社告礼一体化程序的变化就是通过郊祀制度的改革将皇帝与天的关系明确结合的过程,这与作为礼制规范依据的《礼记·王制》中的出征仪式形成定式化的过程处于同一时期。

此后经过魏晋南北朝时期,国家礼制调整纳入到"五礼"的结构中(梁满仓 2009)。从本章第一节的仪式程序这一外在的类似性可以说明出征仪式当初被划归吉礼的范畴,但从"天子与天、地神、祖灵的沟通方式"这一告礼功能来看,将出征礼当作吉礼也就是必然的了。

结　论

出征时举行的天、庙、社告礼,最初的起源各不相同,西汉后期到东汉前期时,在儒家的国家构想逐渐得以实现的过程中,告礼被当作其整体的一部分开始形成,这正是现在我们所看到的《礼记·王制》中的出征礼。然而,围绕起源各异的三个告礼作为国家礼制逐渐得以实现时,其实际运用问题经常会产生争论。

是否承认凯旋告天礼成为争论的焦点。《白虎通》是凯旋告天礼否认论的代表。该主张认为庙作为对父祖的"出辞反面之道",出入时都要举行告礼,与此相对,与天之间则不存在出入的区别。此外,凯旋告天礼的赞同论,像刘宋时期出现的礼学争论一样,将郑玄告庙的"同出入之礼"解释为是告天的延伸。

由于有这样的争论,出征仪式在现实中并未完全按照《礼记·王制》的规定进行。两汉魏晋及南朝时,有很多并非天子亲征却实施了凯旋告天礼的记录。作为凯旋告天礼否认论依据的《礼记·王制》型出征礼在北朝时得到巩固。唐代的贞观礼、显庆礼、开元礼则沿袭了北魏、北齐的制度。

围绕出征礼派生出的问题,从依据礼制程序开始、到有关战争的仪式的研究可得出以下结论。战时发动武力讨伐的主将并非君主个人,而是地神、祖灵(汉代以后增加了"天")。由于实际掌握指挥权的君主以"不敢自专"自律,而作为武力讨伐依据并与地神、祖灵、天沟通的渠道,即礼仪程序必不可缺。

本章将《开元礼》确定为暂时性归结点,探讨了开元礼形成前出征仪式的历史。当然,《开元礼》后也举行出征仪式。从唐初开始,战争结束后在帝陵举行的凯旋礼已超出了礼学的规范①。"天、庙、社"的礼制格局被打破,"南郊、太庙、太清宫(老子庙)"成为凯旋礼的新组成部分②。另外,在太庙、太社举行的俘馘、陈列军实、论功行赏、庆功宴等庆典,逐渐演变成在长安城内的门楼、宫殿前等公众空间举行的仪式(梅原郁1986,妹尾达彦1989)③。王博将"献俘礼"划为告于社稷、祖先灵的"对神"的仪式与象征皇帝本人军事权利的"对人"仪式,并指出随着时代的变化,大将出征的增多,"献俘礼"仅为皇帝本人举行的情况增加了(王博2012)。本章所论述的"开元礼"以前的出征仪式,在王博的分类中均属于"对神"仪式。借用此概念,"开元礼"以前的皇帝,按礼制程序发动战争,其依据就是"对神"仪式。从唐代后期到宋代,重心转移到"对人"仪式上,由梅原郁、妹尾达彦所揭示的"都市的祭祀空间化"现象,成为今后研究宋代以后王权时必不可缺

---

① 《唐会要》卷十四《献俘》:
显庆三年十一月,苏定方俘贺鲁到京师。上谓侍臣曰:"贺鲁背恩,今欲先献俘于昭陵。可乎?"许敬宗对曰:"古者出师凯还,则饮至策勋于庙。若诸侯以王命讨不庭,亦献俘于天子。近代将军征伐克捷,亦用斯礼。未闻献俘于陵所也。伏以园陵严敬,义同清庙。陛下孝思所发,在礼无违亦可行也。"十五日,还献于昭陵。十七日,告于太庙。皇帝临轩,大会文武百寮、夷狄君长。苏定方戎服,操贺鲁献于乐悬之北。上责之,不能对。摄刑部尚书长孙冲跪于阶下,奏曰:"伊丽道献俘贺鲁,请付所司。"大理官属受之以出。诏免其死。

② 唐代中期以后,逐渐确立了在南郊、太庙、太清宫三处进行皇帝祭祀的习惯,关于该过程形成问题,参照金子修一(金子修一2006)的研究。

③ 《册府元龟》卷十二《帝王部·告功》,同书卷四百三十四至四百三十五《五将帅部·献捷》等中汇集了很多这样的实例,便于经年变化的概括。

的观点①。

宋代以后,对天、庙、社的告礼,在实际实行的国家礼制中的作用虽有所减小,但却持续引起经学者的关注,在各种经解类研究中对此考证很多。最后,介绍其中最具代表性的元代经学家汪克宽对出征仪式的解释:

> 然征既宜于社,而又类于上帝,诰于祖祢,何也?盖生杀非王者所得私。类于上帝,明奉天讨也。造于祖祢,示受命于庙,不敢自专也。(《经礼补逸》卷七《军礼·宜礼》)

由此可见,除太社外,还必须向天、太庙举行告礼的原因首先可概括为"生杀予夺的权力并不属于皇帝个人",因此,发动武力讨伐是天、庙、社的旨意。其次,阐述了告天的理由是"代行天罚",告庙的理由则是"不敢自专"。举行告庙理由的解释,与概括部分的"生杀非王者所得私"在内容上重复,所以,最终只有告天礼具有"代行天罚"的特殊意义。原本,告天礼就与告庙、告社的起源不同,但汉代以后逐渐将二者编入同系列的礼制中了②。

---

① 北宋时期"凯旋告天"被进一步制度化。

宋制:……他大事,即位、改元、更御名、上尊号、尊太后、立皇后太子、皇子生、籍田、亲征、纳降、献俘、朝陵、肆赦、河平及大丧、上谥、山陵、园陵、祔庙、奉迁神主,<u>皆遣官奏告天地</u>、宗庙、社稷、诸陵、岳渎、山川、宫观,在京十里内神祠。(《宋史》卷一百二《礼五·吉礼·奏告》)

但是,北宋末期的礼制书《政和五礼新仪》卷一百五十八中,"造庙"一项中有"若凯旋祭告,惟陈俘馘及军实于南门之外、北面东上"。"宜社"一项中有"若凯旋祭告,惟陈俘馘及军实于北门之外、南面西上",记载了在太庙、太社举行凯旋礼,但未编入告天仪式。也没有规定"皇帝亲征",只立了"命将出征"这项内容,也很有价值。

② 在本章内容的论文发表后,出版发行了李蓉2015。

第十一章

中国射礼的形成过程
—— 从《仪礼·乡射》《仪礼·大射》到《大唐开元礼》

绪 论

在一百五十卷的《大唐开元礼》(以下简称《开元礼》)中,对唐代国家的 152 种仪式进行了分类,也就是分成了"五礼"(吉礼、嘉礼、宾礼、军礼、凶礼)。23 种"军礼"被分别记载在十卷(卷八十一至卷九十)中。其中第八十六卷,规定了"皇帝射于射宫""皇帝观射于射宫"两项仪式(参照表 30)。如文所示,前者是指皇帝亲自射箭,后者则是皇帝观看百官射箭。

表 30 《大唐开元礼·军礼》一览

卷八十一	皇帝亲征类于上帝
卷八十二	皇帝亲征宜于太社
卷八十三	皇帝亲征造于太庙
卷八十四	皇帝亲征及巡狩告所过山川、平荡贼寇宣露布、遣使劳军将 皇帝亲征祃于所征之地、皇帝亲征及巡狩郊祀有司祎于国门
卷八十五	皇帝讲武、皇帝田狩
卷八十六	**皇帝射于射宫、皇帝观射于射宫**
卷八十七	制遣大将出征有司宜于太社
卷八十八	制遣大将出征有司告于太庙、制遣大将出征有司告御齐太公庙
卷八十九	祀马祖(仲春)、享先牧(仲夏)、祭马社(仲秋)、祭马步(仲冬)
卷九十	合朔伐鼓、合朔诸州伐鼓、大傩、诸州县傩

射箭自古以来作为士兵必备技能深受重视,因此,将射箭划归军礼没有什么不妥。但浏览一下仪式的具体过程可知,军礼中还包括了奏乐、饮酒等似乎与军事没有直接关系的诸多仪式。此外,史料上除了"射礼""大射"等泛称外,也频现"宴射""燕射""讌射"等称呼,由此可见,射礼并不仅限于单纯的军事训练,同时也有谋求参会者和睦的仪式性质。

在《开元礼·军礼》中既包括像讲武这样名副其实的军事仪式,也包括不能一概称为军礼的内容。例如,以祭祀天、太社、太庙为核心的出征仪式等,原本划归"吉礼"(丸桥充拓 2011;本书第九章)。起源各不相同的诸礼,在历史的进程中分分合合,经历各异。本章探讨的"射礼"(本章中将具有各种各样称谓的弓箭仪式统称为"射礼")中也包含这样的特点。

本章将关注射礼的两个矛盾面,即军事性与非军事性,通过追寻两者关系的历史,就射礼在《开元礼·军礼》中的归属问题上溯到唐代以前以追寻其踪迹。

第一节 射礼的两面性

一、《开元礼·射礼》的构成与起源

首先确认一下射礼的内容。《开元礼·射礼》中,将规范百官射术的"皇帝观射于射宫"仪式的过程概括如下:

(1)参会者入场(先皇帝后王公以下);
(2)饮酒;
(3)参会者按设定顺序射箭(奏乐配合);
(4)射中者获赏,不中者罚酒;
(5)参会者退场(先王公以下后皇帝)。

射礼以变化了的形式传入古代日本,因此,日本史领域的研究是以对比的方式展开的。在这些研究成果中也指出:伴随饮酒、奏乐等看似与军事要素无关的射礼,正是中国射礼的最大特色(大日方克己 2008)。

射礼在中国历史悠久,是中国古代的社会惯例,《仪礼·乡射篇》《大射篇》是通过礼学分类后的理想模式:体现平民阶层年中例行活动的是乡射,作为与王权及国家礼制相结合的是大射。现将乡射的仪式过程总结如下(小南一郎 1995):

(1)参会者入场(先主后宾);

(2)行饮酒礼;

(3)参会者按规定顺序射箭(也包括配合奏乐的情况);

(4)行饮酒礼(伴随奏乐);

(5)参会者退场(先宾后主);

(6)次日设慰劳宴。

乡射礼的仪式过程包括射箭,与之相伴的奏乐、射箭前后的饮酒等形式,这显然与《开元礼》的基本结构相同。

射礼原本是士人阶层必备教养"六艺"(礼、乐、射、御、书、数)之一。其中,礼、乐分属文,射、御则分属武。春秋以前的士兵按不同的规格进行武装,并有出征的义务(或者说是特权),对于这些士兵来说,射箭就是真正意义上的"武艺"。把射礼的起源看成狩猎(田猎)的说法,就是重视了射礼中军事训练的一面(杨宽 1965,川原寿市 1974)。

与此相对,小南一郎则重视"在野外进行狩猎的田猎"与"在堂上伴随饮酒的射礼"的区别,对狩猎起源说提出异议。而且,射礼还具有选拔参加祭祀者的功能(根据射礼是否伴有音乐、射中数量的多寡来判断是否有资格参加祭祀①),因此,射礼也包含着宗教性的意义。是否射中,除衡量本人的射箭技能外,也可看成神对此人嘉奖与否(小南一郎 1995)。

本章并不能判断此见解是否正确。但"射"这一行为,以礼仪的形式被纳入基层社会乃至国家秩序时,可以肯定在早期是具有非军事化性质的。因此,根据小南的论点,今后在研究射礼的性质时,需在其军事性层面的基础上增加其非军事性的侧面,以射礼的两面性为前提进行考察。

小南考察的范围是射礼在"仪礼"中出现之前的情况,其根据文物资料、史料等对以战国前期为止的射礼进行具体考证。本章以《仪礼》以后的

---

① 《礼记·射义》。

射礼为对象展开分析,重点是阐明将射礼定位为"军礼"的《开元礼》形成的历史过程。

二、"五礼"中射礼的归属变化

自古以来,诸礼就分散存在于社会中,随着时代的进步,特别是经儒家之手,被不断地汇集、整理。而且,诸礼在被体系化的过程中,采用的是"五礼"(吉礼、凶礼、宾礼、军礼、嘉礼)这一组成结构。那么,究竟"五礼"各自又包含了怎样的性质呢?《周礼·春官·大宗伯》中的规定能够清楚地说明这一点。

吉礼:事邦国之鬼、神、示;

凶礼:哀邦国之忧;

宾礼:亲邦国;

军礼:同邦国;

嘉礼:亲万民。

其中,相当于射礼的"宾射之礼"包括在嘉礼中①。儒家把射礼划归在嘉礼中,这一点在郑玄的《三礼目录》将《仪礼·乡射》《仪礼·大射》两篇分在嘉礼中可得到佐证②。在郑玄生活的东汉末期,儒家认为射礼的中心内容已变成了非军事性质的亲睦仪式。

然而,作为礼学理论体系的"五礼"并未能立刻体现在现实的国家礼制中。例如,东汉时,国家礼制并没有按"五礼"的范畴编写制定。在西晋司马彪编撰的《后汉书·礼仪志上中》里,凶礼系统以外的诸礼按照时令(按

---

① 《周礼·春官·大宗伯》:

大宗伯之职……以嘉礼亲万民;以饮食之礼亲宗族兄弟;以昏冠之礼亲成男女;<u>以宾射之礼亲故旧朋友</u>;以飨燕之礼亲四方之宾客;以脤膰之礼亲兄弟之国;以贺庆之礼亲异姓之国。

② 《仪礼·乡射礼第五》孔颖达疏:

郑《目录》云:"州长,春秋以礼会民而射于州序之礼。……射礼于五礼属嘉礼。"

《仪礼·大射第七》孔颖达疏:

郑《目录》云:"名曰大射者,诸侯将有祭祀之事,与其群臣射,以观其礼。数中者,得与于祭。不数中者,不得与于祭。射义于五礼属嘉礼。"

四季历的岁时记)编纂而成可以得到印证(丸桥充拓2011;本书第九章)。

梁满仓认为在三国以前,"五礼"还仅限于礼学上的概念,国家礼制以此为基础实现体系化是在西晋以后,特别是北魏孝文帝太和年间(477—499)及梁武帝天监年间(502—519)以后(梁满仓2011)。梁满仓的观点也大致适用于军礼,从南朝时天监的"五礼"制度改革,北朝时北魏末常景编撰《五礼》(公元531年前后编成)时起,军礼的内容结构逐渐开始明确。唐长孙无忌等人编撰的《五代史志·礼仪志》(公元656年编成,追加收录于隋唐)(七卷)中记载了南朝(梁、陈)及北朝(北齐、北周、隋)的礼制。普遍认为这些礼制大多是参照"五礼"的内容结构编撰而成的,可以推测《五代史志》是反映6世纪前半期南北两朝时"国家礼制五礼化"的礼志(丸桥充拓2011;本书第九章)

《五代史志》将射礼归类在军礼中。这或许是因为在北周、隋的诸礼篇目中不包含射礼的缘故,因此《五代史志》中记述了具体规定的只有北齐的制度。唐代"贞观礼"编撰时,继承了北齐的礼制,把射礼归为军礼[①],这可以解释为"开元礼"继承了"贞观礼"。

由此可见,射礼在汉代以前的礼学体系中被分归在嘉礼中,魏晋南北朝时被列入国家礼制,并变更为军礼。然而,像这样的变更时期以及背景,很难从历代的射礼规定中找到明确的证据。例如,杜佑也只能对"士之志艺,以射为首。是以我国家开元中修五礼,以射礼入军礼焉"这一宗旨进行说明[②],而对魏晋南北朝时期的历史背景却未做出解释。而且,还误以为把

---

① 《唐会要》卷三十七《五礼篇目》:

武德初,朝廷草创,未遑制作。郊祀享宴,悉用隋代旧制。至贞观初,诏中书令房元龄、秘书监魏徵、礼官学士备考旧礼,著吉礼六十一篇、宾礼四篇、军礼二十篇、嘉礼四十二篇、凶礼六篇、国恤礼五篇,总一百三十八篇,分为一百卷。初,元龄与礼官建议,以为……又皇太子入学,及太常行山陵,<u>天子大射</u>,合朔陈五兵于太社,<u>农隙讲武</u>,纳皇后行六礼,四孟月读时令,天子上陵朝庙,养老于辟雍之礼,<u>皆周隋所阙</u>。凡增二十九条,余并依古礼。七年正月二十四日,献之。诏行用焉。

应注意后半部分所列举的诸礼中含有天子大射与农隙讲武的内容,这些是北周、隋时不包括在"五礼"篇目内的。

② 《通典》卷七十七《礼典三十七·军礼二》:

说曰:……按郑玄说"射礼入嘉礼"。今按:五帝三王之时,天下万国,迭相征伐,士之志艺,以射为首。是以我国家开元中修五礼,以射礼入军礼焉。

射礼编入军礼是《开元礼》的成书之际(实际应为《贞观礼》)。唐代开元年间最终废除了射礼①。从那时起大约历经半个多世纪到杜佑时期,大概已无法明确射礼归属变化的情况了。

在解读魏晋南北朝时期"由嘉礼转变为军礼"时还有另一个障碍是这一时期编撰的正史礼志、礼仪志(《后汉书》《宋书》《南齐书》《魏书》②)中,几乎没有关于射礼的记载③。因此,在考证射礼究竟属于"五礼"的哪一项内容时,关于其演变的史料极少而且十分零散。但这一时期包括射箭在内的活动从未间断,相关记载也并不少见,因此,无法回避射礼究竟属于"五礼"的哪一项内容这一问题。下一节中将重点着眼于实施射礼的实例,探究从"五礼"的结构内容很难直接观察到的射礼的变化过程。

第二节 射礼的变化过程

一、两汉、魏晋的射礼

在论述《仪礼·乡射》《仪礼·大射》后的射礼时,本节从射礼作为国家制度开始萌芽的汉代说起,但在开始论述之前,想先介绍一下小南一郎关于战国时期以前的射礼分类。

小南将射礼分成两种。"西周中期作为王者仪式的制度化射礼(包括由王射杀祭祀用牲畜)"及"战国前半期以后,只举行由士大夫阶层作

---

① 《唐会要》卷二十六《大射》:
至(开元)二十一年八月二十三日,敕大射展礼"先王创仪,虽沿革或殊,而遵习无旷。往有陈奏,递从废寝。永鉴大典,无忘旧章。将射侯以观德,岂爱羊而去礼。缅惟古词,罔不率由。自我而阙,何以示后。其三九射礼,即宜依旧遵行。以今年九月九日,赐射于安福楼下。"(自此以后,射礼遂废。)

② 《宋书》是东晋初期记载了征西将军庾亮的射礼实施计划(未遂)的记事,《南齐书》记载"九月九日马射",第二节中将详细论述该如何理解这些内容。

③ 唐代编撰的《晋书》按"五礼"的结构进行了分类,这可能反映了唐代的相关认识。下节中将对此内容进行论述。

为地域共同体亲睦仪式的射礼（不包括祭祀，只有宴会即乡饮酒礼）的两种形式"。而收录在《仪礼》中的射礼被认为是后者（小南一郎 1995）。这种区分方式成为《仪礼》之后考察射礼的重要参考。在汉代，射礼中既包括"伴随祭祀的军事色彩浓烈的射礼"，也包括"作为亲睦仪式的军事色彩淡薄的射礼"的内容。前者承袭了小南所主张的王者射礼，后者承袭的则是士大夫的射礼。

其中，与前者相关的是西汉高祖以来，作为军事训练、技能评价制度所设立的"都试"。通览应劭《汉官仪》里的相关条文就会发现，举行都试的季节是"立秋后""八月"，或者是"岁终"等几个分散的时节，既有秋季也有冬季。参加都试的是材官、骑士这样具有一定地位的武官，他们的技能要通过各自所属郡县的考核①。

都试的具体内容，可从残留的大量居延汉简中"秋射"（射箭技能的评判制度）的成绩簿中找到一部分（志野敏夫 1995）。汉代官僚的晋升由根据功绩计算业绩的"功"与根据出勤天数计算业绩的"劳"来决定。"劳"的评价内容包括七月至八月举行的射箭（秋射）考试。例如，在所射的十二支箭中，射中六支以上的话，每射中一支增加"劳"十五天。而且，包括秋射结果的本人成绩，十月上计时一起向都报告（大庭脩 1982，永田英正 1989，薛英群 1988，刘丽琴 2004 等）。

都试也在内地郡县举行，西汉宣帝时期东郡太守韩延寿的实例记录就是最好的佐证。根据记载，骑士与兵车在太守面前排兵列阵，让马上的骑士进行"戏车""弄马""盗骖"等演示，从而检验他们驾驭马车的

---

① 高祖命天下郡国选能引关蹶张，材力武猛者，以为轻车、骑士、材官、楼船，常以<u>立秋后</u>讲肄课试，各有员数。平地用车骑，山阻用材官，水泉用楼船。（《后汉书·光武帝纪》建武七年三月丁酉条李贤注所引）

民年二十三为正，一岁以为卫士，一岁为材官、骑士，习射御、骑驰、战阵。<u>八月</u>，太守、都尉、令、长、相、丞、尉会都试，课殿最。（《后汉书·百官志五》刘昭注所引。）

<u>岁终</u>郡试之时，讲武勒兵，因以校猎，简其材力也。（《后汉书·耿弇传》李贤注所引）

技能①。

东汉继承了西汉时已经完备的训练、评价制度，以"乘之"之名在立秋时节举行。从《后汉书》的《祭祀志》《礼仪志》中残留的相关记载中可知，举行仪式的过程大致如下②：

(1)西郊祭祀(迎气)；

(2)皇帝骑白马，亲自执弓射杀祭祀牲畜(称为"貙刘")；

(3)向陵庙供奉祭祀牲畜；

(4)返还宫中以赐予武官束帛；

(5)武官练习战阵之礼(孙吴兵法六十四阵)(称为"乘之")。

该仪式配合立秋祭祀(郊祀、谒庙)举行，可见其仪式形式比西汉时有了发展。而且，三国时的魏以"治兵"之名将这样的立秋训练仪式继承

---

① 《汉书·韩延寿传》：

延寿在东郡时，试骑士，治饰兵车，画龙虎朱爵。延寿衣黄纨方领，驾四马，傅总，建幢棨，植羽葆，鼓车歌车。功曹引车，皆驾四马，载棨戟。五骑为伍，分左右部，军假司马，千人持幢旁毂。歌者先居射室，望见延寿车，嗷咷楚歌。延寿坐射室，骑吏持戟夹陛列立，骑士从者带弓鞬罗后。令骑士兵车四面营陈，被甲鞮鍪居马上，抱弩负籣。又使骑士戏车、弄马、盗骖。延寿又取官铜物，候月蚀铸作刀剑钩镡，放效尚方事。及取官钱帛，私假繇使吏。及治饰车甲三百万以上。

② 《后汉书·祭祀》：

迎时气，五郊之兆。自永平中，以礼谶及月令有五郊迎气服色，因采元始中故事，兆五郊于雒阳四方。中兆在未，坛皆三尺，阶无……立秋之日，迎秋于西郊，祭白帝蓐收。车旗服饰皆白。歌西皓、八佾舞育命之舞。使谒者以一特牲先祭先虞于坛，有事，天子入圜射牲，以祭宗庙，名曰貙刘。

《后汉书·礼仪中》：

立秋之日，白郊礼毕，始扬威武，斩牲于郊东门，以荐陵庙。其仪乘舆御戎辂，白马朱鬛，躬执弩射牲(牲以鹿麛)。太宰令、谒者各一人，载以获车，驰驷送陵庙。于是乘舆还宫，遣使者赍束帛以赐武官。武官肄兵，习战阵之仪，斩牲之礼，名曰貙刘。兵、官皆肄孙吴兵法六十四阵，名曰乘之。……貙刘之礼，祠先虞，执事告先虞已，烹鲜时，有司告，乃逡巡射牲。获车毕，有司告事毕。

了下来①。

因此,这种汉魏的训练仪式,具有在秋季或者冬季举行的共性,其依据是阴阳消长为主的时令思想。夏至是阳气的顶点,在阳气转化为阴气的秋季和冬季就是举行武事、刑罚的时节②。

因此,训练仪式无论是考核的考试内容,还是顺应季节的制度理念,可以说都是带有强烈军事化色彩的仪式。更应注意的是在这些训练仪式中,与射箭相比更注重掌握以车马布阵为主的阵法训练,恐怕是因为这更符合战斗训练的现实需求吧。

这种具有强烈军事色彩的军事训练仪式(尽管其中一部分包含射箭),不得不说与记载于《仪礼》里的射礼有很大的差异。在儒教对政治具有决定性影响的西汉末到东汉初,《仪礼》型的"射礼"在皇帝主导的官营学校设施里作为"学礼"而举行。而且与上述的训练仪式相反,向着脱离军事化方向演变③。其中明帝永平二年(59)三月,在洛阳辟雍(都城学宫)举行射礼④,从此,"春射秋飨"即春季的射礼与秋季的饮酒礼相结合的仪式成为惯

---

① 《三国志》卷一《武帝纪》建安二十一年三月壬寅条裴注所引《魏书》:

有司奏:"四时讲武于农隙。汉承秦制,三时不讲,唯十月都试车马,幸长水南门,会五营士为八陈进退,名曰乘之。今金革未偃,士民素习,自今已后,可无四时讲武,但以立秋择吉日大朝车骑,号曰治兵,上合礼名,下承汉制。"奏可。

在同书同卷的同年十月条中记载了曹操进行治兵的情况,在裴注所引《魏书》中有"王亲执金鼓以令进退"。还有,明帝于太和元年(227)十月丙寅在洛阳东郊也举行过治兵(《明帝纪》同条)。

② 《礼记·月令》:

孟秋之月……凉风至,白露降,寒蝉鸣,鹰乃祭鸟,用始行戮。……是月也,以立秋。先立秋三日,大史谒之天子曰:"某日立秋,盛德在金。"天子乃齐。立秋之日,天子亲帅三公九卿诸侯大夫以迎秋于西郊,还反,赏军帅武人于朝。天子乃命将帅选士厉兵,简练桀俊,专任有功,以征不义,诘诛暴慢,以明好恶,顺彼远方。

③ 作为早先的例子,在西汉成帝的鸿嘉二年(前19)中有以下记事:

鸿嘉二年三月,博士行大射礼,有飞雉集于庭,历阶登堂而雊。(《汉书·五行志中之下》)

④ 《后汉书·礼仪上》:

明帝永平二年三月,上始帅群臣躬养三老、五更于辟雍,行大射大礼。

例(高明士1984)①。此外,在应劭的《汉官仪》中,也讲述了三月、九月在辟雍举行乡射礼之事②。这是把《周礼》中在州序(地方学官)举行的春秋两次射礼的规定③应用到现实中,使之成为在辟雍举行的射礼。

小南一郎认为继承了战国前半期以后士大夫阶层举行的射礼,即《仪礼》中的乡射、大射就属于这种类型。因此,可以推测郑玄之所以把乡射礼、大射礼分类在嘉礼中,是因为汉代射礼中非军事化色彩相当明显的缘故。本来郑玄并未将构成《仪礼》的十七篇内容分类在军礼中。由于其他四礼均可教授两种以上的仪式(表31),因而军礼的缺欠在《仪礼》中显得格外明显。至于理由,根据南朝梁的学者崔灵恩的推测应该是孔子制定十七礼时,一方面承认其他四礼是"当世通行之事",另一方面又说"军礼非所宜习"。这应该就是"俎豆之事尝闻,军旅之事未学"(《论语·卫灵公》)的孔子哲学的体现④。但是,根据上述内容,军礼不包括在《仪礼》中的理由,当然不是由于孔子哲学,而是由于注释家郑玄把《仪礼》中的诸礼进行了这样的解释而已。也就是说,郑玄把《仪礼》乡射、大射与"脱军事化意义的亲睦仪式射礼"同一而论了。可见,郑玄认为其所生活的东汉举行的"残留军

① 高明士1984表《汉魏中央官学的学礼》中列举了此后和帝永元十四年(102)三月、顺帝阳嘉元年(132)三月、三国魏的高贵乡公甘露二年(257)五月均在辟雍举行过射礼。

② 《后汉书·光武帝纪下》中元元年"是年"条李贤注所引《汉官仪》:
辟雍去明堂三百步,车驾临辟雍,从北门入。三月、九月皆于中行乡射礼。辟雍以水周其外,以节观者。诸侯曰泮宫。东西南有水,北无,下天子也。
《后汉书·儒林传上》李贤注所引《汉官仪》:
春三月、秋九月,习乡射礼,礼生皆使太学学生。

③ 《周礼·地官·州长》:
若以岁时祭祀州社,则属其民而读法,亦如之。春秋以礼会民,而射于州序。
关于乡射礼的解说,与本书第243页注②郑玄《三礼目录》("郑《目录》")中的这个规定吻合。

④ 崔灵恩《三礼义宗》:
仪礼者,周公所制。吉礼惟得臣礼三篇,凶礼四篇,丧服上自天子,下至庶人,余三篇皆臣礼。宾礼惟存三篇。军礼亡失。嘉礼七篇。按,孔子定十七篇,以吉、凶、宾、嘉当世通行之事,军礼非所宜习,抑所谓"俎豆之事尝闻,军旅之事未学"者也。
上文在现存玉函山坊辑佚书所收藏的四卷本已遗失。这里引用的是邵懿辰《礼经通论·论十七篇中射礼即军礼》中的佚文。

事色彩的训练仪式"是国家祭祀的附带仪礼,与士大夫阶层按惯例举行的《仪礼》中的乡射、大射不同。

表31　郑玄《仪礼》各篇的"五礼"分类

	篇　　名	"五礼"分类
1	士冠礼	嘉礼
2	士婚礼	嘉礼
3	士相见礼	宾礼
4	乡饮酒礼	嘉礼
5	乡射礼	嘉礼
6	燕礼	嘉礼
7	大射	嘉礼
8	聘礼	宾礼
9	公食大夫礼	嘉礼
10	觐礼	宾礼
11	丧服	（凶礼）
12	士丧礼	凶礼
13	既夕礼	（凶礼）
14	士虞礼	凶礼
15	特牲馈食礼	吉礼
16	少牢馈食礼	吉礼
17	有司	（吉礼）

三国时期以后也有实施"非军事性射礼"的例子。首先是魏甘露二年(257)五月,在辟雍举行飨射,命令群臣赋诗①。到了西晋,作为礼教立国目标中诸多政策的一环,在辟雍举行了大规模的射礼。尤其是到了泰始(265—274)和咸宁年间(275—280),由皇帝或皇太子亲临乡饮酒礼,并同时举行射礼。其盛况在洛阳郊外出土的《晋辟雍碑②》有详细记载,并广为

---

① 参照本书第249页注①高明士1984表《汉魏中央官学的学礼》。
② 该碑的正式名称是"大晋龙兴皇帝三临辟雍,皇太子又再莅之盛德隆熙之颂",咸宁四年(278)十月二十日建。1922年6月,在洛阳县城外大东郊出土。

人知。关于该碑的发现过程、碑文内容及历史意义,已经有很多先行研究(木岛史雄 1996,福原启郎 2012 等),这里只论述与本章相关的内容。

第一,该碑记录的射礼继承了汉代射礼的系谱。高明士、福原启郎认为,碑中的射礼记载中,泰始六年(270)三月的大射礼与同年十月的乡饮酒礼、咸宁四年(278)二月的大射礼与前一年十一月的乡饮酒礼联合举行。这沿袭了东汉明帝以来"春射秋飨"的习惯(高明士 1984,福原启郎 2012)。

第二,当时的大射礼依据郑玄说实施。该碑背面列举了大约四百名学者,其中包括"郑大射礼博士""郑大射礼生""王乡饮酒礼博士""王乡饮酒礼生"等头衔。木岛史雄认为这表明大射礼中采用了郑玄学说,而乡饮酒礼则采用了王肃学说(木岛史雄 1995)。因为碑文中并没有记载实际举行仪式的具体内容,因此,理论应用于实践的具体情况无法考证。但根据将《仪礼》乡射、大射划分在嘉礼的郑玄学说,而且又是在辟雍这样的学校设施举行的仪式,那么其性质肯定是非军事性的。

从两汉到魏晋"军事性训练仪式"与"非军事性射礼"并存①。作为补充该结论的另一个材料,下面来分析由梁沈约编撰的《宋书·志·礼》(五卷),该礼志以通史的形式记录了从汉到南朝宋时的礼制,但结构上有明显的混乱(丸桥充拓 2011;本书第九章),现将其《礼一》的构成列举如下:

(1)冠礼;

(2)婚礼;

(3)元会;

(4)郊祀;

(5)社稷;

(6)合朔;

(7)籍田;

(8)亲蚕;

---

① 本书第 247 页注①中,关于韩延寿做东郡太守时的事迹有如下记载:
修治学官,春秋乡射,陈钟鼓管弦,盛升降揖让。及都试讲武,设斧钺旌旗,习射御之事(《汉书·韩延寿传》)。
韩延寿的事迹分别记载在射礼(春秋乡射)与都试讲武中。是将"非军事性射礼"与"军事性训练仪式"作为不同性质仪式的史料。

(9)学礼(释奠、大射、养老、乡饮酒等);

(10)讲武、田猎(包括汉、魏的立秋礼)。

虽然只在学礼中有一件关于大射的记载,但由于是按照西征将军庾亮的计划实施的,可知这是东晋初期的事情①。《宋书》将其分类在学礼中。另外,讲武、田猎则以"当兵者以备卫国"开头,显然与学礼之间有明显的不同。因此,包括在讲武、田猎里的汉、魏的训练仪式(立秋礼)则完全可以定位为纯粹的军事仪式。《宋书·志·礼》是现存正史中最早记载魏晋礼制的史料。根据《宋书》的分类推测"非军事性射礼"与"军事性训练仪式"并存的局面不无道理。

二、南北朝时期的射礼

汉朝至魏晋一直持续的这种并存局面在东晋末期时发生了变化。义熙十二年(416)十月,刘裕获宋公爵位,之后在彭城郡(现江苏省徐州市)名为"戏马台"(与项羽有关)的地方举行了九月九日的马射。这次马射成为此后马射的惯例。那么此次"九月九日马射"究竟是什么性质的仪式呢?

首先,《南齐书·礼上》记载着"秋,金之节,讲武、习射,像汉立秋之礼"的内容②。根据阴阳五行思想,在由阳转阴的秋季举行武事,这是继承了汉代立秋礼(训练仪式)的习惯。举行射礼的会场"戏马台"是项羽灭秦后,称西楚霸王建都彭城时观阅兵马训练的地方。把这样的历史记忆与汉代的立秋礼(训练仪式)相结合,将"九月九日马射"定位为"军事性训练仪式"是合理的。

另一方面,也不能忽视"九月九日马射"的非军事性元素。首先就是要

---

① 《宋书》卷十四《礼一》:
(庾亮)又缮造礼器俎豆之属,将行大射之礼。亮寻薨,又废。

② 《南齐书》卷九《礼上》:
九月九日,马射。或说云:"秋,金之节,讲武、习射,像汉立秋之礼。"史臣曰……宋武为宋公,在彭城,九日出项羽戏马台,至今相承,以为旧准。

另外,在《晋书》卷二十一《礼志》中也有同样主旨的一节内容。

求参会者赋诗①。其次,戏马台虽然建造在徐州市中心部的南山②,如果九月九日举行登山活动,则又肯定具有"重阳登高"的意义③。而且,举办"重阳登高"活动时参会者竞赛诗文,可见其内容里吸收了很多非军事性的要素(吉川忠夫 1966)。

九月与三月是汉代按规定要举行"非军事性射礼"的时节④。从北朝末期到唐代,作为惯例在三月三日与九月九日举行射礼(参照下一节),这也被称为"三九射礼"。因此,刘裕举行的"九月九日马射"可定位为承前启后的仪式。

西晋以前频繁举行的三月射礼(春射),到东晋南朝时并没有实例记载。但是应注意在梁萧子显编纂的《南齐书·礼中》规定嘉礼或军礼中包括如下内容:

(1)学校,释奠;

(2)冠礼;

(3)婚礼;

(4)避讳;

(5)元会;

(6)<u>三月三日曲水宴</u>;

(7)<u>九月九日马射</u>。

---

① 《宋书》卷六十三《王昙首传》:
行至彭城,高祖大会戏马台,豫坐者皆赋诗,昙首文先成,高祖览读⋯⋯
《宋书》卷五十四《孔季恭传》:
辞事东归,高祖饯之戏马台,百僚咸赋诗,以述其美。
《文选》卷二十收录了谢灵运《九日从宋公戏马台集送孔令诗》,这里的孔令就是上面所说的孔季恭(孔靖)。孔令辞职归乡时的送别宴会是与九月九日马射一起举行的,这一点值得留意。

② 戏马台遗址在今天徐州市户部山,是市文物保护单位。

③ 《太平寰宇记》卷十五《徐州彭城县》中有以下记载:
项羽筑戏马台于此。宋武北征至彭城,遣长史王虞等立第舍于项羽戏马台,作阁桥渡池。重九日,公引宾佐登此台,会将佐百僚,赋诗以观志,作者百余人,独谢灵运诗最工。
这虽是较晚时代的史料,但刘裕一行在戏马台赋诗被看成是重阳登高的例行活动。

④ 参照本书第249页注②的《汉官仪》。

"九月九日马射"紧接在"三月三日的曲水宴"的后面。由唐房玄龄等编修、晚于《南齐书》的《晋书·礼志下》"嘉礼"部分中也可以看到类似的排序：

(1) 冠礼；

(2) 婚礼；

(3) 乡饮酒，大射，养老①；

(4) 释奠；

(5) <u>季春上巳社祭</u>；

(6) <u>九月九日马射</u>。

"季春上巳社祭"本来指的是三月上巳时以水浴祛除为宗旨的活动。然而三国以后，举行时间被固定在三月三日。这一天举行踏青、互赠柳圈（用柳枝编成的头圈）、曲水宴、采艾等各种活动（中村裕一 2009）。也就是说，在《晋书》中也是三月三日的活动后面直接排列着九月九日的马射活动。

因此，从《南齐书》《晋书》的排列中可以看出九月九日（重九即重阳）的马射与三月三日（重三）的仪式成为一对组合仪式的过程。到唐代时"三九射礼"逐渐成为惯例。这是一个十分妥当的解释。而且，《晋书》将两者都划分在"嘉礼"中②。因此，可推测南朝九月九日马射理念上虽然属于军事色彩浓厚的汉代立秋礼（训练仪式）系谱，但实际上其军事性色彩已变得淡薄，而其非军事性的色彩却增强了。

与东晋、南朝的情形相比，同时期的五胡十六国、北朝时期的射礼则向完全不同的方向发展了。

藤井律之等学者指出，北方民族中存在将射箭技能当作传统生存状态延长线上的军事性指标进行评价的观念（藤井律之 2005，梁满仓 2007）。

---

① 之前在分析《晋书·礼》的结构时，并未将射礼归类于嘉礼部分中（丸桥充拓 2011，56 页），这里特此增补。

② 根据梁满仓的研究可知，晋代的国家礼制"五礼"化处于萌芽阶段。所以唐代编修的《晋书》的五礼区分，我认为应该受到唐人见解的影响，是"事后诸葛亮式"的编辑模式。但唐代时射礼分属军礼，这为把射礼分类为嘉礼提供了一些依据。由此可见，晋礼的区分应该是可信的。

将这种观念在仪式中具体化的是鲜卑族拓跋部落惯行的"七月七日马射"活动①。其开端是在北魏前身代国时代，拓跋什翼犍建国五年（342）七月七日举行的"讲武""驰射"活动②，这次活动其后成为惯例。虽然在代国灭亡至北魏初年这短暂的几十年没有相关记录，但从明元帝到文成帝时期，发现了多次实施的例子（表32③）。其中，在永兴二年（410）、始光三年（426）、始光四年（427）、兴安二年（453）年的记录中，可以看到"筑马射台""筑坛"这样的记述。在始光三年的记录中，有"皇帝亲登台观走马"的记载。由此可见，马射台就是皇帝观阅马射的设施，而且一定是在较大的场所举行的仪式。因为这样才能满足皇帝站在高处欣赏的需要。这与在辟雍这样空间有限的场地里举行的"非军事型射礼"明显不同，很显然是具有军事演习性质的活动。

其后，孝文帝太和十六年（492）八月二十一日颁布诏书，说原定在明堂与养老仪式同时举行的大射礼因雨终止，准备在四日后举行"讲武、马射"仪式④。长期垂帘听政的冯太后死后第二年，终于开始亲政的孝文帝断然决定第二年迁都洛阳，并开始筹备南进计划。在这样的背景下命令举行的讲武、马射，可以推测具有很强的军事性质。

综上所述，南朝举行军事色彩稀薄的"九月九日马射"，北朝则盛行把讲武与马射编入军事的训练仪式。虽然同为射礼，但南北朝的差异显著。

---

① 本章在论述北魏射礼时，受到了藤井律之研究的诸多启示，在此深表谢意。
② 《魏书》卷一《序纪·昭成帝（什翼犍）》建国五年条：
秋七月七日，诸部毕集，设坛埒，讲武、驰射，因以为常。
③ 在明元帝永兴二年（410）七月丁巳（七日），太武帝始光三年（426）七月某日，始光四年（427）七月己卯（七日），太延五年（439）七月己巳（七日），文成帝兴安二年（453）七月某日有实施例。另外，文成帝太安四年（458）在中山实施的马射观阅是三月丁未（三日）举行的。以上均参照《魏书》本纪。
④ 《魏书》卷七下《高祖纪》太和十六年八月条：
己酉……又养国老、庶老。将行大射之礼，雨，不克成。癸丑，诏曰："文武之道，自古并行，威福之施，必也相藉。故三五至仁，尚有征伐之事。夏殷明睿，未舍兵甲之行。然则天下虽平，忘战者殆，不教民战，可谓弃之。是以周立司马之官，汉置将军之职，皆所以辅文强武，威肃四者矣。国家虽崇文以怀九服，修武以宁八荒，然于习武之方，犹为未尽。今则训文有典，教武阙然，将于马射之前，先行讲武之式，可敕有司豫修场埒。其列阵之仪，五戎之数，别俟后敕。"

表 32　北朝实施的射礼

王朝	年	月	日	场所	摘要	典据
代国	建国五年（342）	7	7		设坛埒讲武驰射（此后惯例化）	《魏书》卷一
北魏	永兴二年（410）	7	7	参合陂	在陂西设射台、讲武教战	《魏书》卷三
	始光三年（426）	7	?	云中旧宫和兜山	在长川建马射台观赏	《魏书》卷四上
	始光四年（427）	7	7	柞岭	讨伐赫连昌凯旋后在柞岭筑坛、戏马射	《魏书》卷四上
	太延五年（439）	7	7	上郡属国城	在北凉远征途中"大飨群臣、讲武马射"	《魏书》卷四上
	兴安二年（453）	7	?	南郊	建马射台	《魏书》卷五
	太安四年（458）	3	3	中山	观马射	《魏书》卷五
	太和十六（492）	8	21		养老仪式与预定在同日的大射因雨天中止	《魏书》卷七下
	普泰元年（531）	4	癸卯	华林都亭	宴射	《魏书》卷十一
	中兴二年（532）	8	1		出帝与高澄的"燕射"	《魏书》卷十一
		9	9	华林都亭	出帝、引见"元树及公卿百僚蕃使督将"的宴射	《魏书》卷十一
东魏北齐	元象元年（538）	?	?	山园	高澄、招待宾客"执射赋诗"	《北齐书》卷三
	兴和元年（538）	11	乙丑	邺	孝静帝、与高欢"谦射"	《北齐书》卷二
	天保七年（556）	1	甲辰	邺城西	马射（召集众庶观看）	《北齐书》卷四
		?	?	羊汾堤	讲武后举行宴射	《北齐书》卷四十
	天保八年（557）	4	?	城东	马射（"京师妇女"观）	《北齐书》卷四
北周	保定元年（561）	1	丙子	正武殿	赐百官各有差	《周书》卷五
	保定二年（562）	10	辛亥	大武殿	戊午（7日后）在少陵原讲武	《周书》卷五
	建德二年（573）	11	癸未	道会苑	在辛巳讲武→2日后大射（对象是督以上的50人）	《周书》卷五

续表

王朝	年	月	日	场所	摘要	典据
隋	开皇四年(584)	1	甲戌	北苑	十日间实施	《隋书》卷一
	开皇九年(589)	?	?	?	上观群臣宴射	《隋书》卷五十
	开皇十二(592)	11	甲子	武德殿	百僚	《隋书》卷二
	开皇十九(599)	1	戊寅	武德殿	宴赐百官	《隋书》卷二
	大业四年(608)	1	庚戌	允武殿	百僚	《隋书》卷三

三、南北朝末期的射礼

本节将探讨南北朝末期到隋唐时期即 6 世纪以后的射礼。但此时的南朝，射礼本身已趋于形式化，因此没有留下具体的记载。

北朝时期的东魏、北齐与前代一样，保留着讲武、马射组合的军事色彩浓厚的训练仪式①。在《五代史志·礼仪志三》中，南北五朝（梁、陈、北齐、北周、隋）的军礼集约成一体，其中射礼与讲武、田猎被统括为一体。这表明在认识上把三者视为同一范畴，即均被看作军礼。射礼在梁、陈、北周并没有记载，隋朝的相关史料也极少，有实例证明的仅有北齐。因此，在这里只有根据此书来确认北齐射礼的内容。

首先，规定在春季（三月三日）与秋季（九月九日）两季举行射礼，而且这两次射礼中都是皇帝以下的百官按照品阶进行弓射。这里需要注意的是：第一，在皇帝射箭之前，由被称为骅骝令的官员（宫廷马匹饲养者）牵来御马。第二，按照百官的品阶规定射箭的次数，但无论百官品级高低，射出

---

① 关于实施了"讲武射礼"实例的记载，可追溯到北齐之前的如下内容。从动员庶民作"观众"这一点来看，保留了与唐代讲武相似的特点（丸桥充拓 2005）。
《北齐书》卷四《文宣帝纪》天保七年正月条：
七年春正月甲辰，帝至自晋阳。于邺城西马射，大集众庶而观之。
《北齐书》卷四《文宣帝记》天保八年四月条：
是月，帝在城东马射，教京师妇女悉赴观，不赴者罪以军法，七日乃止。
《北齐书》卷四《唐邕传》：
（天保）七年，于羊汾堤讲武，令邕总为诸军节度。事毕，仍监宴射之礼。

的第一箭都被称为"调马"①。所谓"调马",就是正式开始射规定目标前的预备动作。可见北齐的射礼就是马射。这一点与上一节所述的北魏训练仪式(马射、讲武)并没有不同。这就是北齐的射礼与讲武、田猎共同属于"军礼"范畴的原因。

另外,北齐射礼中也可以看到非军事化的元素。首先,规定在三月、九月两季举行射礼是继承了汉魏南朝以来的非军事性射礼的特征。而且不需要像马射台那样的宽阔空间,而是在空间有限的"射所"内举行,同时还伴随唱歌与饮酒等很多祝宴的因素,这些都是很好的证明。例如,北魏末期中兴二年(532)的射礼,就是在九月九日(庚子)举行的"宴射②"。另外,元象二年(539)与父高欢共同把持东魏政界的高澄,每次举行游宴时都用"执射、赋诗"的方式招待食客③。

西魏、北周也有类似的讲究。首先是射礼与讲武在相近日期举行(表32)。参加过射礼的王褒所著《九日从驾诗》中有"射马垂双带",而庾信则有《三月三

---

① 下面揭示的是三月三日射礼的规定部分:
后齐三月三日,皇帝常服乘舆,诣射所,升堂即坐,皇太子及群官坐定,登歌,进酒行爵。皇帝入便殿,更衣以出,骅骝令进御马,有司进弓矢。帝射讫,还御坐,射悬侯,又毕,群官乃射五埒。**一品三十二发(一发调马,十发射下,十五发射上,三发射獐,三发射兽头)**。二品三十发(一发调马,十发射下,十发射上,三发射獐,三发射帖,三发射兽头)。三品二十五发(一发调马,五发射下,十发射上,三发射獐,三发射帖,三发射兽头)。四品二十发(一发调马,五发射下,八发射上,二发射獐,二发射帖,二发射兽头)。五品十五发(一发调马,四发射下,五发射上,二发射獐,二发射帖,一发射兽头)。侍官御仗已上十发(一发调马,四发射下,五发射上)。
根据中华书局标点本《隋书》校勘,黑体字部分是按《通典》卷七十七进行的补充。
② 《魏书》卷十一《出帝纪》中兴二年九月庚子条:
帝幸华林都亭,引见元树及公卿百僚蕃使督将等,宴射,班赉各有差。
此外,北魏末期到东魏,由高澄主导的宴射(燕射、讌射)的记录随处可见(参照表32)。
③ 《北齐书》卷三《文襄帝纪》元象元年条:
又沙汰尚书郎,妙选人地以充之,至于才名之士,咸被荐擢,假有未居显位者,皆致之门下,以为宾客,每山园游燕,必见招携,执射赋诗,各尽其所长,以为娱适。

日华林园马射赋》这一作品,可知北周的射礼也是马射[①]。由此可确定射礼中尚保留着军事性元素。另一方面,庾信的赋中有"乃奏驺虞九节,狸首七章"一句,可知也伴有奏乐。诗、赋创作的本身就是仪式中非军事化元素的表现。

北周时期,虽然保留了上述"射礼和讲武"毗连举行的形式,但更为频繁的是单独举行的讲武(大阅、大会)仪式(表33)。而且最重要的一点是举行仪式的时间都集中在冬季。西魏、北周反复在冬季举行讲武的时间正好与府兵制确立的过程重合。重视从农民中征兵的府兵制,农闲时在各地军府进行训练是农民服兵役的基础(气贺泽保规1999)。征招农民兵的西魏、北周的军事训练,其特点就是必须在冬季举行所谓的"农隙讲武"。

如上所述,北齐、北周的射礼尽管还保留着军事色彩,总体而言处于加快去军事化的趋势中。不仅如此,一直由射礼承担的军事训练功能变成由讲武(或者田猎)独立承担了。

结　论

本章探寻了兼具军事性与非军事性的射礼在《开元礼》中被归类为军礼的原因,并对该问题目前的研究成果进行了总结。北齐时射礼被归类在军礼中,据此可推测是因为北魏以来的军事训练中残留着"配合讲武,举行马射"的要素。唐朝制定了以北齐礼制为原型的礼制制度。由于军礼部分也继承了北齐的原有构架,所以射礼(唐朝时已完全没有了军事性特征)被划归在军礼的范畴中了。

根据《开元礼》中举行射礼仪式的过程来看,军事训练的元素已经很少了。纵览表34可知,三月三日、九月九日在宫廷内的殿庭、门前举行下级士兵不参加的祝宴、赏赐等活动。从这些实例中也可知其非军事化色

[①] 《艺文类聚》卷四《岁时中·九月九日·王褒〈九日从驾诗〉》:
黄山猎地广,青门官路长。律改三秋节,气应九钟霜。曙影初分地,暗色始成光。交饰长秋坂,缇幕杏间堂。射马垂双带,丰貂佩两璜。苑寒梨树紫,山秋菊叶黄。终惭属车对,空假侍中郎。
《文苑英华》卷五十八庾信《三月三日华林园马射赋》:
……皇帝幸于华林之园……乃命群臣,陈大射之礼……乃奏驺虞九节,狸首七章。

彩的倾向①。因此,唐代射礼以《仪礼》为基础,以两汉魏晋学礼确立的春秋射礼为原型,处于承接南朝九月九日马射"非军事化射礼"系谱之中。

另一方面,射礼也包含着军事性特征。以本章列举的时代为例,第一,从西汉的都试、秋射到东汉的乘之直至汉魏时期的治兵均为立秋训练仪式系谱。第二,从五胡到北朝继承了来自北方民族的"马射、讲武"仪式系谱。北齐及唐朝的射礼被划分为军礼,估计是受了北齐的影响。

从北朝末期到唐代,军事训练型仪式变成了专门的讲武、田猎的形式,射礼的去军事化在此起到了决定性的作用。此外,唐代祝宴色彩逐渐增强,经费负担过重的负面效应显现出来了②。到高宗治世初期为止,射礼一直持续未曾间断过,麟德元年(664)是举行大射的最后一年。武周革命后的景云二年(711)至玄宗开元初期,虽然有过短时间的复兴,但很快被废弃,以后唐朝就再也没有举行过射礼③。

经过了一个短暂的空白期之后,五代北宋时期开始再度举行射礼。但此时的射礼大多与唐朝一样,伴随着饮酒、奏乐。在宋代后期编纂的《政和五礼新仪》中,射礼被归为嘉礼。

最后是关于射礼在五礼中的定位。清朝考证学者秦蕙田指出,射箭是"所以习礼乐"而不是"专尚威武"。由此可见,他对将射礼分类为军礼的《开元礼》及《通典》持批评态度,支持把射礼归入嘉礼的郑玄和《宋史·志·礼》的主张④。

---

① 数量较少的军事训练型大射有如下记录:
丁未,引诸卫骑兵统将等习射于显德殿庭,谓将军已下曰……于是每日引数百人于殿前教射,帝亲自临试,射中者随赏弓刀、布帛。(《旧唐书》卷二《太宗纪》武德九年九月丁未条)
这是玄武门之变刚结束,正处于突厥入侵的紧急状态下发生的事,应作为特殊事例来理解。

② 唐代射礼多数可从《册府元龟》卷一百九至一百一十一中查到,该卷属于《帝王部·宴享》。至少在编修本书的宋人眼中唐代的射礼是非军事的"宴射"。

③ 《唐会要》卷二十六《大射》开元八年九月七日条,以及开元二十一年八月二十三日条(参照本书第245页注①)。

④ 秦蕙田《五礼通考》卷一百六十一《嘉礼三十四·射礼》:
又案:刘向《别录》以射入吉礼,《唐开元礼》入军礼,《通典》因之。射为六艺之一,原所以习礼乐,非专尚威武。至于诸经言射兼朝祭飨燕,不得专属吉礼。郑康成注《仪礼》,大射、乡射皆属嘉礼,《宋史》亦以大射入嘉礼,颇存古意。今从之。

直接把射礼定位为军礼的《开元礼》,实际上在整个中国历史上都被视为异端。射礼虽具备军事性与非军事性两面性,但重视后者更符合正统思想。将射箭这一军事行为硬性划归为亲睦仪式的嘉礼,可以说是中国传统社会中"武力制度化"(丸桥充拓2013)的一种形式①。

表33 府兵制的成立过程与"农隙讲武"的固定

朝代	年份	月份	日	事项
西魏	大统元年(535)	1		西魏成立(宇文泰、拥立文帝)
	大统五年(539)	冬		在华阴"大阅"
	大统八年(542)	2		宇文泰、设立六军
		4		在马牧举行"大会"
	大统九年(543)	3		邙山之战(西魏、大败于东魏)、广募关陇豪右(府兵制的起源)
		10		在栎阳"大阅"
	大统十年(544)	10		在白水"大阅"
	大统十一(545)	10		在白水"大阅"→"西狩岐阳"
	大统十二(546)	7		在咸阳"大会"
				此时令各地望族为乡帅、统领乡兵
	大统十六(550)左右			二十四军制确立
北周	保定二年(562)	10	戊午	在大武殿大射→七日后在少陵原讲武
	天和三年(568)	10	丁亥	在城南讲武"亲率六军",诸藩使也扈从
	天和六年(571)	10	壬寅	在城东讲武"亲率六军"
	天和七年(572)	3	丙辰	武帝、诛杀宇文护(建德年改元)、皇帝直辖二十四军
	建德元年(572)	11	丙午	在城南讲武"亲率六军"
	建德二年(573)	11	辛巳	在城南讲武"亲率六军"→此后在道会苑大射(对象是都督以上的50人)
	建德三年(574)	11	己巳	行幸同州→在城东"大阅"
		12	丙申	诸军军士改称侍宫。从百姓中征兵、夏人半数成为士兵
		12	癸卯	在临皋泽讲武(侍官制施行的七日后)

---

① 在本章内容的论文发表的同年还发表了王博2014。

表 34　唐射礼实施例

朝代	年	月	日	场所	摘要	典据
唐	武德二年（619）	1	?	玄武门	群臣	《唐会要》卷二十六
	武德四年（621）	8	?	武德殿	三品以上	《唐会要》卷二十六
		9	9	武德殿	五品以上	《册府元龟》卷七九、卷一百九
	武德五年（622）	1	29	玄武门	群臣	《册府元龟》卷一百九
	武德九年（626）	9	22	显德门	玄武门之变后，突厥人入侵的习射	《旧唐书》卷二、《册府元龟》卷一百二十四
	贞观三年（629）	3	3	玄德门	重臣	《唐会要》卷二十六、《册府元龟》卷一百九
	贞观五年（631）	3	3	武德殿	文武五品以上	《唐会要》卷二十六
		9	9	武德殿	群臣	《册府元龟》卷一百九
	贞观六年（632）	3	3	武德殿	群臣	《唐会要》卷二十六
	贞观十一年（637）	3	3	仪凤殿（洛阳）	五品以上	《唐会要》卷二十六、《册府元龟》卷一百九
	贞观十六年（642）	3	3	观德殿	百僚	《唐会要》卷二十六、《册府元龟》卷一百九
		9	9	玄武门	文武五品以上	《唐会要》卷二十六
	永徽三年（652）	3	3	观德殿	群臣	《旧唐书》卷四、《唐会要》卷二十六
	永徽五年（654）	9	3	丹霄楼	三品以上	《唐会要》卷二十六、《册府元龟》卷一百一十
		9	4	永光门楼	五品以上	《唐会要》卷二十六、《册府元龟》卷一百一十
	麟德元年（664）	3	3		**此后不举行大射**	《旧唐书》卷四、《唐会要》卷二十六
	景云二年（711）				源乾曜奏请实施大射（不明可否）	《唐会要》卷二十六
	先天元年（712）	9	9	安福门	观百僚射	《唐会要》卷二十六
	开元四年（716）	3	3		百官	《唐会要》卷二十六
	开元八年（720）	9	9		根据许景先的谏言而终止	《唐会要》卷二十六
	开元二十一（733）	9	9	安福楼	敕文中颁布实施命令（**这是最后举行的射礼，之后废除**）	《唐会要》卷二十六、《册府元龟》卷一百一十

第十二章

唐宋变革期的军礼与秩序

绪 论

对于中国传统社会的军事史研究,迄今成果丰硕,但争议也不少。一直以来争论的焦点基本上都集中在兵役负担问题与军制上。在前一问题中,大家共同关心的是掠夺劳动力所采用的手段,无论是否依据的是历史唯物论,学者们对掠夺主体为国家这一观点持相同看法。而对后者的共同认识则以武力的机能性构造影响国家对社会管理的规定性作用为前提。也就是说,这符合 M. Weber 所描绘的垄断地行使正当暴力而实现社会管理的近代国家。进一步来说,与近代国家相比,采用君主政体的传统国家理应依存于更单纯、更直接的暴力管理社会的方式,在这一点上也达成了共识。

然而,这种国家观如今开始受到质疑。

由国家控制的社会管理机构,不仅是服从上层的强制力或"支配"规律,还是得到下层认同的规律,或者是根据双方相辅相成关系产生的"秩序"进行解释的构造,对此,各领域研究者正在达成共识①。解开了超越阶级关系而形成的社会结合应有状态的疑点,其中包括社会史研究领域继续深入探究的客观要求。

本章所讨论的唐宋史,在士大夫研究、地域史、都市空间论、财政史等领域,近年由于受到社会史研究的影响也取得了很多成果。

在这样的背景下,应当认识到军事史研究也必须超越国家观。国家虽有发动直接暴力的潜在可能性,但这种方式并不能管理社会。近代国家让人们普遍认知这种正当暴力的存在,用扩大威慑力的方法实现社会的统

---

① 参照丸桥充拓 2001,157~158 页;本书第六章 161 页。

治。然而,由于传统国家缺乏这样的管理能力,因此,致力于通过仪礼这样的象征性手段来建构社会秩序。在以往的研究中,仪礼被看作国家权力的装饰品,并未受到重视。但在近年的研究中,仪礼作为国家理想秩序的缩影,特别是作为吸引人们主动参与国家秩序构建的手段,得到了重视。尤其是在王权论的领域已成为必不可缺的重要内容[1]。在这一现状下的军事史研究,也被赋予了新的使命[2]。

根据这样近况的需求,本章将重点探讨军事仪式。传统国家通过象征性、仪式性的方法来丰富统治社会的手段,也包括最直接、有强制力的武力。将武力作为仪式的标准,并逐渐升华为秩序,这就是"军事仪式"。所幸在中国的传统社会,军事仪式作为"五礼"(吉礼、宾礼、军礼、嘉礼、凶礼)的一个范畴,有其明确的范围。以军礼为题材,探索"通过军事手段使秩序达到理想状态"便是本章的目的。

研究军礼的出发点是集古代传统礼学体系大成的《大唐开元礼》(以下略称《开元礼》)。虽然《开元礼》成书于唐极盛期,但之后很快就进入历史转折期,本章研究的范围从孕育出《开元礼》的唐朝前期开始,也包括唐宋变革这一转换期,不仅从军礼静态形式的层面来研究军礼,也力争把握其动态的一面。

第一节 军礼制度概览

一、"五礼"制度与军礼

"五礼"的思想源于《周礼·春官·大宗伯》。《周礼》中规定了共计36

---

[1] 参照渡边信一郎1996,大原良通2003,小谷汪之等1990,安丸良夫等2002,今村真介2004等。

[2] 迄今为止从军事的象征性、媒介性分析的研究,有论及南郊祭祀中仪仗兵的梅原郁1986,描述以武器为媒介形成当地社会秩序的穴泽彰子1999的论述。也有具有开拓性先行意义的日本史、考古学领域(大日方克己1993,松木武彦2001等)的研究。随着国际关系的紧张局势,近年陆续公开刊行的以战争为题的研究也可以提供很多启示。

种的各项仪式(吉礼12种、宾礼8种、军礼5种、嘉礼6种、凶礼5种),成为后世的规范。自西晋起,"五礼"的内容架构开始反映在国家礼制的结构中。此后,这种架构自两晋南北朝起,经隋朝逐渐形成、完备①。

开元二十年(732)写成的《大唐开元礼》,集前代诸礼大成,将总共125篇国家礼制归纳在"五礼"的框架内,共计150卷,这一巨篇作为礼典的经典,经常被后世效法。宋代以《开宝通礼》为代表,继承了各种礼典,可从保存至今的《太常因革礼》(公元1065年成书)、《政和五礼新仪》(公元1111年成书)中窥见一斑②。

军礼在《开元礼》中占了10卷,包括了23种仪式(参照表35)。在此,将这些军礼大致分为战时军礼与日常军礼,不拘泥原卷的卷次,以了解其整体构成③。

表35 《大唐开元礼·军礼》一览

卷八十一	皇帝亲征类于上帝
卷八十二	皇帝亲征宜于太社
卷八十三	皇帝亲征造于太庙
卷八十四	皇帝亲征祃于所征之地,皇帝亲征及巡狩郊祀有司轪于国门 皇帝亲征及巡狩告所过山川,平荡贼寇宣露布,遣使劳军将
卷八十五	皇帝讲武,皇帝田狩
卷八十六	皇帝射于射宫,皇帝观射于射宫
卷八十七	制遣大将出征有司宜于太社
卷八十八	制遣大将出征有司告于太庙,制遣大将出征有司告于齐太公庙
卷八十九	祀马祖(仲夏),享先牧(仲夏),祭马社(仲秋),祭马步(仲冬)
卷九十	合朔伐鼓,合朔诸州伐鼓,大傩,诸州县傩

首先,战时军礼按出征时间的先后编成。皇帝亲征的场合,出征前要举行天、社稷、宗庙的祭祀(皇帝亲征类于上帝、皇帝亲征宜于太社、皇帝亲征造于太庙)。出征时,先由有司在国门举行祭祀(皇帝亲征及巡狩郊祭有司轪于国门),再祭祀将要经过的山川(皇帝亲征及巡狩告所过山川),之后

---

① 梁满仓2001。
② 池田温1972。
③ 以下的概括参照陈戍国1998,任爽1999。

在战地举行祭祀(皇帝亲征祃于所征之地)。战争结束后,发布战胜告示(平荡贼寇宣露布),派使者慰问军将(遣使劳军将)。派遣司令官征战的时候,省略祭天,由有司代行举行祭祀社稷、宗庙、齐太公庙的仪式(制遣大将出征有司宜于太社,制遣大将出征有司告于太庙、制遣大将出征有司齐太公庙)。

日常军礼由狩猎(皇帝田狩)、军队的练兵仪式(皇帝讲武)、射弓礼(皇帝射于射宫、皇帝观射于射宫),与马相关的诸礼(祀马祖、享先牧、祭马社、祭马步)以及合朔、傩祭(合朔伐鼓、合朔诸州伐鼓、大傩、诸州县傩)构成。举行日常军礼的季节是有规定的,作为每年的例行仪式列入国家年历。

本章重点关注的是日常的军礼。目的是解析"以军事为媒介的秩序"。当然,战时军礼也有为实现该目的而采用的具体形式,但要从现有史料中找到发生武力冲突时通过实施军礼并维持秩序的记述并不容易。"秩序"的形态或许隐于其内部的思想中,更多地反映在仪式化的日常军礼中了。本章就将遗留史料较多的狩猎(以下称田猎)与练兵仪式(以下称讲武)作为分析素材①。田猎、讲武中包括王公、百官日常狩猎及由地方官员负责的军事训练等②,但不包括在本章要考察的国家层面的秩序之内,因此,本章只探究皇帝御临的情况。

二、仪式化的军礼——田猎与讲武

《开元礼》规定田猎在"仲冬之月"举行。从事先准备开始,到当日的仪式程序为止,仪式按照表36所记载的顺序进行。在这一系列过程中,实际首先进行狩猎是"驱逆",也就是把猎物赶到皇帝的面前,让皇帝先射,接着王公再射,最后是百姓进行狩猎。并规定了狩猎结束后,分享猎物的方法。先将猎物聚集到旗下,"大兽"充公,"小兽"则作为私物分给参加者。"大

---

① 射弓礼(射礼)也是平时惯例化了的仪式,而且史料也比较丰富,在这一点上与讲武、田猎有共通之处。但射礼在《周礼·春官·大宗伯》中被分类在嘉礼的"宾射之礼"中,射礼军事色彩较轻,属于共同体的礼仪,很难与其他军礼放在一起讨论。因此,本章重点围绕田猎与讲武展开论述。(参照本书第十一章射礼的内容)

② 关于在地方进行的军事教练,《新唐书》卷五十《兵制》、《宋史》卷一百九十五《兵制九·训练之制》等中均有记载。

兽"中上等猎物供奉宗庙,中等猎物献给宾客,下等猎物则供皇帝食用。最后,向四郊、宗庙、社稷供献猎物①,至此仪式结束。在这样的田猎过程中,不仅通过实际的狩猎进行军事训练,而且猎物成为皇帝、远祖、社稷与参加者共有的成果,具有同样重要的意义②。

此外,田猎中还包括了几个注意事项。首先是举行时节限定为"仲冬之月"。另外,皇帝射猎时,要举行三次"驱逆"(称为"三驱")。田猎会场的围栏通常围三面,另一面则是猎物的逃生之路。这种规定与田猎具有娱乐性的层面相关。也就是说,嗜好田猎的君王经常会过度狩猎,有时会妨碍农业,有时甚至会疏于政务。因此,在限定田猎举行时节的同时,也将警戒滥猎的事项纳入田猎的注意事项中③。《贞观政要》卷十中创设了"畋猎"这项内容,为的是告诫后世君主注意自律。

另外,还规定了讲武在"仲冬"并在"都外"举行。讲武的程序如表36。其中田猎属于练兵式,是构成讲武的核心内容。宣誓后举行的"坐作进退"是指会场中整齐坐定的各部队和着大鼓、铎镯的节奏反复进行起立冲锋,到达设置好的等间隔标示后停止然后坐下来的动作。所谓"五阵"就是将整个会场分成东西两军,让他们一个接一个地用五种阵形进行对抗的模拟战。两军交替进行先攻、后攻,不断变换"青旗直阵""白旗方阵""黄旗圆阵""赤旗锐阵""黑旗曲阵"五种阵形。其间,根据先攻方的阵形,后攻方按照五行相克说布阵(例如,东军取到"青旗直阵",西军则取"白旗方阵",也就是"金克木"),重复五次后结束整个仪式。

---

① 《大唐开元礼》卷八十五《皇帝田狩》:

诸得禽者,献于旗下,致其左耳。大兽公之,小兽私之。其上者以供宗庙,次者以供宾客,下者以充庖厨。乃命有司馌兽于四郊,以兽告至于庙社。

② 关于田猎的目的、注意事项,参照陈成国1998,213~214页。

③ 这样的告诫经常出现在给过度田猎皇帝的谏言中。例如,向高宗进谏田猎的褚亮,在谏书中说明了田猎应有的规范:

用农隙之余,遵冬狩之礼。获车之所游践,虞旗之所涉历,网唯一面,禽止三驱,纵广成之猎士,观上林之手搏,斯固畋弋之常规,而皇王之壮观。(《旧唐书》卷七十二《褚亮传》)

其主要依据是在农闲时进行田猎,防止滥猎才是田猎的正常状态,因此才更能彰显皇帝的威武。

表36 各军礼仪式的顺序

讲武

	《开元礼》的仪式程序		典据
①事前准备	会场设置	兵士人选、指示	《周礼·夏官·大司马》
	部队		
②入场	百官		
	宾客（蕃客、诸州士人）		
	皇帝		
③开始讲武	宣誓（大将）		《周礼·夏官·大司马》
	坐作进退（袭击与停止）		
	五阵（东西两阵的模拟战）		
④结束	宣布结束（侍中）		
	退场（先皇帝后将士）		

田猎

	《开元礼》的仪式程序	典据
①事前准备	会场设置	《周礼·夏官·大司马》《易·比》
②入场	部队	
	皇帝、王公	
③田猎开始	驱逆（把猎物赶到皇帝的面前）	《礼记·王制》
	皇帝射猎	《诗经·小雅·车攻》"大庖不盈"郑注
	王公射猎	《周礼·夏官·大司马》
	百姓捕猎	《穀梁传》昭公八年
	※射猎注意事项	《周礼·夏官·大司马》
	击鼓欢呼	《周礼·夏官·大司马》
	把猎物的左耳收集到旗下	《礼记·王制》
④分配猎物	分配大小、优劣	《礼记·王制》
	向郊庙供献猎物	《礼记·王制》

《周礼·夏官·大司马》"中冬大阅"的程序

①事前准备	会场设置
	向士兵下达指示
②入场	部队
③开始大阅	宣誓
	坐作进退
④到狩猎场再布阵	部队
⑤田猎开始	驱逆
	按大小分配
	收集猎物的左耳
⑥分配猎物	"车徒皆噪"
	向郊供奉猎物

注：※号为田猎时的注意事项。包括三点内容。首先是举行时节限定为"仲冬之月"；其次，皇帝射猎要举行三次"驱逆"（三驱○）；第三是田猎会场的围栏为方形，通常用在正面，另一面则留给猎场逃生。

268

三、实施状况

那么,作为本章论述对象的唐宋时期田猎、讲武的实施状况究竟怎么样呢?首先从数量层面来看大致概况。表37 是从历代正史、类书等中检索出的实施了田猎、讲武的实例,但仅限于皇帝(五代为王朝)所实施的次数。

表37　军礼的实施状况

	皇帝、王朝	田猎	讲武		皇帝·王朝	田猎	讲武
唐	高祖(8)	24	4	唐	僖宗(15)	0	1
	太宗(23)	25	2		昭宗(16)	1	0
	高宗(34)	9	3		哀帝(3)	0	0
	武后(15)	0	0【1】	五代	后梁(16)	6	17
	中宗(6)	1	0		后唐(13)	33	2
					后晋(11)	7	3
	睿宗(8)	0	0		后汉(4)	1	0
	玄宗(44)	12【2】	2		后周(9)	3	3
	肃宗(6)	0	2	北宋	太祖(16)	28	31
	代宗(17)	1	2		太宗(21)	15	17
	德宗(26)	5	0		真宗(25)	6	20
	顺宗(0)	0	0		仁宗(41)	2【1】	23
	宪宗(15)	0【3】	0		英宗(4)	0	1
	穆宗(4)	5	0		神宗(18)	0	14
	敬宗(2)	2	0		哲宗(15)	0	3
	文宗(14)	0	0		徽宗(25)	0	0
	武宗(6)	5	1		钦宗(2)	0	1
	宣宗(13)	2	0				
	懿宗(14)	0	0				

注:"皇帝、王朝"栏中括号内数字为帝王在位、存续年数;

在位年数:从死亡年(让位年)中减去即位年得到的数值;

存续年数:从灭亡年中减去建国年的数值;

"【 】"内数字为停止的次数。

唐代与宋代的存留史料在数量上差别较大,因而不能进行单纯的比较,但大致经历了如下历程。首先,唐代初期处于礼制的确立阶段,讲武、田猎两礼都很盛行,虽然在武韦时期有过短暂的中断,但在玄宗时期再次盛行起来。到了唐朝后期就逐渐废止了讲武,田猎的举行频率虽然降低了,但仍然持续进行。

到了五代时期重新恢复了讲武,北宋初期至中期两礼进入了活跃期。尽管表37中未能明示,但事实上,以大中祥符元年(1008)的封禅为契机,田猎从真宗景德四年(1007)至仁宗庆历四年(1045)间有将近四十年的空白期。此后,虽在庆历五年(1046)复苏过一段时间,但处于空白期的田猎以后再也没有稳定下来,庆历七年(1047)以后就不再举行了。讲武也在北宋末逐渐进入低潮。

综上可知,就军礼而言,唐朝前期与宋代前期是两大高峰期,唐代后期则处于低迷期。如果与军制史的进程联系起来看的话,那么就是在府兵制时期迎来了一个顶点,向募兵制的过渡期为混乱期,此后再次迎来稳定期的过程。

下面将分第一次高峰期的唐代前期和从混乱期转入再建构的唐宋变革期(特指唐代后期到北宋前期)两个阶段,来探索军礼的实质性变化过程。

第二节 《开元礼·军礼》的秩序

在本节中,将把《开元礼》中田猎、讲武的规定与唐代前期的实施例等予以比较,来考察当时的军礼究竟在国家秩序起到了怎样的媒介作用。

一、经书的继承

《开元礼》中讲武、田猎的仪式程序,均以经书中记载的诸多军事仪式为蓝本。在表36的《开元礼》的仪式程序中,列举了部分参照经书的对应典据。讲武中的坐作进退、田猎中的狩猎及猎物的分配、供献等仪式的核心部分内容是根据《周礼·夏官·大司马》及《礼记·王制》等经书为依据制定的。

《周礼·夏官·大司马》尤其重要。虽然其中列举了春夏秋冬四种军事仪式,但《开元礼》田猎、讲武的仪式程序依据的就是其中的"中冬大阅"的基本结构。观察表36中冬大阅的仪式程序可知①,此仪礼大致由前后两种仪式构成,前者与《开元礼》的讲武对应,后者则与田猎对应。两者原本连续举行,后来变成各自独立举行的仪式了②。

在冬季举行田猎、讲武是为了避开农事。这与《周礼》中规定在除冬季之外的其他三季也进行狩猎、讲武不同。限定在一季举行仪式的做法,可能是受到了《礼记·月令》和汉代立秋讲武的影响③。

根据经书内容实施军礼的《开元礼》的理念,也反映在其实践方面。例如,如表40所示,讲武的时季在南朝及北魏时期并没有一贯性,但西魏、北周、隋、唐则以冬季为主。武后圣历二年(698)一月,原定于前一年冬天举行的讲武由于准备不足,延期到此时举行,有个叫王方庆的人,以《礼记·月令》等为依据提出了春季举行冬礼的问题,并反对实施,结果意见得到了认可④。

---

① 在小南一郎1995,51~53页中有关于同条内容的详细翻译及解说。

② 《开元礼》卷八十五"皇帝讲武""皇帝田狩"两项中注记了两者连续举行时的步骤顺序,由此可知二者本为一个整体仪式。

若因田狩,则令讲武军士之外先期为围。观讫,乘马鼓行亲禽如别礼。狩讫,乘辂振旅而还如常仪(皇帝讲武)

其因讲武以狩,则先设围亦如之也。(皇帝田狩)

先天二年(713)十月,玄宗在新丰县行幸时,十三日(癸卯)在骊山举行讲武,十四日(甲辰)在同县界内的渭水举行了田猎(《资治通鉴》卷二百一十),这证实了两仪式连续举行的事实。

③ 在《礼记·月令》中有在"季秋之月"田猎,在"孟冬之月"讲武的记载。另外在《后汉书·礼仪志五·貙刘》中有东汉时举行立秋讲武的记载,《三国志》卷一《魏书·武帝纪》建安二十一年三月条裴注所引《魏书》记述了汉承秦制,避开农事仅在十月举行讲武。

包括举行时季的军礼整体内容,从经书到《开元礼》,在礼学上都有讨论,参照本书第十章。因此,本章主要确认《开元礼》的军礼所继承的各种经书思想,并在此基础上展开讨论。

④ 《旧唐书》卷八十九《王方庆传》,《唐会要》卷二十六《讲武》圣历二年十月条。

另外,在讲武中确实进行过"坐作进退"的实例可在显庆五年(660)、先天二年(713)的记录中读到①。田猎中按照规定实施猎物供献的记录可在玄宗时的宰相张说的作品里中找到有关记载②。贞观四年(630)、五年(631)的田猎后,太宗给当时的太上皇高祖居所大安宫送去了猎物③,这可以视为与陈戍国所说的供献宗庙是同样的宗旨④。

二、军礼与帝国秩序

《开元礼》的规定根据经书制定而成,实际举行的军礼则以此为依据。其次,这时的军礼也具有唐朝前期的独有特色,即外国、地方使节也来参加仪式。《开元礼》记载举行讲武时,蕃客、诸州使节出迎皇帝,会场中将他们的位置设在皇帝身后的事例⑤。《开元礼》没有有关田猎的规定,但从几个

---

① 《唐会要》卷二十六《讲武》显庆五年三月二十八日条:
讲武于并州城北……一鼓而示众,再鼓而整列,三鼓而交前。左为曲直圆锐之阵,右为方锐直圆之阵。三挑而五变,步退而骑进,五合而各复位。
《册府元龟》卷一百二十四《帝王部·讲武》先天二年十月癸亥条:
亲讲武于骊山之下……列大阵于长川,坐作进退,以金鼓之声节之,三军出入,号令如一。
另外,在显庆五年的讲武记事里可以看出举行了"五阵"。
② 《张说之文集》卷十三《皇帝马上射赞》:
(一箭中两鹿,横贯,走五十余步方倒)
双鹿并出,一箭横连。上思陵寝,以献时鲜。
(是日还宫苑内,用大箭射走鹿四十口,分赐诸王、郡王及从人等)
帝入灵囿,数百麚鹿。射其四十,颁诸群牧。
③ 《旧唐书》卷三《太宗纪下》贞观四年十月甲辰条、贞观五年正月丙子条。
④ 陈戍国1998,216~217页。
⑤ 《大唐开元礼》卷八十五《皇帝讲武》:
诸州使人及番客先集于都墠北和门外,东方、南方立于道东,西方、北方立于道西,皆向辂而立,以北为上。驾至和门,奉礼曰:"再拜。"在位者皆再拜。皇帝入次,谒者引诸州使人,鸿胪卿引番客,东方、南方立于大次东北,南向,以西为上。西方、北方立于大次西北,南向,以东为上。

实施例中能看到有蕃客参会①的情形。不仅是蕃客,会场里人数占多数的士兵,理论上这些士兵是从全国百姓中征来的府兵。而且,开元八年(720)规定不分蕃汉均可成为参加此活动的人选②。同时,在讲武的规定中,也有给来参观活动的普通百姓设置坐席③的要求,事实上确实有百姓云集在周围的记录④。

也就是说,讲武的时候,外国使节、中央和地方的文武官员、蕃汉府兵及前来参观的百姓齐聚一堂,田猎时,也是王公、外国使节、兵员、百姓一起参加狩猎。据说规模较大的时候,动员数十万人,绵延数十里的各军都参加该活动⑤,参加的人们置身于巨大的军礼空间,在此空间里更能切身感受帝国秩序。而且,田猎、讲武的日程与仪式程序也会按照经书规定制定。在准确无误地展现规定动作、程序过程中,出席者可深切体会中华传统军礼的内涵。

举行田猎时,还有一个媒介起到了团结合睦的作用,即田猎中捕获的猎物,根据质量好坏,按宗庙、宾客、君主、其他参会者的次序来分享。在分享战利品时虽然有上下的等级关系,但猎物被看作是大家的共同成果。根据情况不同,皇帝还会赏赐除猎物以外的布帛等东西⑥,而且蕃客、文武百

---

① 贞观五年(631)正月、显庆五年(660)十二月、上元三年(676)、开元十三年(725)十月的田猎中明确记载了各蕃族长或使节的参加情况。(分别记载于《唐会要》卷二十八同年正月十三日条,《册府元龟》卷一百一十《帝王部·宴享二》,《旧唐书》卷七十三《薛元超传》及《文苑英华》卷六百九十四《薛元超·谏番官仗内射生疏》,《唐会要》卷二十七《行幸》开元十三年十月十一日条。)

② 《唐会要》卷二十六《讲武》开元八年八月条:
敕……宜差使于两京及诸州,拣取十万人,务求灼然骁勇,不须限于番汉。

③ 《大唐开元礼》卷八十五《皇帝讲武》:
若有观者,立于都埒骑士仗外,四周任意。

④ 《册府元龟》卷一百二十四《帝王部·讲武》先天二年十月癸亥条:
亲讲武于骊山之下……长安士庶奔走纵观,填塞道路。

⑤ 据说先天二年十月的讲武是"征兵二十万,旌旗亘五十余里"(《册府元龟》卷一百二十四),开元二十年十月的讲武更是"勒兵三十万,旌旗亘千十余里"(《文苑英华》卷八百七十八《玄宗·后土神祠碑并序》)

⑥ 在武德八年(625)十二月、贞观四年(630)十月、贞观五年(631)正月的田猎中都赏赐了布帛。(均出自《册府元龟》卷七十九至八十《帝王部·庆赐》)

官也会向皇帝进献狩猎时用的鹰犬之类①。根据军礼的进程步骤，以社会构成人员的共同行为为核心，通过举行军事仪式及仪式后以相互赠予的形式建构君臣关系，以便维护帝国秩序。

关于参与诸礼、共同完成仪式程序，并在飨宴上君臣共食等，对帝国秩序的建立发挥的象征性作用，渡边信一郎确立了以元会为题材的研究，并取得先驱性成果，梅原郁、金子修一深入探索的郊庙祭祀仪式，也取得了相当的成果②，只是，军礼在动员的人员规模与空间范围上，已超出了郊庙祭祀这样的吉礼和元会这样的嘉礼。在《开元礼》时代，即唐朝在展示帝国秩序之际，军礼也起到了不逊于其他仪式的重要作用。

开元十三年(725)十月，在洛阳城郊外举行田猎时，玄宗完美地射中了马前的兔子，紧跟在旁边的突厥使节阿史那德吉利发从马上下来，将兔子捧呈给玄宗，并通过翻译表达了自己的祝贺。说道："天可汗神武。天上则有，人世无也"。当玄宗问他是否饥饿时，他回答说："仰观圣代如此。十日不食，犹为饱也。"

此后，突厥使节便被允许经常加入仪式参加骑射③。此时的田猎临近十一月由玄宗首次亲自主持的封禅，这应该是前往泰山行幸途中举行的田猎。被册封国的代表下马，献上皇帝亲自猎获的猎物，颂扬"天可汗"的威武。并表示生活在这样的时代，即使十天不吃饭也不会有空腹感。其实这就是赞美当时已经实现了即使不共食猎物也不会饿肚子的太平盛世。这段轶闻充分说明了在唐帝国最鼎盛之时，根据军事仪式建构的帝国秩序也达到顶峰。

第三节　唐宋变革期的田猎

唐朝后期军礼迎来了低谷期，直至五代宋初，才又迎来另一个繁盛期。

---

① 在永徽二年(651)十一月的诏书里质疑百官上献田猎用的动物，因而被禁止。(《册府元龟》卷一百六十八《帝王部·却贡献》)

② 渡边信一郎1996，梅原郁1986，金子修一2001。

③ 《唐会要》卷二十七《行幸》开元十三年十月十三日条。

在此期间,社会处于所谓唐宋变革的浪潮中,田猎、讲武究竟历经了怎样的变化? 在本节及下一节中将追寻其各自变化的轨迹。

一、唐代后期

与讲武不同,田猎在唐代后期一直没有停废。但纵观唐代后期的历代皇帝,曾出现了宪宗、穆宗、敬宗、武宗等热衷田猎的皇帝。而且,这个时期的田猎已偏离了原来帝国成员的代表齐聚一堂举行练兵仪式的本意。例如,元和五年(810)宪宗在苑中举行田猎时发生了下面的事情:

> 上因暇,欲近出畋猎。行至蓬莱池西,谓左右曰:"李绛尝谏我畋猎,云亏损政事。今虽不远,近出苑中,必有章疏上陈,不如且休。"遂却罢归。(《李相国论事集》卷五《宪宗出游田猎中罢》①)

这讲的是皇帝外出田猎后,想到宰相李绛的谏言又返回的逸事。此时的田猎,皇帝一行中连宰相都没有相伴左右,与"帝国秩序的缩影"相距甚远,不难推测田猎已成为娱乐性很强的仪式活动了。

在军事训练因素减少的同时,猎物又是怎样进行分配的呢? 在代宗朝时就任宰相的常衮写下了描绘田猎情形的作品,名为《春蒐赋》。其中对猎物供献宗庙的事讴歌如下:

> 有司乃……献禽以报其生植,充豆以遵其孝悌。(《文苑英华》卷一百二十四)

被认为大历七年(772)田猎时由路季登创作的《皇帝冬狩·一箭射两兔赋》②里,也可以看到同样的情况:

> 或备鲜于乾豆,或荐芬于祖宗。匪合围而纵获,谅阅武而观

---

① 《资治通鉴》中将本记事系年为元和五年六月(卷二百三十八)。
② 路季登是大历六年的进士(《旧唐书》卷一百七十七《路严传》),而且于大历七年十月在禁苑举行的田猎中,由于代宗一箭射中两只兔子使气氛变得很热烈。这个小插曲也被史官们记载了下来,围绕此事宰相与代宗还有过文书往来(《册府元龟》卷三十七《帝王部·颂德》)。据此可推测本赋也是同年创作的。

农。(《文苑英华》卷一百二十四)

这样维持向宗庙供献的想法,在将田猎与年末仪式的腊祭(蜡祭)合并在十二月举行的仪式中表现得更为明显。腊祭虽是年末之际在南郊祭拜百神的仪式①,但规定要向宗庙供献牲畜。在腊日举行田猎的事例最早发生在唐初②,到了唐朝后期,关于在腊日举行田猎的记录增多③。另外,从一位名叫于邵的人在某年举行田猎之际给皇帝的进献中也可看到将田猎合并在腊祭中举行的内容④:

"陛下俯令畋猎,遥借宠灵。丰狐难脱于重环,狡兔莫遗于三窟。观同将帅,艺角偏裨。况节号嘉平,时兼蜡祭,承威禀命,恩已贷于戎臣;登俎充庖,味宜先于君上。虽八珍丰衍,六禽填盛,辄倾诚于金鼎,庶慕义于野芹。前件品味,谨随状进。"(《文苑英华》卷六百四十《进打猎口味状》)

"嘉平"是腊祭在夏代时的叫法⑤,从这里同样可以看到与十二月的腊祭同时举行田猎的情况。

另外,在上面进献中还有一点应注意,即百官以个人的名义向皇帝进献猎物,并附书简,与此相对,也依然存在皇帝将猎物"赐予"百官的情况。

"右,中使祁国俊至,奉宣恩旨,以前件鹿,稍觉鲜好,特以赐臣者……伏以陛下顺时令以宣风,展春蒐之彝典,有司奉职,上苑从禽。将备御庖,献兹鲜兽,宜供六膳,以副八珍。臣实无功,何

---

① 《旧唐书》卷二十五《礼仪五》:
唐礼……季冬蜡祭之后,以辰日腊享于太庙,用牲如时祭。
② 例如,贞观十三年、十四年的田猎等。(《册府元龟》卷一百一十五《帝王部·田狩》)
③ 贞元十年、贞元十一年、元和十五年的田猎等(《册府元龟》卷一百一十五《帝王部·田狩》)。另外,可推测贞元三年十二月庚辰、八年十二月甲辰的事例(都记载在《新唐书》卷七《德宗纪》)中也一样。
④ 《旧唐书》卷一百三十七、《新唐书》卷二百三里有关于于邵的列传,据记载于邵卒于贞元八年(791)左右,享年81岁。
⑤ 《通典》卷四十四《礼典四·沿革四·吉礼三·大腊》

以受赐。"(《文苑英华》卷六百三十一《常衮谢赐鹿状》)。

在这里,派遣中使向百官赐予猎物,百官则向皇帝提交感谢状。

共食猎物原本是田猎的核心内容,上述你来我往的互动活动,应该就是基于这样的原则。但与从前不同,唐代后期特有的"进奉"与"帝赐"现象已反映在田猎中了。

进奉是百官希望得到皇帝个人的恩宠而献纳的行为,帝赐则是皇帝给百官、百姓下赐各种物品。进奉品被收纳在与国库(左藏库)不同的皇帝私有财库(内藏库)里,这也常常成为帝赐的资源。因此,这就与收纳税物并用于国家经费支出的左藏库不同,是派生出的以赠予支出为核心的新财源。进奉、帝赐与一般财政在收入、支出过程中最大的区别是一般财政是隐去了个人特殊性、具体性特征的匿名化、抽象化的形式。与此相对,进奉、帝赐则是赠予人给指定的接受人赠送礼品的形式,其目的是为了确认、增进赠予方与接受方个人间的良好关系。礼品上必须写明双方的姓名,因此必须添附书简,或赠予方派使者,以确保"赠品的署名性"。清木场东认为在帝赐的过程中派遣中使,受赐方以返礼的名义提交感谢信的习惯,在唐代中期以后得到发展①。常衮的感谢信中有关猎物的相互往来正好与此相符。

田猎的猎物本来是通过与在仪式会场其他参加者的共食来确保所有人同为帝国成员的媒介物。唐代后期,田猎后也举行飨宴,也就是说这一功能并没有消失。与此同时,猎物为了建立君臣双方私下的互酬关系,猎物还起到了以书简、使者为媒介相互交换物品的作用。

而且,从此时起写给皇帝的书简,开始体现其个人的创作价值,并被收藏与鉴赏。君臣间新的互酬关系便借"进奉"之风气公然形成了。

赠予物品的范围也扩大了。在田猎中喜欢进献用于狩猎的鹰与马,也留下了一些相关记录②。或许是由于看到父亲穆宗、兄长敬宗沉溺其中而

---

① 清木场东 1997 第三编第三章《帝赐》。
② 张谓《进白鹰状》、郑絪《为易定张令公进鹰笼状》(皆出自《文苑英华》卷六百四十二),元稹《进马状》(《元氏长庆集》卷三十六)。此外,令狐楚《为太原李说尚书进白兔状》(《文苑英华》卷六百四十二),刘禹锡《为京兆韦尹进野猪状》(《刘禹锡集》卷十七)等,从中可看到百官进献自己狩猎捕到的猎物的事例。

忌避田猎的文宗,虽禁止了一般鹰犬的进奉,但对田猎用的鹰犬还是另当别论了①。由此也可推测,由田猎派生出的赠予之风已形成。

唐代初期时,在共食猎物的外围,也开展了补充性的赠予活动。但在唐代后期,还起到了以书简、使者为媒介进行相互交换的作用。这样,唐代后期的田猎,一方面维持着将猎物进奉宗庙的核心内容,另一方面围绕剩余猎物与其他物品的二次性互酬关系的外延扩大了。下面来探究这种赠予的构造与宋代的田猎是如何关联的问题。

二、北宋

建隆二年(961)十一月,宋太祖在近郊举行田猎时射中了兔子,随从的大臣便进奉马以示祝贺。作为回应,太祖在归途中赐宴,同时给宰相、枢密使、节度使以下的武官下赐锦袍。关于此事对后世的影响记述如下:

> 其后,凡出田皆然,从臣或赐窄袍、暖靴,亲王以下射中者,赐马。(《续资治通鉴长编》〈以下略称为《长编》〉卷二建隆二年十一月癸卯条)。

这里记述了田猎时给随从的大臣赐衣物,给射中猎物的人赐马,从此便形成了惯例。之后的记录中也能看到实际上这种赏赐一直持续的情况②。另一方面,百官也像前代一样进奉鹰犬③,可见君臣间的互酬关系一直持续到了宋代。

但这个时期出现了彻底改变田猎历史的重大问题,即猎物供奉宗庙的仪式逐渐消失了。雍熙二年(985)十一月,在开封西郊举行田猎时,太宗对

---

① 《册府元龟》卷一百六十《帝王部·革弊》宝历二年十二月庚申诏。穆宗到僖宗的历代皇帝均在遗诏中命令放生宫中鹰犬,但除宣宗以外,遗诏里均把狩猎用的鹰犬作为例外了(均出自《大唐诏令集》卷六十六《遗诏》)。

② 乾德五年十一月赐马,开宝二年正月赐名马、银器,太平兴国五年十二月赐襦袴,景德元年十一月赐钱、帛、马,这些都有相关记载(均出自《宋会要辑稿·礼九〔二至三〕·田猎》)。

③ 端拱元年禁止进奉鹰犬,端拱三年太宗拒绝接受节度使朝贡的鹘。(均出自《宋会要·礼九·二·田猎》),可见顽固的进贡习俗与限制令的博弈。

宰相说过以下的话：

> 诏以古者蒐狩，以所获之禽荐享宗庙，而其礼久废，今可复之。（《宋会要辑稿·礼九·二·田狩》雍熙二年十一月二十四日条）

由于田猎中的重要事项即宗庙供献消失已久，宗正寺按照《开宝通礼》开始实施供献①。在田猎的外延上进行的二次性互酬关系得到认可并切实开展的这一时期，其重要的核心部分濒临着空洞化的危机。

事实上，太宗皇帝早就再三强调了田猎的本义：

> 庚午腊，有司请备冬狩之礼，上从之，因谓左右曰："……历观前代，多惑于此而至丧败。朕今顺时蒐狩，为民除害，非敢以为乐也。"（《长编》卷十九太平兴国三年（978）十二月庚午条）

> 校猎于近郊。射中走兔四，顾谓从臣曰："腊日出狩，以顺时令，缓辔从禽，是非荒也。"（《宋会要·礼九·田狩》太平兴国六年十二月十五日条）

戒娱乐化、滥猎，顺时令配合腊日举行田猎，可见完全了解田猎应有的形态。虽说太宗自身并不喜欢田猎，但晚年时，甚至还派诸王为代理参加腊日，这充分体现了超越个人嗜好例行公事的态度②。因此，可以从这样的趋势理解雍熙二年重新开始进献宗庙的活动。事实上，此后举行的田猎都遵守了这一规定③。

但太宗的"复古路线"并没有持续很长时间。大约半世纪后的景祐二年（1035），详细制定向宗庙"荐新"（根据季节供献应季食物的仪式）。太常礼院与宗正寺如下记录了当时的状况：

> 太宗皇帝雍熙中，尝诏以畋猎，新射所获禽兽并付有司，以备荐飨，仍为永式。厥后岁久，礼亦浸微。（《宋会要辑稿·礼十七

---

① 《宋会要辑稿·礼十七·八十六·荐新》雍熙二年十一月条。
② 《宋会要辑稿·礼九·二·田猎》淳化五年十二月丙戌条。
③ 《宋会要辑稿·礼九·二·田猎》中有咸平三年十二月、景德三年十二月的田猎中供献猎物的记载。

·八六·荐新》景祐二年四月八日条)

田猎后供献宗庙在尚未固定下来之前就被再次遗忘了。

综上,北宋初期的田猎,在继承了前代君臣间互酬关系的同时,向宗庙供献猎物成了缺乏实质的形式。包括皇帝远祖在内的帝国成员共享军礼成果的这一核心内容此刻也已完全蜕变,而田猎的重心也转移到由二次派生形成的外延部分上了。

之后,真宗当朝,在大中祥符元年(1008)举行封禅后并未举行田猎,在三十七年后的庆历五年(1045),虽举行了田猎①,但由于长时间不曾举行这种仪式,所以现场相当混乱,两年后就被叫停了②,此后,直到北宋末也再未举行过田猎③。

二次性互酬关系不仅限于田猎,也体现在其他活动中。唐代后期以来,外延部分逐渐膨胀的田猎,到了宋代,其核心内容被空洞化,因此,它也失去了存在的必要。

因此,治平二年(1065)成书的《太常因革礼》的军礼部分(卷六十一至卷六十三)中并未列入田猎的内容④。另一方面,北宋末制定的《政和五礼新仪》中则包括了"皇帝田猎仪",并在"时日""祭告""陈设""车驾诣田猎所""田猎""赐射余获""车驾还内"七个项目中记录了详细的程序(卷一百六十至卷一百六十一)。即使有这样的规定,根据上面的过程来推测的话,也只不过是脱离现实的文本形式而已。以田猎为媒介确认君臣关系的仪式活动,其作用已经大大减弱了。

---

① 庆历五年八月,根据兵部员外郎李柬之的奏请,商讨再次举行田猎的事(《长编》卷一百五十七同月壬戌条),同年十月、第二年十一月,举行了两次盛大的田猎。(《宋会要辑稿·礼九·三·田猎》)

② 关于田猎的混乱状况及反对举行田猎的情况,《长编》卷一百六十庆历七年三月乙亥条中记录的御史何郯的上奏中有详细描述。

③ 《宋史》卷一百二十一《礼制·田猎》:"其后以谏者多,罢猎近甸。自是,终靖康不复讲。"

④ 但这应该是同书的遗失部分(卷五十一至卷六十七),今天只能从卷头的目录中得知其篇目名而已。

第四节　唐宋变革期的讲武

一、五代、北宋

唐朝的讲武,安史之乱后的肃宗、代宗之后再也没有实施过(参照表37、表38)。至后梁太祖时期实施讲武,使之得以复苏。后梁开平二年(908)举行的讲武是被称为"步骑三十万"的盛会,这可看成是在唐朝后期,将地方各藩镇举行的练兵典礼[①]升华为统一国家实施的练兵仪式。之后直到五代宋初,据传有很多实施例(如表37所示),这在宋初礼典《开宝通礼》中也有记载[②],讲武恢复了其实质与形式。

表38　唐代讲武实施例

皇帝	年份	月	场所	阅兵内容	赏赐	备考	典据
高祖	武德元年(618)	10				仅残存召集诏书	《新唐书》卷一、《唐会要》卷二十六、《册府元龟》卷一百二十四
	武德五年(622)	11	宜州				《旧唐书》卷一、《册府元龟》卷一百二十四
	武德八年(625)	11	宜州同官县				《新唐书》卷一、《唐会要》卷二十六、《册府元龟》卷一百二十四
	武德九年(626)	3	昆明池	水战			《册府元龟》卷一百二十四

---

① 以藩镇为单位举行的练兵仪式,可从唐朝后期的很多史料中得以确定,例如,贞元十七年至元和四年就任河东节度使的严绶(《唐方镇年表》卷四)在任期间实施了讲武,其盛况在《元氏长庆集》卷五十五《故金紫光禄大夫赠太保严公行状》中有记载。
② 《玉海》卷一百四十五《兵制·讲武田猎下·建隆便殿讲武》所引《开宝通礼》"开宝通礼,有四时讲武仪"。

续表

皇帝	年份	月	场所	阅兵内容	赏赐	备考	典据
太宗	贞观八年（634）	12	长安城西		高祖上皇给将士们赐酒三品以上赐宴散会时赐物		《旧唐书》卷一、卷三、《新唐书》卷二、《唐会要》卷二十六
	贞观十五年（641）	10	伊阙			在《新唐书》卷二、《册府元龟》卷一百一十五中记载为田猎	《旧唐书》卷三
高宗	显庆二年（657）	11	新郑			田猎七日后	《旧唐书》卷四、《新唐书》卷三、《唐会要》卷二十六、《册府元龟》卷一百一十五
	显庆五年（660）	3	并州城北	坐作进退五阵			《旧唐书》卷四、《新唐书》卷三、《唐会要》卷二十六、《册府元龟》卷一百二十四
	麟德二年（664）	4	邙山				《旧唐书》卷四、《新唐书》卷三、《唐会要》卷二十六、《册府元龟》卷一百二十四
武后	圣历元年（697）	10				错过时机延期到第二年，中止	《唐会要》卷二十六、《旧唐书》卷八十九
玄宗	先天二年（713）	10	骊山	坐作进退	给自讲武使、将军至折冲果毅的武官赐帛	次日田猎	《旧唐书》卷八、《唐会要》卷二十六、《册府元龟》卷一百二十四、《资治通鉴》卷二百一十
	开元八年（719）	8				仅残存召集诏书	《唐会要》卷二十六

续表

皇帝	年份	月	场所	阅兵内容	赏赐	备考	典据
肃宗	至德二年(757)	8	凤翔府门			安史之乱后,到即将收复长安之前	《旧唐书》卷十、《新唐书》卷六、《唐会要》卷二十六、《册府元龟》卷一百二十四
肃宗	至德三年(758)	1	含元殿庭			刚刚收复长安之后	《旧唐书》卷十、《新唐书》卷六、《唐会要》卷二十六、《册府元龟》卷一百二十四
代宗	宝应元年(762)	9	明凤门街				《册府元龟》卷一百二十四、《新唐书》卷六
代宗	大历九年(774)	4				让郭子仪进行大阅兵	《旧唐书》卷十一、《册府元龟》卷九百九十二
武宗	会昌二年(842)	7	左神策军				《新唐书》卷八
僖宗	广明元年(881)	11	左神策军			黄巢即将入侵长安	《新唐书》卷八、《资治通鉴》卷二百五十四

表39 讲武的会场

时　代	唐	五代	北宋
郊外	8	15	12.5
殿庭、城内设施	3	5	43
军营、教场	2	2	22
苑池	1	1	15.5
不明	3	2	17
合计	17	25	110

注:在两处讲武时,每场计0.5次。

表40 举行讲武的月份

举行月	两晋	南朝	北魏	西魏、北周、隋唐	五代、北宋
1	0	3	3	1	10
2	0	2	1	0	10
3	0	0	1	3	18
4	0	0	4	4	14
5	0	0	3	0	6
6	0	0	1	1	2
7	0	0	7	2	5
8	0	3	5	2	16
9	0	5	8	1	8
10	0	2	2	9	23
11	6	0	1	8	8
12	1	0	1	4	10
闰	0	1	1	0	2
不明	0	0	1	1	3

注：跨月实施讲武时，纳入前一个月。

表41 讲武的阅兵内容

	唐	五代	北宋
坐作进退	1.5	1	1
战阵	0.5	0	13
水战	1	0	12.5
炮、发机石	0	0	8
弓弩	0	0	32.5
各种武技	0	1	12
格斗	0	1	0
不明	14	22	31
合计	17	25	110

注：进行两种内容阅兵时，每场计0.5次。

特别是太平兴国二年（977）、咸平二年（999），其时正值由分裂将走向统一的最后时期,并处于与契丹关系恶化的紧张形势,讲武更是达到了"甲兵之盛,近代无比"①"士民老幼观者盆集"②的空前规模,阅兵内容的重要组成部分是坐作进退与五阵③。

然而,派遣大军到郊外并遵循古式举行的这种讲武,在宋代实际上越来越少见了。表39—表41是唐宋时期讲武的实施会场、举办月及阅兵内容按时代统计的数据④。下面以此为依据来分析五代、北宋时期的讲武。

首先是讲武的会场。唐代时,像太平兴国二年(977)、咸平二年(999)那样在郊外举行的大规模讲武很多。但在宋代常见的是在都城内的诸殿庭、诸设施内召集禁军讲武,或皇帝分别亲幸禁军的各军营、教场并在那里阅兵的情形(表39)。经常作为殿庭使用的是崇政殿、便殿,在可检索的范围内检出举行过26回、9回(也有其中三次是在崇政殿、便殿举行的说法)的结果。另外,在苑池举行的16回中,10回是在讲武池(开宝六年以前为教船池)、金明池检阅水战的情况。如果将两池作为水军教场的话,教场类型明显丰富了。总之,像从前那种在郊外进行的讲武形式是锐减了。

从表40可知举行讲武时季的情况。北宋增加了在三月至四月的讲武,从整体来看是讲武的季节性要求降低了。虽然其背景不甚明了,由于减少了在郊外讲武,而且,由于参加兵员的募兵化,与此前相比,关注农事

---

① 《续资治通鉴长编》卷十八太平兴国二年九月丁未条。
② 《玉海》卷一百四十五《兵制·讲武田猎下·咸平东武村大阅》。
③ 《宋史》卷二百六十《崔翰传》:
太平兴国二年秋,讲武于西郊。……翰分布士伍,南北绵亘二十里,建五色旗号令,将卒望其所举,以为进退,六师周旋如一。
《宋史》卷一百二十一《礼志二十四·军礼·阅武》:
殿前都指挥使王超执五方旗以节进退,又于两阵中起候台相望,使人执旗如台上之数以相应。初举黄旗,诸军旅拜。举赤旗则骑进,举青旗则步进。每旗动则鼓噪士噪,声震百里外,皆三挑乃退。次举白旗,诸军复再拜呼万岁。有司奏阵坚而整,士勇而厉,欲再举,诏止之,遂举黑旗以振旅。
④ 关于唐代的情况根据表38的数据统计而成。而五代、北宋则按实施记事数进行统计,各达25次、110次之多,由于数量巨大,因此本文无法一一列举其出典。但以《玉海》卷一百四十五《田猎讲武下》为基础,根据《宋史》本纪、《续资治通鉴长编》《宋会要辑稿·礼·大阅讲武》进行补充得到的数据,未采用系年不明且过于零碎的史料记录。

的必要性大大减小了。

阅兵内容也有显著的变化。在表 38 中能判断属于唐朝阅兵内容的仅有三项了。其中,显庆五年、先天二年根据《大唐开元礼》的规定,检阅了坐作进退与五阵。与此相对,宋代的讲武基本上是射弓,其次是阵战、水战及各种武技(表 41)。整体而言,与"集体表演"相比"个人项目"的比例增加了。

为什么会发生这样的变化呢?查阅后代历史可知,西夏的李元昊在军事活动开始盛行的康定元年(1040)提出的建议可供参考:

> 御延和殿阅诸军习战阵。上封者言:"诸军止教坐作进退,虽整肃可观,然临敌难用,请自今遣官阅阵毕,令解镫以弓弩射。营置弓三等,自一石至八斗;弩四等,自二石八斗至二石五斗,以次阅习。"(《长编》卷一百二十八康定元年七月庚午条①。)

表现传统军事秩序的坐作进退,在实战中的作用遭到了当时人们的质疑,于是人们倾向于训练更具实战性的射弓了。

由于对富有实战能力人才需求的增强,催生了褒奖个人的形式。像射弓、武技这种以个人为中心的项目,优秀者可获得授官、晋升。事后设宴,并从皇帝那里得到某种赏赐的情况也增多了(参照表 42②)。唐代的讲武,练兵仪式结束后便散场③了。因为通过坐作进退、五阵等共同行动,一齐身体力行地展示了帝国的秩序后,目的便达到了。而至宋代,在实际演示武技后,皇帝亲自对每位武官予以技能评价并实施赏赐的做法更为重要了,成为了联结君臣关系之间的媒介。

至道元年(995),在便殿举行讲武时,看到拉强弓的士兵后,太宗对身边的大臣这样说:

> 方今寰海无事,美才间出,悉在吾彀中矣。朕向于行伍中选气质端谨、勇而知礼、进退有度者,授以挽强之法,俾相讲教,所以

---

① 《北宋》卷一百九十五《训练之制》中也有相同记载。
② 北宋时期,有在皇帝御临的宴射仪式中获得赏赐的事例。但此属于射礼仪式,应与属于本章研究对象讲武延长线上的射弓区别对待。
③ 《大唐开元礼·讲武》中并没有赠予的规定,如表 38 所示,实际上赐予事例在唐朝也只有两例而已。

弧矢之妙,夐无伦比。(《长编》卷三十八至道元年十一月己未条)

这是太宗关于皇帝检阅、评价武官个人的武技的实际感受。这样,原本在宋朝的讲武并不包含的军礼内的二次君臣关系就占了一席之地。从核心内容向二次性内容的转移不难看出与前节论述的田猎的情况非常相似。

表42 宋代讲武中赐予的扩大

皇帝	年份	月	对　　象	赐物	典据
太祖	乾德二年(964) 开宝七年(974) 开宝九年(976)	3 8 8	水军将士 军人	衣 钱 帛	《宋史》卷三、《续资治通鉴长编》卷五、卷十五、卷十七
太宗	太平兴国二年(977) 太平兴国五年(980) 太平兴国九年(984) 至道三年(997)	9 12 4 11	崔翰(指挥官) 禁军校·卫士 武士 王贵(优秀者)	金带 襦绔 帛 钱	《宋史》卷四、卷一百一十三、卷二百六十、《续资治通鉴长编》卷二十一、卷二十五、卷四十二、《玉海》卷一百四十五、《宋会要辑稿·礼九·八·田猎》
真宗	咸平四年(1001) 景德二年(1005) 天禧元年(1017) 天禧二年(1018)	8 7 9 4	优秀者 卫士 将士	钱 羊、酒、钱 钱 "赐物"	《宋史》卷六、《玉海》卷一百四十五、《续资治通鉴长编》卷九十、卷九十一
仁宗	天圣九年(1031) 景祐四年(1037) 至和元年(1054)	3 8 10	军士 非晋升对象者 卫士	钱 钱 钱	《宋会要辑稿·礼九·八·田猎》、《玉海》卷一百四十五
神宗	熙宁六年(1073) 元丰四年(1080) 元丰四年(1080) 元丰六年(1082)	10 4 9 1	军校兵士 非授官对象者 授官对象者	银 茶 银、绢、钱 袍、笏、银带	《宋会要辑稿·礼九·九·田猎》、《玉海》卷一百四十五
哲宗	元祐五年(1090) 元符三年(1100)	12 1	禁军(长编中写作楚军) 番官	银牒、匹帛 靴、袍(加赵姓)	《宋史》卷十七、《续资治通鉴长编》卷四百五十三、《宋会要辑稿·礼九·十·田猎》

二、质变的过程

《开元礼》中的讲武究竟历经了怎样的过程才转变成北宋型的讲武呢？的确，唐代后期几乎没有讲武的实施例。为此在前一节才直接将关注点移到了北宋。宋代的讲武在殿庭、教场举行，检阅内容注重射弓等个人项目，事后并赐宴、赐予，这些变化可以认为是皇帝与军队关系的变化及皇帝与军队接触方式的变化。如果事实如此的话，即使不关注讲武的实例，只要全面考察皇帝与军队的接触方式，也能追踪探寻讲武性质变化的过程。本节中将从这个视点出发，探究唐宋间讲武空白期的内容。

9世纪前半期，在宦官的主导下完善了北衙禁军制度。而且，就连历代皇帝行幸禁军诸营的情况都被记录了下来。皇帝行幸禁军究竟做了什么，不妨依次看一下有关穆宗、敬宗的记载：

> 皇帝与六宫侍从大合宴于南内，回幸右军，颁赐中尉等有差。自是凡三日一幸左右军及御宸晖、九仙等门，观角抵、杂戏。（《旧唐书》卷十六《穆宗纪》元和十五年六月癸巳年条）

> 初，帝常宠右军中尉梁守谦，每游幸，两军角戏，帝多欲右胜，而左军以为望。（《新唐书》卷二百七《宦者传上·马存亮传》）

皇帝多次临幸禁军驻地并下赐物品。在此场合所举行的角抵、杂戏等算不上真正的武技，而是游乐性极高的竞技。据说敬宗等甚至拥有自己"偏爱的竞技队"，并为其加油助威。说起与禁军的这种竞技上的关联，就不得不提到唐代后期屈指可数的专权宦官仇士良。他在会昌三年（843）致仕时，给后任宦官聊了伺候皇帝的心得，由此可知，将皇帝拉入禁军并让他沉溺于这些竞技活动，是有预谋的行为。

> 为诸君计，莫若殖财货，盛鹰马，日以毬猎声色蛊其心，极侈靡，使悦不知息。（《新唐书》卷二百七《宦官传上·仇士良传》）

甘露之变以后，因仇士良专权而意志消沉的文宗，此后便行幸神策军，沉溺于马球、田猎、宴会①。而皇帝与禁军之间以游兴为媒介的结交,也可以说是与这一时期田猎的娱乐性属于同一性质的现象②。

皇帝与禁军的这种关系,大约始于神策军被宦官控制的德宗贞元年间(785—805)。贞元十一年(795)十二月,德宗在举行完田猎在归途中顺道去了神策军左厢,犒赏了将士③。第二年,禁军的左右十军便呈上了以下奏请:

> 左右十军使奏云:"銮驾去冬巡幸诸营。于银台门外立石碑,以纪圣迹。"可之。其碑立于亭子门外。高二丈二尺④。(《唐会要》卷二十七《行幸》贞元十二年四月条)

禁军为纪念皇帝的行幸而立了石碑。在此后不足两个月的同年六月,宦官开始支配神策军并创建了有名的护军中尉制度。皇帝显彰碑还有高五丈的"安国寺圣德碑"⑤,据说这是元和年间由宦官吐突承璀所建,宰相李绛坚决反对,决定废弃并用百牛将其拉倒。前者虽不及此碑,但在大明宫外的银台门(东西左右各一个)旁,耸立一个近五米高的巨碑,也足见其壮观程度了。宦官用石刻的方式表达皇帝与禁军间融洽关系的做法,此后也一直延续着。会昌二年(842)七月,为纪念武宗行幸⑥左神策军一事,次年建了"皇帝巡幸左神策军纪圣德碑"⑦。

皇帝行幸禁军的场所,设在独立的军营里,在那里观赏娱乐性较强的

---

① 《唐阙史》上《周丞相对扬》:
文宗皇帝自改元开成后,尝郁郁不乐,驾幸两军,毬猎宴会,十减六七。

② 在《册府元龟》卷一百一十至一百一十一《帝王部·宴享二》《宴享三》中,有很多关于皇帝与禁军通过飨宴、赠予保持密切关系的记载。

③ 《唐会要》卷二十八《蒐狩》贞元十一年十二日腊日条:
畋于苑中……毕事,幸神策军左厢,劳飨军士而还。

④ 《旧唐书》卷十三《德宗纪》中对此事的时间记录为同月壬戌。

⑤ 《资治通鉴》卷二百三十七元和五年六月条。

⑥ 《新唐书》卷八《武宗纪》。

⑦ 崔铉撰的同碑在《集古禄目》卷十、《宝刻丛编》卷八、《金石文字记》卷五中有题跋,录文登载在《全唐文新编》卷七百五十九(吉林文史出版社,2000)里。另外,在《类编长安志》卷十《石刻》中记录了碑的残存。柳公权书写的此碑的残拓以折帖的形式传存(《北京图书馆藏中国历代石刻拓本汇编》,中州古籍出版社,1989,第31册107页中登载),作为书法教科书至今仍有商业出版。

竞技。一旦皇帝赐宴或赐物布施恩泽的话,禁军便得意地用石刻反复彰显皇帝的圣德。在讲武的空白期,皇帝与禁军在有限的空间里孕育出了这样独特的互酬关系。

在《开元礼》规定的传统军礼中并没有宦官出场的机会。皇帝临幸帝国成员、按古式检阅帝国军事秩序的讲武,在宦官夺权的过程后变得无足轻重了①。君臣关系也变成了垂恩与谢恩的二元性互酬关系了。

北宋初期,当权者并未像唐末皇帝那样沉溺于游乐生活。他们在殿庭、教场检阅射弓等个人项目,之后赏宴、赐予就是宋代讲武的基本形式,这种形式在唐代后期已经出现。

在描写北宋末期开封的《东京梦华录》卷七中有"开金明池、琼林苑""贺幸临水殿观争标赐宴""贺答宝津楼诸君呈百戏""贺幸射殿射宫"等篇目。各篇均以华丽的笔调描述了在水温渐暖的三月,连普通老百姓都被吸引而参与其中的水上模拟战、杂戏或射弓等娱乐性较强的大型活动的盛况。这与等待收割、在寒风凛冽的时季为展现帝国秩序而举行的开元讲武大不相同。北宋在三、四月举行讲武的情况增加了(表40),这无论在举行的季节还是形式内容上,均与《梦华录》有很多重合的地方。后代的记录表明,宋代《东京梦华录》描写的在皇帝面前竞技个人才能的世界,事实上就起源于唐代后期至北宋初期。

---

① 与《大唐开元礼》的规定相近的讲武,在唐代后期大约仅有一件:
皇帝顺时观武,乘暇会群。百蛮在庭,如蚁慕于膻附。千官翊圣,类星拱之垂文。……都人士女,杂沓缤纷。或侧肩以驰见,或奔跃以乐闻。众观迷改,群心如待。……搴旗命伍,抽戈按节,俾三边之挑战,壮六军之校阅。……(《文苑英华》卷八十一《李濯·内人马伎赋》)
本赋中讴歌的是宫廷女官施以华丽的武装,并让她们参与古风浓郁的讲武,由此不难感受到只保留了形式上壮丽的娱乐化了的讲武。《全唐文》卷五百三十六将建中年间记事中的"李濯"当作了本赋的作者(《新唐书》卷一百八十四《康日知传》),如果无误,这将成为了解唐代后期讲武娱乐化的重要线索。在唐代开元年间也有地方官名为"李濯"的人,的确无法排除李濯就是《内人马伎赋》作者的可能性(参照郁贤皓《唐刺史考全编》延州、坊州、汾州等项,安徽大学出版社,2000)。

结 论

综上,"以军事为媒介构建理想化的帝国秩序"历经唐宋变革期发生了巨大的变化。

在《开元礼·军礼》中,帝国组成人员的代表共处一所,共同完成军事训练所规定的动作,并在田猎时共食猎物。可见,国家无法用物质手段统合"衣粮自给"的府兵,因此,承担综合管理府兵机能的不是物质而是军礼。只要参加军礼,府兵们就能感觉到自己是帝国秩序的一部分。这就是军礼的媒介力量[①]。

进入唐宋变革期后,军礼的形式发生了巨大改变。在田猎中猎物、鹰犬等进奉、赐予习惯的普及,君臣间二元性互酬关系膨胀的情形下,至宋代时,向宗庙供奉猎物已成了空架子,就连举行军礼本身都变得可有可无。另一方面,召集帝国成员代表的全体齐聚讲武场的情况也极为少见,改为皇帝临幸各个军营,评价武官的个人技艺,予以赏赐的方式。无论哪种仪式,军礼本身的象征性媒介作用减弱了皇帝的个别性垂恩行为,起到了调整君臣关系的媒介作用。募兵们除了平常的报酬外,也通过这种与皇帝的个别性关系而服从于国家。这与宋代整体实战兵力的"禁军化"制度改革有重合的现象。如果将在郊外列队受阅的府兵制下的军队称为"帝国军队"的话,那么在殿庭、军营受阅的募兵制下的军队最多只能称为"王都军队"。

宋代后期军礼全面衰退。军事训练的共同动作、向宗庙供奉猎物等核心项目的实质性缺失,军礼丧失了其象征性媒介功能,只剩下了二元性君

[①] 开元年间任仓部员外郎的梁献,其作品《大阅赋》(《文苑英华》卷六十四)中有下面一节:
……遂以畋而以狩,知足食而足兵。戎士趋夫、呈才逞武,将攫庾于雄入,顾振旅而尽取,公之私之,有伦有矩。
举行田猎时,按规定分享猎物,这与府兵制的衣粮自理(足食足兵)理念吻合,这一唐人的思想不难读懂。关于此人的履历,参照孟二冬《登科记考补正》(上卷197页)卷五先天二年条(燕山出版社,2003)。

臣关系。而且这种二次性君臣关系又被其他场合产生的互酬关系所代替。这样,空壳化了的军礼势必迎来存续的危机。与军礼的退场几乎同时,郊庙祭祀开始登上历史舞台。因此控制国家的手段也随着时代的步伐不断变化。

本章以军礼为媒介的国家秩序为核心立论,将赐物与供献形成的互酬关系定位成是在其周边派生出的二次性产物,并在此基础上展开讨论。由赠予形成的个别性君臣关系,可以说是一种超历史、超地域的现象。这样,认为在《大唐开元礼》中出现的传统军事秩序是基准或根基,唐宋变革期则脱离这一轨道的看法就比较片面。重新认识唐代军礼的历史性,在历史长河中分析军礼秩序将是今后的课题[①]。

[①] 本章内容的论文发表后,又发表了陈峰2007、王瑜2009。

第十三章

唐太宗修建纪功寺院
——围绕政权正统论的形成

绪　论

贞观三年(629)闰十二月,继位三年有余的唐朝第二代皇帝太宗李世民,开始在他曾亲自与群雄争霸的古战场的七个地方修建佛寺,命令当时在官场上极具声望、深受大家认同的虞世南、李百药、颜师古、许敬宗、岑文本、褚遂良、朱子奢等文臣撰写这七寺的碑文,并在民间大肆宣扬修建各寺的缘起。据说各寺的落成大约历经了十年的时间①,堪称是一项历经了整个贞观前半期的浩大的土木工程。各寺的所在地、碑文的撰者、战争对方、发生战争的年份等基本信息如表43所示。

表43　七寺碑的基本信息

	寺名	位置(现存地)	撰碑者	交战对方	交战年份
①	普济寺	吕州(山西省霍县)	许敬宗	宋老生	大业十三年(617)
②	昭仁寺	豳州(陕西省长武县)	朱子奢	薛举	武德元年(618)
③	慈云寺	晋州(山西省)	褚遂良	宋金刚	武德三年(620)
④	弘济寺	汾州(山西省)	李百药	刘武周	武德三年(620)
⑤	等慈寺	郑州(河南省郑州市荥阳县)	颜师古	窦建德	武德四年(621)
⑥	昭觉寺	洛州(河南省)	虞世南	王世充	武德四年(621)
⑦	昭福寺	洺州(河北省永年县)	岑文本	刘黑闼	武德五年(622)

注:带圈数字与图7的顺序相对应。

仔细看表43会发现一个难以解释的内容,即从发生战争到各寺建成

---

① 参照《金石萃编》卷四十二《等慈寺塔记铭》的按语。

293

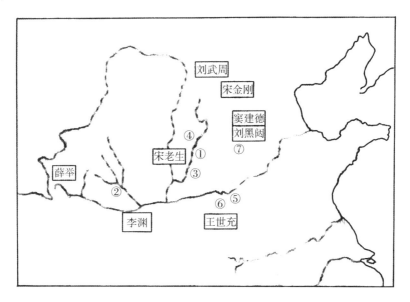

图7 唐太宗所建寺院与隋末群雄

之间的时间间隔较长。与宋老生的交战最早,发生在隋朝大业十三年(617),与下诏开始修建七寺时隔十二年,最后是对刘黑闼之战,发生在武德五年(622),也时隔七年之久。在修建寺院的诏书里表明,策划这项工程的目的是为了祭奠在战争中牺牲的亡灵,那么这种时间滞后的背后究竟隐藏了怎样的深意呢?而且,这期间经历了从高祖朝到太宗朝的更替,也就是说这段时间里还横亘着玄武门之变这一巨大的政治性断层。在修建七寺的背景中是否包含了与这种政治动向相关的重大动机呢?本章将探究此类疑问,同时也触及贞观初年太宗政权的存在方式等内容。

第一节 七寺碑概要

在探讨建寺的宗旨前,首先来概括一下七寺及各碑的内容。

在七寺碑中,记录武德元年(618)对薛举战的"昭仁寺碑"与描写武德四年（621）对窦建德战的"等慈寺碑"有现存拓本①。而且各类金石书籍也对其进行了介绍，可了解其详细内容。"昭仁寺碑"在今陕西省长武县，根据《金石萃编》（以下简称《萃编》）卷四十二的注记，碑身包括篆额，高一丈一尺八寸、宽四十五寸，从拓本内容可知碑文有四十行，每行八十四字，用正楷书写而成。碑的背面刻着北宋元丰五年（1082）由欧阳修撰写、邑人张淳书写的跋文②。背面的碑文分为上下两段，上段十五行，每行十五字，下段五行，每行十一字，均为正楷书写。而"等慈寺碑"则在河南郑州市荥阳县，同样根据《萃编》卷四十二的记载，碑身高一丈四寸，宽四尺六寸，碑文三十二行，每行六十五字，用正楷书写，碑头有篆额③。两碑都堪称是威武庄严的大石碑。除《萃编》外，《全唐文》卷一百三十五、卷一百四十八中也收录了各种录文，可供参考。

下面先介绍如今已遗失的其他五碑的情况。其辑佚的经过可从金石录、地理书、地方志等中进行探寻。最早不明下落的是"昭福寺碑"，在《太平寰宇记》卷五十八中介绍洺州永年县的一节内容是有关此碑的最后记载：

> 平刘黑闼垒，在县西南十里，洺水南。唐贞观四年，于垒东置昭福寺。寺碑岑文本词④。

---

① 拓本收录在关野贞、常磐大定编《中国文化史迹》（宝藏馆，1975—1976。以下简称为《文化史迹》）的第五册、第九册；《书迹名品丛刊》第128册《唐昭仁寺碑》、第135册《唐颜师古等慈碑》（均为二玄社1969，但并非原拓本全套本，而是改编的折页形式）；《北京图书馆藏中国历代金石拓本汇编》第11册（北京图书馆金石组编，中州古籍出版社，1989。下面略称《北图》）等中。对两碑的由来常磐大定在《文化史迹》的解说编、宇野雪村和杉村邦彦在《书迹名品迹》的各册、阎志和则以《长武县唐招提寺碑》为题（《文物》1981-3）分别做过简介。
② 此跋文收录在《集古录跋尾》卷五中。
③ 关于"等慈寺碑"，笔者在其他论文中对碑文做了全文解读和简单的语注。参照大内文雄编《唐代佛教石刻文研究（二）》（《大谷大学真宗综合研究所研究纪要》第18号，2001）。
④ 被认为是南宋理宗时人的陈思撰写的《宝刻丛编》卷六中记载："唐昭福寺碑在永平（年）县西南十里，洺水南。唐贞观四年立。岑文本词。（《寰宇记》）"这里所引的《太平寰宇记》的内容与现行本的记述并不完全一致，但因为无法判断陈思自身究竟是否见过实碑，所以他的记述也就不能成为该碑至有宋理宗时依然存在的证据。

南宋赵明诚撰写的《金石录》卷二十三中所记载的"弘济寺碑"是另一个有价值的史料：

> 右，"唐弘济寺碑"在今汾州。据《唐会要》，此碑由李百药撰。唐太宗初即位，下诏于建义以来交兵之处，为义士、凶徒陨身戎陈者，各建寺刹，分命儒臣为铭，凡七碑。余所得者，氾水等慈、吕州普济、鄜州昭仁与此碑，凡四碑。而虞世南、褚遂良所建，今皆亡矣。

《金石录》是在南宋初绍兴年间写成的，以此可推测上文的内容描述的是金占领华北前北宋末年的情况。可见此时"慈云寺碑""昭觉寺碑"就已经遗失了。另外，《金石录》中未提及"昭福寺碑"，也许是由于赵明诚未亲眼目睹此碑，故未敢提及。那么，纪功碑按总数为七碑、残留为四碑来计算的话，很可能赵明诚认为失传了三碑。因此，也可看成是列举失传碑的撰写者时在"虞世南""褚遂良"之后脱落了"岑文本"三个字。这些都是很难判断的问题。另外，《金石录》可以说是了解"弘济寺碑"的最后线索，其后的情况就无从知晓了。

最后是"普济寺碑"，据说该碑在漫长的岁月中一直被保存下来，在清康熙年间刊《鼎修霍州志》、雍正七年刊《观妙斋藏金石文考略》(李光暎撰)卷六中还记载了该碑残存的情况[①]。

第二节　建寺的动机

一、先行研究综述

下面来探讨本章的主题，即建寺的动机问题。首先从作为基本文献的

---

① 《鼎修霍州志》(中国科学院图书馆选编《稀见中国地方志汇刊》，中国书店，1992，第七册所收)卷二《祠宇》："西福昌寺(普济寺)在城宣二里(宣化坊)。唐贞观四年敕尉迟恭(敬德)监建……有唐许敬宗碑记。"《观妙斋藏金石文考略》的记事是欧阳修从《集古录》里引用的，但在《观妙斋藏金石文考略》中有《集古录》没有的"正楷"的记载，李光暎十分可能见过该碑。另外，在《嘉庆重修一统志》中记载了"普济寺"，但却没有提到碑。

贞观三年的建寺诏书、昭仁寺碑、等慈寺碑的内容切入。在建寺诏书中,对修建七寺的宗旨有如下说明①:

> 各徇所奉,咸有可嘉。日往月来,逝川斯远。虽复项籍放命,封树纪于丘坟;纪信捐生,丹青著于图象。犹恐九泉之下,尚沦鼎镬;八难之间,永缠冰炭。愀然疚怀,用忘兴寝,思所以树立福田,济其营魄。可于建义以来交兵之处,为义士、凶徒陨身戎阵者,各建寺刹,招延胜侣。望法鼓所震,变炎火于青莲;清梵所闻,易苦海于甘露。

虽然战争结束,天下太平,但在战争中丧生的亡灵因得不到抚慰而不能安息,因此依据佛法祭奠亡灵就是建寺的基本意图。

在昭仁寺碑里有这样的描述修建寺庙的决心,为了让那些休戚与共却未能见证唐朝统一天下就战死沙场的将士们得以安息,特意在曾经的修罗场开辟一个佛法圣地替他们超度亡灵。

> 虽制胜之道,允归上略。而兵凶战危,时或殒丧。褰裳不顾,结缨荒野。忠为令德,没有余雄。同艰难于昔晨,异欢泰于兹日。有怀亮烈,用切疏庞。仍于战地,爰构神居。变秽土于宝城,开莲花于火宅。

在等慈寺碑中也记述着非常相似的内容:

> 思广舟航,无隔幽显。静言官首,或握节以殉忠;追悼行间,有埋轮而弃野。愍疏属之罪,方滞迷途;念刑天之魂,久沦长夜。以为拔除苦累,必藉胜因,增益善根,实资净土;乃命克敌之处,普建道场。情均彼我,恩洽同异,爰立此寺,俾号等慈。

上述内容中明确表明供奉不分敌我,据说这也就是等慈寺寺名的由来。

以上述基本史料为依据,回顾一下历来的研究是怎样解释修建七寺宗旨的问题。首先是按匾额内容来解释的观点。唐太宗或出于自身的佛教

---

① 《广弘明集》卷二十八《于行阵所立七寺诏》。

信仰,或是畏惧于大量战死者的亡灵,而建造了为他们祈愿冥福的诸寺。本章中将这种观点称为慰灵说。这种见解早在欧阳修的《集古录跋尾》卷五中就已经提出了。

> 外虽托为战亡之士,其实自赎杀人之咎尔。

在这里,究竟是单纯地供养战死者还是对自己曾亲手杀人行为进行赎罪,成为有争议的问题,但安魂这一点是毋庸置疑的①。在近年的研究者中,常磐大定、诸户立雄等人主张这种观点。不过在二人之间也存在少许的差别,常磐认为"佛教的这种大度精神是修建本寺的基础,这是不言而喻的事实",因此认为唐太宗具有纯真的佛教信仰。与此相对,诸户则留意了当时的政治背景,认为"当然带有收买人心的政治意图,但至少在采取保护政策这一点上,很难想象太宗的崇佛心是伪装的,应该是一种虔诚的信仰心②"。

另一方面,也有持建寺是为了博取佛教势力支持的一种怀柔政策,或者是采取了"软硬兼施策略"中相当于"宽容"措施的见解。下面暂且把这种看法统称为拟态说。例如,滋野井恬强调"政治利用"的层面,认为"虽是源自皇帝的慈悲之心,也可理解为是恐惧自己所犯的罪行遭到报应而采取的赎罪行为。但难道不能理解为是有政治目的地利用佛教吗?"镰田茂雄则强调"保护与统治并重",认为"虽然太宗把佛教看成弊俗的虚术,但他继位后建佛寺、修功德,也有其很用心的一面"③。

综上所述,在先行研究的评论中两种观点并非完全对立。这两种学说并存于研究者中,在到底应该更重视哪一方的判断上较为慎重。结城令闻一方面认为"十分明显,建寺是为了怨亲平等、唐室创业等,以造福

---

① 明安世凤在《墨林快事》(《四库全书存目丛书》子部一百一十八册,本书编纂委员会编,庄严文化事业,1995所收)卷五中叙述到"其立寺追荐专在我兵,而彼人附之,文中自明"。起初安魂的对象是区分敌我的,但这种学说最终也被归入了慰灵说。

② 常磐大定《汜水等慈寺碑》(《文化史迹解说上》第5卷36页),《长武郴州昭仁寺碑》(《文化史迹解说下》第9卷96页),诸户立雄《唐太宗的佛教信仰》(《中国佛教制度史研究》)平河出版社,1990)。

③ 滋野井恬《唐朝的宗教政策》(《唐代佛教史论》)平乐寺书店,1973,所收),镰田茂雄《唐代佛教的发展》(《中国佛教史》第5卷,东大出版会,1994)等。

众生,尤其是为了给牺牲的将士们祈福"。另一方面,他在概括初唐的佛教政策时,"没有发现任何能够断定为源自天子自身的宗教愿望的因素,只能说是从政治意图出发,利用佛教这样的性质",苏瑶崇则持"并非为了发展佛教,只是为了祭奠亡灵①"这样较为折中的观点,可以说是这类观点的代表。

然而,无论怎样揣测太宗修寺的深层心理,只要研究的现存史料不能证明唐朝的所谓"公式见解",那么,学术研究的议论自然就无法摆脱隔靴搔痒的境地。正如砺波护所说"本心不得而知,但从表面上看是崇佛的态度②",因此,其内心怎么解释都说得通。正如本文开头提到的,纯粹的慰灵说无法解释"战争与建寺时间的不一致性"。另一方面,拟态说关注的重点是在此期间发生的玄武门事变,很多研究认为建七寺是为了安定政变后的人心,是为了缓和与佛教界的关系。这的确也能解释得通,但果真如此吗?

这里应注意《金石萃编》的撰写者王昶及外山军治的见解③。首先王昶在该书卷四十二《幽州昭仁寺碑》按语中提出了以下说法:

> 碑虽为义士勇夫陨身戎阵者而立,然两碑皆盛称太宗功烈,其哀悯将士之词不及十一耳。《太平寰宇记》于等慈寺称其立碑纪功,诚确语也④。

在这里,王昶以昭仁寺碑中记述哀悼将士的内容占不到全文的十分之一为根据,主张建寺的本质是太宗为了颂扬自己的功德。虽说十分之一是个偏小的数值,但碑文本身结构平衡部局良好,因此与其他两种说法明显不同。另外,外山指出"从碑的内容来看,与其说是为了追悼战死

---

① 结城令闻《初唐佛教思想史的矛盾与国家权力的交错》(《东洋文化研究所纪要》25,1961),苏瑶崇《唐前期的佛教政策》(《史林》80-2,1997)。

② 砺波护《初唐的佛教、道教与国家——从法琳的事迹来看》(《隋唐的佛教与国家》,中公文库,1999,等所收)。

③ 外山军治《隋唐世界帝国》(《东洋历史》5,人物往来社,1967。之后中公文库《中国文明的历史》5,2000,复刊)。

④ 记载"纪功"的史书,事实上不仅只有王昶指出的《太平寰宇记》,《旧唐书》卷二《太宗纪上》贞观三年十二月癸丑条中也说到了"以纪功业"。

者,还不如说是太宗为了让自己的功绩流芳百世更贴切"。由于是一般读物,因而并未注明典据,但依然可知是根据碑文内容的见解,本文将其称为纪功说。

的确,以慰灵说、拟态说解读"建寺诏""昭仁寺碑""等慈寺碑"的内容会略有偏差。慰灵说所涉及的内容几乎都集中在与佛教有关的记述上,而拟态说则不深入关注与佛教的关系,着重从周边的政治史料入手,拓宽其取材对象。这大概是因为双方将关注点放在朝廷与佛教的关系上而产生的现象吧。慰灵说本来关注的是信仰这一精神层面的内容,而拟态说虽以政治状况为切入点,但最终依然停留在"唐朝的佛教政策"这一框架之内。

因此,下节中将效仿王昶、外山对昭仁寺、等慈寺的两碑文进行全面解读,并在此基础上比较验证上述三种学说。

二、对昭仁寺、等慈寺碑文的再研究

首先从数量方面确认对比两碑中与佛教相关的内容究竟占了多大比重。昭仁寺碑有3129字,等慈寺碑有1995字,二者均为大碑,但本章篇幅有限,无法移录碑文全文。因此,简明易行地根据各碑的内容进行段落划分,并计算两碑各自的字数列成表44。各碑的内容究竟用了多少字进行叙述,虽说不能完全涵盖,但至少在很大程度上反映出了碑文撰写者的撰写意图。对比二碑,首先,昭仁寺碑的内容大致可分为:第二段至第六段记录的是从唐的创建,历经薛举之战,直至太宗时代,也就是所谓"英雄传说"的记录;第七、八段是与修建本寺相关的叙述。其中,前半部分的内容合计1803字,约占全碑文的58%,特别是提及太宗治世的第六段,与阐述对薛举作战的武勇传的第四段内容字数均占较大比例。与此相对,后半部分只有803字(约占26%)。另外,在等慈寺碑里记述与佛教有关内容的是第六段,只有283字(约占14%),此外几乎全是有关唐王朝的建立,特别是记载太宗的军功及宣扬其治世的内容。像这样只单纯进行"量"的比较就能发现碑文内容是以纪功为主。

表44　昭仁寺碑、等慈寺碑的内容及其字数比例

昭仁寺碑(共3129字)

段落	小标题	排头行:文字	字数(百分比)
①	序言	2:大	168(5.4)
②	**隋的衰亡**	4:自	240(7.7)
③	**唐发兵→入关**	6:若	301(9.6)
④	**对薛举战的经过**	10:薛	430(13.7)
⑤	**唐统一天下**	15:正	189(6.0)
⑥	**太宗登基·宣扬治世**	17:若	643(20.5)
⑦	无视佛法的治世极限 (表明依存佛法)	25:然	261(8.3)
⑧	修建昭仁寺景观描述	28:皇	542(17.3)
⑨	词	35:其	355(11.3)

等慈寺碑(共1955字)

段落	小标题	排头行:文字	字数(百分比)
①	序言	1:若	102(5.2)
②	**隋的衰亡**	2:自	65(3.3)
③	**唐发兵**	3:剥	211(10.8)
④	**对窦建德、王世充战的经过**	6:武	499(25.5)
⑤	**唐统一天下**	14:及?	106(5.4)
⑥	修建等慈寺景观描述	16:思	283(14.5)
⑦	**宣扬太宗治世**	20:乃	366(18.7)
⑧	词	26:其	323(16.5)

注:(1)小标题栏的黑体字是彰显太宗武功与治世的记述;
(2)排头行:文字栏表示的是各段落开头的文字及该行的行数;
(3)标题、撰者名及其官职、顶头处的空栏,词中的"其一"等不包括在计算数字内;
(4)昭仁寺碑第13行的"永"字未计算在内。

这种假设,只要略读各碑中叙述的激烈战斗场景,就可发现在文字方面对唐太宗的功绩进行了重点说明。而且在等慈寺碑的各个重要部分都巧妙地插入了评论,这就更加提高了宣传的效果。首先是碑文第四段战胜

窦建德、王世充的部分，颜师古用如下的赞美言辞做了归纳（第十四行）：

> 岂如汉王力竞，屡见屈于成皋；魏武争雄，久连兵于官渡①。

汉高祖刘邦在城皋（成皋②）向项羽屈服，魏国的曹操在官渡与袁绍的战争耗费了很长的时间。与此相比，太宗的作战状态真可谓出类拔萃。成皋是郑州的雅称，官渡在郑州中牟县，两地距离太宗与窦建德交战的板渚非常近，几乎在同一地域。过去的英雄们在此地陷入苦战，而太宗却所向披靡，这样，历史事实就是再好不过的进行自我宣传的有价值的材料。

另外，第七段中处处强调太宗迅速平定隋末战乱，奠定大唐稳定盛世的经历，并用如下措辞概括了这一内容（第二十五行）：

> 凿井耕田，虽受赐而无迹；击壤鼓腹，谅日月而不知。

首先引用了晋朝皇甫谧在《帝王世记》（《艺文类聚》卷二）中有名的一节内容盛赞太宗的治世，之后便使用了以下措辞：

> 百年然后胜残，仲尼之言斯阔。

如"善人为邦百年，亦可以胜残去杀矣"（《论语·子路篇》）所说，就连孔夫子也被认为有疏漏。太宗在唐朝建立之初就暗示已实现了"胜残"治世，这一点无需多言。之后，为了寻求与上句对应的表达方式，根据当时的骈文定式，接了以下的半句：

> 三脊之茅难致，夷吾所志为小。

所谓"三脊之茅"是指齐桓公欲强行封禅之事，作为实施封禅的必要条件，管仲列举了诸多瑞兆（《史记·封禅书》），而颜师古则断定这种想法归根到底很狭隘。总之，这两处的评语均在陈述太宗功绩之伟大，达到了就连先贤们都难以企及的高度。

另一方面，在昭仁寺碑中，对"纪功说"进行实质性记述的内容不胜枚

---

① "屈""雄"二字是根据《全唐文》卷一百四十八补上的。看本书第295页注①所引的《书迹名品丛刊》拓本，可以认读"雄"字，但"屈"字则只能认读出是个"穴字头"的字。但从整体的文脉来看与本章的内容大致是相同的。

② 在《资治通鉴》卷一百八十隋大业元年三月条中有"东至城皋"，胡注中补充了《隋志》"郑州荥阳县旧置成皋郡"的说明。

举,因此,这里就没有必要列举具体例子了。如果对昭仁寺碑的碑文进行仔细分析的话,可知其实该碑也并非只是一味地进行赞美。也就是说,对太宗"负面"之事也有披露,而且可以发现好像也有完全按照事件的原委,甚至是反复地进行详细说明的地方。从不厌其烦地解释太宗"负面"性内容可以推测建寺之事并非单纯为了"纪功",还潜藏着更深层的意图。

首先来列举记载武德元年(618)七月唐军有一次战争输给了薛举的这部分内容。众所周知,通过玄武门之变这一非正常手段获取皇位的太宗对究竟如何记载历史事件一直高度敏感,他不断出手干预对自己不利的事件记载,并坚决要求从正式记录中抹掉某些事件。然而,就算如此滴水不漏地炮制的"李世民神话"也会有露出破绽的时候。对薛举一战的败北就是其中一例。很多史书中都对该事件经过有如下的大致说明。

在陇右一带积蓄壮大势力的薛举,跨过六盘山攻入了关中地区。唐军推举当时尚为秦王的李世民为主将迎战,但不料他却在战争中身体抱恙,曾一度离开了前线。李世民不在前线时委托刘文静、殷开山负责领兵,并严禁在他离开期间出兵交战。然而,武德元年(618)七月,留守的将士经不起敌人的挑衅,出兵迎战,结果惨遭大败。大病痊愈的李世民重返战场后,唐军重振旗鼓,于同年十一月,最终在浅水原打败了继薛举后任的薛仁杲,为唐军胜利奠定了基础。

像"在即将开战前生病""在他离开战场期间打败仗"这种充满蹊跷的写法,从两《唐书·薛举传》开始,在《新唐书·太宗纪》《旧唐书·刘文静传》、两《唐书·殷开山传》等很多史料中都能看到,而且《资治通鉴》也持这一立场。另外,在《新唐书·高祖纪》《刘文静传》中,只记载了刘文静等在战争中败给了薛举,只字未提李世民的名字。但是,关于此次战役的败北之事,也有记载说是太宗的疏忽:

秦王与薛举大战于泾州,我师败绩。《旧唐书·高祖纪》
薛举寇泾州,太宗率众讨之,不利而旋。《旧唐书·太宗纪》

《旧唐书》被认为是以经许敬宗润色而出名的《太宗实录》为基础,未订正不实的内容,那在其本纪中怎么可能是未经润笔记录的事实呢?因筛选史料谨慎而获公认的司马光《资治通鉴考异》完全未提到此事,对"发病""离脱"也毫无批判地进行了肯定,这些究竟是为什么呢?关于此次战败的很多记录中包含着难以解释清楚的疑问。因此,需要关注的就是作为同时代史料的昭仁寺碑了。下面从李世民率兵出阵开始按顺序将该部分内容挑选出来看一下(第四段落、第十三行以下):

> 圣上①顺天道好生之德,体周王掩骼之仁。将克乱在权,善师非战,兵交使在,弘其自革。

当初,李世民以天、天子应具备的赋予民众恩泽的德行(顺天道好生之德②,体周王掩骼之仁③)善待薛举,为避免开战采取所有措施(克乱在权④,善师非战⑤,兵交使在⑥)以敦促薛举改变主意。但薛举并没有对此做出相应的回应:

> 而茅旌不建,舆榇莫从。告舍既违,行迷遂往。吠尧之犬,终成桀用。刺由之客,俱为跖徒。鸟啄兽穷,来犯锋刃。比角为城池之固,召雨恣屈强之力。

薛举在自己的战场上既不插唐朝的"建茅旌⑦",还拒绝乘坐投降时用

---

① 根据《乾隆长武县志》(中国西北文献丛书编辑委员会编《西北稀见方志文献》所收,兰州古籍书店,1990),在"圣上"的前面补充了"永"字,的确,仅限于看本书第295页注①中的诸拓本的话,可以清晰地看到刻着近似"永"的字。但是如果在这里加上"永"字的话,首先是文章的句子不能成立。另外,在本碑中,所有的抬头的文字都下退三格,而这里的"永"字则前面只有相当于两个字的间隔。因而体例上也出现了不统一。(另外,关于在应该被尊重的"圣"字前面还有文字的情况,因为第十五行的"决壑图"、第二十三行的"叶壑思"等动词前面也有一个字的空格,所以没有问题。)原本这项修寺工程的目的就是提升太宗政权的威信,所以肯定进行了周密地策划,立碑之初就出现了的错字,令人难以置信。如果这是后世错入的文字,那么将其按《萃编》里的衍字看待最为稳妥。但在《萃编》里毫无征兆地跳过一个"永"字,可能是王昶掌握了其他信息源。另外,在《全唐书》卷一百三十五中,在此处添加了一个"承"字,这是错误的。
② 《尚书·大禹谟》。
③ 《礼记·月令》及《后汉书·桓帝纪》建和三年二月甲申条。
④ 《左传》襄公二十三年。
⑤ 《孙子·谋攻篇》。
⑥ 《左传》成公九年。
⑦ 所谓的"建造旗指物",据推测源于《周礼·春官·巾车》的"建大麾以田,以封蕃国",意为"征服敌国,分封其领地"。

的"舆榇①",因宣布与唐朝断绝关系(告舍②),而误入歧途(行迷③)。这样,他就沦落为逆臣(吠尧之犬终成桀用,刺由之客俱为跖徒④)被驱逐(鸟啄兽穷⑤),最终他公然举旗造反。总之,关于武德元年七月的败北,使用了"李世民虽寻求了和解,但敌军未接受,并进行了反扑"这样的委婉措辞来解释。而且当时状况是:

> 非折箠之可答,岂亭长之攸制。

也就是说,得出的结论是日常的行政机构已无法全面掌控局势,只能采取武力镇压的方法了。之后,碑文的内容延伸到同年十一月在浅水原进行的最终决战,用极为华丽的词语描述了李世民亲征的战果。

在后世编纂的史料中,也许是在信息管理方面出现了某种差错,使得记录的内容出现了很大的出入。但是,如果读本碑碑文的话,可以清楚地发现在太宗政权建立的最初阶段,并不认为武德元年七月的交战是"败北",而将其明确定性为"薛举对于和平路线的顽固抵抗",因此,选择了佛寺这样的公开场合,采用"刻碑"这种持久性强的媒介物宣传这种"公式见解"。一旦"与薛举之战绝非败北"这样的皇帝声明以碑刻的形式公开,即便有人曾在现场目睹了太宗的败战,也是不敢说出真相的。

下面列举同碑上太宗经过玄武门之变登上皇位的内容(第六段,第十七行以下)。当然,究竟怎样概括这一事件,正是太宗政权强调其正统性的关键所在。朱子奢的解说如下所述:

> 若夫!至人忘己,义期拯物。黄屋非汾水之荣,玄珪岂具茨之贵。圣道运而不积,神功为而莫宰。

由于圣人往往不在乎现世的功名(至人忘己⑥),因此他们不会积极走

---

① 《左传》僖公六年冬。
② "告舍"同《宋书》卷八十四《邓琬传》"若玩昝惟休,告舍罔语,则诛及五族,有殄无遗"、《魏书》卷三十六《李骞传》"嗟蒙昧之无取,故告舍而不及"的"告舍"?
③ 《楚辞·离骚》。
④ 《战国策·齐策》卷六及《史记·邹阳传》。
⑤ 《韩诗外传》卷二。
⑥ 《庄子·逍遥游》:"至人无己,神人无功,圣人无名。"

入世俗拯救苍生,虽说如此,一旦天命来临(义期①),便会拯救世间万物。因此,"天子"(黄屋)"军队"(玄珪②)在政治的名义下无论采取怎样的行动,与居住在姑射山③、具茨山④的圣人相比都是望尘莫及的。所谓真正卓越的治世(圣道、神功)并不需要什么特殊作为⑤。

> 虽复大横固祉,长发启祥。犹且置玺陈谦,避河为让……

虽然出现了诞生伟大帝王的征兆(大横⑥),也有为国带来天赐安康的运势(长发启祥⑦),但太宗还是婉拒继承玉玺、河图⑧,表现出了谦虚的态度。

> 道外天下,情遗尊极。而岩廊余事,人神之望难拒。符命傥来,历数之期安避。

不关心权力(道外天下⑨),也未怠慢祖先(情遗尊极⑩),无法拒绝朝政诸事、民意、天意的召唤。既然天命降临,自然无法躲避。

> 仰遵上玄之心,俯顺域中之请。然后,履乘石,握神珠,开黄玉之图,临紫宸之位。冠百王而称首,与三代而同风。巍巍乎,荡荡乎,粤不可名也。

---

① 《晋书》卷一百五《石弘·载记》:"'石虎'非陛下(石勒)天属,不可以亲义期也。"

② "黄屋""玄珪"的原意分别是帝王乘驾上的遮蔽物,给特殊功勋者的赏赐,这里是象征性的表达手法。

③ 在《庄子·逍遥游篇》中,作为位于"汾水之阳"的神仙住所,出现了姑射山这个名字。"汾水"所指的地方被认为是从与其对应的"具茨"中类推出来的。另外,在同一处的郭象注中"黄屋"与"姑射山"并例记载,北周庾信"变宫调"(《庾子山集》卷七)中,将"具茨"与"汾阳"一并记载,由此可知,这些是关联很紧密的词语。

④ 根据《庄子·徐无鬼》,"具茨"是一个名为大隗的圣人居住的山的名称。

⑤ 《庄子·天道》:"圣道运而无所积,故海内服。"《老子》上篇:"生而不有,为而不恃,长而不宰,是谓玄德。"

⑥ 《史记·孝文本纪》高后八年九月条。另外,《梁书》卷五《元帝纪》大宝二年十月条:"(梁武帝)丽正居贞,大横固祉。"

⑦ 《诗·商颂·长发》(对殷崛起之际的描写):"浚哲维商,长发其祥。"

⑧ 这里的典据不明确,从与"河"相对的"玺"来推测,可能指"河图"。

⑨ 《庄子·大宗师》:"吾犹守而告之,参日,而后能外天下。"

⑩ 《魏书》卷五十六《郑义传》:"何乃情遗至公,忿违明典。"

因此，上和天意、下顺民意，最终登基继位①。他自身绝无野心，只是顺天意、应民心而继位。像这样的"公式见解"贯彻始终，充满血腥的武装政变的痕迹却消失得一丝不剩了。仔细看出典就会发现，把这一段时间的经历借用很多"老庄式"的语言进行陈述，虽说是佛寺碑，但却完全未拘泥于佛教的框架。

两碑的内容并未单纯地局限在佛教政策的框架里，碑文到处都弥漫着强烈的政治气息。也就是说，修建七寺确实掺杂着纪功说，即彰显战功的意味，此外，也极力宣扬其政权的正统性，对那些不合太宗心意的事实则大肆地进行粉饰与掩盖，建寺也毫不隐讳地表现了太宗执着其功业的伟大。

本节遵循王昶、外山军治的学说，对两碑文进行了详尽地解读。进一步来看的话，两碑不仅对太宗的武功、治世进行了千篇一律地礼赞，同时，还可以清楚地看到，那些会对他产生负面影响的事实已经经过了巧妙地加工而淡化了。无论是"慰灵说""纪功说"，都是模糊"负面"的内容，毋庸置疑地被罩在厚厚的"公式见解"的面纱里了。"慰灵说"是"为掩饰真相的表面功夫"，与此相对，后二者的是"虚构为了抹掉对自己不利的事实真相"，因此，它们之间存在根本性的区别。看上去被"公式见解"全部掩盖的现存史料，随着对上述差异判别的深入，它的真容也就会显露出来了。

第三节　参与建寺、撰碑的人士

一、撰写碑文者

在前一节中通过碑文解析了修建七寺的宗旨，推测了"纪功说"的合理性。下面将关注点转向七位碑文撰写者，来探索修建七寺的背景。

与七位碑文撰写者相关的必要信息在表45里进行了总结，因此想对照表45进行论证。

---

① "乘石""神珠""黄玉之图"是应称为皇帝的象征要件，"紫宸之位"则指的是帝位。

表 45 碑文撰写者（按年龄排序）

人名	籍贯	生卒年（公元）	家庭关系	履历	与佛教关系	贞观三年时的年龄	所撰墓碑	所撰寺碑	文献出处
虞世南	越州余姚人	558—638	隋内史侍郎虞世基之弟	南朝－隋朝－宇文化及幕僚－窦建德幕僚－秦王府参军、学士	支持法琳的护法运动；撰写《破邪论序》《安头卢伽注解序》(《续高僧传》卷三)	72	智脱(《续高僧传》卷九)、智聚(《《续高僧传》卷十)、慧觉(《续高僧传》卷十二)、住力(《续高僧传》卷十九)		《旧唐书》卷七十二、《新唐书》卷一百二
李白药	定州安平人	565—648	隋内史侍郎李德林之子	隋－杜伏威幕僚－唐武德时流放－太宗中书舍人	为波罗颇蜜多罗《大乘庄严经论》撰写序	65	法常(《续高僧传》卷十五)、僧邕(《续高僧传》卷十四十三)、玄琬(《金石萃编》卷十二、《续高僧传》卷十二)	灵仙寺(《辩证论》卷四)	《旧唐书》卷七十二、《新唐书》卷一百二
颜师古	雍州万年人（旧琅琊颜氏）	581—645	北齐黄门侍郎颜之推之孙，父思鲁为秦王府记室参军、弟为秦王府学士	隋－归隐－敦煌公府文学－唐武德时为中书舍人－贞观时为中书侍郎		49			《旧唐书》卷七十三、《新唐书》卷一百九十八

续表

人名	籍贯	生卒年（公元）	家庭关系	履历	与佛教关系	贞观三年时的年龄	所撰墓碑	所撰寺碑	文献出处
许敬宗	杭州新城人	592—672	隋礼部侍郎许善心之子	隋—秦王府学士	撰写《瑜伽师地论新译序》	38	黄叶（《八琼室金石补》）、智首（《续高僧传》卷二十二），作为礼部尚书监督玄奘译经（《大慈恩寺三藏法师传》卷八）		《旧唐书》卷八十二、《新唐书》卷二百二十三上
岑文本	南阳棘阳人	595—645		萧铣幕僚—河间王孝恭幕僚—唐贞观时中书令人	虔诚的佛教信徒（《法苑珠林》卷五十六），在贞观十一年实施"道先佛后"时说服智实（《续高僧传》卷二十四）	35	罗云（《续高僧传》卷十九，法恭《续高僧传》卷十四），静素《唐文粹》卷六十五）	法轮禅寺（《南岳总胜集》卷中）	《旧唐书》卷七十、《新唐书》卷一百二
褚遂良	杭州钱塘人	596—658	褚亮之子	薛举幕僚—秦王府铠曹参军；褚亮履历：隋—薛举幕僚—左迁、逃亡—薛举幕僚—唐—秦王府学士	协助玄奘，负责撰写《三圣三藏圣教序记》（《大慈恩寺三藏法师传》卷六、卷七，《金石萃编》卷四十九）	34			《旧唐书》卷八十、《新唐书》卷一百五
朱子奢	苏州吴县人	？—641		隋—杜伏威幕僚—唐高祖时中央官		？			《旧唐书》卷一百八十九上、《新唐书》卷一百九十八

首先会发现撰写碑文的七个人基本都是山东、江南出身的名望贵族，而且曾在唐统一过程中担任过李世民的幕僚。具体来说，虞世南、许敬宗、褚遂良都是秦王府的幕僚，而颜师古则拥有就任最早敦煌公府文学的经历。在唐入关以后他确实曾在中央为高祖出谋划策，但其父颜思鲁与其弟颜相时是秦王府的属僚，所以他本人也被认为属于秦王派①。岑文本在武德年间虽为河间王李孝恭的幕僚，李孝恭与李世民关系特别亲密②，玄武门之变刚结束，对四十三名功臣实行食实封并增额时，他是唯一从宗室选拔上来的人③。进入贞观年间，岑文本也被任命为中书舍人，所以，完全可以推断他在此前就与李世民关系亲密。李百药虽在归顺唐后不久陷入了政权斗争的漩涡，在武德年间曾被流放，但进入贞观年后，他得到太宗重用，被任命为中书舍人。由此可确认撰写碑文者中有六个人，从玄武门之变以前，最晚也在从开始修建七寺以前就已为李世民所用了。李世民重用亲自平定的旧南朝及北齐的文化人为自己的幕僚，形成了独立的政治集团。这些撰写碑文者自然也从属于这个政治集团。最后还剩朱子奢，他同样也是武德至贞观年间主要活跃在文化层面的人物，可算是太宗身旁有实力的文臣。

还有一点应该留意，即他们与正史、实录编撰的关联。在高祖时代策划，但受挫未能实施的前代史的编纂事业，到了对历史记录干预欲望极强的太宗时代，组织人员重新开始编纂④。贞观三年（629），《梁书》《陈书》

---

① 《新唐书》卷二百一《袁朗传》："武德初，隐太子与秦王、齐王相倾，争致名臣以自助。太子有……秦王有……敦煌公府文学颜师古……齐王有……"

② 《旧唐书》卷六十《宗室》本传："孝恭……宽恕退让，无骄矜自伐之色。太宗甚加亲待，诸宗室中莫与之为比。"另外，贞观五年正月发生泰山封禅争议时，就是他代表群臣劝告太宗举行。（《册府元龟》卷三十五《帝王部·封禅一》，《资治通鉴》卷一百九十三同月条）

③ 《旧唐书》卷二《太宗纪上》武德九年十月癸酉条。

④ 《唐会要》卷六十三《史馆上》修前代史。

《北齐书》《周书》《隋书》五史开始着手编纂，并于贞观十年(636)完成①。李百药为《北齐书》的主编，岑文本为《周书》的主编。此后，自贞观二十年(646)至二十二年(648)完成的《晋书》，褚遂良、许敬宗二人支持策划并参与其中。许敬宗则是此后对《高祖实录》《太宗实录》进行加工，因大幅删改其内容而成为为后世所不齿的人物②。除正史、实录外，由于太宗的强烈要求，他们还参与了将皇室李氏作为家格第一位的《大唐氏族志》(《贞观氏族志》)《五经正义》《大唐礼仪》等大规模史书编纂事业③。由此推测，他们就是整个贞观年间创建太宗"正统神话"的幕后推手。

读昭仁、等慈两碑不难发现，朱子奢、颜师古的确能自如地运用佛教用语使撰文锦上添花。根据表45可知，其他五人均为与佛教关联颇深的人物。因此，可以发现七碑的碑文均是当时知识分子阶层对佛教深刻理解基础上的产物。但被委任撰碑又很难说是因为他们具有较高的宗教素养。当然，他们的见识不仅限于佛教，这更是他们读遍经史子集后进行的著述活动④，若过度强调他们的佛教信仰，那么与朱子奢在昭仁寺碑里频繁使用"老庄式"的表达方式难以吻合。况且，当时佛道对立，再加之儒家的传统地位，很难认为

---

① 《旧唐书》卷七十三《令狐德棻传》："贞观三年，太宗复敕修撰，乃令德棻与秘书郎岑文本修周史，中书舍人李百药修齐史，著作郎姚思廉修梁、陈史，秘书监魏徵修隋史，与尚书左仆射房玄龄总监诸代史。众议以魏史既有魏收、魏澹二家，以为详备，遂不复修。"

根据《资治通鉴》卷一百九十三的记载，贞观三年三月丁巳房玄龄受命监修国史，可见编辑五史是由此发端。这距离颁布修建七寺诏书仅隔了十个月。另外，《史通》卷十二《古今正史》中记载了贞观中，颜师古、孔颖达等奉命编纂《隋书》，但根据《旧唐书》卷七十三《令狐德棻传》《唐会要》卷六十三《史馆上·修前代史》的记载，任命颜师古为隋史编者是武德五年的事。因此，不能断定他参与了流传至今的贞观《隋书》的编纂。

② 关于《太宗实录》的不实记述，陈振孙早在《直斋书录解题》卷四中指正过。另外，作为近年的相关研究成果，有王元军《许敬宗篡改唐太宗实录及国史问题探疑》(中国史研究，1996-1)，牛致功《关于唐太宗篡改实录的问题》(《唐代史学与通鉴》，陕西师范大学出版社，1989所收)。

③ 根据《新唐书·艺文志》记载：岑文本参与了《氏族志》的编纂，颜师古参与了《五经正义》中的《周易正义》的编纂，褚遂良参与了《尚书正义》编纂，朱子奢参与了《礼记正义》的编纂，颜师古与李百药则参与了《大唐仪礼》的编纂。

④ 他们学识素养的广泛性不仅体现在如本页注①所示的编纂官方著述中，还表现在颜师古的《汉书注》、虞世南的《北堂书钞》、许敬宗的《文馆词林》等个人著述中。

包括多种用语、概念的碑是仅代表某一方立场的。总之,在撰碑时,统治者期待他们作为智囊团,利用具体的公开声明发挥宣传新政权正统性的作用。在这种意义上,建造七寺碑,应作为是与正史以及实录的编纂性质相同的事业。

二、僧人明赡

在以上的论述中并未提及七寺的修建与佛教势力的关联,但这并不意味着佛教势力就完全没有参与。根据《续高僧传》的记载,是接受了一位名叫明赡的僧人的建议才开始着手建寺的。明赡是因挫败由隋炀帝提倡的僧侣拜君亲政策而与法琳等一起被列入《续高僧传·护法篇》里的人物。贞观年间,受召服侍于太宗身边,并有各种各样的进言[①]。明赡提议建寺是只考虑了佛教界的得失,还是他看透了太宗所处的敏感的政治立场而提出的一举两得的妙策,已不得而知。他本人死于建寺工程启动前的贞观二年(628),此外,也并未发现其他与佛教有关人物参与建寺的踪迹。最初在建寺诏书里有如下的描述:

> 右,七寺并官造,又给家人车牛田庄。(《广弘明集》卷二十八上《于行阵所立七寺诏》)

不难想象这一系列的营建过程是在朝廷的主导下推进的。从这一点可以看出建寺事业发端与佛教界的需求全然不同,具有超乎一般的政治性意图。

第四节　修建纪功寺碑带来的影响

宣扬太宗功绩的事情并非在玄武门之变后才开始的。事实上,在平定

---

① 《续高僧传》卷二十四本传中有:"大唐御世,爰置僧官,铨拟明哲,允折无滞。贞观之初,以赡善识治有,有闻朝府,召入内殿,躬升御床,食讫对诏,广列自古以来明君、昏主御制之术,兼陈释门大拯以慈救为宗。帝大悦,因即下敕,年三月六,普断屠杀,行阵之所,皆置佛寺,登即一时七处同建。如豳州昭仁、晋州慈云、吕州普济、汾州弘济、洺州昭福、郑州等慈、洛州昭觉,并官给匠石,京送奴隶,皆因赡之开发也。"的记载。

了窦建德、王世充之后不久的武德五年(622),为纪念战争的胜利,就在距等慈寺东二十多公里的广武山修建了名为观音寺的寺院,还制作了记载其经过的石刻。因为碑文较短,将其原文誊录如下:

　　新建观音寺碣
　　　王世充窦建德为警大邦我
　　秦王赫然斯怒罪人乃得班师凯还
　　　驻骅广武值夜雨作而东南云际
　　　光焰射天烛见观音菩萨全身毕
　　　露
　　王顿首拜瞻喜谓群臣曰乃者武事
　　　告成天授神佑厥功溥哉遂
　　敕建兹寺因名焉工讫乃树碣以纪
　　　其岁月云
　　　尔时
　　大唐武德五年国学助教陆德明撰

本碣的拓本收录在北京图书馆藏中国历史石刻拓本汇编第11册第2页中,《金石萃编》卷四十一采用了其录文。第七行行头的"王"字在拓本中并不明显,是根据《金石萃编》填补的。由于这里必须填补顶头的文字,所以这个补字是妥当的。根据《金石萃编》的记载,本碣高二尺三寸,宽二尺五寸,正楷书写,根据上面移录的原文可知,碣文共十二行,每行十四字。

碣文只陈述了由于观世音菩萨的保佑战争取得了胜利,为了祭祀而建立佛寺。但在同样记载了对窦建德、王世充作战经过的等慈寺碑中则具有浓厚的政治色彩,在了解了这样的内容的基础上重新审视此碣文的话,会发现二者之间潜藏着重要的关联性。

首先映入眼帘的是本碣文外形上的特异性,即第三行的"秦王"与第七行的"王"都顶了头这一点。而且值得注意的不仅是有几个字空了格,更主要的是与第九行的"敕"、第十二行的"大唐"一样都改了行(文书用语为平出），并往上顶了一个字。对一个亲王采用这样的高规格堪称异例，绝无仅有①。在文章中出现"秦王"的文物史料现存的有以下四部。武德二年（619）的《李密墓志》、武德九年（626）二月的《崔长先墓志》、武德四年（621）四月《秦王告少林寺主教》及开元十一年（723）十一月转载于《少林寺柏谷坞庄碑》的武德八年（625）二月的《秦王教书》②。在这四部史料中"秦王"都没有顶头，都是接在前面的文字后镌刻上去的。在公文上亲王字样顶头的做法在之后的开元公式令中被禁止③，可以说观音寺碣正是该规定尚未完善的混乱期的产物。

按照这样的形式特点，来重新审视碑文内容的话，会发现一个费解的地方。即第一行到第二行的"我秦王赫然斯怒"一节。这出自《诗·大雅·皇矣》的"王赫斯怒，爰整其旅"。同样的内容在郑笺中有"文王赫然与其群臣尽怒"，这里的王指的是西周的文王。也就是说这其实是对与君主行为有密切关系事情的委婉表达，在以一介亲王为主语的文章中竟用了顶头形式，会让人觉得其背后一定包含着政治含义。更令人感兴趣的是，在等慈寺碑中描述太宗出阵的地方出现了"皇赫斯怒（第十一行）"这样一句，该碑是太宗继位后修建的，因此，不难推测使用"皇"字应该就是此原因。在二碑上都使用了将太宗比作文王的表达方式，这就是二者之间存在关联的有

---

① 清毕沅在《中州金石记》卷二中写道："碑，款式、字体，俱疑伪作，或有其原刻，后人复为之也。"认为本碣文有伪刻的嫌疑。我不想对字体等进行特别的评论，毕沅在形式方面所持有的疑问大约与顶头有关吧。但几乎所有的金石学者均并未提及其真赝，依此，本章才采用同样的观点，在认为碣文正确的前提进行论述。

② 《李密墓志》的拓本收录在《隋唐五代墓志铭汇编》河南卷第18册（天津古籍出版社，1991）等中、《崔长先墓志》在《唐代墓志铭汇编附考》第1册（中央研究院历史语言研究所专刊81，毛汉光编，台湾商务印书馆，1984）等中收录。此外，关于《秦王告少林寺主教》《武德八年秦王教书》，砺波护在《嵩岳少林寺碑考》（川胜义雄、砺波护编《中国贵族制社会研究》，同朋社，1987所收）中做了翔实的解说，详细内容请参考该文。

③ 《唐六典》卷四礼部郎中员外郎条"凡上表、疏、笺、启及判、策文章，如平阙之式。谓昊天、后土、天神、地祇、上帝、天帝、庙号、祧、皇祖妣、皇考、皇妣、先帝、先后、皇帝、天子、陛下、至尊、太皇太后、皇太后、皇后、皇太子皆平出……"（《唐令拾遗》采用了开元七年及二十五年的公式令第十四条）。

这在被认为是元和中编纂的《大唐新定吉凶书仪公移平阙式》（斯坦因6537号文书。参照《唐令拾遗补》716页）中也相同。

撰写本碣的陆德明是苏州吴县人,曾在南朝陈和隋朝做过官,是当时一流的博学人士。隋末,在他赴任洛阳期间,由于拒绝向占领洛阳的王世充屈服,而过起了隐居生活。战争结束后,他接受李世民的邀请,成为其幕僚。归顺李世民后不久便开始撰写此碣,其后成为秦王府学士的一员[①]。根据《旧唐书》本传、两《唐书·经籍志》《艺文志》记载,他的著书有《经典释文》三十卷、《周易文句义疏》二十四卷、《周易文外大义》两卷、《庄子文句义》二十卷、《老子疏》十五卷,比起佛教,他的学识素养更偏重于儒道。可以说,此石刻与上述七寺碑一样,比起宗教信仰,更是政治的产物。也就是说陆德明也是一位幕后推手。

虽说上述材料齐全,但依然不能断然肯定"李世民自武德起就已经享受不低于天子的待遇"。在第四行里有"驻軬"这个词,根据钱大昕的分析,没有使用专指皇帝御驾的"跸"而用了"軬"应该是为了避高祖讳[②]。另外,第九行的"敕",也应该解释为"高祖的命令"。李世民为了慰劳在战争中提供过帮助的少林寺,下达了很多"教"(即亲王宣布的命令文书)。在他亲自平定的潼关以东地区,很大程度上实行了独特的占领统治[③]。乘顶头式公书的格式混乱之际,李世民与文臣们共谋,制作此碑也不是什么不可思议之事。与后来建成的巨大的纪功碑群相比,观音寺碣之所以如此之小,也许正反映了这里面某些微妙的情况。总之,此碣的意义可概括为:等慈寺碑开创的纪功文先例在高祖在位时已经以石刻形式存在了。

纪功碑建造的后续影响一直持续到太宗死后。高宗显庆四年(659)由皇帝亲自撰写的《大唐纪功颂》碑镌刻完成,立于等慈寺内。本碑的拓本收录于《北京图书馆藏中国历代石刻拓本汇编》第 13 册的 119 页中,《金石萃编》卷二十五中记载了其释文。以高宗御制、御书的行楷碑而闻名的大唐纪功颂碑,根据《金石萃编》记载,碑高一丈三尺六寸五分,宽五尺九寸七

[①] 以上经历来自《旧唐书》卷一百八十九上、《新唐书》卷一百九十八《儒学上》本传。另外,正如王昶在《金石萃编》中所说,国学助教这个官职受命于隋,可见在撰写碑文时陆德明尚未仕唐。

[②] 《潜研堂金石文跋尾》卷四。

[③] 参照本书 299 页注②中砺波护的论文。

分,比等慈寺碑还大,碑文共三十五行,每行的字数在七十字到七十二字之间,还包括了用飞白书书写的题额。

在本章中无法逐一列举此碑的具体内容,其宗旨正如标题所示,是为了再次凸显太宗在对窦建德、王世充战中的重要贡献。大概是因为在太宗诸多显赫的战绩中,只有这一战可定位成建立唐朝极其重要的一个标志①,通过观音寺碣、等慈寺碑、纪功颂碑三次反复宣扬其战功,之逐渐加深了其"传奇"色彩,并流传于后世。

结　论

综上,修建七寺对于通过玄武门之变这一非正常手段夺取政权的太宗来说,是确立其正统论的重要一环。各寺中树立的碑及碑文,可以说是获知太宗政权以下两点意图的重要史料:一是建立之初就开始出现形成正统论的趋势;二是通过编纂实录等方式开始着眼于向后世宣传其正统论,同时还选择了寺碑这种公开性较高的媒介物,向同时代的人们广泛进行政治性宣传。当然,与此同时也有如拟态说所说的"对佛教界的慰抚""由管制代替保护"等政治性效果,太宗自己对此也应是心知肚明的。但是,如果过分强调政治功效的话,七寺固有的特质就会淹没在其他的官立寺院中。表面上看是一个简单的政策,但事实上却包含了多样的内情。"能想到用这样的形式缅怀战死者,足见太宗高度的政治敏感度",外山军治这样的评价还是相当恰当的。

在昭仁寺碑的第七段二十八行处有如下一节:

> 今我所以仰胜缘于十号,纪武功于七德,真俗二谛,兼而两之。

"十号"是佛家用语,即指如来、应供、正遍知、明行足、善逝、世间解、无上

---

① 关于对窦建德、王世充之战的意义,萧锦华在《唐初收复洛阳考》(史薮三,1998)中也详细总结了包含先行研究在内的研究成果。

士、调御丈夫、天人师、佛世尊这十种佛的名号①。"七德"指武事的七种德行,即"禁暴、戢兵、保大、定功、安民、和众、丰财"②。所谓"真俗二谛"就是真理上的实义"真谛"与俗事上的实义"俗谛"的并称。也就是说,修建昭仁寺的意义在于皈依佛法与彰显战功二者并存,追求宗教上的真理与政治上的正义并重。"慰灵说"与"纪功说"并不矛盾,而是相互映衬。这就是太宗政权的实质,在高调宣传的外表下隐藏着其真实的想法,碑文则是这种实质的表现形式。

---

① 关于"十号",《金石萃编》卷四十二中写成"干号",《全唐文》卷一百三十五写成"丁号",由于义义不通,因此作了修改。根据拓本都能看到"干""千"的第一画有缺损。

② 《左传》宣公十二年。

第十四章

唐代战争的记忆与记录
——露布、史书、纪功碑、军乐

绪 论

P. Nora 主编的《记忆的寄托》所代表的"历史记忆"研究,及其中心内容之一的"战争记忆"研究,在最先涉足的欧洲近现代史以及较早进行此类研究的日本近代史领域中都取得了显著的成果(P. Nora2002,阿部安成等1999,森村敏己2006)。反观在中国史的研究中,露布、纪功碑(战争纪念碑)、军乐等,有关"战争记忆"表现形式的单项专题研究也取得了一定的成果,特别是石刻史料,传统金石学的积累数量巨大。但是,将这些资料依据"战争记忆"这一标题进行的研究,即"战争的记忆"由谁、以怎样的方式创作出来、又打算与哪些人共同分享,对于这样的问题的整体综合性探讨目前尚不充分。

本章将围绕"通过什么样的组成人员、经过怎样的过程来共享战争结果"这一问题,以唐代为对象进行分析。

战争结果的报告、受理、公示、保存等过程,事实上在整个中国前近代的历史中并没有大的变化。因此,关于中国历史上"战争记忆"的研究,从超时代的习惯性行为中抽象分析的方式是完全可能的。虽然唐代的各项制度不断完善,但这是能通过相关史料把握其整体情况的最早时期。这就是本章以唐代为对象进行探讨的原因所在。

第一节 获胜的记录与公示

在《大唐开元礼》(以下简称为《开元礼》)军礼中,规定了从出兵至凯旋的一系列出征仪式(丸桥充拓 2013;本书第十章)①。从中摘选战争结束后举行的诸仪式,按时间顺序整理列成表 46。

王博认为战后的仪式应分为宣告获胜的"献捷"与执行押送俘虏的"献俘"两类(王博 2012a,45 页)。我将在沿用此分类的基础上,给献捷添加"传达捷报、公示程序(信息的移动)",给献俘则增加"远征军的凯旋、解散程序手续"(人员的移动)新义,并以此为基础展开以下论述。

一、捷报的传达与公示(献捷)

远征军胜利的消息(捷报)记录在当地被称为"露布"的文书上,然后再传送到都城。关于露布的格式、记载的内容、起草后的程序,中村裕一、Graffle,D. A.、王博都进行了研究(中村裕一 1991,Graffle, D. A. 2009,王博 2012b)。下面参照表 46 与先行研究的成果,来探究从提交露布至受理、公示的过程。

首先是露布的起草与送达的过程。露布以远征军司令官的名义下达指令。唐代前期是由行军总管、后期则由节度使负责。担任实际起草任务的前期为行军记室参军事、行军管记,后期为节度掌书记等,均是直属司令官的书记官。起草好的露布在送往都城时,也会派远征军中的幕僚作为使者一同前往②。

根据《开元礼·平荡寇贼宣露布》的规定及中村裕一、王博的研究,受理、公示露布的程序可复原如下:
(1)兵部侍郎受理露布,并在举行仪式的地方奏闻;
(2)中书令受领露布,并呈给皇帝;
(3)皇帝受理,御批;
(4)中书令称"有制",并宣读露布;

---

① 关于出征仪式的概要,《唐六典》卷五《尚书兵部·兵部郎》中有如下说明:
凡大将出征皆告庙,授斧钺,辞齐太公庙。辞讫,不反宿于家。临军对寇,士卒不用命,并得专行其罚。既捷,及军未散,皆会众而书劳,与其费用、执俘、折馘之数,皆露布以闻,乃告太庙。元帅凯旋之日,天子遣使郊劳,有司先献捷于太庙,又告齐太公庙。(诸军将若需入朝奏事,则先状奏闻。)
② 《文苑英华》卷四百六十七骆宾王《兵部奏姚州破贼设蒙俭等露布》中记载了派遣行军司马、守巂州长史梁待璧的事。

(5)群官、客使再拜,拜舞;

(6)露布由中书令亲手交给兵部尚书、兵部侍郎①。

表46 《开元礼》军礼的凯旋礼

仪式(内容)	典据
献捷(露布即递送胜利报告书)	平荡寇贼宣露布(《唐六典》卷八十四)
慰劳(皇帝给凯旋军)	遣使劳军将(《唐六典》卷八十四)
太庙、太社告礼(奉读祝文、献俘)	皇帝亲征告于太庙(《唐六典》卷八十三《凯旋献俘》部分) 制遣大将出征有司宜于太社(《唐六典》卷八十七《若凯旋》以下) 制遣大将出征有司告于太庙(《唐六典》卷八十八《若凯旋》以下)

表47 唐代后期的凯旋礼

	内容	地点		负责官员	备注
1	战胜,捕获敌兵	战地-归程			
2	凯旋、械送				
3	迎接	城外近郊	临皋驿、长乐驿	神策军	奏凯旋乐阅兵在京百姓围观
4	告功	城内	太庙、太社、太清宫等	兵部、太常寺	有司摄事
5	皇帝受俘-百僚称贺-诛戮勒		宫城兴安门等		在京百官、各道使节均参加
6	徇市-弃市-枭首、尸市		东西两市	刑部、大理寺	在京百姓围观

注:参照妹尾达彦1989图1制成。

---

① 《开元礼》卷八十四《军礼·平荡寇贼宣露布》:

其日,守宫量设群官次。露布至,兵部侍郎奉以奏闻,仍承制集文武群官、客使于东朝堂。群官、客使至俱就次,各服其服。奉礼设群官版位于东朝堂之前,近南,文东武西,重行北向,相对为首。又设客使之位,如常仪。设中书令位于群官之北,南向。量时刻,吏部、兵部赞群官、客使出次,谒者赞引,各引就位立定。中书令受露布置于案,令史二人绛公服,对举之。典谒引中书令,举案者从之,出就南面位。持案者立于中书令西南,东面立定。持案者进中书令前,中书令取露布,持案者退复位。中书令称"有制"。群官、客使皆再拜。中书令宣露布讫,群官、客使皆再拜,舞踏讫,又再拜。谒者引兵部尚书,进中书令前,受露布退复位。兵部侍郎前受之,典谒引中书令入。谒者引群官、客使,各还次。

由兵部按上奏的形式整理好露布,皇帝受理后交由中书令宣布。在举行仪式的地方直接接受露布的是参列的"群官、客使"。仪式中要求做出拜受、祝贺捷报公示的身体动作。也就是说,在京百官及外国使节共享公示的胜利①。

昭告了天下的捷报最后必须要送达史馆②。这是为了把它作为历史记录保存下来。《太白阴经》卷七《捷书类·露布篇》中列举的露布格式的末尾有"特望宣布中外,用光史册"的记载(Graffle,D.A.2009,151页)。可见露布本来就是包含昭告天下与以留存后世为目的的文书。

二、远征军的凯旋与解散(献俘)

露布(信息)送达都城后,远征军(人)也相继归来。与凯旋的远征军相关的诸礼(下面总称为凯旋礼)中,自古以来特别受重视的是凯旋后择吉日举行的告太庙、太社的仪式③。关于具体内容,除王博的专论外,我也论述过(王博 2012a、2012b,丸桥充拓 2013)。因此,本章将重点论述告功礼中

---

① 在"群官、客使"中,有可能也包括由地方州县派遣的朝集使。另外,根据中村裕一的研究,在此仪式中宣布的露布也作成手抄本,并传达到地方州县(中村裕一1991,122~124页)。所以在地方州县是通过出席仪式以及授受文书等方式传达捷报的。

② 《唐会要》卷六十三《史馆上·诸司应送史馆事例》:
蕃夷入寇及来降(表状,中书录状报。露布,兵部录报。军还日,军将具录陷破城堡、伤杀吏人、掠掳畜产,并报。)
另外,从《唐六典》卷九以下规定中可确认史馆负责记录保存军事案件:
史官掌修国史,不虚美,不隐恶,直书其事。凡天地日月之祥,山川封域之分,昭穆继代之序,礼乐师旅之事,诛赏废兴之政,皆本于起居注以为实录,然后立编年之体,为褒贬焉。

③ 《唐六典》卷十四《太常寺·太常卿》:
凡大驾巡幸,出师克获,皆择日告于太庙。
张九龄《敕择日告庙》(《曲江集》卷七):
敕:边境为患,莫甚于林胡。朝廷是虞,几烦于将帅。车徒屡出,刍粟载劳。使燕赵黎氓,略无宁岁。而山戎种落,常为匪人。近有野心,穷而归我。曾是怀附,每所抚柔。而不变鸮音,辄为兽搏。幽州节度使刑国大使张守珪等,乘间电发,表里奋讨。积年遗诛,一朝翦灭。则东北之祲,便以廓清。河朔之人,差宽征戍。此皆上凭九庙之略,下仗群帅之功。今其凯旋,敢不以献。宜择吉日告九庙,所司准式。

必须的三样物件，即俘馘（俘虏）、军实（战利品）以及祝文（祝辞）。

告功礼时，凯旋军会在太庙、太社门前陈列俘馘与军实①。这种行为可理解为与狩猎仪式（田猎）时向太庙供献猎物是相同的宗旨。陈列好后，就会举行与出兵时同样程序的告功礼。程序的核心内容是奉读祝文、领取福酒与俎肉（王博2012b，丸桥充拓2013）。所谓祝文就是向祭祀对象（天、祖灵、地神等）发出的信息，而告功祝文则具有"胜利报告书"的性质与格式。因此，告功礼可是说是通过祝文这种语言性方式与俘馘、军实这种可视性具体物品，向祖灵、地神等报告并共享捷报的仪式。

流传至今的告功祝文很少。下面展示的陆贽、元稹的作品，就是极其珍贵的残存例文。前者是镇压泾原节度使朱泚、朔方节度使李怀光的叛乱之后，于贞元元年（785）所作的祝文，后者则是平定幽州节度使刘综的叛乱后，于长庆元年（821）所作的祝文。

《陆宣公集》卷六《告谢玄宗庙文》②：

> 维贞元元年岁次乙丑十一月癸巳朔十一日癸卯，孝曾孙嗣皇帝臣某，敢昭告于皇曾祖考玄宗至道大圣大明孝皇帝，皇祖妣元献皇后杨氏。

---

① 《开元礼》卷八十七《制遣大将有司宜于太社》：
若凯旋，惟陈俘馘及军实于北门之外，南面东上。其告礼如上仪。其祝版燔于斋所。
《开元礼》卷八十八《制遣大将有司告于太庙》：
若凯旋，惟陈俘馘及军实于南门之外，北面西上。其告礼如常仪。

② 关于陆贽，在同卷中还收录了《告谢肃宗庙文》与《告谢代宗庙文》。这两篇告文与玄宗庙告文的格式一致。更值得注意的是《告谢昊天上帝册文》留存下来了。举行告礼的原则是"告天礼只在出兵时举行，凯旋后则只举行告太庙、太社礼"（丸桥充拓2013；本书第十章）。此凯旋告天祝文极其罕见，特将原文抄录如下：
维贞元元年岁次乙丑十一月癸巳朔十一日癸卯，嗣天子臣某，敢昭告于昊天上帝。顾惟寡昧，不克明道，丕膺睿命，俾作神主。常恐获戾上下，而播殃于人。兢兢业业，夙夜祇畏。居位五祀，德音蔑闻。皇灵不歆，是用大儆。殷忧播荡，逾历三时。诚惧烈祖之耿光，坠而不耀。侧身思咎，庶补将来。上帝顾怀，诱衷悔祸。剿凶愚之凌暴，雪人神之愤耻。旧物不改，神心载新。兹乃九庙遗休，兆人介福。以臣之责，其何解焉。间属寇虞，久稽告谢。今近郊甫定，长至在辰，谨以玉帛、牺牲、粢盛庶品，冀凭禋燎，式荐至诚。太祖景皇帝配神作主，尚飨。

臣猥承圣绪,获主大器。惧德不嗣,靡所安宁。任重道悠,竟贻颠越。京阙生变,神人无依。臣怀永图,不敢自弃。忍耻含愤,迨于载迁。戴天履地,俯仰惭惕。幸赖烈祖遗泽,感深于人。人心攸归,天意允若,肆予小子。凭宗庙之积庆,再复于镐京。在臣愆尤,曷云有补,岂敢自蔽。以重于厥辜,顷以寇孽在郊。礼物未备,久稽告谢。伏积兢惶,今祇见閟宫,引愿请罪。谨以一元大武、柔毛、刚鬣、明粢、芗合、芗萁、嘉蔬、醴齐,因时备物,虔奉严禋。尚飨。

《元氏长庆集》卷四十一《幽州平告太庙祝文》：

维长庆元年岁次辛丑五月景申朔十四日己酉,孝曾孙嗣皇帝臣讳,敢昭告于太祖景皇帝。天革隋暴,付唐养理。高祖太宗,奉顺天纪。玄宗平宁,六合同轨。物盛而微,墉崇则毁。网漏鲸鲵,隙开蝼蚁。幽燕狼顾,齐赵虎视。割据封壤,传序孙子。不贡不觐,自卒自始。圣父披攘,震骇波委。擒灭斩除,如运支指。冀方独迷,再伐再已。碣石是征,承诏唯唯。逮臣寡昧,虔奉先旨。洞开诚明,涤濯痕耻。承元云奔,综亦风靡。悉率赋舆,尽献州里。不命一将,不戮一士;不费一金,不亡一矢。五纪逆命,一朝如砥。实天垂休,实圣垂祉。敢荐成功,以永千纪。尚飨。顺宗室,宪宗一室,余并同。

凯旋礼的祝文按规定需在凯旋之际撰写①,这两篇祝文均有以下共通的格式,由此可知祝文格式相对固定(《告谢玄宗庙文》中有奉纳物品的明细)。

(1)年月日;
(2)起草主体(在位皇帝);
(3)祝辞的对象(祖庙);
(4)文章本体(基本由四字句构成);

---

① 《开元礼》卷八十二《皇帝亲征宜于大社》:
太祝持版,进于神座之右,西向跪读祝文(其祝文临时撰,告以亲征之意)。

(5)结句("尚飨")。

与战争直接相关的记述(文章本体),不难看出通过用前后的定型句(黑体字部分)的方式来构成向祖灵陈述"战胜报告书"的格式。

告庙、告社等传统的凯旋礼是以祖灵、地神等为固定对象,在封闭空间中举行的一种仪式[①]。但是到了唐代后期,凯旋仪礼的大规模化、公开化倾向的增强,最终变成了士庶全员参加的大型活动。妹尾达彦、王博根据大量丰富的史实揭示了当时的盛况。根据他们的研究,将唐代后期的凯旋礼的内容整理如表47所示(妹尾达彦1989,王博2012b)。

很显然,这与《开元礼》规定的唐代前期的凯旋仪礼(表46)有很大的差别。第一个变化是增加了对皇帝的献俘礼(皇帝受俘),而且它比告庙、告社更受到重视,同时,露布仪式中也包括了献俘礼。王博的研究已经证明了这一点(王博2012b,52~54页)。另外,根据王博复原的仪式的程序也能大概了解献俘礼的细节(王博2012a,57页)。因此,本节将重点探讨凯旋礼在前半与后半的不同(即表47第5栏的内容)。最显著的就是负责官员的不同。前半部分以向皇帝告功、献俘为核心内容,由尚书兵部与太常寺主管。与此相对,后半部分是对举行捕虏的科刑,由尚书刑部与大理寺负责。而且,在前半部分仪式结束的同时,兵部尚书与太常卿就退场了,之后便是押解俘虏入场。可见,参加仪式的人对前后场面的转换印象深刻。其中前半部分仪式,其内容及负责官员都具有向庙、社告功这一共同性质,这可在按礼制程序宣告终结战争的传统习俗范畴内进行理解(丸桥充拓2013;本书第十章)。相对于此,由刑部、大理寺主持的后半部分的仪式,则对交战对方课以刑罚,即以法制程序告示战争结束,这是前所未有的。王博将把比告庙、告社更重视皇帝受俘的过程定位成由"对神仪式"向"对人仪式"的转变,这一观点也可以用"依据法的程序告示战争终结的新

[①] 除太庙、太社外,偶尔也有在南郊、帝陵举行告功礼的情况(告天、谒陵)。作为凯旋告天的实例,有总章元年(668)平定高句丽之时;至德二年(757)从安史之乱的叛军手中收复长安之际(从四川派遣宰相、有司摄事);贞元元年(785)平定朱泚、李怀光的叛乱之时(本书第322页注②陆贽的祝文中有相关记载);元和十四年(819)镇压李师道之际的记载。关于凯旋谒陵,则有下面的例子:永徽元年(650)捕获突厥车鼻可汗,护送时;显庆三年(658)捕获突厥阿史那贺鲁,护送时;总章元年(668)护送高句丽俘虏时等。这些凯旋告礼均在昭陵举行。

手段"这一含义进行解释。

表46与表47间的第二个变化是增加了凯旋阅兵以及公开处刑等大众可有目共睹的环节。正如妹尾达彦、金子修一、梅原郁所做的阐述,唐宋变革时期,"都市的祝祭空间化"进程加快,出现了通过各种活动、仪式,直接向首都住民彰显"皇权的可视化"现象(梅原郁1986,妹尾达彦1989,金子修一2006)。凯旋礼也历经了同样变化,即通过能够亲眼目睹的形式开始向京城百姓宣扬胜利的事实。本节探讨了捷报的报告、受理、公示、保存的过程。在此基础上,进一步思考在怎样的范围内共享胜利这一问题时,以下的概括能够给予回答。

露布的公示　　　　在京百官、地方州县、外国使节
送史馆归档(历史记录)　　　　　　　后世
告功礼(祝文奉读)　　　　　　祖灵、地神
凯旋阅兵、公开处刑　　　　　　京城百姓

总之,是希望胜利的事实超越空间(中央、地方、外国)、时间(先祖、子孙)、身份(官、民),成为全天下、王朝各代全部知晓享有的喜讯。

第二节　战争的记忆

上一节探讨的捷报的报告、受理、公示、保存的过程,是根据每次战争所确定的程序一次性完成的活动。这样,每次在存档管理的战争记录中,都有若干有关王朝存亡的重要内容。而这些大事件仅靠平常的报告、受理、公示、保存等手段还远远不够,为了长久保存、不断回顾(再记忆化)这些"记忆",就必须启动更强有力的机制,以便把这些记忆深深地刻在人们的脑海里。本节将重点探讨这一机制的代表——纪功碑(战争纪念碑)与军乐。纪功碑以石材的长久性及用碑展示的常时性,军乐以在各种仪式场合重复表演的反复性,企图实现"记忆的永久保存"。

一、纪功碑

进入21世纪,中国的石刻研究越来越兴盛。现阶段研究的关注点经

常集中在与残存物件的数量分布成比例的墓志、墓碑上。当然,石刻史料的范围并不限于墓志与墓碑,本节要探讨的纪功碑也是一种具有研究价值的史料,例如,我认为唐太宗修建的佛寺碑就具有明显纪功碑的含义(丸桥充拓2001;本书第十三章)。本节将把唐代作为分析对象,在"战争的记忆"这一主题下,研究纪功碑所发挥的作用。

首先确认纪功碑在石刻史料中究竟占了怎样的地位。清代叶昌炽在《语石》卷四十八中将"立碑之例"分为"述德崇圣""铭功""纪事""纂言"四类。其中关于第二部分"铭功"有如下记载:

> 东巡刻石(秦李斯石刻),登岱勒崇(唐泰山铭、宋大中祥符中封禅朝觐坛诸颂),述圣(吕向述圣颂),纪功(唐显庆四年高宗御制纪功颂),中兴(颜鲁公书元次山中兴颂),叡德(孝敬皇帝叡德碑),以逮边庭诸将之纪功碑是也(汉之裴岑纪功碑,唐之平百济碑、姜行本纪功碑,宋之平蛮颂、平黎颂之类)。

可以看出,叶昌炽进行了"纪功""边庭诸将之纪功碑"等的区分,同时也可认识到石碑具有"保存战争记忆"的机能。

为了能概览唐代建造的纪功碑,我收集了碑文内容流传至今的事例,整理后列成表48。根据表48中列举的二十余例碑文可将唐代纪功碑的特征概括如下:

第一,重点在于彰显唐朝的威望。唐代的纪功碑,不能仅凭战争当事者个人的意愿建立,还需要朝廷的许可。因此,即便是表彰特殊功勋的纪功碑,经常看到的也是以"因对唐朝做出了特殊贡献,故予以褒奖"的句式。碑文的撰写者中不乏陆德明、颜师古、张九龄、杨炎、元结、权德舆、韩愈、李德裕等活跃在政界的杰出高官与文化名人,甚至还有皇帝亲自执笔的碑文,包括由皇帝御书的行书碑《晋祠铭》《大唐纪功颂》[1]、颜真卿亲笔书写的楷书碑《大唐中兴颂》[2]等。可见,在碑的制作上朝廷倾注了相当大的热情。

---

[1] 叶昌炽《语石》卷一:
隋以前碑无行书。以行书写碑,自唐太宗《晋祠铭》始。高宗之《万年宫铭》《纪功颂》,英国公李勣碑,皆行书也。

[2] 湖南省永州市的浯溪碑林留存至今,被称为文绝、字绝、石绝的"摩崖三绝"。

第二,多数纪功碑建立在战场附近①,即取胜后占领的地域②或司令官驻扎的城市③等军事前沿地带。纪功碑顾名思义就是为了在直接卷入战争的地方彰显唐朝军事威力并使其永久流传的重要石刻碑。

第三,不同的时期纪功碑反映不同的特征。首先,自唐朝创立至高宗时期,建立纪功碑主要是为了纪念隋末群雄的抗争、国内统一战争及对周边地区的外征。在李渊(高祖)最初举旗的太原(并州),作为唐朝的发源地在此后深受重视。贞观二十年(646),在太原郊外的晋祠建立了纪念碑——"晋祠铭",开元十一年(723),在太原城内的起义堂也建立了纪念碑——"起义堂颂"。李世民(太宗)立下的赫赫战功,作为唐朝创建伟业的传奇被不断重复回顾、再度记忆。在李世民还是秦王时建造的"敕建广武山观音寺碣"就是较早的例子。贞观三年(629)建造了昭仁寺碑、等慈寺碑等纪功七寺碑;高宗时期又在等慈寺内建造了整体概括彰显大唐建国过程的"大唐纪功颂"(丸桥充拓2001;本书第十三章)。另外,在向蒙古、西域、朝鲜半岛扩张的过程中也建造了很多纪功碑(朱玉麒2005)。

表48　唐代的纪功碑(年月一栏以碑文记载或作者的年谱、金石书的考证为依据)

年月	作者 (撰写时官职)	碑名	所在地	纪事	典据
武德二年 (619)	陆德明 (国学助教)	敕建广武山观音寺碣	郑州 (观音寺内)	战胜王世充	《金石萃编》卷四十一
贞观三年 (629)闰一二月	颜师古 (中书侍郎)	等慈寺碑	郑州 (等慈寺内)	战胜王世充	《金石萃编》卷四十一
贞观三年 (629)闰一二月	朱子奢 (守谏议大夫)	昭仁寺碑	豳州 (昭仁寺内)	战胜薛举	《金石萃编》卷四十二

---

① 敕建广武山观音寺碣、等慈寺碑、昭仁寺碑、大唐纪功颂、李晟东渭桥纪功碑等属于此类。

② 可汗山铭、姜行本纪功碑、唐刘仁愿纪功碑、平百济碑、平淮西碑、平蛮颂等属于此类。

③ 开元纪功德颂、韦皋纪功碑、幽州纪圣功碑等属于此类。

续表

年月	作者（撰写时官职）	碑名	所在地	纪事	典据
贞观十三年（639）二月	谢偃	可汗山铭	突厥领地内？	册封突厥叶护可汗	《文苑英华》卷七百八十七
贞观十四年（640）五月	司马太贞	姜行本纪功碑	高昌领地内	征压高昌国	《金石萃编》卷四十五
贞观二十年（646）	太宗御制御书	晋祠铭	并州	唐朝创业	《金石萃编》卷四十六
永徽五年（654）以后	阙名	唐刘仁愿纪功碑	百济境内（韩国忠清南道扶余郡）	平定高句丽等	参照表后注
显庆四年（659）	高宗御制御书	大唐纪功颂	郑州（等慈寺内）	武德以来的统一战争	《金石萃编》卷五十二
显庆五年（660）八月	阙名	平百济碑	百济境内（韩国忠清南道扶余郡）	平定百济	参照表后注
开元十一年（723）正月	张说/也有玄宗御制说	起义堂颂	并州	武德以来的统一战争	《唐文粹》卷十九
开元二十三年（735）二月以后	张九龄（宰相）	开元纪功德颂	幽州	张守珪征压契丹	《曲江集》卷一
至德二年（757）四月	杨炎（中书舍人知制诰？）	大唐河西平北圣德颂	武威郡（凉州）	平定武威郡九姓商胡安门物的叛乱	《文苑英华》卷七百七十四
至德二年（757）九月以后	杨炎（中书舍人知制诰？）	凤翔出师纪圣功颂	凤翔府	安史之乱-收复长安后	《文苑英华》卷七百七十四
上元二年（761）六月	元结（荆南节度判官）	大唐中兴颂	永州（湖南省永州市浯溪碑林）	安史之乱-玄宗回长安后	《元次山集》卷六、《金石萃编》卷九十六

续表

年月	作者 (撰写时官职)	碑名	所在地	纪事	典据
永泰二年(766)七月	王佑(成德支度判官)	成德军节度使李宝臣纪功载政颂	恒州	战事的优势转向官军,并立下战功	《金石萃编》卷九十三
大历十二年(777)五月	韩云卿(礼部郎中)	平蛮颂	桂州	平定西原蛮之乱	《金石萃编》卷八
兴元元年(784)六月以后	德宗御制	西平王李晟东渭桥纪功碑	东渭桥(长安郊外)	平定朱泚、李怀光叛乱	《文苑英华》卷八百七十一
兴元元年(784)八月	德宗御制	赠太尉段秀实纪功碑		抵抗朱泚之乱,战死	《文苑英华》卷八百七十一
贞元十八年(802)九月	权德舆(礼部侍郎?)	泾原节度使刘昌纪功碑铭并序		列举天宝至贞元的军功	《权载之集》卷十二
贞元二十年(804)	德宗御制	西川节度大使韦皋纪功碑铭	资州	在与吐蕃的战争中取胜	《金石萃编》卷一百五
元和十三年(818)三月	韩愈(刑部侍郎)	平淮西碑	蔡州	平定吴元济叛乱	《韩昌黎集》卷三十
元和十四年(819)十二月	段文昌(翰林学士)	平淮西碑	蔡州	平定吴元济叛乱	《文苑英华》卷八百七十二
会昌五年(845)	李德裕(宰相)	幽州纪圣功碑铭	幽州	张仲武等击退回鹘	《会昌一品集》卷二

注:参照许兴植编写的《韩国金石全文》(亚细亚文化社,1984)。

但是玄宗以后,唐朝进入了内外交困的时期,纪功碑的特征也发生了很大的变化。首先,歌颂镇压安史之乱以及其后频发的藩镇叛乱的纪功碑急剧增加。这从另一个侧面反映了唐朝后期在藩镇跋扈的状态下维持统一的窘境。另外，像歌颂战胜契丹的幽州节度使张守珪功绩的"开元纪功德颂"，纪念剑南节度使韦皋击退吐蕃的"韦皋纪功碑"，唱颂阻止了回鹘入侵的幽州节度使张仲武功勋的"幽州纪圣功碑铭"等都是在突厥第二汗国成立以后，唐朝与周边诸族的关系进入紧张时期的产物。

接下来探寻建立纪功碑的过程。首先，关于建碑的提议人，分为由表彰对象，即特殊功勋者本人提议①，由中央高官提议②，皇帝亲自提议③的三种形式。一般来说，当地域社会提出希望建立德政碑来彰显地方官政绩的

---

① 李德裕《幽州纪圣功碑》就是这种情况(《会昌一品集》卷二《幽州纪圣功碑铭并序》)：

幽州卢龙军帅检校尚书右仆射张公仲武，往年修献捷之礼，今岁有铭勋之请。

② 下面的两个例子，分别是主导了战争的宰相积极提议的事例、全体中央官僚建议刻碑的事例。前者中，还保存了玄宗针对张九龄的请求作出的批复(《曲江集》卷十三《玄宗御批》)。

张九龄《开元纪功德颂》(《曲江集》卷十三《请东北将吏刊石纪功德状》)：

右。奚及契丹尤近边鄙，侵轶是虑，式遏成劳。臣庶常情，惟欲防御，所谓长策，无出此者。陛下独断宸襟，高夸群议。以为顿兵塞下，转粟边军，旷日持久，役无宁岁。若不因利乘便，一举遂平。使迁善者自新，为恶者就戮。事若不尔，无息我人。且令大兵临之，凶徒必溃，不出此岁，当并成擒。臣等初奉筹谋，高深未测。及闻凯捷，暑候不差。而两蕃遗噍，莫不稽颡。缘边戍卒，咸以返耕。卧鼓灭烽，诚自此始。斯皆陛下睿谋先定，神武非常。观变早于未萌，必取预于无象。伏以成功不宰，君人所以为量，有美不宣，臣子所以成罪。臣虽蒙瞽，安敢无言。既预闻始谋，又幸见成事，岂可使天功虚往，而日用不知。竹帛相传，复纪何事。请具状宣付史馆，垂示将来。仍请将吏等刊石勒颂，以纪功德。臣某等不胜区区忭跃之至。谨奉状以闻。谨奏。

韩愈《平淮西碑》(《新唐书》卷二百一十四《吴元济传》)：

既还奏，群臣请纪圣功，被之金石。皇帝以命臣愈……

③ 以下的两个都是德宗主导建碑的事例。

《赠太尉段秀实纪功碑》(《新唐书》卷一百五十三《段秀实传》)：

帝还都，又诏致祭，旌其门间，亲铭其碑云……

《西平王李晟东渭桥纪功碑》(《新唐书》卷一百五十四《李晟传》)：

帝至自梁，晟以戎服见三桥，帝驻马劳之。晟再拜顿首，贺克殄大盗，庙朝安复，已即跪陈："备爪牙臣，不能指日破贼，致乘舆再狩，乃臣不任职之咎，敢请死。"伏道左，帝为掩涕，命给事中齐映起之，使就位。有诏赐第永崇里、泾阳上田、延平门之林园、女乐一列。晟入第，京兆供帐，教坊鼓吹迎导，诏将相送之。帝纪其功，自文于碑，敕皇太子书，立于东渭桥，以示后世云。

愿望时，首先由提出修建纪功碑的当事者拟好碑文，然后由尚书吏部的考功郎中、员外郎进行审查，最后还必须得到皇帝的许可①。纪功碑也（表48所列的碑）基本上都是在中央的管理下修建的②。

一旦同意建碑，需要将碑文的原案与撰者亲笔的进状一起提交皇帝③，得到皇帝的许可后，就进入在当地建碑的阶段。一般情况下，碑文的撰写是著作郎的职责④。然而观察表48的诸例可知，撰者的选拔并不拘泥此项规定。然后在顺利建成碑的那天破晓，受到表彰的人要向皇帝递交感谢状，皇帝有时也会进行批复⑤。

在中央主导下建造的纪功碑的功能就是昭示对此次战争进行官方评价、概括。因此，当事者们对这样可以流芳百世的军功记载方法十分用心。比如"开元纪功德颂""韦皋纪功碑""幽州纪圣功碑"等战争当事者（张守珪、韦皋、张仲武）的功绩与碑文撰述者（张九龄、德宗、李德裕）的评价高度一致，是顺利建成纪功碑的事例。

但是，当双方的想法发生冲突时，甚至会引发意想不到的政治混乱。

---

① 关于唐代建碑需要通过考功即中审查这一点，顾炎武进行了详细的考证（《日知录》卷二十二《生碑》）：

唐武后圣历二年制："州县长吏，非奉有敕旨，毋得擅立碑。"刘禹锡《高陵令刘君遗爱碑序》曰："太和四年，高陵人李仕清等六十三人具前令刘君之德，诣县，请以金石刻，县令以状申于府，府以状考于明法吏，吏上言。（谨按：宝应诏书，凡以政绩将立碑者，具所纪之文上尚书考功，有司考其词，宜有纪者乃奏。）明年八月庚午，诏曰'可。'"《旧唐书·郑瀚传》："改考功员外郎。刺史有驱迫人吏上言政绩，请刊石纪德者，瀚探得其情，条责廉使，巧迹遂露。人服其敏识。"是唐时颂官长德政之碑必上考功，奉旨乃得立。

文中的"圣历二年制"出自于《资治通鉴》卷二百六同年二年八月条；刘君遗爱碑见于《刘梦得集》卷二十八；刻同碑的《宝应诏书》的典据不详。

② 但在"李宝臣纪功碑"中，李宝臣本身代表的是所谓藩镇的投诚者，而碑文的撰者也是同道幕职官。因此，在判断朝廷究竟能够发挥了多大主导性上应有所保留。

③ 韩愈的《进撰平淮西碑文表》（《昌黎集》卷三十八）、李德裕的《进幽州纪圣功碑文状》（《会昌一品集》卷十八）都是除碑文原案外还添附了进状的实例。

④ 《唐六典》卷十"秘书省著作局"：
著作郎掌修撰碑志、祝文、祭文，与佐郎分判局事。

⑤ "韦皋纪功碑"的正面刻着德宗御制碑文，阴面刻着韦皋的谢表与德宗的批复（《金石萃编》卷一百五"韦皋纪功碑"王昶按语）。

元和十二年(817),镇压淮西节度使吴元济叛乱时,韩愈受命撰写"平淮西碑"。但由于认为该碑文中未能对自己的功绩给予充分评价,因而引起了远征军司令官部分官员的强烈不满。在他们的策动下韩碑被损毁,朝廷重新下达敕令,要求由翰林学士段文昌撰文,重新篆刻"平淮西碑"①。这成为大文豪韩愈罕见的蒙羞事件。围绕这一事件也有多角度的研究(入谷仙介 2011 等)。与本章的主题联系起来看,此事件可理解为战争的当事者们对朝廷通过纪功碑展示怎样的"战争记忆"表现出了极大的兴趣与关注。

二、军乐

纪功碑具有的"保存战争记忆"的作用主要在地方州县得以体现,而朝廷则通过军乐来发挥这一作用。渡边信一郎明确表示包括军乐在内的宫廷音乐"在歌颂王朝的来历与文德、武功的同时也具有宣示王朝正统性的重要意义"(渡边信一郎 2013,274 页)。

渡边整理了构成唐代鼓吹乐五部(鼓吹部、羽葆部、铙吹部、大横吹部、小横吹部)的乐曲。其中,羽葆部表现的是唐朝建业、统一过程中的武功。下面就是渡边列举的羽葆部十八曲:

> 太和,休话,七德,驺虞,基王化,纂唐风,厌炎精,肇皇运,跃龙飞,殄马邑,兴晋阳,济渭险,应圣期,御宸极,宁兆庶,服遐荒,龙池,破阵乐(渡边信一郎 2013)

"基王化"至"宁兆庶"对应的是经太原举兵至与隋末群雄的抗争、最终实现全国统一的这一过程,"服遐荒"则是歌颂将周边各少数民族收入麾下的战争。

另外,渡边还推测鼓吹五部中的铙吹部是专门歌颂太宗的勇武及天下

---

① 《旧唐书》卷一百六十《韩愈传》:
淮、蔡平,十二月随(裴)度还朝,以功授刑部侍郎,仍诏愈撰平淮西碑,其辞多叙裴度事。时先入蔡州擒吴元济,李愬功第一,愬不平之。愬妻出入禁中,因诉碑辞不实,诏令磨愈文。宪宗命翰林学士段文昌重撰文勒石。

泰平的。构成铙吹部的七曲如下：

> 破阵乐，上车，行车，向城，平安，欢乐，太平（渡边信一郎 2013）

其中特别是"破阵乐"，在羽葆部中也曾出现过，可见是极其重要的军乐。"破阵乐"原本作为军乐的一种类型被广泛演奏，曾在李世民幕下演奏的"秦王破阵乐"，随着他的即位而上升到了具有特权意义的曲目①（左汉林 2014）。

这样，军乐在此后发生战争时作为"凯歌"被经常演奏②，起到了向听众不断灌输新中国成立以来武德的作用。特别是唐代后期，随着凯旋礼中阅兵、皇帝受俘仪式的定式化，"凯歌"的重要性也增强了。大和三年（829），在制定从迎接凯旋军队到处刑俘虏的凯旋礼计划时，在已有的"破阵乐""应圣期"的基础上加入了新作"贺朝欢"与"君臣同庆乐"，形成了共计四

---

① 《旧唐书》卷二十八《音乐一》：

贞观元年，宴群臣，始奏秦王破阵之曲。太宗谓侍臣曰："朕昔在藩，屡有征讨，世间遂有此乐，岂意今日登于雅乐。然其发扬蹈厉，虽异文容，功业由之，致有今日，所以被于乐章，示不忘于本也。"……其后令魏徵、虞世南、褚亮、李百药改制歌辞，更名七德之舞，增舞者至百二十人，被甲执戟，以象战阵之法焉。

关于破阵乐，《新唐书》卷二十一《礼乐十一》中记载了下面的情形：

后令魏徵与员外散骑常侍褚亮、员外散骑常侍虞世南、太子右庶子李百药更制歌辞，名曰七德舞。舞初成，观者皆扼腕踊跃，诸将上寿，群臣称万岁，蛮夷在庭者请相率以舞。太常卿萧瑀曰："乐所以美盛德，形容而有所未尽，陛下破刘武周、薛举、窦建德、王世充，愿图其状以识。"帝曰："方四海未定，攻伐以平祸乱，制乐陈其梗概而已。若备写禽获，今将相有尝为其臣者，观之有所不忍，我不为也。"自是，元日、冬至朝会庆贺，与九功舞同奏。

太常卿萧瑀认为仅靠军乐不足以传达情感，随即提议制作击破群雄情景的画面。但是，太宗考虑到群雄的部分旧臣也在唐朝任职这一事实，驳回了他的提议。由此可见，在"战争记忆"的表达方式上，朝廷还是进行过多方考量的。

② 本书第334页注①中的太常礼院上奏文中列举了在唐朝初期的战争中，在凯歌的伴奏下举行的凯旋仪礼的事例。

曲的凯歌。由此在民众脑海里留下的"战争记忆"就更加鲜明了①(妹尾达彦1989,58~59页,王博2012a,56~57页)。

军乐主要的题材是王朝的创业史,其主要目的就是在整个唐朝的历史中不断进行回顾与再记忆。因此,军乐与反复彰显从太原举兵到统一战争再到开拓疆土的过程的纪功碑(参照"纪功碑"的论述)的起源与历程是一致的。

另一方面,在唐代后期的军乐中,也出现了地方藩镇、周边诸族向皇帝觐献自己创作曲目的新倾向。这些作品中有一首名为"定难曲",是贞元三年(787)河东节度使马燧觐献的乐曲②。经推测这应该是德宗治世前半期受命镇压藩镇叛乱而作的乐曲。以与藩镇的交战为主题创作曲目的现象,

---

① 《旧唐书》卷二十八《音乐一》:

大和三年八月,太常礼院奏:"……是则历代献捷,必有凯歌。太宗平东都,破宋金刚,其后苏定方执贺鲁,李勣平高丽,皆备军容凯歌入京师。谨检贞观、显庆、开元礼书,并无仪注。今参酌今古,备其陈设及奏歌曲之仪如后。凡命将征讨,有大功献俘馘者,其日备神策兵卫于东门外,如献俘常仪。其凯乐用铙吹二部,笛、篳篥、箫、笳、铙、鼓,每色二人,歌工二十四人。乐工等乘马执乐器,次第陈列,如卤簿之式。鼓吹令丞前导,分行于兵马俘馘之前。将入都门,鼓吹振作,迭奏破阵乐等四曲。破阵乐、应圣期两曲,太常旧有辞。贺朝欢、君臣同庆乐,今撰补之。破阵乐:'受律辞元首,相将讨叛臣。咸歌破阵乐,共赏太平人。'应圣期:'圣德期昌运,雍熙万宇清。乾坤资化育,海岳共休明。辟土忻耕稼,销戈遂偃兵。殊方歌帝泽,执贽贺升平。'贺朝欢:'四海夷风被,千年德水清,戎衣更不著,今日告功成。'君臣同庆乐:'主圣开昌历,臣忠奏大猷。君看偃革后,便是太平秋。'候行至太社及太庙门,工人下马,陈列于门外。候告献礼毕,复导引奏曲如仪。至皇帝所御楼前兵仗旌门外二十步,乐工皆下马徐行前进。兵部尚书介胄执钺,于旌门内中路前导。次协律郎二人,公服执麾,亦于门下分导。鼓吹令丞引乐工等至位立定。太常卿于乐工之前跪,具官臣某奏事,请奏凯乐。协律郎举麾,鼓吹大振作,遍奏破阵乐等四曲。乐阕,协律郎偃麾,太常卿又跪奏凯乐毕。兵部尚书、太常卿退,乐工等并出旌门外讫,然后引俘馘入献及称贺如别仪。别有献俘馘仪注,侯俟因引出方退。请宣付当司,编入新礼,仍令乐工教习。"依奏。

② 《新唐书》卷二十二《礼乐志》:

大历元年,又有广平太一乐。凉州曲,本西凉所献也。其声本宫调,有大遍、小遍。贞元初,乐工康昆崙寓其声于琵琶,奏于玉宸殿,因号玉宸宫调,合诸乐,则用黄钟宫。<u>其后方镇多制乐舞以献。河东节度使马燧献定难曲</u>。昭义军节度使王虔休以德宗诞辰未有大乐,乃作继天诞圣乐,以宫为调,帝因作中和乐舞。山南节度使于頔又献顺圣乐,曲将半,而行缀皆伏,一人舞于中,又令女伎为佾舞,雄健壮妙,号孙武顺圣乐。

与唐代后半期纪功碑的用途倾向趋同。

总之,无论是纪功碑还是军乐,作为流传天下的"战争记忆",首先强调的是从唐朝创立至高宗时期的"王朝盛世故事"的载体作为表现王朝支配正统性的内容要素,在整个唐朝历史中被不断回顾、再记忆。然而,玄宗以后,唐朝的内外困境日益显露,此时,作为"战争记忆"的第二个用途,即艰难应对周边诸族、地方藩镇的"共赴国难故事"的载体的作用得到了重视。

结　论

唐朝建立并完善每次战争胜利时受理、公示、保存战果的机构组织并使其得以正常运作,以求与天下万民共享胜利。在这些行为中,建立政权以来的"王朝盛世"的载体与唐朝中期以后的"共赴国难"载体,都是通过纪功碑及军乐等形式,使得谋求不断回顾、再记忆的"战争的记忆"的目的得以实现。

然而,另一方面,纪功碑、军乐等象征性礼制在得以确立的同时,也逐渐形式化,甚至难免出现被遗忘、被淡化的现象。就连在中国历史上立下罕见军功的唐太宗的"王朝创业"的记载也不例外。

唐太宗在"破阵乐"的制作上花费了极大的心血,但他死后,后继者高宗对此敬而远之,即位不久便在南郊祭祀的仪式中撤下了破阵乐①。他曾流露出"破阵乐舞者,情不忍观"的感叹。对他这句话的真正含义,迄今为止有各种推测(左汉林 2014)。总而言之,"保存战争记忆"的这一伟业,此时也不得不面对世代交替之际出现的被"遗忘"的局面。

大约三十年后对宫廷音乐的改革倾注了极大热情的太常少卿韦万石,在九成宫举办的亲王、将军列席的宴席上,说了如下的一段话并申请演奏破阵乐。

---

① 《旧唐书》卷二十八《音乐一》:
永徽二年十一月,高宗亲祀南郊,黄门侍郎宇文节奏言:"依仪,明日朝群臣,除乐悬,请奏九部乐。"上因曰:"破阵乐舞者,情不忍观,所司更不宜设。"言毕,惨怆久之。

> 破阵乐舞者,是皇祚发迹所由,宣扬宗祖盛烈,传之于后,永永无穷。自天皇临驭四海,寝而不作,既缘圣情感怆,群下无敢关言。臣忝职乐司,废缺是惧。依礼,祭之日,天子亲总干戚以舞先祖之乐,与天下同乐之也。今破阵乐久废,群下无所称述,将何以发孝思之情。(《旧唐书》卷二十八《音乐一》)

他的这番话令高宗很吃惊,随即同意其提案并倾听了乐舞的演奏。听到演奏,君臣皆掩面而泣,过了一会儿,高宗说出了下面的话:

> 不见此乐,垂三十年,乍此观听,实深哀感。追思往日,王业艰难勤苦若此,朕今嗣守洪业,可忘武功。古人云:"富贵不与骄奢期,骄奢自至。"朕谓时见此舞,以自戒勖,冀无盈满之过,非为欢乐奏陈之耳。(《旧唐书》卷二十八《音乐一》)

从上述二人的对话中可看出,军乐的目的就是对先帝的功勋进行回顾、再记忆;重要的是应具有情感上的诉求力。并且能够清楚地看到,如果不坚持主动、不间断地更新并持续使用的话,就会逐渐失去其持续性,这是保存"战争记忆"本身的难点所在。

参考文献

一、中文文献（按拼音排列）

岑仲勉

1937 《李德裕〈会昌伐叛集〉编证上》，中山大学史学专刊2-1（《岑仲勉著作集·岑仲勉史学论文集》，中华书局，1990再录）

1960 《唐史余沈》，上海古籍出版社（《岑仲勉著作集》，中华书局，1990再录）

陈　峰

2007 《北宋讲武礼初探》，清华大学学报2007-5

陈克明

1999 《韩愈年谱及诗文系年》，巴蜀书社

陈明光

1984 《唐代"除陌"释论》，《中国史研究》1984-4（陈1991再录）

1991 《唐代财政史新编》，中国财政经济出版社

2001 《中国古代赋役制度史研究的回顾与展望》（与郑学檬合著），《历史研究》269

陈戍国

1993 《秦汉礼制研究》，湖南教育出版社

1995 《中国礼制史·魏晋南北朝卷》，湖南教育出版社

1998 《中国礼制史·隋唐五代卷》，湖南教育出版社

陈寅恪

1944 《隋唐制度渊源略论稿》，社会科学院历史语言研究所专刊（本书使用的是上海古籍出版社1980年版本）

崔明德

1986 《唐于回纥经济往来述论》，《西北史地》1986-1

村井恭子
2009 《唐吐蕃回鹘并存时期的西北边境——以〈李良仅墓志〉为中心》,《文史》2009-4
2010 《唐玄宗时期的西北边境政策试析》,《唐研究》16

傅乐成
1977 《回纥马与朔方兵——唐朝与回纥外交关系的讨论》,《汉唐史论集》,联经出版事业公司

傅璇琮
1984 《李德裕年谱》,齐鲁书社

高明士
1984 《唐代东亚教育圈的形成》,国立编译馆中华丛书编蕃委员会
1993 《论武德到贞观礼的成立——唐朝立国政策研究之一》,《第二届国际唐代学术会议论文集》下册,文津出版社

谷霁光
1962 《府兵制度考释》,上海人民出版社

顾建国
2005 《张九龄年谱》,中国社会科学出版社

何永成
1990 《唐代神策军研究》,台湾商务印书馆

胡宝华
1990 《唐代天宝年间军费开支预测》,《文史》33

黄建正
1986 《唐代后期的屯田》,中国社会经济史研究1986-4

黄利平
1991 《当京西北藩镇述略》,陕西师范大学学报(哲学社会科学版)20-1

黄永年
1998 《"泾师之变"发微》,《唐代史事考释》,联经出版事业公司

贾志刚
2006A 《唐代军机虚占与军费》,《唐代军费问题研究》,中国社会科学出版社
2006B 《唐朝革弊营田的供军意义》,《唐代军费问题研究》,中国社会科学出版社
2006C 《唐代市人入军与以商辅补军新探》,《唐代军费问题研究》,中国社会科学出版社

李鸿宾

1999 《唐朝后期的朔方军与西北防御格局的转变——以德、顺、宪三朝为例》,《唐研究》5

2000 《唐朝朔方军研究——兼论唐廷与西北诸族的关系及其演变》,吉林人民出版社

李锦绣

1995 《唐代财政史稿》上卷,北京大学出版社

2001 《唐代财政史稿》下卷,北京大学出版社

李　蓉

2015 《隋唐军事征伐礼仪》,国防工业出版社

梁满仓

2001 《论魏晋南北朝时期的五礼制度化》,《中国史研究》2001-4(梁满仓2009再录)

2005 《魏晋南北朝礼学述论》,《文史》2005-3(梁满仓2009再录)

2007 《论魏晋南北朝时期的讲武》,《唐研究》13(梁满仓2009再录)

2009 《魏晋南北朝五礼制度考论》,社会科学文献出版社

刘丽琴

2004 《居延汉简所见秋射制度》,《简牍学研究》4

卢开万

1982 《唐代和籴制度新探》,武汉大学学报(社会科学版)1982-6

卢向前

1996 《唐代中后期的和籴》,《文史》41

罗联添

2003 《韩愈古文校注汇辑》,鼎文书局

马俊民

1984 《唐与回纥的绢马贸易——唐代马价绢新探》,《中国史研究》1984-1

马俊民、王世平

1995 《唐代马政》,联合出版

屈守元等

1996 《韩愈全集校注》,四川大学出版社

任　爽

1999 《唐代礼制研究》,东北师范大学出版社

2003 《榆林碑石》,三秦出版社

史念海

1988A 《黄土高原及其农林牧分布地区的变迁》,《河山集三集》,人民出版社(最初登载在《历史地理》创刊号,1981。《史念海全集》第3卷,人民出版社,2013再录)

1988B 《两千三百年来鄂尔多斯高原和河套平原农林牧地区的分布及其变迁》,《河山集三集》,人民出版社(最初登载在《纪念陈垣诞辰百周年史学论文集》,1981。《史念海全集》第3卷,人民出版社,2013再录)

1991A 《陕西省在我国历史上的战略地位》,《河山集四集》,陕西师范大学出版社(最初登载在《文史集林》第一辑,1985。《史念海全集》第4卷,人民出版社,2013再录)

1991B 《陕西北部的地理特点和在历史上的军事价值》,《河山集四集》,陕西师范大学出版社(最初登载在《文史集林》第二辑,1987。《史念海全集》第4卷,人民出版社,2013再录)

1991C 《关中的历史军事地理》,《河山集四集》,陕西师范大学出版社(最初登载在《文史集林》第二辑,1987。《史念海全集》第4卷,人民出版社,2013再录)

1999 《隋唐时期农牧地区的变迁及其对王朝盛衰的影响》,《河山集七集》,陕西师范大学出版社(《史念海全集》第5卷,人民出版社,2013再录)

唐任伍

1995 《论唐代的和籴和雇》,中国社会科学院研究生院学报1995-5

王 博

2014 《唐宋射礼的性质及其变迁——以唐代射礼为中心》,《唐史论丛》2014-2

王吉林

1989 《唐代朔方军与神策军》,《"中华民国"唐代学者联谊会第一届国际唐代学术会议论文集》

王力平

1987 《韩滉与唐代漕运》,河北师院学报(哲学社会科学版)1987-4

王寿南

1971 《唐代宦官权势之研究》,正中书局

1978 《唐代藩镇与中央关系之研究》,大化书局

王永兴

1994 《唐代前期西北军事研究》,中国社会科学院出版社

王　瑜

2009　《关于中国古代"讲武礼"的几个问题——以唐代为中心》,《求索》2009-4

王援朝

1990　《唐代藩镇分类刍议》,《唐史论丛》5,三秦出版社

王仲荦

1993　《敦煌石室地志残卷考释》,《敦煌石室地志残卷考释》,上海古籍出版社

魏道明

1987　《论唐代和籴》,陕西师范大学学报(哲学社会科学版)1987-4

徐寿坤

1957　《对唐代和籴的分析》,《史学月刊》2

薛英群

1998　《居延汉简中的〈秋射〉与〈署〉》,《史林》1988-1

严耕望

1985　《唐代交通图考》第一卷《京都关内区》,《"中央"研究院历史语言研究所专刊》83

1986　《唐仆尚丞郎表》,中华书局

严一萍

1975　《陆宣公年谱》,艺文印书馆

杨承祖

2002　《元结研究》,鼎文书局

杨　宽

1965　《古史新探·射礼新探》,中华书局

袁俊杰

2013　《两周射礼研究》,科学出版社

袁　林

1994　《西北灾荒史》,甘肃人民出版社

袁一堂

1994　《唐宋时期和籴制度兴起的背景及原因研究》,《人文杂志》1994-1

俞大纲

1935　《读高力士外传释"变造""和籴"之法》,《"中央"研究院历史语言研究所集刊》5

郁贤皓

1987　《唐刺史考》,江苏古籍出版社(《唐刺史考全编》,安徽大学出版社,2000再刊)

张国刚

    1987A　《唐代藩镇研究·唐代藩镇财政收入与分配》,湖南教育出版社

    1987B　《唐代藩镇研究·唐代藩镇的类型分析》,湖南教育出版社

张泽咸

    1986　《唐五代赋役史草》,中华书局

    1990　《中国屯垦史》中册,农业出版社

    1997　《中国屯垦史》(与郭松义共著),文津出版社

赵斌、尹夏清

    2001　《榆林出土西夏皇族先祖〈李仁宝墓志〉》,《碑林集刊》7

赵文润

    1990　《唐代和籴制度的性质及作用》,《唐史论丛》(第5期),三秦出版社

郑学檬

    2000　《中国赋役制度》,上海人民出版社

    2001　《中国古代赋役制度史研究的回顾与展望》(与陈明光合著),《历史研究》269

周　峰

    2013　《张宁墓志所见唐朝与党项的战争》,《西夏学》9

周伟洲

    1988　《唐代党项》,三秦出版社(周伟洲2004B再录)

    2004A　《陕北出土三方唐五代党项拓跋氏墓志考释》,《民族研究》2004-6(周2004B再录)

    2004B　《早期党项史研究》,中国社会科学出版社

朱睿根

    1985　《唐代和籴制度探讨》,《平准学刊》1

朱玉麒

    2005　《汉唐西域纪功碑考述》,《文史》2005-4

左汉林

    2014　《大唐〈破阵乐〉的形态变迁》,《文史知识》2014-4

二、日语文献(按拼音排列)

阿部安成等

    1999　《记忆的形式——纪念仪式文化志》,柏书房

爱宕元

1971 《唐代后期社会蜕变考察》,东方学报(京都)42

岸本美绪

1985 《书评:中国史研究会编〈中国史像的再构成〉》,法制史研究34

1990 《书评:中国史研究会编〈中国专制国家与社会统一〉》,新历史学200

安丸良夫等

2002 《王权与仪礼》,《关于王权与天皇的思考》7,岩波书店

滨口重国

1930 《自府兵制度至新兵制》,史学杂志41-11、12(滨口重国1966再录)

1934 《唐玄宗朝江南上供上贡米与地税的关系》,史学杂志45-1、2(滨口重国1966再录)

1966 《秦汉隋唐史研究》,东京大学出版会

1969 《唐白直与语杂徭及各种特定的役务》,史学杂志78-2

仓石武四郎

1925 《杜樊川年谱》,中国学3-11

长井千秋

2000 《中华帝国的财政》,松田孝一编《东亚经济史诸问题》,阿吽社

池田末利

1981 《中国古代宗教史研究》,东海大学出版社

池田温

1972 《大唐开元礼解说》,古典研究会编《大唐开元礼(附大唐郊祀录)》,汲古书院

川本芳昭

2011 《北魏内朝再论》,东洋史研究70-2

2014 《前近代所谓中华帝国的构造纪要——北魏与元、辽及汉的比较》,史渊151

川合安

1985 《关于南朝财政机构的发展》,文化49-3、4

川原寿市

1974 《仪礼释考》卷三,朋友书店

船越泰次

1973 《唐代两税法中斛斗的征科与两税钱的折籴、折纳问题》,东洋史研究31-4(船越泰次1996再录)

1978 《唐代后期的常平义仓》,《星博士退官纪念中国史论集》,同纪念事业会(船

343

越泰次 1996 再录)

1992　《浅释元稹〈同州奏均田状〉》,《东北大学东洋史论集》5(船越泰次 1996 再录)

1996　《唐代两税法研究》,汲古书院

村井恭子

2008　《9 世纪回鹘可汗国崩溃时期唐朝的北边政策》,东洋学报 90-1

2015　《河西与代北——9 世纪前半期的唐朝北边藩镇和游牧兵》,东洋史研究 74-2

大津透

1986　《唐律令国家的预算——仪凤三年度支奏抄·四年金部旨符试释》,史学杂志 95-12(大津透 2006 再录)

1987　《大谷探险队从吐鲁番带回的符籍文书群的复原——唐仪凤三年度支奏抄·四年金部旨符》,东洋史苑 28(与榎本淳一共著;大津透 2006 再录)

1990　《唐仪凤三年度支奏抄·四年金部旨符补考——唐朝的军事与财政》,东洋史研究 49-2(大津透 2006 再录)

2006　《日本和唐朝的律令制的财政构造》,岩波书店

大日方克己

1993　《古代国家与年中行事》,吉川弘文馆(再刊 2008,讲谈社学术文库)

大庭脩

1982　《秦汉法制史研究·汉代的因功次晋升》,创文社

大原良通

2003　《王权的确立与授受》,汲古书院

大泽正昭

1973A　《唐末、五代政治史研究的一视点》,东洋史研究 31-4

1973B　《唐末的藩镇与中央权力》,东洋史研究 32-2

1975　《关于唐末藩镇的军构成的一考察》,史林 58-6

1978　《唐代两税法性质记录——把控唐宋变革期一个视点》,新历史学 150

1980　《唐宋变革的历史意义》,历史评论 357(大泽正昭 1996 再录)

1981　《唐代华北的主谷生产与经营》,史林 64-2(大泽正昭 1996 再录)

1983　《"中国"小经营发展的各个阶段》,中国史研究会编《中国史像的再构成——国家和农民》,文理阁(大泽 1996 再录)

1993　《中间层论和人际关系论的一个视点——理解九世纪以后的中国社会》,《东亚专制国家与社会、经济——从比较史的视点谈起》,青木书店

1996　《唐宋变革期农业社会史研究》,汲古书院

2013　《唐末至宋初的基层社会与地方豪强——乡土防卫、复兴及其他》,上智史

学 58

岛居一康

1975　《"国家奴隶制""国家农奴制"概念是否适用中国史》,日本史研究 163

1976　《宋朝专治支配的基础及其构造——以地主佃户制的发展和小农经济的关联为中心》,新历史学 143

1990　《两税折纳中的纳税价格与市场价格》,中国史研究会编《中国专制国家和社会统———中国史形态的再构成(二)》,文理阁(岛居·康1993A再录)

1993A　《宋代税政史研究》,汲古书院

1993B　《中国的国家土地所有与农民土地所有——以两税法时代为中心》,《东亚专制国家与社会、经济——从比较史的视点来看》,青木书店

渡边久

1992　《自转运使至监司——宋初监司的形成》,东洋史苑 38

渡边孝

1989　《唐小说〈上清传〉与德宗贞元年间的窦参、陆贽的抗争——中唐政治史考察》,史峰 2

1994　《牛李党争研究的现状与展望——牛李党争研究序说》,史镜 29

1995　《关于魏博与成德——河朔三镇权力构造的再思考》,东洋史研究 54-2

2001　《关于唐后半期藩镇辟召制的再思考》,东洋史研究 60-1

渡边信一郎

1983A　《中国前近代史研究的课题与小经营生产模式》,中国史研究会编《中国史像的再构成——国家与农民》,文理阁

1983B　《分田考——国家土地所有的意识形态》,中国史研究会编《中国史像的再构成——国家与农民》,文理阁(渡边信一郎1986再录)

1984　《日本唐宋变革期研究的现况与课题——特别以农民土地所有制形成为中心》,新历史学 176

1986　《中国古代社会论》,青木书店

1988　《唐代后半期的中央财政——以户部财政为中心》,京都府立大学学术报告·人文 40(渡边信一郎 2010 再录)

1990A　《国家土地所有与封建土地所有——以马克思的前近代土地所有制为线索》,中国史研究会编《中国专制国家与社会统———中国史像的再构成(二)》,文理阁

1990B　《唐代后半期的地方财政》,中国史研究会编《中国专制国家与社会统合》,文理阁(渡边信一郎 2010 再录)

1992	《中国古代专制国家论》,历史评论 504	
1993	《中国古代专制国家与官人阶级》,《东亚专制国家与社会、经济——基于比较史的视点》,青木书店	
1994	《中国古代国家的思想构造——专制国家的思想形态》,校仓书房	
1996A	《时代划分的可能性——围绕唐宋变革期》,古代文化 48-2	
1996B	《天空的玉座》,柏书房	
2003A	《古代中国的王权与郊祀——以南郊祭天礼仪为中心》,《中国古代的王权与天下制》,校仓书房	
2003B	《唐朝前期农民的军役负担》,京都府立大学学术报告人文·社会55(渡边信一郎2010再录)	
2008	《唐朝前期赋役制度的再研究》,唐代史研究11(渡边信一郎2010再录)	
2009	《唐代前期律令制下的财政物流以及帝国编成》,国立历史民俗博物馆研究报告152(渡边信一郎2010再录)	
2010	《中国古代的财政与国家》,汲古书院	
2013A	《北狄乐的编成——鼓吹乐的改革》,《中国古代的乐制与国家——日本雅乐的源流》,文理阁	
2013B	《定额制的成立——唐代后半期财务运营的转换》,国立历史民俗博物馆研究报告179	

渡边义浩

2009	《西晋"儒教国家"与贵族制》,汲古书院
2010	《后汉"儒教国家"的成立》,汲古书院

福原启郎

2012	《关于晋辟雍碑的考察》,《魏晋政治社会史研究》,京都大学学术出版会

冈崎精郎

1972	《党项古代史研究》,东洋史研究会

高濑奈津子

2002	《第二次大战后的唐代藩镇研究》,堀敏一《唐末五代变革期的政治与经济》(汲古书院)收录

高木智见

1986	《春秋时代的军礼》,名古屋大学东洋史研究报告11
2013	《孔子——"我战则克"》,山川出版社

高桥继男

1972	《刘晏设置的巡院》,集刊东洋学28

1973	《唐后半期度支使、盐铁使系巡院的设置》,集刊东洋学 30
1976	《唐代的地方盐政机构》,历史 49
1978	《唐代后半期巡院的地方行政监察业务》,《星博士退官纪念中国史论集》,同纪念事业会
1981	《唐后期商人层的入仕》,东北大学日本文化研究报告 17
1982	《唐后半期的巡院与漕运》,东洋大学文学部纪要·史学科 36
1985	《唐后半期度支使、盐铁转运史系巡院名补考》,东洋大学文学部纪要 39
1995	《唐后半期官界中知院官(度支、盐铁转运巡院的长官)的位置》,《堀敏一先生古稀纪念·中国古代国家与民众》,汲古书院
1997	《关于唐代后半期度支、盐铁转运巡院制的若干考察》,中国唐代学会编辑委员会编《第三届中国唐代文化学术研讨会论文集》

宫崎市定

1956	《唐代赋役制度新考》,东洋史研究 14-4
1957	《古代中国赋税制度》,《亚洲史研究(一)》,东洋史研究会
1968	《大唐帝国》,《世界历史(七)》,河出书房新社

宫泽知之

1990	《北宋的财政与货币经济》,中国史研究会编《中国专制国家与社会统合》,文理阁(宫泽知之 1998 再录)
1993	《自唐至明货币经济的展开》,中村哲编《东亚专制国家与社会、经济——以比较史为视点》,青木书店(宫泽知之 1998 再录)
1997	《中国货币经济论序说》,新历史学 225(宫泽知之 1998 再录)
1998	《宋代中国的国家与经济——财政、市场、货币》,创文社
1999	《中国专制国家财政的展开》,《岩波讲座·世界历史(新版)9·中华的分裂与再生》,岩波书店

宫宅洁

| 2010 | 《中国古代军事史研究的现状》,《国际会议·中国古代军事制度研究的课题与展望》,科学研究费补助金同名课题的中期报告 |

谷川道雄

1978	《河朔三镇中节度使权利的性格》,名古屋大学文学部研究论集 74
1988	《河朔三镇中节藩帅的承继》,《栗原益男先生古稀纪念论集·中国的法与社会》,汲古书院
1998	《隋唐帝国形成史论增补》,筑摩书房

谷口规矩雄

1996 《明末北边防御中的债帅》,小野和子编《明末清初的社会与文化》,京都大学人文科学研究所

古松崇志

1998 《宋代役法与地方行政经费——财政运营研究之一》,东洋史研究 57-1

1999 《唐代后半的进奉与财政》,古代文化 51-4

关口顺

1978 《〈汉书·刑法志〉论兵部分的思想史考察》,埼玉大学纪要 14

黑田明伸

1994 《中华帝国的构造与世界经济》,名古屋大学出版会

1999 《货币体现的各系统的兴亡》,《岩波讲座·世界历史 15·商人与市场——网状结构中的国家》

横山裕男

1958 《唐代的捉钱户》,东洋史研究 17-2

1970 《唐的官僚制与宦官》,《中国中世史研究》,东海大学出版会

横山贞裕

1971 《唐代的马政》,国士馆大学人文学会纪要 3

荒川正晴

1982 《唐代敦煌的籴买——以伯 3348 号文书为中心》,早稻田大学大学院文学研究科纪要别册 8(荒川正晴 2010 再录)

1989 《唐河西以西的传马坊与长行坊》,东洋学报 70-3·4(荒川正晴 2010 再录)

1992 《唐对西域布帛运输与客商活动》,东洋学报 72-3·4(荒川正晴 2010 再录)

1993 《中亚地区唐的交通运用》,东洋史研究 52-2(荒川正晴 2010 再录)

1997 《唐帝国与粟特人的交易活动》,东洋史研究 56-3(荒川正晴 2010 再录)

1999 《粟特人的移住聚落与东方交易活动》,《岩波讲座·世界史 15·商人与市场》岩波书店(荒川正晴 2010 再录)

2000 《唐朝的交通系统》,大阪大学大学院文学研究科纪要 40(荒川正晴 2010 再录)

2002 《魏晋南北朝隋唐期的通过公证制度与商人的移动》(一),《中国史国际会议研究报告集·中国的历史世界》,东京都立大学出版会(荒川正晴 2010 再录)

2003 《绿洲国家与沙漠商队的交易》,山川出版社

2004 《唐代前半的胡汉商人与帛练的流通》,唐代史研究 7(荒川正晴 2010 再录)

2010　《欧亚大陆的交通、贸易与唐帝国》，名古屋大学出版会

黄约瑟

1993　《近年隋唐五代史研究的回顾和反思》（妹尾达彦译），史境27

会田大辅

2015　《北周侍卫考——围绕与游牧官制的关系》，东洋史研究74-2

吉川忠夫

1966　《刘裕》，人物往来社（1989再刊，中公文库）

加贺荣治

1964　《中国古典解释史·魏晋篇》，劲草书房

江川式部

2006　《唐朝祭祀中的三献》，骏台史学129

今村真介

2004　《王权的修辞学》，讲谈社

金井之忠

1938　《唐的盐法》，文化5-5

金子修一

2001　《古代中国与皇帝祭祀》，汲古书院

2006　《中国古代皇帝祭祀研究》，岩波书店

菅沼爱语

2013　《7世纪后半叶至8世纪欧亚大陆东部的国际情况与推移——以唐、吐蕃、突厥的外交关系为中心》，溪水社

久富木成大

1972　《春秋时代的法及法思想的展开》，日本中国学会报24

菊池英夫

1970　《府兵制的发展》，《岩波讲座·世界历史5》，岩波书店

1976　《唐赋役令庸调物条再考》，史朋4

1995　《关于唐赋役令庸调物条的一试论》，《铃木俊先生古稀纪念东洋史论丛》，山川出版社

菊野恭子

1958　《唐代的和籴》，御茶水史学1

堀敏一

1958　《魏博天雄军的历史——唐五代武人势力的一形态》，历史教育6-6（堀敏一1994再录）

349

1982　《中国中世世界的形成》,《中世史讲座1·中世世界的成立》,学生社(堀敏一1994再录)

1994　《中国古代史的视点——我的中国史学(一)》,汲古书院

1996　《时代划分特辑·前言》,古代文化1996－2

砺波护

1961　《三司使的成立——唐宋的变革与使职》,史林44－4(砺波护1986再录)

1986　《唐代政治社会文化研究》,同朋社

林俊雄

1992　《回鹘的对唐政策》,创价大学人文论集4

铃木正

1940A　《关于唐代的和籴(一)》,历史学研究77

1940B　《关于唐代的和籴(二)》,历史学研究78

柳田节子

1984　《书评:中国史研究会编〈中国史像的再构成〉》,东洋史研究43－2

1999　《书评:宫泽知之〈宋代中国国家与经济〉》,历史学研究725

梅原郁

1986　《皇帝·祭祀·国都》,中村贤二郎编《历史中的都市》,密涅瓦书房

妹尾达彦

1982A　《唐代后半期江淮盐税机关的立地与机能》,史学杂志1－2

1982B　《唐代河东池盐的生产与流通——河东盐税机关的立地与机能》,史林65－6

1989　《长安繁华街(中)》,史流30

1999　《中华的分裂与再生》,《岩波讲座·世界历史(新版)9·中华的分裂与再生》,岩波书店

2000　《环境历史学》,《亚洲游学20·黄土高原的资源环境与汉唐长安城》,勉诚出版

门田雪绘

2000　《关于唐后半期漕运的一考察——刘晏改革以后》,海南史学38

木岛史雄

1996　《从〈大晋龙兴皇帝三临辟雍皇太子又再莅之盛德隆熙之颂〉看晋初礼学及其实践》,中国思想史研究19

目黑杏子

2005　《汉代国家祭祀制度研究的现状与课题——皇帝权力与宇宙论》,中国史

学 15

籾山明

1980 《法家以前:春秋期的刑与秩序》,东洋史研究 39-2

鸟谷弘昭

1982 《关于吴——南唐朝的兵力基盘的一考察》,《历史中的民众与文化——酒井忠夫先生古稀祝贺纪念论集》,国书刊行会

1986 《关于南唐的文治主义》,立正史学 59

诺拉·P

2002 谷川稔监译《记忆的寄托》,岩波书店

P. Bol

1995 《唐宋变革再考——美国宋史研究最近的倾向》,史滴 17

平田阳一郎

2002 《唐代兵制——关于府兵制概念的形成》,史观 147

2011 《西魏、北周的二十四军与府兵制》,东洋史研究 70-2

2014 《皇帝与奴官——唐代皇帝亲卫兵组织中人结合的一个侧面》,史滴 36

齐藤茂雄

2014 《唐后半期阴山与天德军——在敦煌发现的驿程记断简(羽〇三二)文书研究》,关西大学东西学术研究所纪要 47

气贺泽保规

1999 《府兵制的研究》,同朋社

清木场东

1987 《唐天宝中的财政收支》,久留米大学产业经济研究 27-4(清木场东 1996 再录)

1996 《唐代财政史研究·运输编》,九州大学出版会

1997 《帝赐的构造:唐代财政史研究支出编》,中国书店

青山定雄

1954 《唐代的屯田与营田》,史学杂志 63-1

1963A 《唐宋时代的交通与地杂地图研究》,吉川弘文馆

1963B 《唐宋时代的转运使及发运使》,青山 1963A 所收

日比野丈夫

1992 《〈地理书〉讲座·敦煌 5·敦煌汉文文献》,大东出版社

日野开三郎

1939 《唐代藩镇的跋扈与镇将》,东洋学报 26-4、27-1、2、3(1939—1940)(日野

	开三郎 1980A 再录)
1942	《支那中世的军阀》,三省堂(日野开三郎 1980A 再录)
1956A	《杨炎两税法中的税额问题》,东洋学报 38-4(日野开三郎 1982A 再录)
1956B	《藩镇时代的州税三份制》,史学杂志 65-7(日野开三郎 1982A 再录)
1957	《藩镇体制下唐的振兴与两税上供》,东洋学报 40-3(日野开三郎 1982A 再录)
1960	《两税法以前唐的榷盐法》,社会经济史学 26-2(日野开三郎 1981A 再录)
1962A	《天宝末以前的军粮田——天宝末唐代的军粮政策之二》,东洋史研究 12-1(日野开三郎 1988 再录)
1962B	《租粟与军粮——天宝末唐代的军粮政策之一》,东洋史研究 25(日野开三郎 1988 再录)
1965	《唐代的回鹘钱》,东方学 30(日野开三郎 1982B 再录)
1968	《唐代邸店研究》(私家版)(日野开三郎 1992A 再刊)
1970	《续唐代邸店研究》(私家版)(日野开三郎 1992B 再刊)
1974	《唐代租调庸制度的研究(一)·色额篇》(私家版)
1975	《唐代租调庸制度的研究(二)·课输篇上》(私家版)
1977	《唐代租调庸制度的研究(三)·课输篇下》(私家版)
1980A	《日野开三郎东洋史学论集(第 1 卷)·唐代藩镇的支配体制》,三一书房
1980B	《日野开三郎东洋史学论集(第 2 卷)·五代史的基调》,三一书房
1981A	《日野开三郎东洋史学论集(第 3 卷)·唐代两税法研究前篇》,三一书房
1981B	《大历末以前的度支使》,三一书房
1981C	《肃、代二朝大漕运与转运使》,三一书房
1982A	《日野开三郎东洋史学论集(第 4 卷)·唐代两税法研究本篇》,三一书房
1982B	《日野开三郎东洋史学论集(第 5 卷)·唐五代的货币与金融》,三一书房
1988	《日野开三郎东洋史学论集(第 11 卷)·户口问题与籴买法》,三一书房
1989A	《日野开三郎东洋史学论集(第 12 卷)·行政与财政》,三一书房
1989B	《关于安史之乱后两税法前税财政的钱额管理》,三一书房
1992A	《日野开三郎东洋史学论集(第 17 卷)·唐代邸店研究》,三一书房
1992B	《日野开三郎东洋史学论集(第 18 卷)·续唐代邸店研究》,三一书房

入谷仙介

| 2011 | 《两个"平淮西碑"——韩愈与段文昌》,《诗人的视线与听觉——王维和陆游收录》,研文出版 |

斯波义信

1968　《宋代商业史的研究》,风间书房

1970　《商工业与都市的发展》,《岩波讲座·世界历史9》,岩波书店

1982　《中国中世的商业》,《中世史讲座·中世的都城》,学生社

1994　《中国史学与社会科学的关联》,史滴16

1995　《书评:岛居一康〈宋代税政史研究〉》,东洋史研究54-2

1996　《南宋时"中间领域"社会的登场》,《宋元时代史的基本问题》,汲古书院

1997　《北宋的社会经济》,《世界历史大系·中国3·五代、宋》,山川出版社

山根清志

1984　《掌握东亚史的视角和理论——围绕〈中国史形态的再构成〉》,文理阁

山根直生

2004　《关于唐宋政治史研究的试论——政治过程论、国家统合的地理形态》,中国史研究14

森安孝夫

1997　《"丝绸之路"的回鹘商人——粟特商人和斡脱商人之间》,《岩波讲座·世界历史(新版)11·欧亚中部的融合》,岩波书店

2007　《丝绸之路与唐帝国》,讲谈社

森部丰

2012　《粟特人的东方活动及欧亚东方世界历史的展开》,关西大学出版部

森村敏己

2006　《视觉表象与集合的记忆——历史·现在·战争》,《桥大学大学院社会学研究科先端课题研究丛书》(二),旬报社

矢野主税

1953A　《枢密使设置的时期》,长崎大学学艺部人文社会科学研究报告3

1953B　《唐代监军使制的确立》,西日本史学14

1954A　《唐代枢密使制的发展》,长崎大学学艺部人文社会科学研究报告4

1954B　《唐末监军使制》,长崎大学学艺部人文社会科学论丛7

1954C　《唐代宦官掌握权力的原因考》,史学杂志63-10

室永芳三

1961　《五代节度使府的粮料使》,东方学21

1962　《五代的北面转运使》,史渊89

1969　《唐末内库的存在形式》,史渊101

辻正博

1987　《唐朝的对藩镇政策——河南"顺地"化的过程》,东洋史研究46-2

1993　《唐代流刑考》,京都大学人文科学研究所编《中国近世的法制与社会》

守屋美都雄

1969　《社研究》,《中国古代的家族与国家》,东洋史研究会

松井秀一

1959　《卢龙藩镇考》,史学杂志68-12

松木武彦

2001　《人为什么要战争》,讲谈社

汤浅邦弘

2009　《战神》,研文出版

藤井律之

2005　《北朝皇帝的行幸》,前川和也、冈村秀典编《国家形成的比较研究》,学生社

藤田纯子

1973　《关于陆贽的两税法批评》,史窗31

畑地正宪

1973　《五代、北宋的府州折氏》,史渊110(畑地正宪2012再录)

1974　《北宋与辽之间的贸易和岁赠》,史渊111(畑地正宪2012再录)

2012　《宋代军政史研究》,北九州中国书店

田口宏二朗

1999　《前近代中国史研究与流通》,中国史学9

桐本东太

1991　《中国古代服属仪礼》,伊藤清司先生退休纪念论文集编集委员会编《中国历史与民俗》,第一书房

外山军治

1937　《唐代的漕运》,史林22-2

1978　《关于李泌》,《内田吟风博士颂寿纪念东洋史论集》,同朋社

丸桥充拓

1996　《唐代后半期的北边财政——以度支系诸司为中心》,东洋史研究55-1(丸桥充拓2006再录;本书第三章)

1999A　《唐代关中和籴政策与两税法》,古代文化51-7(丸桥充拓2006再录;本书第二章)

1999B　《唐代后半期的北边军粮政策》,史林82-3(丸桥充拓2006再录;本书第

	一章)
2001	《"唐宋变革"史的近况》,中国史学 11(本书第六章)
2001	《唐太宗修建纪功寺院》,大谷大学史学论究 7(本书第十三章)
2005	《唐宋变革期的军礼与秩序》,东洋史研究 64-3(本书第十二章)
2006	《唐代北边财政究》,岩波书店(本书第一至第五章)
2010	《府兵制下的军事财政》,唐代史研究 13(本书第七章)
2011	《魏晋南北朝隋唐时"军礼"确立过程的概要》,岛根大学法文学部社会文化论集 7(本书第九章)
2013	《中国古代的战争与出征仪式——从〈礼记·王制〉到〈大唐开元礼〉》,东洋史研究 72-3(本书第十章)
2014	《中国射礼的形成过程——从〈仪礼·乡射〉〈大射〉到〈大唐开元礼〉》,岛根大学法文学部社会文化论集 10(本书第十一章)
2015	《唐代战争的记忆与记录——露布、史书、纪功碑、军乐》,岛根大学法文学部社会文化论集 11(本书第十四章)
2016	《唐代北边经济再考》,亚洲史学论集 10(本书第八章)

王 博

2012A	《唐代军礼中〈献俘礼〉的基本构造》,史观 167
2012B	《从献俘礼看唐宋军礼的变化》,史滴 34

西奥健志

2001	《北宋西北边的军粮运送与客商》,鹰陵史学 27
2002	《北宋边境的军粮支出》,鹰陵史学 28
2004	《宋代市籴制度的财政背景——以储备获得为中心》,社会经济史学 70-3

西川恭司

1980	《神策军的两面性》,东洋史苑 16

西村阳子

2008	《唐末五代代北沙陀集团的内部构造与代北水运使——以分析"契苾通墓志铭"为中心》,内陆亚洲史研究 23
2009	《唐末〈支谟墓志铭〉与沙陀的动向——9世纪的代北地域》,史学杂志 118-4
2010	《9世纪至10世纪沙陀突厥的活动与唐王朝》,历史评论 2010-4

西嶋定生

1961	《中国古代帝国的形成和构造》,东京大学出版会

小谷汪之等

 1990 《权威与权力》,《质疑系列世界史》7,岩波书店

小林聪

 2005A 《梁武帝礼志改革的特质》,集刊东洋学 93

 2005B 《从秦始礼志到天监礼志》,唐代史研究 8

小南一郎

 1995 《围绕射礼的两个段阶》,《中国古代礼志研究》,京都大学人文科学研究所

小畑龙雄

 1959 《神策军的成立》,东洋史研究 18-2

 1968 《神策军的发展》,《田村实造博士颂寿纪念东洋史论丛》

小西高弘

 1973 《唐代经济的保障——围绕义仓、常平、和籴》,福冈大学研究所报 18

 1993 《陆贽的两税法批判考》,福冈大学经济学论丛 37-4

熊本崇

 1991 《东亚(中国——五代、宋、元)》,史学杂志 100-5

穴泽彰子

 1999 《试论唐宋变革期社会结合——以自卫与赈恤的"场"为线索》,中国-社会文化 14

 2000 《唐宋变革期的所在地编成——以检田制为中心》,大阪市立大学东洋史论丛 11

岩井茂树

 1992 《中国专制国家与财政》,《中世史讲座 6·中世的政治与战争》,学生社(岩井茂树 2004 再录)

 1994 《徭役与财政之间——面向中国税、役制度的历史性理解(一)-(四)》,京都产业大学经济经营论论丛 28-4、29-3(岩井茂树 2004 再录)

 1999 《中国专制国家财政的发展》,《岩波讲座·世界历史 9·中华的分裂和再生》,岩波书店

 2004 《中国近代财政史研究》,京都大学学术出版会

岩尾一史

 2014 《古代吐蕃帝国的外交与"三国会盟"的成立》,东洋史研究 72-4

杨永良

 1995 《关于射礼》,明治大学法律研究所《法律论丛》69-2·3

野闲文史
    2009　《五经正义的礼记评价:读五经正义札记(十一)》,东洋古典学研究 27

伊藤宏明
    1983　《唐末五代政治史课题——重点围绕藩镇研究》,名古屋大学文学部研究论集 86、史学 29
    1987　《唐末五代时期江西地域的乡村势力》,川胜义雄、砺波护编《中国贵族制社会研究》,京都大学人文科学研究所

伊藤清司
    1959　《古代中国的射礼》,民族学研究 23-3

永田英正
    1989　《试论居延汉简中的侯官——以破城子出土的(诣官)薄为中心》,《居延汉简研究》,同朋社出版

宇都木章
    2011　《关于〈社之杀戮〉》,《宇都木章著作集(一)·中国古代的贵族社会与文化》,名著刊行会(初出 1960)

曾我部静雄
    1979　《唐朝防秋兵与防冬兵(上)》,集刊东洋学 42
    1980　《唐朝防秋兵与防冬兵(下)》,集刊东洋学 43

增渊龙夫
    1970　《春秋战国时代的社会与国家》,《岩波讲座·世界历史 4·东亚世界的形成(一)》,岩波书店

斋藤胜
    1991　《唐代的马政与牧地》,日中文化研究 14
    1998　《唐回鹘绢马交易再考》,史学杂志 108-10

蛭田展充
    1997　《宋初陕西的军粮补给政策》,史滴 19

志野敏夫
    1984　《汉卫士与〈飨遣故卫士仪〉》,早稻田大学院文学研究纪要别册·哲学史学编 11 集
    1995　《汉代都试——材官·骑士再考》,东方学 89

中村圭尔
    1984　《台传——南朝时期的财政机构》,中国史研究 8(《六朝江南地域史研究》,汲古书院,2006 再录)

中村裕一

- 1971 《唐代内藏库的变容——以进奉为中心》,待兼山论丛 4
- 1991A 《露布》,《唐代官文书研究》,中文出版社
- 1991B 《关于唐代的军制若干考察》,《唐代官文书研究》,中文出版社
- 2009 《中国古代的年中例行活动(第一册)·春》,汲古书院
- 2010 《中国古代的年中例行活动(第三册)·秋》,汲古书院
- 2011 《中国古代的年中例行活动(第四册)·冬》,汲古书院

中村哲

- 1977A 《现代历史学的课题——基于方法与理论的思考》,新历史学 146
- 1977B 《奴隶制、农奴制的理论》,东京大学出版会
- 1993 《中国前近代史理论的再构成·序说》,《东亚专制国家与社会、经济——从比较史的观点来看》,青木书店

中砂明德

- 1988 《唐朝后期的江淮支配》,东洋史学研究 47-1

筑山治三郎

- 1975 《唐代的漕运与和籴》,《京都产业大学论集·社会科学系列 4》

足立启二

- 1976 《明清时代的小经营与地主制相关记录》,新历史学 413
- 1983 《中国前近代史研究与封建制》,中国史研究会编《中国史像的再构成——国家与农民》,文理阁(足立启二 2012 再录)
- 1990 《专制国家与财政、货币》,中国史研究会编《中国专制国家与社会统——中国史像的再构成(二)》,文理阁(足立启二 2012 再录)
- 1996 《专制国家史论——从中国史到世界史》,柏书房
- 2012 《明清中国的经济构造》,汲古书院

佐伯富

- 1987 《中国盐政史研究》,法律文化社

佐藤长

- 1977 《古代西藏史研究》(下卷),同朋社

佐藤圭四郎

- 1979 《唐代商业考察——高利贷》,《加贺博士退官纪念中国文史哲学论集》(再录于《伊斯兰商业史的研究》1981,同朋社出版)

佐竹靖彦

- 1978 《中国近世小经营和国家权力》,新历史学 150

1982	《关于中国前近代史上共同体的记录》,东京都立大学人文学报154
1990A	《自杭州八都至吴越王朝》,《唐宋变革的地域性研究》,同朋社出版
1990B	《唐宋变革期江南东西路的土地所有与土地政策——以义门成长为线索》,《唐宋变革的地域性研究》,同朋社
1990C	《唐代四川地域的变貌及其特质》,《唐宋变革的地域性研究》,同朋社
1990D	《王蜀政权成立的前提》,《唐宋变革的地域性研究》,同朋社
1990E	《王蜀政权小史》,《唐宋变革的地域性研究》,同朋社
1990F	《唐宋变革期四川成都府地域社会的变貌》,《唐宋变革的地域性研究》,同朋社

三、英文文献(按英文字母排列)

P. Bol

1993 'Government, Society, and state: On the Political Visions of Ssu-ma Kuang and Wang An-shih', R. Hymes and C. Schirokauer ed., *Ordering the World: approaches to State and Society in Sung Dynasty China*, California U. P

Dien, A. E.

1974 'The Use of Yeh-hou chia-chuan as a Historical Source', *Harvard Journal of Asiatic Studies*, 34

Graff, D. A.

2002 *Medieval Chinese Warfare* 300–900, Routledge

2009 'Narrative Maneuvers: The Representation of Battle in Tang Historical Writing', Di Cosmo ed., *Military Culture in Imperial China*, Harvard U. P.

R. Hartwell

1982 Demographic, Political, and Social Transformations of China, 750–1550, Harvard Journal of Asiantic Studies 42–2.

Lewis. M. E.

1990 *Sanctioned Violence in Early China*, State University of New York Press

2009 'The just war in early China', T. Brekke ed., *The Ethics of War in Asian Civilizations*, Routledge

Pulleyblank, E. G.

1960 'Neo-Confucianism and Neo-Legalism in T'ang Intellectual Life', *The Confucian*

Persuasion, Stanford U. P.

P. Smith,

1993 'State Power and Economic Activism during the New Policies, 1068 – 1085: The Tea and Horse Trade and the "Green Sprouts" Loan Policy', R. Hymes and C. Schirokauer ed., *Ordering the World: approaches to State and Society in Sung Dynasty China*, California U. P.

D. Twitchett

1959 'Lands under the state cultivation under the T'ang', *Journal of Economic and social History of the Orient*, II, 2

1962 'Lu Chih (754 – 805): Imperial Adviser and Court Official', A. Wright and D. Twitchett, eds., *Confucian Personalities*, Stanford U. P.

1966 'The T'ang Market System', *Asia Major* 12 – 2

1968 'Merchant, Trade and Government in Late Tang', *Asia Major* 14 – 1

1970 'Financial *Administration under the T'ang Dynasty*, Cambridge U. P.

1976 'Varied Patterns of Provincial Autonomy in the T'ang Dynasty', J. perrey & B. Smith eds., *Essays on T'ang Society*, E. J. Bril

Wechsler, H. J.

1985 *Offerings of Jade and Silk*, Yale U. P.

译后记

2014年寒假即将结束之际,西北大学高兵兵教授来电话说西北大学正在策划出版一套名为《海外中国研究书系·日本学人唐代文史研究八人集》的翻译丛书,旨在向中国广大文史研究者推荐介绍日本国内具有研究特色的著名学者,问我是否愿意加入翻译行列。之前我虽翻译过畅销书籍,但尚未尝试过学术著作的翻译,我十分高兴能有这样的机会,就爽快地答应了。

我负责翻译的是岛根大学法文学部丸桥充拓教授的著作《唐代军事财政与礼制》,全书由三部十四章构成。丸桥教授的研究考据严谨,重视对史料的深度挖掘,研究方法相当独特。本书所收的各篇论文(第一章至第五章是日文版的专著,第六章至第十四章为论文)论点鲜明新颖,引用资料翔实,条理清晰,语言表述精炼,是国内学者可资参照的高水平研究成果。

下来先说明一下翻译方法。首先是做注的形式,原著采用了最后统一做注的方式,同时还将引用的原典翻译成了日语现代文。为了便于查阅,翻译时采用了当页做注的形式,删除了对原典的翻译,并全部改为原文引用的形式。其次是参考文献一览的制成,原著有论著、论文,每篇都各自列有参考文献一览,因此有很多重复现象。翻译时,按中文、日文、英文进行了文献的分类整理,并参照国内参考文献的列举规范做了重新排列。再次是统一了原著中不完全统一的表述形式,例如,开元二十五年(737),在不同的论文中有公元737年、公元738年,甚至公元739年的表述形式,翻译成书时按国内学术界公认的表述形式统一为公元737年;另外,原著在列举学者姓名或古代典籍等时使用了省略的形式,例如,渡边信一郎1983,45页、陈明光2001,162页及《宋》14-1的形式,翻译时根据国内的规范全部补充为全称,即将上例改为:渡边信一郎1983a,45页、陈明光2001,162页及《宋书》卷十四《礼一》的形式;最后统一了标点符号并规范了原典引用形式。原著的各篇论文由于发表时间不同,因此标点符号不统一的情况较为严重。翻译成书时统一了标点符号。另外,原著中某些引用原典与汉语原典的标点、汉字均不同,翻译时按汉语典籍为准进行了修改。

再说一点翻译的体会。首先是感觉到自己对历史学的专业术语,尤其是对军事财政与礼制的专业内容所知甚少,历史书籍的阅读量不够。记得刚刚接到稿子时我浏览的第一篇论文是《唐太宗修建纪功寺院》(本书第十三章),当时感觉像看历史故事,没有觉得难,而是觉得很有趣。但要把每一句话变成汉语文字时并不简单,有时即便领会了日语讲述的内容,也无法很好地选用一个专业性强的汉语词汇进行概括。其次是自己的文字驾驭能力尚有欠缺,例如"都合四部曲""共赴国难物语""军事仪礼",虽都是汉字词汇,但"都合""物语""仪礼"等在现代汉语中并不通用。翻译时虽勤查字典,但肯定仍有若干草率之处。

翻译过程中得到著者丸桥充拓教授的诸多帮助。丸桥教授不仅对全文做了亲自审定,当翻译中遇到文字、背景知识方面的疑问时,丸桥教授总是给予详细解释,并对我不理解的专业术语做出详尽注释,甚至还将原著中的专业术语改为简单的语言帮助我理解领会,最终使得所有问题都得到了很好解决。在翻译中我学习到了许多东西,今后希望有机会继续与丸桥教授合作。

西安外国语大学刘建强教授负责统稿加工工作。统稿工作极其琐碎繁杂,既要逐页对照原文、核对各章译文,以消除漏译、误译,又要对各章的译文做必要的文字修改及润色,在尽量做到忠实于原文的同时,还要统一学术术语。在此对刘建强教授为统稿付出的辛勤劳动表示感谢。

在准备出版的整个过程中,西北大学出版社的朱亮编辑一直与我密切合作,为了保证出版质量,他不厌其烦对译文进行认真细致地编辑,并一次又一次修改清样,他的耐心和专业精神令人感动。在此表示衷心感谢。

尽管如此,错误仍在所难免,诚挚地希望读者发现错误后不吝指教。

张　桦

2018年6月